読書の日記

皮算用
ストレッチ
屋上

阿久津隆

NUMABOOKS

5月23日（木）

寝たのが4時くらいで外がうっすらと明るくなっていてこの時間にはもうこうなるのかと思ってそれで布団に入った、それだけ遅くなったのは帰るのが遅くなったからでもあるし『人喰い』を読んでいたからでもあった、『人喰い』は佳境に入って著者はアスマットの村に単身で暮らし始めた。

起きたら11時半くらいだった、眠く、まだまだ眠く、しかし今日は13時10分の回の映画を見る、それをする、と決めていたから決めたことを撤回しようかとも思ったし撤回してゆっくり今日は一日家で過ごそうかと眠気の中で考えたりもしたけれども起きないとまた変な後悔をすると思ったのか起きて、それでしばらくして家を出た、晴れていた、暑かった、ホットコーヒーを買って電車に乗った。

日比谷で降りてマップに言われたように出口を探しながら歩いていったらいつのまにか銀座駅の近くまで来ていたみたいでそのままマップを見ながら歩いていたら映画館のブロックのすぐのところの出口があり出た。だから日比谷からずっと地下通路を歩いてシネスイッチ銀座というのは行けるということを知って、前に来たのはやはりゴダールの、『ソシアリスム』だったか次のやつだったか、だった、そのときは自転車で来た。電車賃がもったいなかったから自転車で行けるところはどこでも自転車で行って時間はたくさんあったということだった。それでそれは週末で、昼ごはんにカレーを食べて店に戻ってそれで営業をしたという記憶があってだからそれ以来のシネスイッチ銀座だった、『イメージの本』だった。

昨日、明日『イメージの本』を見に行くことを考えていて数週間前に『イタリアにおける闘争』を見たことを思い出して初めて「あのときにはもう『イメージの本』も公開されていた」ということを思い出したというか『イメージの本』を見に行くぞと思ってからここまでひとつ前に見た映画もゴダールだったということを一度も思いださなかった。簡単につながりそうなことがつながらないことはいくらでもあった。それで『イメージの本』だった。始まって5本の指、手、手を使って思考すること、そういうことが言われて手がいくつも出てきてそれからずっと、ただ面白くイメージの連鎖を見続けていた、フッテージコラージュ、あ、あれはあの映画だ、とそういうのがわかるたびに何かうれしい気持ちが芽生えたりその芽生えをいささか幼稚なものだと思ったりしながら目と耳がずっと楽しみながら見ていてこのとき何かがたしかに意識を楽しませている。それがなんなのかはわからない。画面にたしかに映されている細部をほとんど認識しないままそれが次のイメージで響き合うそういうことできっと目がそれを認識してよろこぶ、そういうことが起こっていてそれをたしかに見つけ出して教えてくれたのが平倉圭の『ゴダール的方法』でこれは強烈に面白い本でまた読みたい。画面と音は直接関係したり関係しなかったりして列車の連結部のところで男が女の移動を手助けするそういう場面が映されていてそのときにピアノの静かな旋律のあるそこで妙に感動して泣きそうになったりいくつも美しいものもまがまがしいものもあってそれはずっと美しかった。途中で眠くなってこういう日の楽しみみたいなものは耐久時間があるよなと思って、でもあとでまた回復して最後、あとでパンフレットを見たらマックス・オフュルスの『快楽』だという踊るシーンがとにかくよかった、踊り出す、カメラが近づいて巻き込まれるようになる、それにワクワクしてそれで男が倒れてしばらくして映画が終わって、ああ、ずっと見ていたかった、と惜しいような気持ちになってパンフレットを買って出た。

やはり晴れていた。今度は地上を日比谷の方に向かって歩いていって銀座は見知らぬ町で、吉田健一を読んでいたところでやはり見知らぬ町のままだった。日比谷公園の緑が見えてきて日比谷公園にでも行こうと思って向かった、向こうの右も左もどちらも緑で日比谷公園はどちらだろうと地図を見ると右側は皇居ということで皇居と日比谷公園が隣り合っているということを僕は今日まで知らなかった。というか日比谷と皇居ってこんな位置関係だったのかとそれも知らなくて、最後の横断歩道を渡っていたら向かいから歩いてくる人の中に何かを感知してよく見たら大学のサークルの先輩で「あらあら！」というところで3秒挨拶してそれで互いに横断歩道を渡って、僕は公園内に足を踏み入れた。煙草を吸いたかった、日比谷公園はいくつか煙草を吸えるスポットがあったような気がしてそれで気楽に歩いていたが見当たらず、この数年でどんどん状況は変わっていたとしても何も不思議ではないのでそういうものかと思って、それで僕は公園でラジオをやろうと思っていたのでどこでやろうかと歩いていると暑くなってきて気持ちもよくて開放的な心地になってそれでビールを飲むことにした、夕方にスポーツセンターで走るつもりでいたがそれはどうしようかということが頭をかすめたがビールはビールなのでビールを買った、買ったらおまけでおつまみがついて、日陰になっているベンチを探してそこに座った。中央に細いヤシの木みたいなものが数本植わっている芝生があってそこは立入禁止で、それを囲むようにベンチが配されていてそのひとつに座った、ヤシの木を越えて向こうは日比谷駅側で高いビルがいくつか見えて空には雲ひとつなく、すっきりと水色に広がっていて静かだった。そこで30分ラジオをやって、それで電車に乗って帰った。

　ビールをひとつ飲んだらそういうつもりになってしまったみたいで帰りしなにコンビニでビールを2缶とつまみを買ってそれで帰って、帰ったらすぐに開けて飲みだした、ソファにべったりと横になってビールを飲みつまみをつまみそれで本を開いて今日は走ることは諦めたらしかった。

話すな。この話は話すな、語るな。頼むぞ。よく覚えておけ、これを記憶しておけ。頼むぞ。いいか、これはお前たちだけのものだ。ほかの者には話すな。永遠に。ほかの人間やほかの村の者には。もし質問されたら、答えるな。よその者には話すな。なぜならこの話はお前たちのためだけにあるからだ。もしだれかにこれを話したら、お前たちは死ぬ。お前たちが死ぬのを俺は怖れている。お前が死に、お前の家族も死ぬ。この話をしたらな。これは家の中にしまっておけ。心の中に。永遠に。永遠にだ。頼むぞ頼むぞ。いいか、わかったな。もし男がやってきて、質問されたら、何も話すな。答えるな。今日も、明日も、毎日、この話は秘密にしておけ。

カール・ホフマン『人喰い』(古屋美登里訳、亜紀書房)p.385, 386

『人喰い』が終わった、夢中になって読んだ。全部がきれいにつながって最後の場面も圧巻だった。最初、読み始めたときに少し停滞した、これはもしかしてそこまで面白くなかったりするのだろうかと思ったのはいくつもの人名や地名が全然頭にしっくり入ってこなかったからでオツジャネップとかオマデセップとか、それで輪郭がぼんやりしたそういう気持ちになっていたのだけどそれが馴染んできてそしていろいろがつながっていってぐんぐんと立体的になっていった。間髪を入れずに『居るのはつらいよ』を読み始めてしばらく読んだところで眠くなったのでタオルケットにくるまった。

遊ちゃんが帰ってきたらしく、しかし僕は寝ていた、起きたら9時前で、3時間くらい寝ていたのだろうか、頭がいくらかズキズキして今日は食べ物はつまみしか食べていなかったそのせいだろうか。遊ちゃんがおととい iPadを買っていてそれでお絵かきアプリを見せてくれて、このペンはすごいなあ、とうねうねやっていたらすっかり熱中して僕は何かを描いていて楽しかった。11時を過ぎて夕飯を食べに外に出てうどんと丼を食べて帰ってきた、食べる前からお腹に変な満腹感があって食べたらそれは一層のものになった。頼むぞ頼むぞ。

戻って、メルマガの配信の準備と新たなご登録の方の対応をしていたらよくわからないエラーが起きて40分くらい掛かった、それで気持ちがいったん一気に落ちそうになったがそれは大丈夫だったが代償としてなのか肩が異常に重くなった。この肩はなんのつもりなんだろうか。変な休日になった。こんなもんだろうか。

全身が重い。

5月24日（金）

起きたらやはり全身が重く腰や肩や背が疲れていて「なんなんだこれは」と思ってわからなかったし悲しいような心地があった。皮膚科に出向いた。初台の北側に足を運ぶことはもうほぼなく、オペラシティに行くときくらいでもうほぼなく、晴れていた、オペラシティの敷地の西側の目抜き通りというのか、山手通りと並行して南北に走る、甲州街道と水道道路を結ぶ通りが目に入り、それが光に包まれてすーっと向こうに開けていくように見えてハッとした、たまにはこちら側に来たいような気がしたが用がなかった。暮らし。

日記を読み返すというか確認していたら何度も胸がいっぱいになった。胸がいっぱいになったし何度も吹き出した。愉快な日記だった。こういう日記が残されていてありがたい。

そういえば僕は「内祝い」という言葉を「内々で祝う」という意味だと思ってたまに

使っていた気がするがきっと間違いなのだろう。なのだろうというか、間違いだった。恥ずかしい。

それで読み返しが終わって内沼さんに送ったところ、そのまま変な勢いがついたらしくてその次の時期、つまり去年の10月から今までの分もきれいにしたくなってInDesignに流し込んでいった。すると大変なことが発覚した。7ヶ月半くらいのその流し込まれた日記が、1270ページになった。つまり1年分までまとまるとこれ2000ページくらいになるぞ、ということがわかり、あれ、これ、大丈夫なのかな、いろいろ、と思った。

思いながら、夜もずっと暇さえあればその作業をポチポチとやっていてまた肩を重くさせてバカみたいだった。本を読みたい。読めたんじゃないか。それを、誰から言われたわけでもないことを肩を重くさせながら率先してやって、時間を食って食って、なんだろう、と思うがまったくの既視感だ。小学生の時分の進研ゼミで届いたその日のうちにその月の分をやり終えてしまいたいという例のあれだ。まったく、まったくそういう気質みたいなものは変わらないものだなとほとんど清々しい思いだ。ともあれとにかくいったん現在まで追いつきたいのだろう。現在まで追いついたらほとんど週次の作業の積み重ねでほとんどそのまま使える原稿の形になる、ということで、その状態に早くしたいのだろう、それはたしかに気持ちがよかろう。

けっきょく本を開くこともなく一日を仕事だけで埋めたわけだったが日中、『居るのはつらいよ』のことを考えていた、『居るのはつらいよ』のことというか『居るのはつらいよ』とフヅクエのことを考えていて昨日読んでいたところでただ「いる」ことの難しさが言われていた。人はそれに耐えられずつい何かを「する」という選択をしがちでそれはある種の逃げというか何かを緩和させるものとして、散らすものとしての、「する」であって、人はだからとにかく「する」。「いる」というのは実のところけっこう苛烈な行為である、というようなことまで言われていたか忘れたけれどもそれはそうで、それで今日思っていたのがどうして読書を積極的に歓迎するサポートするそういう場所が少ないのだろうということを考えたときにもちろんいろいろな理由はあるけれど、単価であるとか回転であるとかそもそも店の人の嗜好であるとかいろいろあるけれども、読書をとても日常的におこなう人以外にとって読書をする人というのはある種の不気味さを持つのではないか、ということは以前から考えていたことでその非接続性みたいなものはそうだと思っていたのだけれどももしかしたらそれと同時にというかそれと同じことで読書をする人が見た目としてはとてもただ「いる」人に見えるというのもあるのかもしれない、と思った。ただ座って、座って、座っている人。ほとんど動きなく、ただただ「いる」人。その苛烈な状況を甘受している人がそこにいるというのはなにか不都合というかそう見たくない光景になったりする、というのは、書きながらそれは考え過ぎのような気がするということになっていった。

不気味といえば昨日の日比谷公園でいくつかの場所でそれぞれ違う向きで立ち止まってうつむいている人間集団があって「ポケモンゴー」なんだとは思うのだけれどもその姿は見るたびに特殊で不気味で自分の意思で立ち止まっているというよりもずっとなにものかによって立ち止まらされているといういびつな停止の体に見える。あの不気味さを読書者がまとっているとしたら。ああ見えるのだとしたら。いやこの考えはどこにも進まないような気がするけれど「ポケモンゴー」の人々のあの静かな立ち止まりというのは本当に一体なんなんだろうか、他では見ることのない状態に見える。あまりに違う時間のなかに落ち込んでいるというか、なにかシャマラン的というか、見るたびにシャマランの『ハプニング』を思い出す。どんな映画だったかは覚えていないが。死ぬんだよねたしか、きっと、たくさん。

帰り、今日は休肝日かなと思っていたが結局ウイスキーを飲み始めた。布団にいる遊ちゃんとまた今年もクリスチアノにご飯を食べに行こうね、7月に行こうね、と言っていて、というのを日中に言っていて、それでその続きで、7月に行こうねえ、しかしもう1年が経つのだねえ、半年も経っていないような気がするよねえ、と言っていて、二人ともそう言っていて、それはマル・デ・クリスチアノに行ったのが去年の7月でしかし体感としては数ヶ月前だったということだったのだが、話していたら、マル・デ・クリスチアノに行ったのは今年の1月だったことを二人して思い出し、ここまでずっと「あれは7月だった、しかし体感は1月くらいだ」と言っていたのが勘違いで、だから本当は「あれは1月だった、そして体感も1月くらいだ」ということで、体感が正解だった、そしてそれを二人して思い違いをし続けていたということにたいへん愉快がった。去年の7月に、そしておととしの7月にも行ったのがクリスチアノで、それは一緒に暮らし始めた記念でのそれで、今年の1月に行ったのはマル・デ・クリスチアノで、それは入籍を祝って、ということだった。最初の引っ越して一緒に住み始めたそのときがクリスチアノだったことでなにかのお祝いはクリスチアノでしょ、みたいななんとなくの流れがいつのまにかできあがっているみたいで、1月のマル・デ・クリスチアノがあまりになにもかもがおいしくてうれしかったから、今は次もマル・デ・クリスチアノに行きたいと二人とも思っている。楽しみが先にあるのはありがたいことだった。

『居るのはつらいよ』を読みながら寝。依存労働のことが「なるほど、なるほど」で、ずっと面白いからずっと続けて読んでいる。

5月25日（土）

早めに行き、おかず作成。それから店開け、ゆったり。あんまりゆったりしているから山口くんがインしてから順繰りにやっていこうと思っていたレモンシロップの作成、ピクルスの作成、瓶の煮沸、玉ねぎのマリネ等を一人でコツコツと進めていったところ予定通り山口くんがインした。ゆっくりだから途中でどっか（ドトール）行くかも、と言っていたがなんとなくそこにいてなんとなく一緒にやっていて途中で外階段で煙草を吸いながらツイッターを見ていたら首相官邸のツイートが話題になっていて

1）一部の報道に、4月30日に挙行された「退位礼正殿の儀」での国民代表の辞の最後の部分を、安倍総理が「・・（前略）・・。天皇皇后両陛下には、末永くお健やかであらせられますことを願って『い』ません」と述べた、との記事があります。

2）国民代表の辞は、同日の閣議で決定されたものであり、安倍総理はそれに従って

述べています。

３）閣議決定された国民代表の辞の当該部分は、「・・（前略）・・。天皇皇后両陛下には、末永くお健やかであらせられますことを願って『や』みません」とひらがなです。

４）これらの報道にある漢字の読み間違いなどは、ありません。

とツイートされていたというもので、ちょっとまったく何を言っているのかわからなくて、いやわかるのだけど、こんなあまりに醜悪であまりにみっともないことを、どうしてというかなんなんだこれは悪夢なのかと思って中に戻って忙しくしている山口くんを外に呼びつけてツイートを読ませて絶句させた。気持ち悪すぎる。カギカッコの位置も恣意的というか発音時に「い」と「や」が混ざっただけという印象をもたらそうとしているのか恣意的で、対応させるべきは「い」と「やみ」だった。気持ち悪すぎる。映像でたちまちに確認できるものに対してこんな言い訳にもなっていないことをするみっともなさに対して恥ずかしさを感じないのだろうかと何度も何度も思ってきたことを思うが恥ずかしさを感じないからできるのだろう。恥ずかしさを感じない人は無敵で怖い。

それからは僕も忙しく昨日に続き不要不急すぎるInDesign作業をやったりしていた、コツがつかめて、コマンドFでエンター、エスケープして上下矢印でカーソル移動してシフトもろもろで文字スタイル「ベタ」適用、とするのが動きが一番少なくて済みそうだった、そのときトラックパッド上で動かす、あれもカーソルというんだっけ、あれはずっとその文字スタイル「ベタ」の上に固定しておくというのがミソで、そうするとトラックパッドに触ることをしなくて済む。そのかわりコマンドFとエスケープという隅っこを左手が動くから、今度は左手に疲労がもたらされるのかもしれないが――

夜、面談というか面接というか応募の方とお会い。今日も散歩。今日は北上することにして歩道橋を渡って甲州街道を越え、それでオペラシティの敷地の西側のだから目抜き通りみたいな通りを歩いていって、そして水道道路を過ぎて本町の商店街のほうに進んだ、商店街を歩いた、こちらの商店街は南口の名ばかり商店街とは違ってたしかに商店街で、個人店らしい店が軒を連ねていて夜も活気づいているというか生気がはっきりとあって、行かないエリアだから馴染みはないけれど仮にこちら側で商売をしていたらしていたでそれも心地よいものだったかもしれない、とちらっと思った。すぐに打ち消した。甲州街道の北と南だと生活が違ってくる。今みたいに渋谷が近くなくなる気がする。渋谷というのはつまり丸善ジュンク堂であってフグレンであってユーロスペースであって、その体感距離は僕にとっては大切なことだった。甲州街道はチグリス川より幅が広いし、チグリス川の幅を知らない、チグリス川がどこの川なのかも知らない、チグリス川という名称への自信すらないが一発で変換されるところを見るときっと正しいのだろう、というくらいにしかチグリス川についての確かさがない。その不確さの中にある確からしさをしたたかに信じてみせること。

「それが大切だとは思いませんか？」

応募者の方はその問いに対して

「ええ、そうですね」

と戸惑いを隠しながら言ったしその戸惑いはたしかに隠されていたのでそこに戸惑いがあったのかどうか本当のところ僕は知らない。ずいぶん西まで歩いたものだ。幡ヶ谷という文字を見た。甲州街道に戻り、先ほどとは違う歩道橋を上がり下がり、たしかに幡ヶ谷に近づいているところだったがまだ中間地帯だった、歩き、歩き、歩いて、話したり、黙ったりしていた。今日はいっとき二人とも黙り続けている時間があって、そういうときこそお散歩面接の真骨頂で、こんな黙り時間は差し向かいではとうてい成立しない。だからこそそれでよかった。黙っていたということはそれが必要な沈黙だったということで、それを埋めるためになされた発言にはそう意味はないわけだから、歩いているということは価値のあることだった、黙りながら歩道橋を歩いていて眼下で車が西へ東へ走っていてそれぞれどこに向かったか。

店に戻り山口くんが盛大に働いていて僕もジョインしてちゃきちゃきと働いた、「とってもおいしいジントニック」というメニュー名にしたナプエのジントニックを頼んだ方が僕が出ているあいだに同じものをおかわりしていて、「これはきっととってもおいしかったんだな」と思ってお会計のときに「とってもおいしかったですか？」と尋ねたら最初はニコニコと「はい」みたいな答えだったが少し置いて気づいたような顔をしてからよりニコニコとして「とってもおいしかったです」と答えてくださって、それはだからハイタッチみたいな瞬間だった。

12時まで二人で一生懸命ひたすらにやって、鶏ハムに使う塩や蜂蜜で漬け込んだ鶏胸肉のタッパーが2つあってひとつが数日前に漬けたやつでそれが今日使うやつでもうひとつが今日の夕方に漬けたやつでそれは今日は使わないやつでそれを言い忘れていたところ山口くんは今日のほうを鶏ハムのために開けて水に入れて塩抜きをしていて、言い忘れた！と思ってそれはさすがに漬け込み時間が短すぎるのでなしで、だから正しいほうを改めて出して水抜きして、じゃあ今日のやつはどうしよう、いったん水に浸けちゃったしまた塩とかやって保存するのはダメになりそう感がありすぎてダメだと思って、じゃあ夕飯に食べよう、となって醤油とにんにくで和えてそのままにして、それからマヨネーズと片栗粉をまぶしてフライパンで焼いた、そろそろかなというところで紹興酒と醤油を追加して煮詰めた、というものをつくってそれとご飯という、だからご飯と肉という、非常にワイルドな夕飯となった。「アスリートとかみたいだね」と言いながら肉は700グラムあって、「こんなに食べられるかね」と言いながら食べ始めたら「意外に食べられるものだね」となった。

そのあと今日もカクテルの試作で今日は「コーヒー牛乳」だった。奥飛騨ウォッカとめちゃくちゃ濃く淹れたアイスコーヒーと牛乳とバニラビターズで、最初バニラビターズ抜きで味見をしたらやっぱりただただコーヒー牛乳で、山口くんも「あ！」みたいな顔をしておいしいと言って、それでバニラビターズをぽつぽつと垂らしてみたところ苦味が増えた。さすがビターズだとなったが、ビターズは少しでいいことが学べた。シロップも入れて甘くしてつくることに決めた。

今日もよく働いた。

帰って、『居るのはつらいよ』を開いた。

砂場で遊んでいる子どもを思い起こしていただきたい。彼は熱中して砂のお城をつくっている。僕らから見ると、彼は一人で遊んでいる。だけど、ウィニコットに言わせると、彼は一人で遊んでいるわけではない。彼の心には「母親」がいる（当然のことながら、べつにこれは生物学的な母親でなくてもいい。お世話する人、つまりケアしてくれる人であればいい）。ここがウィニコットのわかりにくいところだ。少年は砂の城のことしか考えていないし、外から見ている僕らにも彼は一人で遊んでいるように見える。だけど、実際には彼の心の中にはきちんと母親がいる。それがわかるのは、彼の遊びが中断するときだ。

少年はときどき手を止めて、後ろを振り返る。後ろのベンチに母親がいるのを確認する。そこに母親がいるか不安になるのだ。すると、遊びは中断する。このとき、母親はスマホでツムツムをやっていて気がつかないこともあるかもしれないけれど、多くの場合、手を振ってくれる。すると少年は安心して、ふたたび遊びに没頭しはじめる。

そう、遊ぶためには、誰かが心の中にいないといけない。それが消え去ってしまうと不安になって、遊べなくなってしまう。少年は心の中で母親に抱かれているときに、遊ぶことができる。他者とうまく重なっているときに、遊ぶことができる。

東畑開人『居るのはつらいよ』（医学書院）p.153, 154

ここを読みながらフヅクエのことを考えていてフヅクエは一定以上の大きさになってはいけないというか面積的な、広さのことだ、なってはいけないと、僕の野望のとおりにいろいろな場所でフヅクエをつくることができたとしても、今くらいの広さの場所であるべきだと考えることがあって、それを思い出していた。それは周囲の他のお客さんの気配というか「ともにいる」という感じもそうだけれども僕やスタッフという店の人間の存在もそうで、その存在のなにかが及ぶ範囲であるべきだ、と思っていて、そこに何かしらの何か安心感とかそういうものが宿るのではないかと考えていて、そのことを説明してくれるところだった。遊ぶためには、誰かが心の中にいないといけない。

と思いながら昨日とかに下北沢のことを考えながら「やっぱり2階も客席として使うのはありかもしれないな」と思っていたことを思い出したしこれを読んでもなお「それでも2階もありかもしれないな」と思っていた。気配が及ばない、しかしそれでも、というなにかをつくることは可能かどうか。

読んでいると眠っている遊ちゃんが笑った。愉快な夢を見ているのだなと思ったら僕もおかしくなって、笑った、そうしたら遊ちゃんがまた笑って、それで僕もまた笑った。

5月26日（日）

タオルケットをくるくる巻いて枕にして布団の変なところで大の字や小の字になりながら寝てそれが楽しくて何度も笑っていた。夢を見て、一軒家にいてなにかの撮影があるらしく、部隊は屋外と屋内に分かれて居間の次の部屋で僕が撮られるらしかった。一緒に遊ちゃんが座っていてそうしたらカメラマンの元気のいい女性は大ベテランというふうで遊ちゃんを撮り始めて顔の向きであるとか表情であるとかの指示というのか、を出して、それでずいぶん撮っていた、なんとなくそれを心地よく思って僕はいなくてもよさそうだったので居間に出た。居間の隅っこで知った人がなにかの画面の前に座っていて「これは？」と聞くとなんとかかんとかから提供してもらった素材、と言っていて雨粒が落ちる映像でなにが不思議だったのか覚えていないが不思議な映像で、ああ、なんとかかんとかね、一度僕もなにかでご一緒したことがある、と思った、あの映像やその映像のとき僕もそこにいた、これとか、あ、これも。外は天気雨で外の撮影は僕より一回りくらい年上の感じのモデルの女性たちですごい種類の料理がケータリングで用意されていてそれを食べながらキラキラと笑いながらいるらしかった、僕のところから見えたのかどうかわからないがそうだった。

そのあとどこかの宿泊施設にいて広大なお土産売り場みたいなところを歩いて、途中で座って本を読み出した。急行列車で帰る。その前に本を買おうと思って蔦屋書店みたいなところに入って、その前に知った人が「今日このあと戻ったらだれだれの家に行って明日のイベントの予習でなんとかという本を一緒に読もうぜっていう約束があるんです」と言うから「あ、僕もそれ楽しそう」と言うと「だれだれも阿久津さん来てくれたら喜ぶと思います」と言って、「だれだれ君ってあのああいうこういう人だったたっけ」と言うと「そうですそうです」と言う。それでその本ともうひとつ、どちらもビジネス書でそれを探そうと蔦屋書店みたいなところに、もうひとつ書店の候補が頭の片隅にあったがあるならこちらだろうと蔦屋書店みたいなところに入って探したが見当たらず、そもそもビジネス書コーナーみたいなものがないように思えて、そういえば蔦屋書店ってビジネス書棚はなかったんだっけか、と思いながらうろうろしていた。パンでも買って出ようと思ってパンかなにかを売っているところに行くと正子さんが見えてとても久しぶりで、平台を挟んで向こうでちょうどレジに到達しようというところだった正子さんに正子さん、こんにちは、阿久津です、明日のイベント行きますね、楽しみにしています、と言うと正子さんは変わらない太陽みたいな素敵な笑顔でありがとうというようなことを言って、そうするとその場にいた他の人たちも順番に正子さんに挨拶をして正子さんはすべてに素敵な愛想を振りまいていてそれを見ながら「大変だろうな」と思った。

いったいなんの夢だったんだよと思って起きてから笑った。いったいどういう自意識が見させた夢なんだ、いったいどういう肥大した自意識が、というような。たぶん、昨日見かけたツイートで『読書の日記』を読んだがこの著者は「作家」ではなくあくまで「読み手」なのだろう、「作家」というのは書いちゃいけないことや恥ずかしいことや人間のいやらしいことを書く存在で、生きづらくて当然の存在で、というようなことが書かれていて「読み手どころか一介の店主ですけど」というのは著者としては不誠実な反応だろうけれど僕のそれをどう読むかは別としてさすがに作家の定義としてはナイーブすぎるのではないかと思い、「僕のそれをどう読むかは別として」と頭では思いながらもやはりどこかで別にできていないところがあったのだろう、そして同時に「俺は作家なのか？」というようなそういう問いもまたあったのだろう、そういうことが転じて転じて見た夢だった。

今日も一生懸命働いた。12時から12時まで、休むことなく弛むことなくただただ強靭に働いた。今日は珍しい日でフードがほとんど出なかった。お昼の時間からコーヒーのオーダーから始まる方が多く「今日はコーヒーの日だな」と思って昨日は紅茶の日だった、思っていたらそのまま多くの方が喫茶という感じで食事がほとんど出ずこれは誤算といえば誤算だった。

一方でというかやっと、コーヒーが整った。やっとだった。コーヒーは普段は深煎り1キロと浅煎り500グラムで頼んでいてそれを週1くらいで発注するような感じになっているのだがゴールデンウィークでどうなるかわからないから1・5キロと1キロという変則的な発注を続けておこなって、そうしたらずれにずれた。浅煎りが余る、浅煎りが余るぞ、となってゴールデンウィークが開けて次の発注は深煎り1キロだけにして、フヅクエが定めている消費期限は焙煎日から14日で、そこに間に合わせる感じで調整していく、調整というのはつまり僕が飲むときにどちらを飲むか選ぶことでおこなうのだがとにかく浅煎りばかり淹れて飲んで飲んで、そうやっていったら14日ちょうどギリギリで浅煎りも終えられて、と思ったら今度は1キロだけで頼んだ深煎りのほうがだぶついた、それでとにかく深煎り深煎りで飲んで飲んで、それで昨日やっとそれが終わって足並みが揃った感じにやっとなった。ゴールデンウィークの混乱の余波がここまで及ぶとは、という様子だった。

それでとにかく一生懸命働いた。やることがなくなったらまたInDesignを触っていて、これはもう病気だと思った。どうやったら効率的に小カギに変換できるのか、課題は残った。

帰り、『居るのはつらいよ』。みんな辞めていって寂しさがやってきた。全身が疲れていたためストレッチをしながら読んだらいくらか軽くなった感じがあったが本当か。

5月27日（月）

店を通り過ぎて商店街が甲州街道とぶつかるところにあるATMに入ってお金を下ろしながらふと頭上を見ると銀色のプレートというのかが鏡みたいになっていて空と建物を映していた。それがどうも北口の通りから見た景色に見えて、あれ、北口の通りが見えている？と思うがそんなわけもなく片側2車線の甲州街道を挟んでいるしなにより首都高に邪魔されてそんなふうに見えるわけもなく、だから南口の商店街の様子をなんらかの角度で切り取って反転させると北口の通りの様子に似るというねじれたことが起こっていて今日も暑かった。

大家さんのところに行って家賃を払い、それから店の準備をして大して準備はしなかった。開けるといつになくコンスタントにお客さんが来られて鈍い休日くらいの客入りでおかしなものだった、一生懸命に近い強度で働きながら同時に日記の推敲をしていってこれまでは赤ペンだけを使っていたが黄緑色のマーカーを朝、文房具屋さんに入って買ってこれまでそこでは煙草を買うことしかしたことがなかった、だから買って、それで今週からは赤ペンと黄緑色のマーカーを使い分けることになって使い分けた。使い分けは文章の修正はこれまで通りに赤ペンでマーカーはInDesignに流してからのもので立てた欧文の周囲をベタ組みというのか、にするであったりカギカッコの中にカギカッコがあるときに小カギにするであったり二倍ダーシにするところであったり、というのを塗っておいて流してから黄緑部分を触るというそういう目印でそれにしても鈍い休日くらいで満席になるかと思ったらそうはならず、しかしコンスタントにずっとあって今月は平日がまったくの惨憺だったからありがたかったし平均を押し上げるためにも一気呵成でどんどん来てもらいたかった、よく働きよく疲れた。ここ数日の空腹時の摂取食物であるネオバターロールに鶏ハムを挟んで食った、2個、バカうま。

……8時にはどなたもおられなくなった。

勤労意欲は減退の一途をたどっていったというかゼロになったためミックスナッツをつまみながら本を読んだ、『居るのはつらいよ』。ケアとセラピー。ただ、いる、だけ。読み終わった。ずっとひたすら面白かった。ただいるだけ。ただいるだけ。先週だったかに僕は非生産の時間の側にいたいと書いたことと通じることのような気がした。ずっとなにか響き合うものを感じながら面白く面白く読んでいた。いること。それはフヅクエにとってとても大事なことだった。まだ10時半とかだった。もういいやと思い看板を上げ、飯食った。11時半。銭湯行こ。

ゆっくり風呂に入った。すぐにのぼせるから下肢だけを入れて立っていたり、それでどぶんと入ったり、隣の水風呂にやはり下肢を入れてみたり、これはあたらしい挑戦だった、水風呂なんてこれまで見向きもしなかったがふと今日は「水風呂」と思ったためそうしてみたのだった、それは気持ちのいいものだった、いつか僕もサウナと水風呂を行き来する存在になったりするのだろうか、ふくらはぎがとにかくだるくて、それをケアしたかったということだった、それでどうなったか。

帰り、まだ早い時間だった、遊ちゃんと話していると歌舞伎の話になり「奈落」と言うから、そうか、そういう場所は奈落というのか、と感心して、自信がないというので調べてみると正しかった、奈落だった、と思ってそのあとにデニス・ジョンソンの『海の乙女の惜しみなさ』を開いた、短編集ということだった、最初は表題作でその中に細かい話が入っているような感じで静かだった、いくつか読んでそれは静かに熱いような感じもしたし静かに冷たいような感じもしたしそれが老いなのだろうか。晩年の、というのをどこかで見たのだろう、ふと帯を見た、帯ではなく背表紙の上のところになにか文章があるのだったか、とにかく背表紙側を見たら「抑制の効いた語りのなかに、人生の奈落をふいに垣間見る瞬間。」とあって「また奈落」と思っていくつか読んだら眠った。

5月28日（火）

今週は時間がない感覚が強くてすでに焦っているしすでに元気がなくなっているよう

な気もするが予定を組んだのは自分だった。朝、パドラーズコーヒーに。久しぶりでうれしい、暑い、上空を前後に2つプロペラをつけた飛行物体が何機も何機も飛んでいった。外の席は久しぶりに座ったら前よりも影が広くてつまり木々の葉が茂っているということで気持ちがよかった。冷たいカフェラテを飲んで今日も暑いみたいだった。

店、着き、ふと目の前の山になっている本のところを片付けて、そうしたら去年買ったミャンマーの音楽のCDのひとつをまだ聞いていなかったそれが出てきてだからそれを掛けた、ピアノがちょんちょこと鳴らされていた、そのあとスピーカーの調子がおかしくなって慌てたがステレオの電源を一度落として再度つけたら直ったのでよかったがなんだったのか。開けた店は今日も昨日と同様になにかコンスタントにお客さんがありそういう中でいくつか仕込みをやったりしていた。驚いたことに満席になった。慌てて予約ページの席を埋めていって満席状態にした。それで後手後手に回り続けながらオーダーをこなしていった、こういうとき構えが大事なのか構えのない状態でのそういう状態は特にテンパりをもたらすようなところがあってテンパったし休日にはそうならないような回り方で後手に回っていた。つまり洗い物がどんどん溜まっていったということだった。

4時、山口くんがやってきたときは満席がほどけた直後くらいで洗い物がとにかくあるというところでオーダーもまだあるというところで山口くんはひたすら洗い物に徹した、僕は気分がどんどんと落ちていっていたところでこんなメンタルで面接というか面談というかなんて相手に失礼だな、戻さないと、と思ったがそれで戻るようなものならそもそも落ちてはいないだろう、僕が出た5時半までにお客さんは二人まで減り、だからそれに連れて洗い物もまた新たに出るから山口くんはとにかく洗い物だった、それで外でぺちゃくちゃとしゃべって、出た。6時からの面接は事前のメールのやり取りのときにドトールに来てくださいと言っていたし雨だしやはりドトールかなと思ったが雨はもうやみしばらく大丈夫ということなのだろうか、これなら歩ける、と思ってどうしようと思い、もう20分とかしかないのにドトールにならない可能性のあるドトールに入るのもバカらしいと思って屋上に上がって煙草を吸った、待ち合わせ場所を急遽店にしてもらって、それで僕は2階と3階のあいだの階段に座って待った、そのあいだに山下さんから「ひとの読書」の確認と修正のものが戻ってきたのでそれを見た、ほとんどそのままでよしというご判断で男前だと思った。応募の方がやってきて、それで歩くことにして歩き出した。

自転車を僕は今日は押しながらの歩きだった、初台坂下のほうに下って山手通りに出て、すぐに細い道に入った、それから代々木八幡宮の脇の急坂を上がって下って、すると踏切にぶつかる。それを渡る。正面に公園がある。左に折れる。するとリトルナップがある。そこで僕はアイスのアメリカーノを、応募の方はドリップコーヒーを頼み、また歩き続けるつもりだったが自転車を押しながらドリンクを持ちながら傘も持っているという状態はきっとめちゃくちゃ歩きにくいと思ってそれでリトルナップの外の席に座って飲んだ。雨はまだ降らないでいてくれた。

飲み終えたのでまた散歩を再開して、フグレンを横目に歩いていくと神山町の通りがあってそこを通り過ぎていく白い自転車の女性が「あれ？」と思って向こうもこちらに目をやってそれで「あれ？」となってそれで「おやまあ！」ということで遊ちゃんだった。遊ちゃんはSPBSに千葉雅也の本を買いに行くところだったらしく、遊ちゃんは数日前に千葉雅也のトークイベントを見に行っていてその日は朝から「アンスティチュアンスティチュ」と早口で言っていた、大学生のときにYUKIのライブを見るために福島から高速バスに乗って東京に向かうときと似たようなうれしさと不安、実際にそれを見たら好きじゃなくなってしまうんじゃないかという不安を持ったりしていたらしかった、実際にそれを見たら、より好きになった、コロンビアの花火の柄のリュックを千葉雅也は背負っていて「最高」と思った、その遊ちゃんとだから一緒に歩きだしてだから3人で話しながら歩いた。面接とはどういうものなのかもはや誰にもわからなかったしそれでよかった。僕は適当に歩きながらも丸善ジュンク堂に向かっていてだから遊ちゃんも一緒に丸善ジュンク堂に行くことにしてSPBSは通り過ぎてずっと歩いて行った、途中でいつもなんの場所なんだろうと思っていた店かなにかでスーツの男性、そういえば男性ばかりだった、それらがたむろしていてその中がピンク色の光があってアップテンポな音楽が大きく流れていてなにかしらのイベントをおこなっているみたいで「クソつまんなそう」と思った。どうしてそう思ったのだろうか。

今日は僕は読みたい本がたくさんあった。どんどん取っていった。千葉雅也『アメリカ紀行』、又吉直樹・武田砂鉄『往復書簡　無目的な思索の応答』、植本一子『台風一過』、『ユリイカ2019年6月臨時増刊号　総特集＝書店の未来』という4冊で持ちながら「すごくキャッチー」と思ってちょっとこれは気恥ずかしいようだった。なんというかカルチャーヒーローみたいな、そういう面々という感じがしてだからこれを一挙に持っている感じはけっこうなところ気恥ずかしいものだった。でも千葉雅也によるアメリカの紀行文なんてすごく読みたいし武田砂鉄の言葉に僕はけっこう触れたいというのが強くあるし植本一子の新しい日記なんてめちゃくちゃ読みたいし『ユリイカ』もSNS

等でいろいろ見かけてそれはちょっと読みたいなと思っていたためやはり読みたかった、だから仕方がなかった、なんの言い訳なのか、それで買った。

エレベーターに乗ると見下ろすと地上で傘がいくつか開いていて「雨なのか」と思った、出るとそうでもなくてよかったと思いながら歩きだしてもうとっくに暗かった。それもそうで8時だった。2時間近く、この面接だかなんだかわからない、さらに遊ちゃんも加わっていよいよなんなのかわからない散歩をして応募者の方はどうだったろうか。きっと楽しかったと思う。僕は楽しかった。だからよくてまた雨が降り出して向こうからやってくる車のライトがそれを照らし出した。傘をさしたりささなかったりしてそのまま歩き、駅でお別れし、僕と遊ちゃんはお腹が減ったので検討した結果按田餃子に行って晩ご飯を食べた、今日もお腹いっぱいになって今日もおいしかった、帰りながら僕はずっと悲しくて悲しいのが胸いっぱいに広がっていくようだった、ご飯を食べに向かう前から食べに行ったら時間が掛かる、自分でつくっても時間が掛かる、どうやってもダメでどうしたらいいかわからない、と思っていた。自分で自分の首を締め続けている。時間がない。読みたい本がありすぎる。時間がない。運動をしたい。時間がない。ゆっくりゆっくりしていたい。そんな時間はどこにもない。

暗澹として下を向いていた、日記を書いていたということだった、それが終わり、シャワーを浴び、送るメールをひとつ送り、さてもう本が読める、となったのは12時を過ぎたところで、いつもどおりグラスにウイスキーを注ぎ、そこに水を足す。さて、もう本が読める、しかし、どれを？　というのはこの場合、大問題だった。大難題だった。4つも買った。昨日読み始めたデニス・ジョンソンだってある。プルーストだってそろそろ開きたい。大難題。そもそも、今日読み始めたところでどうせ大して読めなかろう。どうせすぐに眠くなろう。そういうコンディションのその読書をどれにするのか。今日買った4冊を選ぶのはそれは彼らに対して失礼ではないか。ではデニス・ジョンソンか。でも読みたくて買った4冊がある。その読みたいが熱しているうちに開くのもまた道理と言えば道理ではないか。では、ではどれなのか。等々、考えるもわからず、遊ちゃんは今日はやたらと疲れているらしく帰ってきたらすぐに布団にこてんと倒れてそのまま眠っている。

けっきょくデニス・ジョンソンを読みだした。読みだして少しするとさっきまでの迷いみたいなものはなくなって、ただ面白く読んでいくだけだった。なんともいえずじわじわと静かによくて、でもそれがどんな感情なのかわからないというか、「よい」とか

「おもしろい」とか「うれしい」とかそういうことにはならないこれはただ充実しているというそういう感情みたいなものなのだろう。

5月29日（水）

家を出て外に一歩足を踏み出したその瞬間に、かつて、小学生とか中学生とかのとき、それまで降っていたそしてすでにやんだ雨の影響でグラウンドがどうなっているかが気になるそういう朝が何度もきっとあったんだろうなということをふと思って道路は少し濡れていた。そのときのグラウンドのコンディション次第で明暗が分かれるようなそういう心地があった。ということは思い出せるというか想像がつくがどれが嫌だったのだろうか。どうなったら嫌だったのだろうか。この競技はしたくない、というようなものがきっとあったのだろう。体育の話だ。でもどれが嫌だったのだろうか。あ、走る系だろうか。納得。今だったら喜んで走りだす。勝ったり負けたりではない、優れている劣っているではない、そういう運動が存在することを体育はなぜ頑なに教えようとしなかったのか。なにか不都合でもあったのか。

店、着き、今日は開店前にラジオをやろうと思っていくらかの準備ののちにラジオを始めた、それですいすいと好き勝手言葉を打って清々しくて、終えて立ち上がると左肩が鉛のように重たく、この体はなんなんだろうと思った。鉛がどれだけ重いのか、知らない気がする。

開け。人参をしりしりしたり蓮根ときのこを甘酢で炒めたりジンジャーシロップをつくったり思いつきでその生姜をオーブンで焼いてドライにしてみたりしながら営業活動をおこなう。昨日は夕方までの日で夜はお二人だったようだった、おとといは夕方までの日で夜はゼロといってもいいような具合だった、今日も夕方までコンスタントな様子でなんだろうなと思った。連日、夕方までというか前半戦くらいのところで平日の目標を達成していて今日もわりとそんなふうだった、そして夜がほとんど人っ子一人とか二人とかゼロだったりというそういうそれが今日もそうだった。

だから夜、「ひとの読書」の更新をやってしまおうとHTMLタグをつけるであったりをしてそれで今回は名前を見分けやすくするために緑と青にしてそれはABCカラーというふうだった、10時ごろにその準備が整ったので更新して、そしてシェアをした。『ユリイカ』の発売直後というタイミングでこれを出せたのはなにかちょうどいいタイミングという感じがあってよかったがどうか。少し緊張しながらアップするようなところがあった。僕は緊張しやすい。昨日も週末も面接というか面談というかの方とお会いする前の時間は緊張していた。明日も緊張するだろう。そういう人間だからしかたがなかった。

野球の試合の推移を見に行くと（一日に何度も見に行くわけだが）、阪神と巨人が延長線に入っていて11回の裏で阪神がノーアウト満塁というチャンスを迎えたところで「これはもう」と思って、そのあとまた見に行くと巨人が攻撃しているから「どうしてだ」と思ったらノーアウト満塁を潰していた。巨人は巨人で12回表の攻撃でワンアウト一、二塁、ツーアウト一、三塁のチャンスを潰していて「あらら」と思ってまたあとで見に行くと8対4で阪神が勝ったようだった。4点？と思ってそれはもうその可能性しかないわけだからそのとおりのわけだが満塁ホームランで打ったのは高山ということだった。それにしてもノーアウト満塁のピンチを抑えた高木京介はなんというかどんなそれは心地なのだろうか。ものすごい量のものが分泌されそうでそれはもはや快感ですらなくなるようなレベルだろうか。

今日はもうしょうがない感じがあるが、それにしても本を読みたい。

閉店前、『ユリイカ』を開いた。山下さんのところ。それで大急ぎで帰って今日は酒は飲まないで済んだ、シャワーを浴びるとすぐに布団に倒れてデニス・ジョンソンに睡眠まで導いてもらった。

5月30日（木）

内田百閒だったか、著名な人のツイッターアカウントでそれまでその当人が投稿していたアカウントがある日にこれからはアシスタントの私が運営していきます、という宣言がされてアシスタントの人が投稿するようになった、そうしたらそれまでだったらまずなかったようなリツイートがされたりして「大丈夫かな」といくらか危惧したが少しすればみな慣れて、慣れるどころかそれはそれで新しいファンができていってアカウントとしてより盛り上がるような結果となった、という夢を見て8時15分起床。事件のような早起き。店行き、出汁を取り、コーヒー淹れ、飲み、出。

出る直前に経路を改めて確認というか電車の時間を調べたら「大幅な遅れ」とあるから心配したが遅れた結果ちょうどいい時間になった電車に乗ることができてそれが9時過ぎのことだった。その時間、満員電車になったりするのだろうか、とやはり心配しながら電車に向かったがもう落ち着いていていて市ヶ谷で座れた。この時間はもうこの程度のものなんだなと、そんなことも知らないのなと思ったが乗らないのだから知らない。ゆるやかな電車に乗っている人たちもどこかに仕事に向かう人がきっと大半なのだろうけれども車内の状況がそう見せるのかどこかゆるやかな感じというか余裕があるように見えた。遅刻の高校生もそうだった。それで電車では千葉雅也を読むことにして『アメリカ紀行』を開いた。


何ひとつ不足がないようにと強迫的に配慮しているかのような日本のコンビニの棚には、標準化された生活のミニチュアが見える。

コンビニでは、人が非人称になる。「なる」というか、非人称に「戻る」場所である。それは「清める」ような作用をもつ場所だとも言える。すべてがリセットされ再開される聖域としてのコンビニ。駆け込み寺のような。

僕は日本の生活のなかで、コンビニとか、和食の儀礼《リチュアル》的な面などから、自覚せずに「聖なるもの」を補給していたのだと気づく。異国に来て、それが補給できなくなっている。

僕はいま、異なる宗教の土地に来ている。


千葉雅也『アメリカ紀行』(文藝春秋)p.26

僕はいま、大島に降り立つ。降り立つというか電車は地下だったから地上に上がり立った。出るとよく晴れていて目の前は大きな通りが交差しているところだった、東東京というのは、とこちら側に来るたびに思うことを思う、本当に東東京らしい風景をどこでも見せてくれる。碁盤の目のように画然と道路が作られているのだろうか。いつもどこもこんなふうに思う。道路の向かいに見えた駅の出口はそれだけが取り壊しを免れた小さな建造物のように古びた外壁を外に晒しながら置かれていた。大島。おおしまだと思っていたらおおじまだった。歩き始めるとやはり道路を挟んだあちら側に大きなマンションが通り沿いにあってそれのなにがそうだったのかなにかが「埼玉的」と思わせた。ベランダの手すりというのか柵というのか桟というのか、「柵」と打って「あ」と思うがこの「冊」の形のまんまのもの、それがスカスカで内部が見通せる感じがそう思わせたのだろうか、あるいは全体に感じさせる古さと広さのバランスみたいなものだろうか、「埼玉的」というのはきっと僕にとってはなにかしら懐かしさを持った感覚ということでそう思って、それで歩いた。向こうに灰皿が見えて、時間もあるし一本吸っておこうかな、と思ったらその向こうに歩いている内沼さんの背中が見えて、すぐに追いつける距離だったがどうせすぐに会うのだからと立ち止まり、内沼さんの姿は遠ざかっていった、煙草を吸いながらそのマンションを見ていた。

内沼さん、戸塚さんと合流し、それで製本会社にお邪魔した。以前一度お会いしたことのあるというか展示を見に行ったことのある、そこで作品の案内をじっくりと聞かせていただいたことのある新島さんと、それからその会社の社長さんとお会いして、いろいろ相談させていただく、という時間だった。製本のプロが本を見るときの視点がとてもおもしろくて、戸塚さんが本を出してこの本の造りが変わっていて、と見せるとそれは植本一子の『台風一過』だったのだけれどもそれがソフトカバーなんだけど丸背という、珍しいねこれは、となって、加藤製本さんか、これは加藤製本さんしかできないかも、みたいな、になって、これPURだよね、そうだよね、本文の4枚目見てみて、1、2、3、4、あれ、ここはあれだな、1、2、3、4、やっぱり糸がない、みたいな、おもしろくて、PURだよねこれ、と、おもしろくて、いろいろ教えていただいて僕は木偶みたいに「ほえ〜」と言っていた。そのあと工場内を見学させていただいて、折る機械が紙を折っていた、マジック折りというやつをわざわざ動かして見せてくださって、「ほわ〜」と言って、それからデモンストレーション用の、紙が折られていく工程がよくわかる手回しの機械で、それを見た。それが2階で1階は断裁や綴じるやつで、工場の方がとても親切にしてくださって、やはり我々のために綴じる機械を動かして、しかもゆっくり動かして、ここに折られたやつが落ちて重なってそれを綴じて三方をカットして、というのを見せてくださった、「たのし〜！」と思ってお礼を言って出た。

大島でお昼ご飯を食べて行くことにして通りの向かいに「中央銀座」という商店街とおぼしきものの入り口とおぼしきものが目に入ったからそちらに行ってみたところ、街灯の感じであるとか楽しげな感じであるとかがたしかに商店街の通りっぽいのだけどどうも商店がありそうには見えなくて、その手前にあったタイ料理屋さんに入って全員豚肉となんとかのサラダのランチを選んだ。それはサラダとは言われていたもののひき肉と野菜が混ざったもので肉料理といってまるで差し支えのないものでご飯の上にはプレーンのオムレツというか卵が焼かれたものが乗っていて、まぜまぜしながら食べた。明日で閉店ということだった。誹謗中傷について話した。日記について話した。僕の日記が、これは僕が懸念事項として今年これ1年で2000ページとかになりそうなことがわかったんですけどと言って、言ったそのあとで日記のことについて話されて僕が人の具体的なタイムスケジュールというか人が実際にどういうふうに働き、生きているのか、それに興味があるそのことが僕の書くところにも影響を与えてそういうことになっているのではないか、と初めて考えたことを話した。かつては一日のなにかを切り取ってという書き方をわりとしていたのだけど今は起きて寝るまでが書かれるようになっていてそういうことだった。

電車で戻り。互いのスタッフ募集の話から内沼さんとチームビルディングみたいなことについて話して「コーチングの本とか読んだほうがいいんですかね」と言うと「まさにそういう仕事をしている友だちから教わった本があって」ということでそのタイミングで新宿で内沼さんは下車した。直後にメッセージでコーチングの本をいくつか教えてくださって『コーチングのすべて』というやつを読んでみようかという気になった。目次を見るとまずコーチングの歴史を学ぶことになるようでその大仰さに対してニヤニヤした心地になったからだった。店を素通りして屋上に上がって煙草を一本吸った。

2時間あった。フヅクエで本を読もうか、とも思ったが、眠さもあった。なんせ事件級の早起きだった。2時間読み続けなければならない、起き続けなければならない、という状況に身を置くのはしんどいような気がした。家に帰ることにして、山口くんとよもやま話をして、じゃ、と言って辞した。帰りながら「スポーツセンターで走るという説は?」とも考えたが時間は間に合うがあまりにタイトで、先週走れなかったから今週は走りたかったがしかし無理をすることもなかった。帰って遊ちゃんとおしゃべりをしたのち『台風一過』を読み出した。

弔いといえば、ツイッターで「お金のことより弔うのを優先するのが遺族の役目なのでは。なんか二人のこと、お金の話が多すぎて、あなたたちよりつつましやかな貧乏で不幸な人たちのやり方を見ると、彼の功績以上に想いも寄せられません」と@が飛ばされて来た。余計なお世話、と思うが、そりゃあわからないだろう、私達の気持ちなど。傷つくだけ傷つき、諦める。

植本一子『台風一過』（河出書房新社）p.11

クソリプ者に対する怒りがカーっと湧き上がって胸が苦しくなって、ずんずん、ずんずんと読みたくなる、しかしやはり少し眠ることにしよう、と思って、ソファにタオルケットを持ってこようとしたら今ちょうど洗濯中だということだったので掛け布団を持ってきてかぶって目をつむり、「やっぱりタオルケットがいいな、やっぱりタオルケットがいいな」と聞こえるか聞こえないかの小さな声で早口で言ってゲラゲラ一人で笑ってから寝た。そのつぶやきのモデルは保坂和志の「生きる歓び」のトリマーの人の「平気だもん、平気だもん」だった。

アラームが鳴り、起きた。眠かった。手を、ワイパーのように動かして、それが目の前を通るとそれで閉じて、もう一度通るとそれで開けて、という遊びをして「ねえ、ワイパーごっこ」と言ってそれを見せた。それからなにかで僕がなにかを言うと遊ちゃんが「素晴らしいことだと思う!」と言ってそれはつまりベケットごっこに遊びが変わったということだった。ハッピーな日々。

パドラーズコーヒーに行った。早歩きで歩いたら少し暑くなった。アイスのラテを注文し、それで大机の席にいた。ラテが来て少しすると大久保さんが来られて名刺の交換をおこなった。今日は朝も名刺交換をして名刺をよく交換する日だった。それで中はわりとにぎやかだったので外に出ましょうかということになって外に出ると風が気持ちよく大きな木によって日陰になっていて涼しかった。座り、打ち合わせというかいろいろを話した。本の話をいろいろとした、『しょぼい喫茶店の本』という本を教えていただいた、どうなるのかわからないがひとつ楽しみができたような気になって楽しかった。ヒイヒイ言うことになるのかもしれないが。というか話が進むならばヒイヒイ言うことになるのだが。そうなる状況を望んでいるところがあった。

それじゃあひとまずこうしましょうという段取りができてそれで今日は終わりになった。

1時間あった。店内に入り、コーヒーを追加で注文し、それで席について、植本一子の続きを読むことにした。「6時45分起床。かなりキツイ。これから先、ずっと子ども達に合わせて起きなければいけないのかと思うと、途方も無い気持ちになる」とあり、この怖さ、と思う。なにかがずっと続いていくこと、続いていく限りせねばならないこと、それはいつもいつも意識するわけではないがふいに正面から覗き込んでしまうもので覗き込んだらそれは深淵だった、というような怖さがあって僕はそれは仕事のことでたまに思う。働き続けなければ生き続けられないのか、と思うときぞっとすることがある。

ずっとひたすら面白いというのか充実しているというのかずっと読んでいたい。寝る前に読んでいた「遺族の役目」がどうこうという呪いの言葉がずっと反響していて「べき」みたいな社会の側の言葉と個の言葉がせめぎ合う、ずっと泣きそうになりながら読んでいる、「べき」なんてクソでというか「べき」で思考を止める、「べき」に判断を委ねる、そんなのはクソで個々が個々に思考し続けるそれだけじゃないかとほとんど憤怒しながら思うが僕もそれを自分にも押しつけるし遊ちゃんに押しつけるようなこともある、そう思って読んでいると「自分の中にも厄介な「こうするべき」がある。」とあった。

無理はするな。でも怠けるな。怠けた姿は見せるな。

そういう呪いの言葉が自分を縛り付けているのだろうなと思う。

ずっと肌を粟立てながら読んでいてこの人の文章はやっぱりとても好きだった。

6時15分に待ち合わせだった。6時過ぎに幡ヶ谷の北口の少し入ったところにある鈴なりに入るとまだ誰もいなかったのでビールを注文して本の続きを読んでいた。来るはずの人を待ちながら本を読む時間の幸福。しかしここでもすぐに泣きそうになりながら。しばらくして優くんが来てもう少しして武田さんが来てそれで3人で今日は飲む日だった、鈴なりは野方の秋元屋の人が独立をして何人かを引き連れて出した店ということで優くんはみんな顔なじみで、途中何度も「野方にいるみたい!」と言って笑っていた。どれもやはりおいしくて、おいしいおいしいと言いながらビールばかり飲んでいた。ラジオの話や野球の話をしていたことは覚えているけれどいったい何を話していたらこんなにスムースに時間が流れていくのだろうというようなふうであっと言っているあいだに11時だった、5時間近く飲んでいた、我々はつまり仲良しだね、ということだった。

荒川洋治の『日記をつける』を教わるというか名前が出て、あそうだ、読もう、という気にそこでなったのでポチって、それから『測りすぎ』という本のことも教わって面白そうだった。

途中でどういう流れだったのか、もりなちゃんに声を掛けてみた。野毛からの帰り道ということとで、僕らもいつまで飲んでいるかわからなかったからタイミングが合えば合流しましょうということにして11時で鈴なりは出た、優くんはやる仕事が残っていてしかし残るか帰るか迷っていた、迷いに迷ってそれで帰った、当初はやる仕事が残っていてわりと余裕がないから早め始まり早め終わりにしようと言っていたのだけど結局これだけ長々といた。駅前でもりなちゃんを待ちながら武田さんと話していると『しょぼい喫茶店の本』を読んだらしく最後のところで驚いたことに泣かされた。もりなちゃんが階段を上がってきた。歩きながら「武田さんです」と紹介するとしばらくしてから「もしかして、武田砂鉄さんですか？」と言ったのでとても笑った。笑ったし、『台風一過』で何度も出てきたからなにか世界が重なり合うような変な感触もあった。それで以前一度だけ行ったことのあるバーのウォーカーに入った。入ったとき店内は他に人がなかった、並んで座った。

僕はダークラムをフィズスタイルでつくっていただいてもりなちゃんはハーブのお酒をなにかということでキナのフィズということで武田さんはボストンクーラーを飲んだ。先週の日記でもりなちゃんのストーリーズへの投稿から文章を引用したことが気になっていて24時間で消えるあれを引くことは倫理的にというのか情報倫理というのか、というかもりなちゃん的に、大丈夫だったのだろうか、パブリッシュされたものとして認識してよかったのだろうか、という話をして大丈夫ということだったので大丈夫だった。

以前、映画館で内沼さん夫妻とばったり出くわしてそのまま飲みに行くことになったとき、遊ちゃんと武田さんと内沼さんで飲みに行くことになったとき、映画が終わって内沼さんの配偶者の方は帰っていかれて「配偶者」「パートナー」「妻」、難しいといつも思う、それでお店に着いて飲み始めると内沼さんがフェイスタイムで連れ合いの方に電話（?）して、とつながって、あ、「ワイフ」がいいのではないかもはや。内沼さんがフェイスタイムでワイフに電話（?）して、4人で飲んでいる状況をラジオのように流すということをやっていてそれを見たときに「とてもいいな」と思って憧れがあった。なのでやってみることにしてしかしフェイスタイムなんて使ったこともないからどこにアプリがあるのかすらわからなくて、ようよう見つかり、開き、ワイフに電話（?）した、寝ているかなと思ったが起きていたらしく出て、それで「いま武田さんともりなちゃんと飲んでいるよ」というのでそれをそこに置いた。電波が悪く途切れ途切れで、何度も途切れた、遊ちゃんも来たら? と、きっともうシャワーを浴びているだろうし無理を承知で聞いてみた、もりなちゃんが「今日わたし誕生日なんです」と言って、もりなちゃんは今日は午後2時から野毛で飲み続けていたということだった、それが押しの一手となって遊ちゃんも来ることになった。山口くんにも連絡をした。終わったら向かう、ということで、それでしばらくして遊ちゃんが来て遊ちゃんともりなちゃんはだからゴールデン街のとき以来でうれしそうに再会した。

もりなちゃんと僕がもりなちゃんが今日始めた文章の販売のことを話している横で遊ちゃんと武田さんがiPadのことを話していて山口くんがやってきてもりなちゃんに山口くんを、山口くんにもりなちゃんを紹介して山口くんと遊ちゃんが楽しそうに話している声が聞こえてきてこの距離で聞こえてくる山口くんの声というのは新鮮でそれだけでうれしかった。もりなちゃんが起点で庄野潤三が蔓延していって山口くんはいまのところ免れていたがもりなちゃんから遊ちゃん、遊ちゃんから僕、僕から武田さんというふうに庄野潤三が読まれていってそういうことのひとつひとつが尊いような気がしてニコニコと幸福だった。4人の写真を撮った。もりなちゃんが煙草を指に挟んで手首には時計があって盤面の中央が水色でやわらかく笑っている。武田さんは両方の頬に手を置いて特に笑ってはいないがおどけた格好をしている。遊ちゃんはなにか泡立った赤いカクテルの入ったグラスを唇に当てていつもの素敵な笑顔でこちらに向けている。山口くんは体を前に傾けて前髪が別れて垂れて頬を膨らませるような見慣れない笑顔をしている。

2杯目にテキーラとグレープフルーツジュースとトニックのパロマというお酒をつくっていただき、もりなちゃんはソルティドッグでしかしそれはウォッカではなくジンで、塩もグラスの縁ではなく一緒にシェイクして、というもので、オープンスタイルの、というようなことが言われていたかどうか。とにかくそれはすごくおいしくて「真似しようかな」と言った。お店の方はどうぞどうぞというところでなんでも教えてくださった。数年前に一度来た、それは一人で、どうして行ったのか、『ポパイ』で載っていたのを見て行ってみたのだと思う、ちょうどそのとき客が僕だけでいろいろと話してお酒のことをいろいろと教わった、それきりだったわけだけど覚えてくださっていて、すごい、と思った。それで2杯めを飲みだしたら僕はもういっぱいで、なんなら少し吐き気を覚えているようなところもあってだからお酒はときたまちびちび飲むくらいにして無理はしないようにしようと思った。でも怠けた姿は見せるな。2時を過ぎ、もう眠いよ、帰ろうよ、というところで終わりになった。店は次第にお客さんが入ってきて出るころには他に何組かいた。本当に驚いたことに、領収証をもらったところ宛名に「フヅクエ」と書かれていて店名まで覚えてくださっていた。すごすぎると思った。ひとりまたひとりと別れ、遊ちゃんとことこと夜道を、楽しかった楽しかったと言いながら帰った。なんだかすごく強い多幸感のある夜で、シャワーを浴びながらも顔がニコニコしていた。吐き気はおさまっていて水を飲んで『台風一過』を開いた。

5月31日（金）

9時45分起床。かなりキツイ。これから先、ずっと店に合わせて起きなければいけないのかと思うと、途方も無い気持ちになる。というわけではなくただ眠かったが起きた。店行き、のったりのったりと準備。ご飯を食べたら目が覚めた。春菊を大量のゴマで和えた。さつまいもを粉ふきにしてポテサラにした。それで店を開けた。

ゆっくりだったがやらないといけない細かいことがいろいろとあり、いろいろと、といってもメールの返信とか本当に細かいことだったが、あり、なんとなく慌ただしい気持ちがあった、追い立てられるような、それが落ち着いたくらいで扉が開いて森奈ちゃんだった。昨日コーヒーくらいは出すからゆっくり本読みたくなったらフヅクエ来なよというこという福利厚生のことを話していてそれがさっそく実行されたということで嬉しく、コーヒーを出した。途中で他のお客さんが帰られ森奈ちゃんだけになって気を抜くと話し掛けそうになったがそれでは台無しだと思いそこはそういう振る舞いはしないで僕は僕で日記を書いていて夕方に書き終えた。

昨日植本一子を読んでいると「午前中、日記書き」みたいな記述が何度かあってやっぱり日記は午前中に書きたいよな、という思いを強くした感があった。一日を安心して終え、それで翌朝、日記を書きたい。

5月の最終日はひたすら暇だった、暇だったが僕は忙しかった、ずっとなにかをしていた、なにをしていたのか一日の終わりにはもう思い出せないようだったがなにかはしていた、その証左に本を読む時間はなかった。

遊ちゃんが今日『イメージの本』を見に行ってきたようで怖かったということだった。突然大きな音で驚かせないでよ！というふうで怒ったりしたようだった、そうかそうか、とニコニコしながらその連絡を見て、怖さを和らげるために銀座をぶらぶらして浮かれたパジャマを買ったと言った。店にずっといると町や世界と隔絶されているような気になることがあって社会との接続はスマートフォンやパソコンを通しておこなわれる。地元の友だちが大宮のニュースを送ってきた、それは僕が高校卒業まで両親が去年だったかおととしだったかまで住んでいたマンションの区画の裏の通りでおこった事件で刃物を持った男性に警官が発泡して男性は死亡したというものだった、「発泡」と「発砲」だとまったく違う様子になる。水か石か。ずいぶん違う。それを母に送ったところ知っていて、仔細に知っていた。

帰宅後、無飲酒、すぐに布団に入って『台風一過』。生命保険に間一髪入らなかったことが書かれていて「為替」がどうこうという保険だったみたいで、メットライフのドル建てのものだろうか。

6月1日（土）

朝、ATMに寄ってお金を預け、店。エクセルを開いて金額を入力する。毎月の推移をそれで見ていて月末月初というのはやはり「お金」と思うようになっていて植本一子も「お金」と思っている。

僕はやはりこれからの人件費増に対しての構えがわからなくてその準備期間というか

下北沢開店までの期間の人件費をいったいいくら掛けることになるのだろうと思うとそれでぞっとする。そこは嵐が過ぎ去るのをただ目をつむって耐えるというそういう時期として考えるしかない。というかそれは頭ではいくらでもわかっているというか人員的に準備万端の状態を用意して4月を迎える以外にどんな選択肢もないのだから当然そうするわけだけど、すごいことだな、と思う。

昨日牧野さんに連絡をした。これで山口くん、森奈ちゃん、牧野さん。あと2人だろうか。それで5人。それぞれどれくらい入るのか定かではないが仮に全員15万円分くらい入るとして75万円とか。7・5・万・円！　ちょっとよくわからない感じがして笑う感じがある。毎月アメリカとかに旅行に行けそう。お金。すぐさま皮算用エクセルを開いて試算をする。試算上、うまく行けば、2店あれば、成り立ちそうな気はしているんだが、どうせ試算の通りになんて行くわけがない。働くこと。働き続けること。の怖さ。

ぼんやりと忙しい日で夕方に外階段で煙草を吸っていると子どもの声が聞こえてきて「ねえねえ大人になって仕事してるときさーあ、自分で辞めるって決めていいの？」とあって自転車の親子だった、僕の眼下を過ぎながらお父さんは「んまあそうだね」と答えていて100点の答え。「んまあそうだね」、その濁り方がまったくもって正しいというか「んまあそうですよね」とお父さんに言いたい。

ぼんやりと忙しい日。

夜になって、疲れが出てきて1時間ごとに煙草休憩をしていた。休憩をしながら森奈ちゃんの文章を読んでいたらとつぜん怒りが沸点に達してめちゃくちゃに暴力的な気分になった。小学生のときの担任の話でクズすぎて怒りが凄いことになった。それで怒りながらしばらくいて、ちょうど植本一子を読んでいるからそれもあるし「今日も読書」のために今朝『奇跡も語る者がいなければ』の写真を撮っていたからそれもあってそれで僕が怒りに感染するときのことを思い出した。怒りに感染しやすい。もしかしたら僕は怒りたくて、都合のいい怒りの対象を得てそれで勝手に仮託かなにかして怒っているのかもしれない、と思ったがそんなことはないか。そんなことはないような気がしたが本当にそうか。どうか。

ぼんやりと忙しい日。

煙草休憩して中に戻る間際に口が「わー疲れた」とはっきりと発していてそれは多分というか確かにまだ扉を開ける前に発したはずだが扉を開けて中に戻って閉めながら「あれ？　いま中に入ってから俺言った？　大丈夫だった？」と思って記憶がわからなくなった。確かじゃなくなった。でもきっと大丈夫なはずだった。

ぼんやりと忙しい日。


煙草休憩して野球の経過を確認した。

上茶谷が完封。ヤクルトはこれで16連敗。

広島がまた勝っていた。5ゲーム差。

日ハムは9回に大田泰示の3ランで追いついて引き分け。立派。清宮はどうしてるかなと見ると今日は二塁打2つと三振3つ。打率は・290。なんというか、誰もが怪我からの復帰を待望していたし復帰と聞いてはっきりと戦力というか助っ人くらいの感覚で期待していた感じがするしそしてそれに応えているけれど、よくよく考えてみると高卒2年目なんだよな、というところに驚く。驚いた。

ぼんやりと忙しい日。

おかずはホーローの容器2つ分でつくることが多く1つになって減っていったくらいで次のおかずをつくる感じでやっているけれど1つになって減っていったくらいだとばかり思って次のやつをつくった蓮根ときのこを甘酢で炒めたやつと人参をしりしりしたやつがもう1つ分まるまるあったことに気がついて「早まった！」と思った。こんなうっかりをするものだと思い、それからすぐに、ということは、たくさん食べていい！という気分がやってきてうれしくなっていた。

ぼんやりと忙しい日。

夜になって座っていてやることも特にない状態になったので植本一子を読んでいた。アメリカにいた。アメリカ紀行だった。千葉雅也のを読んでいたときも同じことを思ったが僕もアメリカに行って日記を書きたい。この欲求ってどういうものなんだろうか。

ぼんやりと忙しい日。

煙草休憩をして山口くんの日記を読んでいた。身近な人たちの文章を読むのはいいものだった。けっこう長いこと、内々で消費しあって褒めあってみたいなそういうものに対して薄ら寒い気持ちを持っていた。「友だちのライブで」とかそういうやつ。今もそれは強くあるけれど、一方で、なにか、それを少しわかるというか、付き合いとは違う、付き合いだったら薄ら寒いだけだけど、それではないとき、少しわかるというか、「それではないとき」というか、濃度、グラデーション、それで付き合い寄りではあまりないとき、いや切っても切れないか、とにかく、少しなにかわかるというか、信頼みたいな要素はなにかを感受しようとするときに無視できないことなのかもしれない、と思うようになったような気がしたが本当にそうだったか。

山口くんの「誰かの日記」を読んでいると「明日仕事ダルい」みたいなことがしばしば書かれるが、もちろん架空の人物だからそれだけを取り出すのは勝手で、それを取り出すなら「パチンコして風俗行きたい」も取り出さないとフェアじゃないから勝手だけど、山口くんも「明日仕事ダルい」と思うことがあるのかな、と思った。というか、そうか、フヅクエって仕事なんだよな、と思った。というほうが近いかもしれない。僕が明日フヅクエで働くのダルいなと思うことってまったくないというか身に覚えがないくらいにないから考えたこともなかったけれど、そういえば仕事なんだよな、と思って、そうなんだよな、と思った。ここで働く人がみなヘルシーで健やかであれるようにしていきたいというのは強く思う。やはり『コーチングのすべて』の出番か。

ひきちゃんは、元気かな。

帰り、無飲酒のつもりだったがウイスキーを飲みながら千葉雅也。

6月2日（日）

到着後味噌汁作成。慌てる。店開ける。

定食のおかずを盛り付けながら、ふいに、続いていくということが怖くなってすごいプレッシャーになって動悸がするようだった。続けていかなければならない。働き続けなければ生き続けることができない。それがすごい恐怖となってやってきた。ここ数日で思っていたことが実体となってやってきたということだった、そういう瞬間はある。そう思いながらも恐怖が腹の中でわだかまってしばらくのあいだかなり沈鬱な気持ちで働いていた。生きていくことはずいぶん苛烈なゲームだなということだった。誰しもが、誰しもは言い過ぎにしても、多くの人が感じることだろう。それを俺も感じる。それだけの話だししかし凡庸な恐怖だからといって軽んじていいものでもない。重さは変わらない。

しばらく忙しく、満席になったりほどけたりまた満席になったりしながらとんとんと働いていった。4時、山口くんイン。外で訓示を垂れて課題をひとつ出した。時間は3時、1席だけ空いている、4時半からのご予約がひとつある、5時がお尻の時間のご予約がひとつある、さて、この状況で来られた方に対してどう案内するのがいいでしょう、考えてみて。それでしばらくわやわやと働き途中でスクランブルエッグをつくってマヨネーズで和えたものを「ヤマザキ 匠醇 バターロール」に挟んだものをふたつ作ってひとつを山口くんに有無を言わさない勢いであげた、食べた、おいしかった、6時、眠かった、圧倒的な眠気と圧倒的な疲れと圧倒的な無気力があり、店も落ち着いた感じがして大丈夫そうだったのでドトールに行くことにした、やるべきことはきっとあるだろうと思いながらなにも思いつかず、本を読むことにした、しかし何を読んだらいいのかさっぱり判然としないで、それで『台風一過』『ユリイカ』『アメリカ紀行』『海の乙女の惜しみなさ』『往復書簡　無目的な思索の応答』『日記をつける』の6冊を片手に持って、からない格好だった。

「迷い方w」と愉快に思ってそれでドトールに行った、身軽なのかそうじゃないのかわからない格好だった。

それでコーヒーと、まだお腹が減っていたのかクイニーアマンを注文した、『ユリイカ』が開かれた。それで橙書店の方のエッセイとスタンダードブックストアの方のインタビューとHMV & BOOKS HIBIYA COTTAGEの花田菜々子さんと新井見枝香さんの対談を読んだ、花田さんの「周りにも文章を書く人が大勢いる中で、「この人たちも才能がないけれど、私も同じくらい才能がない」と感じて、すっぱり諦めて」という発言と「さすがに「良心や恥の概念が一ミリもないのか」と愕然としました」という発言がよくて、なんでだか「さすがだな」と思って思ったあとに「なんだよさすがってw」と思った。次の「ひとの読書」は花田さんにお願いしようと思っているというか思ってい て、書店員、書店員、という続きもどうかと思うがむしろなにかが際立ったりして面白そうだと思っていてそれをお願いしようと思っているし軽くお願いはしているけれどいつそれはおこなわれるだろうか、そんな余裕が僕にあるのか。

そこからは『台風一過』だった。ぐんぐん、ぐんぐん、と読んでいた。途中、iPhoneが手から滑り落ちて落ちそうになったがストラップを掴んで九死に一生を得た。付けていた甲斐があった！と思ったが今日はどうも手がゆるくなっている日らしくて仕事中もぽろぽろと手から何かを落としたりしていて迷惑な店員だった、なんだろうか、力を込めて生きたい。嘘。

閉店になって店に戻り、おふたりだった、出てから来られたのはおひとりということで、ああまだ8時だしわからんよねと思いながら、山口くんに休憩に出てもらっているあいだに新じゃがをジャーマンポテトみたいなおかずにして、戻ってきたのでコーヒーを二人分淹れてもらってひとついただき、席について読書を続けた。いろいろなことが去来した。去来というか、「いいなあ広い家」とか「いいなあ二面に窓があるとか」とかそういうことだったか。これはどういうふうに書かれているのだろうなあ、とそれが疑問だった。1年間の日記だが、毎日書かれてその一時期一時期を取って構成しているのか、実際に書かれたのがこの時期だけだったのか。緻密にというか、きれいにというほうが適切か、きれいにストーリーになっている。すごく緻密な編集作業がおこなわれているのだろうか。僕は日記は、少なくとも自分の日記は、鈍いグルーヴ、鈍い響き合い、そういうものがすべてだと思っていて、予期せぬところで様々が反響するようなそういうことがよさだと思っていて、それは「手を入れない」ということによって実現されているというか、書かれてしまったものをコントロールの埒外に置くことで太い鈍いグルーヴが生じると思っているのだけれども、この日記はどんな手つきで書かれ、そして本としてまとめられたのだろうか。

というのは副次的なことでとにかくずっと魅力的で面白かった。ずっととは言ったもののアメリカ滞在の部分では僕は気持ちが緩む、テンションがいくらか下がるのを感じてこれは面白いことだった、『フェルメール』は僕は途中でおしまいにしてしまったのだけれども、海外に出た途端にどうしてだか読んでいる印象がすごく変わる気がした。植本さんの日記は出てくる地名が笹塚だったり代田橋だったり下北沢だったりかなり身近というか距離的に近いところで、その近さみたいなもの、地続き感みたいなものが僕の中にビビッドさみたいなものをもたらしているということだろうか。というか、暮らしを読みたい、ということだろうか。よそ行きに感じるということだろうか。遠くに感じるということだろうか。生活者としての姿を見たいということだろうか。植本さんはお客さんとしてしばしば来てくれていた、タイピングが禁止されるまでのあいだでいつもなにかを書いていた、あれらの日記がまさに生まれる場に僕も居合わせてそれを幸せに思ったし、それを排除するという選択を取ることに決めたときは心苦しさもあって事前というか直前だが「すいませんタイピングなしになりますというかします」と一報を入れてそのときに「読書の聖地になりますね」みたいなことを言っていただいて、そう、なります、俺はやりますよ、みたいなそういうことを思ったそれがずっと残っていて入り口に一番近い照明のダクトレールからぶら下がっているドライフラワーは植本さんからいただいたものだった、さっきあった撮影で使ったもので、というのでいただいてそこに吊るしたら立派にかっこいいドライになった、あの花を見るというか意識するたびに植本さんのことは当然思い出して、フヅクエをより強固な確固たるものにしていくための判断にまったく悔いはないけれども、こうやってそれまで来てくれていた人の一部をある意味で排除しながら今の形になっていったんだよな、ということは思う。

清々しいというかあたたかいというかそれはなにか冬の晴れた日のような気持ちのよさで読み終えた。お客さんはもういなくなっていた。10時半だった。結局誰も来なくて惨憺たる日曜日として終わった。早々と山口くんとカレーを食べて、それからナプエとりんごジュースのカクテルをこしらえ、そのつぎにアイリッシュウイスキーであるレッドブレストとオレンジジュースのカクテルをこしらえた、どちらもおいしく、ナプエ&ジュースは途中途中で割合を変えて、そうしたら途中で「ここだね！」という場所があった、ナプエもりんごジュースもどっちもはっきりといるね、という場所がそれでそれが何対何でつくったらそうなるのかは推測の域を出なかった。オレンジブレストと名付けたそちらは途中で「もっとオレンジ感を出したらどうなるだろう」とコアントロを入れてみたところそれは邪魔だった。お酒は面白い。それを飲み飲み出した課題に対しての答えを聞いたりあれやこれや言ったりしていたらどんどん話し込んでいって、「結局は親切にしたいと思った人に対して親切にするだけなんだよ」ということで話は抽象化されていった、そうしたら山口くんからもいろいろ言葉が出てきて、僕が立っていることで「なんだ阿久津さんはいないのか」と思われたりとかするのかなって思ったりとか、というようなことを言ったのでそれはある人はあるだろうね、俺もよその店でうっすら感じたりとかってする感情だし、あるでしょうそれは、でもしょうがないよね、人間は休まないといけないからね、山口くんが入る以前だが、阿久津さんがつくるお店の雰囲気が好きな人もいると思います、どうやら火曜日がスタッフさんの日みたいですけど私は火曜日しか行けないので、残念です、みたいなメールをいただいたことがあって無視をした。えっと、過労死でもしたら満足ですか？というところでしかなくて、思うまでは人の自由で思うとそれを言うとか表すは別の次元の話で言わないと気が済まない人は知らないとしか言いようがなくてだからそう思う人があるかもしれないけれどそれは気にしていたら仕方がない話で山口くんがするべきことは山口くんとして後悔のない振る舞いをすることとだけだ、ということとだった。話している中で「俺はフヅクエの預言者だからさ」と僕は言っていて、大笑いしたが、それはその通りだった、僕はフヅクエから言葉を預かっている身でしかなくてだから僕が一番フヅクエの言っていることを理解しているけれども僕が間違って理解していることもあるかもしれない、僕が正しいのではなくて正しいのはあくまでもフヅクエで、ということだった。最終的に、お客さんをお客さんと思うことをやめてみようということになり、明日はフヅクエに入ってきた人のことは「フヅクエに入ってきた人」と認識するところから始めてみようか、ということになった。その人がフヅクエでの時間に期待してフヅクエを理解しようとして、というのが見えて、そうなって初めて「そんな人には心地よくいてもらいたいよね、そんな人には親切でありたいよね」と僕らは感じる、で、じゃあ、もうただ、心地よくいてもらおう、親切にしよう、というそういう順番で考えてみたらどうか、ということだった。

自転車をおろして外に出てからもしばらくというかだいぶ長々と話していた、路上でこんなふうに話すのは初めてのことで、酔っ払った人たちが通っていったり、テンションの高い人たちが磯丸水産に吸い込まれていったりした。また明日と言って別れ、その長い会話は僕はとてもうれしいものだった。そしてまた、僕の仕事はこういうものになっていくのかもしれない、とも思った。つまり、よく聞く、スタッフの声によく耳を澄ませる。不安や課題を汲み取り、それを消す手伝いをする。これから4人5人とスタッフが増えたときに、それはきっと大事なことになっていくのだろうなと思った。帰ったら2時過ぎだった。ずいぶんしゃべった。明るい心地があった。

ここ数日、肌が痒くてたまらない。すごく乾燥している。顔とかも乾燥している。季節の変わり目みたいなことなのだろうか。季節なんていつでも変わっている気がする。困る。かわいそう。

日記をつけ、『日記をつける』を開いた。3時を過ぎていた。寝ねば寝ねばねばねばネヴァ〜、と思いながら読んでいたら見事寝た。『富士日記』をまた読みたくなった。

6月3日（月）

毎日、起きるたびに曜日が思い出せなくて起きたら右肩がバカみたいに重かった。昨日は6時過ぎから10時過ぎくらいまで、だから3時間くらいは本を読んでいた気がする、貴重な休憩時間だったような気がするがそれでもこうやって疲れているこれはなんなのか。

疲れながら開け、ぼんやりと働く、日記を印刷し、推敲する、レモンを切って、氷砂糖と一緒に瓶に詰め込む、山口くんがやってくる。今日は早々とバトンタッチすることにして外で簡単な訓示を垂れて、出。今日は「もう少し声を出すことを意識してみよう」が課題だった。声は、出るか。というか、特に僕は山口くんの、これは山口くんに昨日も言ったけれど、振る舞いに対して問題意識があるわけではなく、「全然できていない、これじゃフヅクエに立つ人として僕は認められない」みたいなそういうことではなく彼がより楽に、人間として、リラックスして、立てるようになれば彼にとってそれはいいことだしフヅクエにとってもそれはいいことだしというところでのそういう話で、昨日はたくさんのことを話した、それもこれも『コーチングのすべて』のおかげで、この本のおかげで僕はスタッフとの意思疎通がこれまでよりも潤滑におこなえるようになりました、一家に一冊、『コーチングのすべて』、というそういう賜物だった。まだ買ってすらいないが。

それで帰り、少しだけ家でゆっくりしようと思っていたが靴磨きを始めてしまってたしかにきれいになるようだった、汚れがぐんぐんと落ちていくようだった、1年近く毎日履いているとさすがに年季が入ってくるところがあって途方に暮れていたのでありがたいこれはそれで昨日遊ちゃんが自分の靴を買うときに一緒に買ってきたクリーナーということだった。

「20分、横になります」

そう言うとソファでタオルケットをかぶって目をつむった。20分のあいだで5回くらい眠って気持ちがよかった。こういううつらうつらとしているとき、物音で意識がハッと覚醒のほうに引き寄せられるとき、そのときの睡眠状態の評価が過大になるようなところがある気がする。つまり、それまでというか本当のところは睡眠深度3くらいでうとうとしていたはずなのに、ハッとなる瞬間にその直前の深度を7とか8とかに見積もって感じるような気がして、そこで感じるのは「あ～惜しい、今ちょうど眠りに入りそうだったのだが！」ということだがこれは錯覚なのではないか。

起きて家を出た、歩きながら、今日も今日とて体中が痒く特にここ数日は顔面がパサパサと痒くひっきりなしに顔を掻きたくなっていて、不愉快な状態だった、歩きながら、坂道を上がりながら、こんな状態で人と会うのは嫌だな、と思った、ましてやこんな状態で人の家にお邪魔するのとか嫌だな、と思いながら歩いていた、駅の改札を出たところに喪服の人が、全員女性だった、喪服の人がたくさんいて、改札を抜けてホームに向かうあいだにも何人も喪服の人とすれ違った。斎場が近くにあったはずで、ＥＣＤの告別式もたしかそこだったはずで、しかしそれがどこにあるのか僕は知らなかった。電車に乗って『日記をつける』を読んでいた、笹塚で乗り換える。その乗り換えに懐かしさを覚えた、久我山に住んでいた時分の遊ちゃんの家に日参していたときに乗り換えていたあの乗り換えだった。

今日はでもそれで明大前に行くということではなくてその手前の代田橋で下りた。植本一子の日記で何度も出てくるしゃけ小島はこの駅だったはずで、駅前に出て出たときになにか世界を感覚する感覚がなにかずれるというか書物の世界と混ざり合うような心地になって夕方でまだ空は明るかった。踏切を渡ると種子さんの姿があった。それでおうちにお邪魔した。ご飯をお呼ばれした。あれ、お呼ばれ、した？　ご飯、を？　に？　て？　に？　を？　は？　ご飯にお呼ばれした。ご飯がご飯をご飯にお呼ばれした。ご飯に？　お呼ばれ？　した？　ご飯を

まいいや、ご飯を食べましょうということでご飯を食べましょうということでご飯を食べましょうということで

まいいや、なんかバグった。それでだから他猫さんの間違えた種子さんのおうちにお邪魔して、きれいな部屋だった、楽しみにしていた本棚をまず見た、壁一面にドカーン

で、うわー！　だった。最下段が写真集とか大判のものが入る大きさでその上に奥行がもっと小さいというか普通の単行本がちょうどいいくらいの奥行きの棚が天井まで行っている、というのが４つ密接していてそれで壁をぴったりきれいに一面占めているそういう本棚で圧巻だった、ちょうど昼間、本棚を増やしたいなと思って置くとしたらここだよなという場所の長さであるとかを測っていたところだったから、それは参考になる情景だった、ビールをいただいてハイネケンを久しぶりに飲んでさっぱりすっきりいいお味というところだった、今日は『ウー・ウェンの中国調味料＆スパイスのおいしい使い方』から料理をつくるということでこの本はスパイスごとにレシピがまとまっているという本でそれは合理的というか「そうだよなあ！」と思った、それで最初に出されたのが水切りした豆腐と練りごまと塩と刻んだパクチーを混ぜたという白和えみたいなやつでこれが抜群においしくて、「んん〜！」と言った、おいしかった、それからそのあと牛肉をしゃぶしゃぶしたやつとルッコラを蜂蜜豆板醤黒酢で和えたやつが出されてこれもすごくおいしくて、この頃には人の家に上がって料理を食うというのもいいものだなとすっかり楽になっていた、顔の痒みもそう気にならなくなっていた、酒を飲んだら一気に強烈に痒くなったらどうしようと心配していたがそうはならなかったようでよかった、一度外に出て煙草を吸った、路地のどん詰まりに線路があって電車が通るのをいい眺めで見られたので近づいた、空はすみれ色でまだ明るかった、一度そこで電車の行き来を見たことで、部屋に戻ってからも電車の音に意識が行くようになった。音楽が鳴っていてずっとそれがよかった。あれ、なんだか聞き覚えがあるような、これはアンゲロプロスの音楽みたいな音楽ですねえ、といってプレイリストを見に行くと「エレニ・カラインドルー」とあり、見覚えがあり、検索したらやはりアンゲロプロスの映画音楽を手掛けている人だった。あの「アンゲロプロスの映画音楽」感というのはつまるところどれのことなのだろうか。

そのあと八角がよく効いた豚の角煮がかわいらしいサイズのストウブの鍋から出てきて、ビールを3本飲んでからは白ワインになった、眠くなってきた、サシで飲み食いしているときに片方が眠くなったらこれは惨事で、しかし眠気には抗えないというか眠気を消す方法なんてあるのだろうか、あるならば知りたいところで、おやおや、眠くなってきたぞ、僕は眠くなってきました、と言って、一度酔い覚ましにやはり外に出て、フラフラした、フラフラしている、と思った、戻り、ズッキーニと鮭を辣腐乳で炒めたものが出され、これもまたおいしかった、どれもすごくおいしくて、種子さんすごいな、と思った、写真を見せていただいて森のシリーズも地形のシリーズもどちらもかっこよくて、それから営業用の写真も見せていただいてそれが「なるほどな〜営業用の写真としてなんかすごく正しそう」と思って感心した。種子さんの家に行って、ご飯をご馳走になっている、というのはなんとも愉快な感じがあった。あったし、僕は人見知りというかそういうところがあるから今日はどういうものだろうと思っていたが、まったく普通に、普通にというか、気楽に、楽しくいられて、それもまたうれしかった。ただそれでも、眠くなった、ちょっと横になってもいいですか、というほどの近さではやはりないらしくその遠慮というか「それは踏み越えている」と思うところがあって抑制があって、だから眠気がもう我慢ができないところまで来たので「帰ります」というところで帰ることにして駅まで送っていただいて別れた。

ふわふわとした足取りで家に帰り、遊ちゃんに楽しかった旨を伝え、山口くんに「俺は早々に酔っ払ったのでもう眠ります」という連絡をして、シャワーを浴びて、まだ10時半くらいだったのではないか、寝た。

6月4日（火）

10時半だったとしたら11時間半寝たことになる。いつもより早く起きるかと思ったがむしろいつもより遅くなって10時で、起きねば起きねば、と思いながら起きた。ずいぶん寝て、寝すぎたためかもっと眠かった。全身が眠気で疲れていた。昨日寝る前に遊ちゃんが乳液を貸してくれていつも塗っているのはワセリンでワセリンは保湿をするものではない、ということで乳液を貸してくれてそれはバラの香りがする、それを塗りたくって寝たところ寝ながら顔を掻くということは起こらなかった感じがして今朝も塗ってそして借りることにしてリュックに入れた。

眠く、疲れている、昨日は昼もひどかったが夜もひどかったみたいで要はまったくひどい日でだから山口くんは2日連続でひどい夜を過ごしたということになる。こう暇だとつらかろうねと思った。だから仕込みも見当たらなくてぼんやりしながら過ごして12時になったら店を始めた。日記をつけていた。植本一子の日記を読んでいるととても頻繁に家に人を招いてとか人の家に行ってとかでご飯を一緒に食べていて、それは豊かな遊びだなあと思ったというか、アソシエーションというのだろうか、ゆるやかなコミュニティというか、豊かでいいなと思っていた。それを昨日僕は代田橋で種子さんの家に行ってお呼ばれをするということをして、そうかこれか、こういうやつか、と思って、それはやはり豊かな贅沢な感じがたしかにあった。ということを日記をつけながら思った。昨日は皿を洗うことすらせず帰ってしまった、とも思ったというか気がついた。

どうにも全身が疲れていて重くて怠くて仕方がなかった、どういうことなのか、ピクルスをやるかなあ、と思ったがとても面倒なことのように感じて気も重くなった、やりだしたら簡単なことだということはわかっていたからやり始めた、そうしたらやはり簡単なもので、夕方は座って『日記をつける』を読んでいた。たくさんの日記が引用されるからたくさんの声がそこに響いて、荒川洋治のやわらかい声がガイダンスしてくれる、というふうで、総じてやわらかい。日記。日記。

暇。やることがない。『ユリイカ』を開く。内沼さんのやつを読んでいたところお帰りの小林さんと外で少し話す。来られると帰りに捕まえて「最近なんかいいのありました?」と聞くのが通例になっていて年末に読んだ『ヒロインズ』も小林さんから教わって読んだものだった。今日はクレスト・ブックスの『ミッテランの帽子』というのと『トリック』を教えてもらった。読むだろうか。それから今読んでいるものとして『フィフティ・ピープル』という小説を見せてもらって、表紙を見たらなんとなく見覚えがあるような気がした、目次のページだったか、開いて「目次がこうなっていて」みたいに見せてもらったときに、「『ワインズバーグ・オハイオ』みたいな感じで」と教えてもらったときに、そこに挟まっている紙片に目が引き寄せられて、何かの裏面だった、なにか透けて見えるそれは最初「SHAKE」と見えて、しゃけ小島のことが頭にあるから「鮭?」と思ったが、もう少し見るとそれは「SHAKE SHACK」であることがわかり、そうか、シェイクシャックか、と思いながら本のことを教わった。それから映画のことも。映画を見る時間。時間。時間。

今日は時間がとにかく無意味にある。『ユリイカ』の内沼さんの文章はとてもかっこうよくて、そうだった、『本の逆襲』で「この人すごく好き」となって好きになったんだった、ということを思い出した、「未来をどこかからやってくるものと考えること、誰かの影響によって左右されるものと考えることには、もう限界がきていると感じる」というフレーズがよくて、内沼さんの姿勢はいつも明るくて清々しくて気持ちよくて好きだった。不便な本屋はあなたをハックしない。

まだまだ時間がある。「今日も読書」が何日も過去日記だけだと穴が空いていて何かで埋めないといけないのだけど、そのやる気が起きない、買った本、読んだ本、それについて語る言葉を僕は失ったかのようだ、「や、読みたくて」で済んでしまいそうで、向かえない。だから、時間がある。それで又吉直樹と武田砂鉄の『往復書簡』を読み出した。読み出したら、そのまま、読み終えた。面白かった。何度も膝を打ったり、吹き出しそうになったりしながら読んでいた。

極端な虚しさ。心細さ。頼りなさ。かけがえのなさ。え?

ミックスナッツをぼりぼりと食べている。おいしい。千葉雅也を開いた。猫の動画をずっと見ていた。最近気に入っているというかメロメロになっているアカウントがあって猫のその動画をずっと見ていて今日はダンボールかじっちゃったんだね。

11時で看板を上げ、千葉雅也の文章の中で出てきたウッドフォードリザーブを使ってバーボンサワーの作成、そしてラジオ。やっていたらナツメンを聞き出してそれからBOATを聞き出して、あまりによくて、YouTubeを開いていたらそのままイ・ランが流れ出し、それで思い出し、柴田聡子とイ・ランの曲を探したらあった、MVを見てよくて、そのあとライブ映像があってそれを見たら二人の楽しそうなというか親密な様子を見ていたら、というその喜びももちろんあったけれど、柴田聡子がうれしそうに歌っている姿に涙が止まらなくなった。べちゃべちゃになって泣いた。賞味期限の切れたコエドの白を飲んだ。

帰り、千葉雅也、プルースト。

6月5日（水）

昼間、どうしてだか働きながら「2時間ごとにワンオーダーお願いしております」という喫茶店とかカフェとかについて考えていた。このときたとえばちょうど2時間をコーヒー1杯で過ごして帰る人、それも「おっかねー、あとちょっとでワンモアオーダー取られるところだった」と言ってすたこら帰る人ではなくて「この過ごし方がしたかった、大満足」と思って帰る人に生じうる気持ち。1時間50分の時点で生じうる気持ち。そういうものが見落とされているというか、本当は傷つけたくない人を傷つけうるような気がする。脇の甘い制度は余計な人を傷つける。

店がしたいのは安い金額で使い倒されるのを防ぐみたいなことだと思うけれど発しているメッセージが性悪説になっているというか、そこのあなた、1杯で何時間もいられると思ったら大間違いですよ、みたいになっているというか、良心というか、店への愛着とか存続への願いとか、そういうものをもった者、として客を設定するのではなくて、店に来る人をいったんすべて「使い倒そうとする意思を持つ者、安く済めば済むだけ嬉しい者」として疑うみたいな、そういう設定になっているように思う。そうではなくて、特に個人が営むような店であるならなおのこと、というか大きい店だとそういう「抑止」みたいなことはどうしても必要になってくるのかもしれないけれども小さいところであれば、完全に前者というか、ここで過ごすすべての人は店を支持してくれて店の存続を自分の喜びとして喜んでくれてそのために店に必要な金額を支払うことはまったくやぶさかではないと思ってくれる者、として措定するべきではないかというか、したほうが多くの人にとっても矛盾なく気持ちのいい時間を過ごせるようになるのではないか、というふうに思う。店のことなんて眼中になくて使い倒したい安く買い叩きたい人を眼中に入れる必要はないというか、それは、店を愛するというか店を思ってくれる人だけにまったくの真っ直ぐのメッセージを手向けることで、ことだけによって、すっとぼけた顔をして結果として選別する、という方法が最善なのではないか。え？　えええ⁉そもそも3時間も4時間もいて500円とかしか払う気がない人なんてこの世に存在するんですか⁉くらいの顔で。

ではどうしたらいいのだろうか。

客のうちに生じうる懸念として考えられるのは「いつ自分は安い客認定されるんだろ

うか」ということだろうか。安い客、あるいはケチな客、支払いを回避するために帰る客、と見られるんだろうか、というような。そうではないことを全力で伝えるというかそうではないことが十全に伝わらなければならない。ちょっとでもそう思わせたらそこでの時間の質というか満足感が落ちる。あなたはどの時点においても完璧にありがたい存在だ、と伝えないといけない。どうやって。と考えていくと僕だったらどうしても言葉を費やしたくなるというか、フヅクエでそうしているように、は過剰だとしても何行もの言葉を費やして、それでオッケーなんだ、オッケーなんだ、オッケーなんだ、で、こっちとしてはこうしたいしこれが必要だからこうするんだ、ということを言い募るのだろう。それが可能な場とそうでない場があるだろう。僕はそれ以外の方法を持っていなくてこれは弱さだった。大きな店のプロデュースとかできない。したかったの？　いや知らんけど、でもできることがいろいろあるということはいいことではある。まあいい。や。

お客さんに対する侮り。そうだ、お客さんに対する侮りなんだよな。侮られていることを感じて嬉しい人はいない。どこまで自覚的にメッセージを発することができるか。

そういうことを考えていたのが昼で今日も暇で月火水と続けて暇で先週は昼間がよくて夜が壊滅で、ということを繰り返していたが今週は夜は据え置きで昼間も壊滅になるということでそうなるともうお手上げというか惨敗というそういう日が続いていて今日もそうだった、これはひどい、まずい、まずい？　まあ3日。日曜日もひどかったから入れてもいいよ、そうしたら4日。まあ、6月。6月よ、犀の角のように。ただ独り歩め。

蒼井優と山里亮太、と打つために「山里」で検索しようとしたらすぐに「亮太」で、結婚会見の記事がわーっと出た、それで、見に行ったら、なんだこれ、幸せになるぞ、という写真が並んでいて見ているだけで幸せになるようなところがあった、山里、蒼井、しずちゃん、という並びの3ショットがあって「なんの写真なんだｗｗｗ」という、家族みたいで、そういう写真があって破顔しそうになった。仕事中だ。いけない。いけない？　わからない。店をやっていることが嫌になることがある。些細なことで傷つく。というような人間は店をやっているべきではないのかもしれないし、というような人間だからこそ店をやる意味があるのかもしれない。傷つけない人間にはつくれないよこれは。だからそれでその蒼井優と山里亮太の結婚が、ずいぶんと話題に、世間、巷、巷間、騒がせていて、ずいぶん盛り上がっているな、と思った、思いながら、いわゆるイケメンみたいなそういう人が相手じゃなかったことがひとつの何かではあるというか盛り上がり方のひとつの要素ではあるのだろうと見受けたけれど、なにかある種のなんらかの安心感とか親近感とか、祝福しやすさみたいなものがあるのだろうと見受けたけれど、

会見の動画があった、見たくなってきた。1時間15分……!?

見たら幸せな気分になれそう。

だからその、美女が美男と結婚のような、ことが、あるわけだけど、しばしば思ってきたことで、美女と金持ちでもいいけど、なんというか、プロ野球選手と女子アナとか、なんでもいいけれど、そういう者たちの結婚を容姿と容姿や容姿と収入や、そういう結びつきで見て「さもありなん」みたいな、あると思うのだけど、それで「気持ちが通じ合って」とか、そういうのがそれこそ会見とかであって、それに対して「とは言うけれどやはり容姿(収入)は最初の条件」というような、そんな下衆の勘繰りがありそうな気がするというか、あると思うのだけど、その容姿とか収入とか、「さもありなん」と

薄笑いを浮かべる人たちがいるけれど、当人たちからしたらもしかしたら「いやいや、まさにそれですよ」というのはあるんじゃないか、ということがしばしば思うことで、つまり、まさにそのあたりの機微をわかり合える人なんてマジで希少で、ということで、美男も美女も俳優も芸能人もプロ野球選手も女子アナも異常な世界を生きている人たちのはずで、自分の仕事が何万人何百万人に見られてあーだこーだ好き勝手言われて、容姿をどうこう言われて、美男と美女だけにしておけばよかった、話がよくわからなくなった、とにかく、美男や美女であると何万人何百万人から認定されて（一方でその美を頑なに認めないどころか貶めようとするような人たちもたくさんいて）生きるという生き方なんて相当に異常で、自分の容姿が何百万人もの人から毀誉褒貶の対象になるとか、その世界で生きている人たちでないとわからない通じ合えない感覚なんていくらでもあろうし、克服すべき課題とか、生き抜くための処世の方法であるとか、話したときに話がすっと通じるというそのだから美男と美女だからこそわかり合えるわかり合いがあるはずで、そのわかり合いを軽んじることはすべての人と人のわかり合いを軽んじることと同等だ、ということがしばしば思ってきたことで、今日も暇だったが一日ずっとなにかしら仕事と呼べるものをやっていたがいったい何をやっていたんだろうか。

帰宅後、遊ちゃんが心なしか元気がないようだった。顔にぺたぺたと乳液を塗り込み、酒を飲みながらデニス・ジョンソン。

書くというのは簡単なことだ。高価な道具は要らないし、どこでも仕事を続けられる。時間を好きに使えるし、パジャマ姿で家のまわりをうろついて、ジャズのレコードを聴いたりコーヒーをすすったりしてまた一日を無為に過ごしてもいい。生産性が高い必要はなく、たいていはまったく生産していなくても構わない。強い酒を飲んでもずっと酔っ払わずにいられるなら、間違いなく一日の半分は酒をあおっているだろうし、それでも問題なく書き物は仕上げられる。貧乏な時期はあるし、不安や衝撃的な借金も生じるが、どれもそう長くは続かない。一文無しから金持ちになってまた一文無しに戻るということを、僕は一度ならず経験した。自分の身に起こることをすべて紙に書き留め、うまく形にして、光のなかに投じる。実際、空を流れる雲を撮影して、それを映画と呼ぶのとさして変わらない——とはいっても、雲が降りてきて、それに乗せられてあちこちに連れていかれることもあるし、なかにはひどい場所もあり、そうなると何年ももとの場所には戻れない。

デニス・ジョンソン『海の乙女の惜しみなさ』（藤井光訳、白水社）p.122

いくらか眠くなり布団に移ろうとすると遊ちゃんが起き上がり、高橋大輔と安藤美姫の夢を見てた、とニコニコと言ったので笑顔に安堵してそれで寝た。

6月6日（木）

起きたら13時で少しすると遊ちゃんが帰ってきた、昨日不機嫌でごめんねと言って、あ、やっぱりなんか元気なかったんだね、と言ったところ、理由が判明した。昨日遊ちゃんは乳液を買ってきてくれていてそれを僕は謝意を伝えて、と打ちながらお金を払い忘れたことを今思い出した、ともあれ、謝意を伝え、もし合わなかったら私が使うから、と遊ちゃんが言うから、合わなかったパターンで塗ったら顔が真っ赤になってボツボツが出るというそういうパターンを想像し、ぶゔぁあ、ゔぁあ、でぁああ、ゔゔゔゔゔゔゔ、のような声を出して一人で大笑いする、ということを何度も繰り返していたところ遊ちゃんに「気持ち悪い」と言われてそれで「ごめん」と言っておとなしくシャワーを浴びに行ったというそれが昨夜の一場面だったわけだけど遊ちゃんはそういうボツボツ系が苦手で僕のそれを聞いているうちにボツボツ系の想像が膨らんで一番苦手なボツボツ系の様子、それは手塚治虫のマンガの何からしいのだけど、それを思い出したら体が痒くなって具合と気持ちが悪くなったらしく、それで元気でなくなったということだった、それはこちらこそ完全にごめん、と言った、それで、走りに行った。

スポーツセンターに着くまでに十分に体があたたまるようなずいぶん晴れた暑い日で2週間、間が空いた。今日もラジオを聞きながら、今日も「オンプラ」を聞きながら、と思ってradikoを開いたら「たまむすび」と見えて、お、かの有名な、と思って今放送中ということでそれを聞くことにした、初めて聞いた。AMラジオというのはまた違う感じがしてこれもいいものだな、と思いながら聞いた、赤江珠緒とブルボン小林が話していてマンガのことを話していた、それが何度も愉快で走りながら笑ったりしていた、よかった。ラジオはいいものだな、と思った、もっとラジオを聞く時間があっても楽しそうだなと思ったがいつ聞く時間があるのかわからない。

30分、5キロ、走り、今まで以上に汗をしっかりとかいてとても暑かった、帰ってシャワーを浴びた、気持ちよかった。シャワーを浴びながら「紀行文ということか」と思って、植本一子の日記でアメリカ滞在の時期の日記が他と異なる感覚を僕にもたらしたのはそれが日記というよりも紀行文というものになるからなのかと思って、僕は暮らしの側の文章を読みたいということだろうか、そうとも限らないかもしれないが、とにかく紀行文、なるほど、と思って、思ってから「紀行ってなんだ?」と思った、「行」が旅行的なところで、「紀」はじゃあ、どういう意味の文字なんだろう、と思って風呂上がりに調べると「のり、きまり、すじみち、とし、年代、しるす、順序立てて記録する、おさめる、秩序を立てて進める」という感じでなにかしら順番的な言葉のようだった、つまり「紀行」とは「行った順」みたいなそんな意味になるのだろうか。遊ちゃんと家を出た、今日は遊ちゃんとデートの日だった。何があるかわからないと思い、リュックに念のためにデニス・ジョンソンを入れた。

冷たいコーヒーを買って電車に乗って、少しずつ帰宅者が増えていく時間のようだった、込み入った話をしていた、北千住で乗り換えて、東武線に乗った、東武伊勢崎線だったのだろうか、乗ると春日部共栄中学高等学校の広告があって「大学からの人であれ」というのがキャッチコピーらしくて、どういうことなのかまったくさっぱりわからなかった、東武線の駅はまったくの「ああ、これこそが東武線だ」という駅で、トタンの屋根の感じであるとか、壁の感じであるとか、低さ、下っていく感じ、全体が東武線だった、僕は東武野田線だったのでそれがただ懐かしかった、スカイツリーが見えたり隠れたりして最後に見えなくなったと思ったが降りたのがスカイツリーの駅だから見えなくて当然だった、ふもとにいた。

それでスーパーであるとかフードコートであるとかの様子の建物の中を抜けてすみだ水族館に上がった、まだ外は明るかった、団地みたいなものが見えていいビューだった、水族館に入った。最初の「自然水景」という「すごい、森だ、」みたいな水槽のコーナーからすごくきれいで、すごい、これは森だ、と思いながら楽しく、ずっとこれは見ていられるし家にこんなものがあるとしたらそれは富豪だろうな、メンテナンスにどれだけ費用が掛かるんだろうか、と思った、いいものだった、展示のパネルをいくらか読んでみるとルビの振り方が気になってグループルビだった、戸塚さんが「モノルビで」と言っていたのに対して「グループルビのほうが簡単だし大して違わないのではないか」と思っていたが反省した、たしかにグループルビだと変に見えることがあることがよくわかった。ただし「読書日記」の中でルビが振られるのはたいていの場合は変なルビというか、漢字に対して英語というか、先週の千葉雅也にあった「儀礼的」に対して「リチュアル」とかそういうものだから、それはグループルビじゃないとたぶん変だった。水景の次はクラゲだった、クラゲがとてもよかった、触手、触腕、ふわふわ、青い光の中でクラゲが膨らんだり閉じたりしていた、これもまた「ずっと見ていられる」という様子で遊ちゃんもこれまでクラゲ好きみたいな人に対してどこか冷めた気持ちというか

「クラゲ？」という気持ちがあったらしいのだけど改めたようだった、クラゲはとてもよかった。そうやって最初のふたつのコーナーをじっくりじっくり見ているとそのあたりでけっこうお腹いっぱいというか、じっくりじっくり見るのはもう大丈夫かなという心地になるようでそこからはもう少しあっさり見ていた、サメみたいなものが泳いでいた、ペンギンがいた、アシカみたいなものがぶーぶー言っていた。館内をビールを飲みながら、とも思っていたが、ペンギンカフェのところに至るとビールが売られていることがわかったが、館内は涼しく、そこにもう長いことといたからビールへの欲求はずいぶん弱くなっていた、だから飲まないで、出た、出て、浅草まで歩こうということにしてコンビニでビールを買った、ふたりともハイネケンを買った。

歩いてそれで浅草の方向に向かっていると高架の線路の下を歩いていて相撲部屋の建物があったりするところで、景色が変な開け方をしていて「これが東京なのか」という新鮮な感覚が広がった、高架の下はなにか商業区画になるようで、しかしまだ工事が始まっている様子はなかった、だから不自然な広さの道でも駐車場でもない場所がぽっかりとできていて、通りの向こう、線路の向こう、通りと線路が収斂した先が空でオレンジ色に染まっていてその上に薄い灰色の雲がいくつかあった、全体はまだ明るかった、乳白色の光が景色全体をやわらかくコーティングしているようで、時間が止まっているみたいだった。

浅草から神田に出て、味坊に向かった、満席だったが「多分そろそろ空くよ」というふうのことを多分お店の方は言われていたので名前を書いて、ぷらぷらとしていた、ぐるっと回って味坊とかのある通りの裏側の通りに入ると薄暗く、明かりはあまりなく、停車した車から白い排ガスがもうもうと上がっていてヘッドかテールの光によって車は煙をまとっているように見えた、映画だったらろくなことが起きないに違いない場面だったが映画じゃなかったことも手伝って特になにも起きず、過ぎて進むと変な明るいスポットがあって道の右手でトンネルみたいに半円形に刳り抜かれたところに車が15台くらいひしめいていた。なんの場所だったんだろう。

味坊の通り沿いの飲み屋に入って、入ってというか外の席について、ビールを頼んだ、少しすると電話があって席が空いたということだった、ビールを飲み終えると会計をして、それで味坊に向かった、通されたのは2階で、たくさんの人たちがいた、天井が低く、音が全部こもっている。すごい音量で、白ワインをボトルで頼むことにした、食事は迷ったのでお店の方におすすめを尋ねてそれを愚直に頼んだ、すぐにラム肉の炒めものと細い豆腐とパクチーとかの冷菜が来て、そのあと麻婆なハチノスとかのやつを頼んだ、それも冷たいおかずで、そうなのか、と意外だった、食べ食べ、飲み飲み、いろいろなことを話していたが、それにしてもすごい音量で、僕らも声を張り上げるようだった、それは疲れることではあった、汗をかいた。ラム肉のお餅みたいなやつ、餃子、それを食べて、お腹も満足して、どういうタイミングで店というのは出るものなのだろうか、二人同時のタイミングというのがあるような気がして、それはもうただ「ここだ」というそういうタイミングがあるような気がする、そのタイミングで出た。外に出ると耳がすーっと静けさに吸い込まれるようで、すごいところにいた、と改めて思った。どれもとてもおいしく、よかった。帰った。

帰りの電車で僕は先ほどまでの声を張り上げていたのが尾を引いたのか「俺はね国民に言いたいんだよ」という発言を、自分が思っているよりも大きな声でしていたらしく、遊ちゃんに何度か「5割下げて」と言われたが、自分の声が大きくなっていたことにまったく気がついていなかった。そのときはそうでもなかったがあとあと恥ずかしい気持ちになった。

俺が国民に言いたかったのは蒼井優の結婚のことで昨日書いていたようなことだった。

だから、帰ってシャワーを浴びたらパソコンを布団の枕の先の床に置いて会見の動画を見始めた。遊ちゃんは途中までは見たようだった。見ていると「ゆうちゃん」という言葉が何度も聞こえて、それはいい響きだった。途中でなんとなく不穏な気配というか、事前になにかで見かけた「魔性の女」みたいな言葉が質問の中で出てくる、みたいなことがよぎって、それを俺は聞きたくないな、と思って、閉じた、すぐに眠りに落ちた。

6月7日（金）

目が覚めるとまだ暗く、水を飲むため立ち上がり時間を見ると5時前だった、ずいぶんすっきりした感じがあった、これはもうあんまり要らないなと思い8時にアラームを掛けた、なかなか寝付けなくなって、遊ちゃんも起きたり寝たりしていたので「魔性の女っていうのを聞きたくなかったんだよね、というか、」というようなことを言っていた、というか、そもそも、いや、

なにを言っても同じ穴に入り込みそうで、しかしそれにしたってさ、だって、いや

失礼にもほどがあるし貧しいにもほどがある、30代の女性がかつていくつかの恋をしてきたなんていくらでもあることで、それにそういうつまらない安い退屈な想像力ゼロ

の愚かなラベルを貼ろうとする態度はかつていくつかの恋をしてきた30代の女性全員を愚弄している、人間全体を愚弄している、と、布団の中で憤っていた、そうしたらまた寝た、8時にアラームが鳴ったものの起きる気が起きず、布団を出るのがもったいない気持ちになって「もったいない、もったいない」と連呼していた。そうしたらいつもと同じ時間まで寝ることになった。今日は雨が降るらしい。

そそくさと家を出て店に行き、お腹が痛かった、昨日刺激物を摂取しすぎた感じがあってお腹が弱ったらしかった、トイレにいた、それから日記を途中まで書いて、暑いような寒いような調子だった、気持ちが上がらず、やっぱり休みの日の次の日は休みたいな、と思って、思ってから、先週「僕が明日フヅクエで働くのダルいなと思うことってまったくないというか身に覚えがないくらいにない」と書いたけれどたちまち「本当かな?」と思うようだった、しかしそれは嘘偽りはないような気は実際にした、明日が仕事、ということでダルい、ということはないような気がする。未来を思ってそう思うことはないような気がする。あるのは現在を眼差しながら、ダルいな、すごく体が重いし気持ちも張りがないしダルいな、というそういうことはいくらでもある、ということだった。

雨が降り始めて、開けても誰も入ってこなかった。雨との関係は定かではなかった。

気持ちが塞ぐ。昼間から薄暗いのは苦手。気持ちが薄暗くなる。

長いメールを一本送ったらやることがなくなった。千葉雅也を読んでいた。アメリカ。


このごった煮のアメリカはノスタルジーの対象になるものではないと思う。日本に帰ったらアメリカを懐かしく思い出すにしても、だがそれは、懐かしさなのだろうか。奇妙な時間がここにはある。時間自体がごた混ぜになっている。それを懐かしく思うというのはどういうことなのだろう。

アメリカでは、あまりにも多くのノスタルジーが共存し、攪拌されている。

ケンブリッジの住宅地の道を、何も考えないで家に帰るために歩く。そのまっすぐさ。あまりにも多いコンテクストが並立している時空を、ただたんなる必要のためにまっすぐに歩く。そのまっすぐさ。


千葉雅也『アメリカ紀行』（文藝春秋）p.173, 174

日本。

駅でカフェに入る。店員の対応が異様なまでに丁寧で、動作と言葉をいちいち観察してしまう。彼らは儀式をしている。何か畏れ多いものを鎮めようとしているかのように。日本の「おもてなし」は、他人への思いやりというようなものじゃない。他人とは、下手をすると荒れ狂う自然であり、それを鎮めるために絶えず儀式が必要なのだ。地鎮祭。自然への畏れとしてのサービス過剰。これは西洋的な意味での人の尊厳を大事にすることとは違う。お客様、自然、天皇。

空疎で事細かな書類を作るのも、自然の猛威を鎮めるためだ。

日本においてサービスとは祭祀である。コンビニ店員の事細かなマニュアル対応は、最高位の儀礼主体としての天皇とつながっている。

同前 p.179, 180

そのあと「何という驚くべき無論理、無倫理だろうか。主体に何の責任もないことをお詫びしている。非人称的な出来事へのお詫び。ここには I も you もない」とあってビシビシいい。

ビシビシいいが、気持ちがすぐれない、暗い、今日も暇、これで一週間全部暇だったことになる、そのせい？　あるいは体調がぼんやり悪いから？　おかしい。

店を手放す日が来たりってするのかな、というようなことを考えながら、暗澹たる気持ちで、立ったり座ったりしている。夕方くらいはフヅクエはやっぱり立派だなあ、と感心していたのに、夜にはそんなことを考えている。手放す、と言ったけれど、追放される、だってあるだろう。


『ユリイカ』を開く。アマゾンの日本法人の方のやつ。面白い。面白いのだけど、これに限らず、けっこう何度も誤字というか「なんかおかしくない？」というのが目につく気がする。気になる。ダウナーが続く。

やる気なし。「今日も読書」は、今日というか明日でパタッと止まる。3月10日くらいからだったか、どうしてだか意地みたいに毎日更新を続けてきたそれがとうとう、無理してやるの無理、というか無理してやる意義が見えなくなったというか無理できなくなった、というところに行ったというかなんでだかポキッと折れて明日は無更新。過去日記があるところとプラスちょっとだけでいいような気になった、というか、買った本のことを書こうと思っても買った本のことなんてやっぱり大して書くことがないというか、大して書くことがない買った本について書くのとかやっぱり意味がないというか、大して書くことがないというのはその本に価値がないということではいささかもなくて「いや、ただ読みたかったからさ」くらいしかないということでそれは『台風一過』にしても『アメリカ紀行』にしても『往復書簡』にしてもそうでそこに言葉を絞り出す価値がないというかむしろ、不健全な、なにかであるような気に、なった、植本一子のやつを書こうかと思って過去作の日記の引用をいくつか取ってきたけれど、いや、それだけならできるし、いや、それだけこそがもっとも正しい「読みたい理由」になっている。そこに言葉を付け足すことが間違っている。と今は思う。と思ったら明日は引用のみでいいや、ということで明日は続く。明後日は過去日記でフラナガンがある。そこで3日くらい止まる、ということでもういいや、という気になった。

千葉雅也をもう一度頭から読み出す。教会の場面から始まったのだった。「お決まりの儀礼にすぎないのだろうか。ここには十分に本気があると感じる」。極めて魅力的。

万全。承前。豊前。

漫然。悄然。憮然。

それぞれ、そうしたい変換が最初に出てこなくてイライラした果てに笑った。雨は上がった。帰った。元気がないままだった。デニス・ジョンソンを読んだ。途中、没頭して、その中にいて、その外に出たときに中にいたことに気がついて、ああ、小説はいいなあ、と思った。

6月8日（土）

暗い顔をすることで暗い気分が固定されてこれはよくないなと思うが追いつかず、暗い顔と暗い気分が先に行って反省というか理性は追いつかず、暗い顔と暗い気分で店に向かった。発した言葉が自分を裏切る。自分を裏切るために言葉を発しているようにすら思う。自分を、更新するために？

そのあと、ふいに元気になった。

それで開店し、また元気がなくなっていった。今朝配信した先週の日記のことを考えていて、なんだか恥ずかしい気持ちが湧いた。それは植本さんや花田さんのことを知った存在、知己で、みたいに書いていたところを思い出してのことで、それって書く必要があったのかな、と思って、必要とかで書いているわけではないから必要とかは関係なくて、どうしてそう書いたのかな、というところだった。知ってるよ、いっちゃんでしょ、はなちゃんでしょ、というような。そんな間柄ではないが。けっきょく自分も近いところでバターになるような動きをしているだけなのではないかというような。それは全然違うはずなのだが。でもそういう面がないとは言えないような気がどうしてだかしてきて、それがとても気持ち悪かった。近すぎる！　本当に近い？　知らないが。デニス・ジョンソンの遠さが平穏でいい。

途中満席。若い女性の二人組の方がものすごく両手を高く伸ばして写真を撮っていてそのシルエットというのか、が視界の隅で見えて、どうしてだか「変身でもするのかな？」というふうに思ってそれは些細な一場面で、今日は途中から気持ちいいモードになってひたすら働くということができてよかった。安心した。楽しかった。一日中忙しかった。大変だった。それが楽しく嬉しかった。途中で千葉雅也のインタビュー記事を読んでいたら「日本ってそもそも日記文学の国なんだということに思い至ります」とあってそれから「制作行為が伝染するということ、僕はそのことにしか興味がないのかもしれない。制作行為を伝染させること以外に、社会を良くする方法はない。そして、それこそが僕は革命だと思っているんです。」とあった。

日頃、社会問題や経済問題についてのコメントはあまりしないけれども、僕にある種の左翼的なものがあるとすれば、作ること、職人的立場になってみることを擁護することだと思います。ものを作る側にコミットせず、悪い意味での評論家的態度を保っている人が世の中を悪くするんです。何か言いたいならば、まずは作ってみればいい。簡単に見えていかに難しいかがわかるはずです。具体的なコツの問題が重要なんです。その実感に立って初めて、人と人との関係性をどうするかが問題になる。「接続過剰から切断へ」と僕が言うとき、それは創作者の孤独を言っている。ものを作る時には、閉じこもることも必要なんです。創作のために孤独が大事だということは、現場的な職人的体感から言えることなんです。そして、そこに僕のレフトがある。

「海外生活の不安も、些細な冒険も素直に書いてしまおう」哲学者・千葉雅也が過ごしたアメリカ生活―文春オンライン https://bunshun.jp/articles/-/12225

6月9日（日）

起きる時間が今週は遅くなっていて起きる気にならない。暇だからというのはあるだろう。昨日は忙しかったはずだが。眠る時間は足りているというか過剰なくらいで今週は月曜に12時間くらい寝て水曜に10時間くらい寝て木曜も10時間くらい寝ているからいくら寝てもまだ寝たい。睡眠の質が著しく低いのだろうか。暑くなって寒くなって忙しいという認識はたしかにある。ちょうどいいがない。眠い。

眠い眠いと、また、寒い寒いと肌寒さに驚きながら店に向かっているとたくさんの人が行き交っている。自転車の親子、犬を連れた奥さん、スイカを食べる男。僕にとっては早朝でもここにいる人たちの多くか少なくかはわからないが少なくない人たちにとっては一日の第一ラウンドの途中でそろそろお昼ご飯、というところなのかと思うと感じている世界というか時間というかの違いに愕然とするというか、違う、と思っていたら店に着いた。コーヒーを淹れ、ほうれん草を湯がいた。

今日は夕方から山口くんで今日は暇な日になるのだろうなと端から諦めているので夜は本でも読んで過ごすのだろうか。昨日、デニス・ジョンソンを読み終えた、それはとても面白かった、静かにずっとよかった、読み終えたら、『ジーザス・サン』を読もうかなという気になったしもしかしたらそうじゃない、何を読もうか、ずいぶんたくさん買ってしまったなという本はどうも、薄い本が多かったからか、コンスタントに読まれていってたいていい読まれてしまった、いいことだが寂しいことだ、寂しい？　なにが？わからないが今、次、何を読もうか。『コーチングのすべて』をまだ買っていない。買うのか？

それはいい。問題は「ドロップボックスの整理をめちゃくちゃしたくなってきた」ということで今朝、通知で、容量がもうすぐいっぱいなので自動アップロード停止しそうですと来て、そうか、空けないと、と思ったわけだったが、それで写真をポチポチと消していたらとても整理したくなってきた、なんという秩序！という状態をつくりたくなってきた。日曜日だぞ、いや、曜日にかかわらず、それがお前がやるべきことか？ということだがそうしたくなってきてしまったこれを押し止めるすべは、ひとつだけある、お客さんが大量に来ることだ、しかしよくない予想は当たってしまったのかバカみたいに暇な日曜日になりつつある。開店と同時にというか看板を出しに下りると床屋のおかあさんがいて挨拶をすると「お嬢さんが二人ずっと待っていましたよ」と言って建物の陰からそのお嬢さん二人が見えて、きゃらきゃらと愉快げなお嬢さんというか若い、お嬢さんお二人で、そういう勘はたいてい正しいが「しゃべれないの大丈夫ですよね」と言うと「え」というふうで、「まったくしゃべれないんで、いま知った感じだったらやめたほうがいいと思いますよいろいろおかしい店なので」と言ったが「しゃべらなければ大丈夫ってことですか」となったので「もうまったくしゃべれないですよ、あと2000円くらいは掛かる感じですよ」と言ったが上がってきて、それでカウンターで椅子を寄せて座って二人でメニューを見てヒソヒソとやっている、他のお客さんもある状況なのでしゃべっちゃダメと改めて言って「違う感じだったら出てってもらって大丈夫なんで」と伝えた、しばらくすると出て行った。こういうとき、椅子くらい直せよと思うし、一言なんか言ってから出ていけよ、と思う。若さなんだろうけれども「くだらね」と思う。「つまんね」と思う。世界というか他者というかに開かれていたほうが世界というかは豊かなものになるのではないかと思うけれど内側だけでいるほうが豊かな時期というものもあるのかもしれない。時期なのかなんなのかはわからないけれど。

極端に暇。今日はもう、ひどい、ぞ、これは、という暇さで、自分の他のメールアドレスにドロップボックスの招待をしてそれでインストールさせて容量を増やした。全部で7・2ギガ。

しばらくすると山口くんがやってきたので少ししてドトールに行くことにした。そこで念願のドロップボックス整理をすることにしてどういうふうにするべきか、ノートを持ってきたので作戦を練って、練りきらないうちに作業に取り掛かってノートはすぐに放置された。途中途中で昔のファイルがいろいろと面白く、いろいろな皮算用エクセルがあったが、逆皮算用というか、残りの運転資金というか貯金は145万円、あとどれくらいで底をつくのか、というようないろいろなパターンの計算のファイルがあり最悪あと5ヶ月でショートするというようなそんな感じだった。それからお客さんにわたす注意用紙のPDFがあって「割り込みすいません〜〜!!」と大きな文字であってそこから5つのチェックボックスがあって「タイピング全般ちょっと強いかもです」「エンターキー等の決定打のところだけもう少し弱くしていただければと」「マウスのクリック音はけっこうすごいんです。マウスなしでお願いできればと」「ペンを手放すときに距離ができているらしく「コロン」が響き渡ります」ともうひとつはその他で手書きで書くスペースというので、その下に「音/静けさについての考え方はメニューの説明1〜2ページ目に書かれています。まだお読みでない方はお読みください。書面でお声掛けさせていただいているのは周囲に聞こえないほうが気まずくないかな〜という考えのもとです

（逆に気まずかったらすいません。そういうつもりでは）。

タイプ音やクリック音など些末な話に思われるかもしれませんが（「細かいわ」と思った方は引き続きお読みください。ここまですんなりご理解いただいている方はありがとうございます）、この場所でそれぞれの方に与えられた自由は、静かで快適な時間を過ごすためにここにいる方の快適さを損ねない範囲での自由であり、それ以上のものではありません。「自分が本を読んでいた場合はどう感じるだろう」というのを想像してみていただければと思います。」とあって笑った。「細かいわ」と思った方は引き続きお読みください。というのがいい。使ったことはあっただろうか。

それから一番最初の時期のショップカードであるとか。「初台駅から30秒くらいのところにある、／一人の時間をゆっくり過ごしていただくための／静かなカフェというかバーというか食事処というか、そういった類の店」というのがショップカードに書かれた文言で、たしかにずっとそう名乗ってきた、そのときはこれがいいと思っていた、でも今見ると、これは知らない人が見ても興味惹かれないな、と感じた。なんというか、「そういう店ね」という感じがして、実態はそこで思われる「そういう」とは全然違うはずなのに、全然それがわからない。ただの「そういう店」にしか見えない。そういうやつなら他にあるわ、うちの町にもあるわ、と思われて終わる。それをずっとやっていたんだな、と改めて思った。「本の読める店」、本当に正しいものを手に入れたものだった。

恥ずかしかったのが書店とかに持っていって置いてもらったりした栞で、そこには「お酒をちびちび、ご飯もしっかり、コーヒー片手に、本を読む。

静けさが約束された場所で、本を読む。

そんな贅沢な時間のための店ができました。

その本の続きを、フヅクエで。

新宿から一駅、初台駅徒歩1分。夜12時まで。」とある。恥ずかしい。すごくこれは恥ずかしいぞ。できました。その本の続きを、フヅクエで。つくったときも恥ずかしさを乗り越えてつくったのだと信じたいけれど、改めて赤面した。過去は香ばしくていい。その都度に真剣で、真剣に滑っていて、それがいい。

それから、今は4時間超のご滞在は席料が増えていくという方式にしていてだから10時間くらいいると6000円くらいにはなるみたいなそういうものになっているけれど、それをしていなかった時分にそのことを考えたエクセルがあってそれは今見ても興味深く、4〜5時間の人と5〜6時間の人を比べたとき、前者のほうが客単価が高い、というそういうものだった。この時分はタイピングとかもまだ全然できるころで、僕のこれは肌感覚でしかないけれど5時間6時間それ以上の方は多くがパソコンあるいは勉強系の人で、4時間以上と5時間以上で単価が逆転する感じはたぶんここでは使い倒しの感覚みたいなものが生じている、のではないか。ということで店にとって困るとかそういう次元よりも使い倒しのメンタリティを持ち込んでほしくない、見たくない、というのが強く働いて今の方式に変わっていった。最初は、2016年の5月だった、最初はその席料が増えていくのは6時間超までで、それも「ご滞在時間4時間超+600円、5時間超+600円、6時間超+300円のお席料をいただきます」というものでこれは4時間未満が言わば席料が1500円ということなので、その倍までいただきます、ということなのだけど、だから6時間超が天井ということだったのだけど、説明と理解のコスト的に面倒ということで、7時間超という方はそもそもほとんど発生しないのだから、そこでコスト上げるの意味ない、ということで、単純化することにして青天井になった。2017年の6月だった。そういう変遷があった。それを思い出した。

ファイルをいじいじし続けていたら酔っ払った。ドロップボックスは華麗に綺麗になった。それでドトールの閉店時間を迎え、店に戻った、惨憺たる日曜日となっていた。コーヒーを淹れ、席について『日記をつける』を読んでいた。日記は、300字を超えたあたりから文章になっていく、作品になっていく、とあった。「そこからの日記はそれを読めば誰でも了解できるような内容をもちはじめる。文章は結びに向かいながら、ひそかに転換する。その転換をもたらすのが「長さ」なのである」とあった。自律し自走していく日記。この本は日記について書かれた本だけれどもいろいろな日記本の引用もあって、だから多様なテキストの、なんだっけ、折り紙、と思ったけれど折り紙ではない、織り物だ、多様なテキストの織り物で、それは僕のこの日記とも通じるところだけれども、その、織り物で、それが目に豊かでよい、というところがあった。荒川洋治本人の日記も登場してこれがよかった。パンとコーヒーの店に入って座っていると急に大雨が降って隣の席にいつの間にか男と女が座っていてそれは急な満席での相席だった。会話が始められた。「急な雨で」「ええ。つい、さっきまでは降るようには思えなかったのに」。会話は続いた。

二人は五時一〇分には、会釈して別れたから、正味一五分の対話だった。女性は赤いジャケット、グレー系のスカート、きれいな落ち着いた女性である。九段の会社からの帰りとか。男性は清瀬にオフィスがあり、これから駅近くの友人を訪ねるところだという。

たった一五分だったが、二人のなめらかな対話に感心した。三〇代というのは、こういうときになかなかことばが出ないものである。ぼくなどは五〇にもなったというのに、その場で会った人と、このように親密な会話はとてもできない。また三〇代の女性が相手だと、男の意識があって、こんなことはできない。女性の対応も自然だった。「突然雨が降ってきて、入った喫茶店でたまたま相席になった男女」の対話としては、深くならず、浅くもない、理想の内容だった。この二人は、こういうときの会話が自然にできる人たちだったのである。この日のために生まれた人たちだと思われるほど、ぼくにはまぶしい人たちに見えたのだ。

男の人は、駅のほうに歩いていった。女の人は、それからパンを買っていた。そのうちに見えなくなった。ぼくはそれから店を出た。雨は止んでいた。

荒川洋治『日記をつける』（岩波書店）p.130

会うはずでなかった人同士が会う、一瞬、交わる、というそういう場面が僕はやはりとても好きで貴重で美しいと思うためそう思った。山口くんと帰り際、ボラーニョの話をした、「センシニ」の話をして、「センシニ」もベランダでの二人の会話、それが同じでそうだった。雨が強く降っていた。

6月10日（月）

昨日は寝る前はプルーストを読もうかと思ったが目に入って来る感じがなくて、というかほんの一行とかもはや数行で諦めた感じがしてそれでは何を読みたいかと言えば千葉雅也で遊ちゃんの本棚から『勉強の哲学』を取ってきてそれを読んでいた、面白く、買おう、と思った。夜はすぐに暑くなり朝は寒くなる。体温調節機能が働かないというか下手。夢に内沼さんが出てきて、内沼さんというか内沼さんのインスタへの投稿で動画で、大きなベッドの上でおちびさん二人が楽器を奏でていた、一人が鍵盤ハーモニカで一人が木琴で、ぶーぶー、ぴんぽん、やっているその様子を撮ったもので途中でうまくハーモニカが鳴らなくて画面の横から内沼さんのと思しき片手が伸びてきてなにかの補助をしてそうしたら鳴って、それを見ながら「あ、それをしたら、内沼さんの作品になってしまいませんか？」と思った。

起きて、起きる気が雨もあってなかなか起きなくて、うとうととしたらまた夢を見て近鉄の赤堀が出てきて通天閣の階段をのぼりながら、「忍耐、体力」云々と言っていてそれは通天閣の階段を一定の体勢でのぼるというトレーニングについての説明で赤堀が説明していて誰かがそれをデモンストレーションしていてたしかに忍耐も体力も必要そうだった。だって、階段の縁に立って、あんな姿勢を取るんだぜ？と思って、感嘆した。観念し、起きた。強く今日もまた雨は降っていて人はきっと来ないだろう、それに今日は2時で山口くんが来て交代という珍しい日でそれは僕がお願いしたからで、2時というのは開店からわずか2時間というそういう時間だった、そのわずかな時間を、ドロップボックスのさらなる整理に費やした。「Camera Uploads」フォルダの混沌をどうしたらいいかわからなかったがわかって、ここはアップロード場所、と定めるということだった、つまり、なんらかの理由、それはメモリアといったところだが、なんらかの理由で残しておきたい写真についてはそのフォルダを別にこしらえて、そこに移管する、そういう手続きを踏む、僕のカメラの使用は引用のための本のページの撮影で、あとは伝票を入力する際にしやすいようにというので伝票の写真で、それから遊ちゃんに見せたいなんらかの光景であるとかそういうもの、それらが大半でそれらは引用したら、入力したら、スラックに送りつけたら、フォルダから消していいものだった、そういうものと、見るだけで記憶がなにか湧いてくる写真が一緒の場所にあったのが間違いでだからここでも作業スペースとしての、一時保管場所としての、ということが大事で「Camera Uploads」はそういう場所とする。そもそも名前からしてアップロード場所だった、だから、それで、取っておく写真を峻別するという作業を一生懸命おこなった。できた。「Camera Uploads」はカラになった。随時、カラにしていく。いつまでできるかな？

それにしても「Camera Uploads」は発見というか大いなる気づきだったわけだけどどうしてこんな簡単なことに気がつけなかったのだろうか、ずっと混沌としていた、気づいたら後戻りができないところ、ポイント・オブ・ノー・リターンというのはいろいろなところにあるものだが「Camera Uploads」にもたしかにそれはあった。もう戻れやしない。

見事に何もやらないまま山口くんが来て、やってもらうこともほとんど見当たらず、なんかやることあるといいよねという細かい指示を出してそれで出て、雨がしっかり降っていた、新宿に出て、地下をずっと歩いた、雨でけぶった屋外がちらっと見えてその向こうに向かうべきコクーンタワーの建物もあった、あそこに行くにはどうしたら、と思いながら入って歩き出した地下道は、前にも一度ここを歩いて、そしていつまで経ってもコクーンタワーに当たらなかったあの道だとわかりすぐに引き返した、ぐるっとロータリーを回るように回ってもうひとつのそういった地下道を歩いたらすぐにあった、壁に張り出された看護師かなにかの学校やアニメーターかなにかの学校のポスターを見ながら「若さ」みたいなことを思っているとモード学園から出てくるカップルがあってまた「若さ」と思い、それから前を歩いていた4人組の男の子たちがモード学園のところに入っていった、刈り上げた頭がピンク色で黒いダボッとした服を着ている者があってさっきから思っている「若さ」というのは「いいね」という意味で、羨ましいような気持ちもあったしなにか眩しいようにも思うし17歳とか18歳とかで、知らないが、そういう専門の学校に進むという選択というか決断というかをした人たちなんだよなと思うと、思うとなのか、なんというか、負けるな、やってやれ、ぶちのめせ、というような気持ちが湧くのを感じた。見せてやれ、というような。なにを？　なにかをだよ！　だれに？　あいつらにだよ！　というような。

それでその横のブックファーストに入って久しぶりに来た。ビジネス書のところに下りて検索の機械で検索をしてその棚に向かった、コーチングの棚だった、行くと、行けば見つかるだろうと思ってざっくりとした検索だけで行ったわけだが、行くと、見慣れた顔があった。現千葉ロッテマリーンズ投手コーチで前北海道日本ハムファイターズ投手コーチの吉井理人の顔がそこにあって『最高のコーチは、教えない。』という本だった、直筆のポップもあってなんと書いてあったか、少なくとも「わし」とは書いていて笑った。吉井コーチは実際どうかは知らないがブログとかではいつも「わし」だった。競馬の調子はどうですか。それで、うっかり吉井コーチの本だけで満足しそうになったがもともと思っていたのは『コーチングのすべて』だから、やはり基礎というか理論というかベースみたいなものは必要だろう、というところで、ペラペラしたら面白く読める自信は一切なかったが、それも取って、買った。「この人はよほどコーチングについて知りたいのだなあ」という購買。それで上のフロアの文芸の棚を見に行った、柴崎友香の新作がたくさん並んでいて、そうだそうだ、買おう、と思ってそれは目で印をつけておくような調子にして奥の海外文学であるとかのところに行って、見ていた、見ていたら、水声社の「フィクションのエル・ドラード」の『犬を愛した男』が入ってきて昨日山口くんとラテンアメリカのことを話していたことも手伝ってだろうか、今日かな、という気になって、それで取ろうとしたところびっくりした、なんていう分厚さだ!

これにはびっくりした。一度丸善ジュンク堂でも見ていたはずだが、そのときは面陳列というのか、面でしか見ていなかったから、厚さについて考えてもみなかった、みなかったのだが、『犬を愛した男』でしょ、なんかそれは多分僕はチェーホフの「犬を連れた奥さん」を考えるのだろう、きっとそういう小品という感じでしょう、200ページとかでしょう、長くて230ページとか、とどうしてだか高を括っていて、だからその厚みに気がついたときはにわかには自分の目が信じられないような気持ちになった。『犬を愛した男』なんていうタイトルの小説がこの厚さ⁉というような。それで動転したというよりはこれはしばらく掛かりきりになるつもりでいかないと、というところで柴崎友香は今日は買わないで、それだけ買った。出口に向かいながら歩きながら、まさかこれが超長編とは、というタイトル選手権をおこなったら一位はなにになるだろうか、と考えていた。岩波のなにかがやはり有力だろうか。

そのまま先ほど歩いてきた地下の道を逆方向に歩いていって、ぐるっと回るとさっきも通った左手に献血のところがあり右手が頻繁に古書市とかをやっている今日は服かなにかを売っているそういうところに差し掛かりそこで顔を上げると外を雨が降っているのが見えてそれは僕の体を濡らしはしなくてなにかの記憶がほわっと胸のあたりに、あるいはおでこのあたりに、やってきて、「あ」と思って確定させる間もなく消えた、過ぎ去っていった。なにかがなにかの記憶をもたらした。こういうとき記憶は僕が所持しているのではなく風景の側にあるように感じる。側にある、というよりも、風景の中にふわふわと漂っている、という感じだろうか。風のようにやってきて、一瞬だけ僕を貫き、向こうに行ってしまう。

もう手がかりもなく、しかし少し時間はあった、ロッテリアに入ってコーヒーを買って座った、吉井コーチ、教えてください、という時間だった。読んで、ふむふむ、教えちゃいけないのな、ふむふむ、モチベーション、ふむふむ、と思いながら得心しながら読んで、時間が近づいたので出た。コーヒーはほとんど口をつけなかった。

新宿の地下の道というのは便利なものだとほとんど初めてのことのように実感して地上に上がった、ヨドバシカメラであるとかがあるあたりのブロックに出て少し歩くと小田急電鉄の本社ビルというものがありそこに入った、まだかなこちゃんあずのさんの姿は見えなかったのですぐ横に「待つのに使ってください」みたいなスペースが、喫茶スペースみたいなものが、あったので、そこに入って吉井さんの言葉に耳を傾けた、高校時代のことが書かれていた。

数ページで二人の姿が見えたので合流して、入館バッジをもらって入ってエレベーターに乗った。入館のために必要なので事前に代表者氏名と人数を教えてくださいと先日ありそれで3人で行きますと言ってそれで今日なわけだがそうか、立派なビルというのはそうやって入るものなんだな、と思って、そんな立派なビルに入るのなんていつ以来のことだろうか、というようだった。名前がない存在であるうちはそれ以上行くことのできない建物。

白い大きい部屋に入った。内沼さんであるとかの姿があって、挨拶をして、用意された席の数、置かれたペットボトルのお茶の数を僕はざっと見たのではないか。20人くらい来るの？　というようなところで僕は今日は内装の工事の説明会みたいなものだったが説明を受けること自体はやぶさかではないというか楽しみですらあったがそのあとに懇親会があると聞いていてそれが不安だったというか懇親会があるがゆえに行きたくない気分があった。懇親なんてどうやったらいいかわからない、というのがもっぱらの理由でだからかなこちゃんたちにべったり付いていようと思っていた。ただかなこちゃんたちも狭い世界みたいで知己の人たちが何人もあったみたいで、そういう姿を見ていると「果たして彼らにずっと付いているという作戦は成り立つだろうか」と不安もまた大きくなるわけだった。

徐々に集まり、それで会が始まった、エリア全体を建築する（？）ツバメアーキテクツの方々が主に話して、小田急の方々が話したり、していた。自己紹介コーナーになり、順番に入居する人たちが挨拶をしていった、みんな上手にしゃべるなあ、社会、社会人、立派、すごい、かっこいい、と思っているうちに僕の順番になりやっぱりたどたどしい。

下手くそだなあ、と思い、ま、いいや、と思った。下手くそのくせに「笑いのひとつくらい取りたかった」と変な欲を出すこの感じはいったいなんなんだろうな。と思った。

　最初のほうは話をちゃんと聞いていたが、話が具体的な工事の段取りとかルールとかそういうものになると聞いても僕にはさっぱりなんのことかわからないことだらけになっていったのでほとんど聞かないという状態になって、こういう、人が話しているのを聞く場でほとんど聞かないで座っている、ノートに落書きとかをしながら座っている、という状態は久しぶりに味わうもののように思った、授業のような。いつ以来だろうか。意外にそう昔でもないか。免許の講習とか。でも免許の講習は意外と聞くんだよな。

　2時間くらいで説明会が終わり、それでそれから恐れていた懇親会になっていった。かなこちゃんたちにつきまといながら、模型を見たり模型の写真を撮ったり模型の屋根を取ってみたり、していた、そうしていたらあずのさんが話していた方と話すことになってそこから僕は今日は好調のようだった。いつのまにかかなこちゃんたちの姿は離れ、しかし僕は軽やかにおしゃべりをしていた！　それからも、ANDONのおにぎりやおかずを食べたりしながら、また他の人と、軽やかにおしゃべりをし、また別の人とおしゃべりを軽やかに、していた！　その時間を過ごしながら、どうしたらこういう場で無理なくいられるか、というのを探るような気分がずっとあって、ひとつは「合わせて笑わない」ということで、笑わないでいようとすると「なるほど、これひとつでけっこう違うかも」という気になって、それから「話がしぼんだらさっさと切り上げる」ということで、なるほど、それでいいんだ、と思った、なんというか今日この日、いい立ち振る舞いのあり方を見つけたような気がして、二人のもとに戻ったときには「社交性に驚いた」みたいなことを言われて「それはね、僕も今驚いているんだよ」ということだった。いつの間にか人が減っていき、僕らも7時過ぎに出た。おにぎりもおかずもおいしくて、もっと食べたらよかった。外はまだまだ雨で、ビルの入口のところで二人と別れた。二人はこれから諏訪まで帰る。

どうしようか、しかし雨で不自由だ、先ほどのロッテリア読書というのが存外によくて、またそういう場所に入ってそういう読書でもしようかなとも思ったが、しかし雨で不自由だ、そう思って素直に帰ることにした。

家に着くと遊ちゃんは仕事をしていて今日は夕飯を食べ損ねた、どうしよう、ということで、僕は僕でお酒を飲みながら何かをつまみたい、なにかを買いに行こうかな、ミックスナッツでも、と思い、それで二人で出ることにしてミックスナッツとフライドポテトを買った、遊ちゃんは買わなかった、今日はナッツを少しつまんだらそれでいいということだった、ナッツとお煎餅。

家に戻ると僕は読書の時間にすることにして『犬を愛した男』で、レフ・トロツキーの話のようで、それはこの厚さ納得だわ、という気分がすぐにやってきた。大きな本で持っているのが難しくて、どんな姿勢で読んだら楽なのかがずっとわからなかった。キューバ、ロシア、スペイン。1時間くらいの昼寝を挟みつつ、夜中までずいぶん長い時間読んでいた気がするがあまり進まず、ごつい海外文学、と思った。今日も店は暇なままだったようで一日で5人とか6人とかだった。完全に絶不調。

6月11日（火）

雨が上がった。重いリュックを背負って山歩きみたいな気分で坂道を上がった。店に着いて、今日はダメだと思った。すごい。あらゆることが面倒くさい、と思った。面倒くさすぎてすごい、と思った。生き続けることが面倒すぎる、と思った。ひとつひとつが全部面倒、と思った。それはたぶん今日の自分のタスクみたいなものがぼんやりしていたからで、それにしたって過剰すぎないか、と思うのだが、どーんと落ちるときはあまりにあっけなくあまりに簡単なことでどーんと落ちてしまって面倒がっている自分こそが面倒で、面倒ループは終わりそうになかった。メンドーサ。君は今、どこでなにをしている？

「2019年現在は、メキシカンリーグのユカタン・ライオンズに所属。」

夕方まで一生懸命働いて、店を出たらフグレンに行って昨日の日記を書いて先週の日記の推敲をしよう、と思うと、なにか楽しみができたような感覚になった。それで夕方まで、存外にコンスタントにお客さんがあり、この調子でどこまでも、と思いながら、味噌汁をこしらえ、チーズケーキを途中までやり、と真面目に労働をした。昨日のコーチングの本の勉強を披露しようと山口くんへの訓示の時間に「目標を設定させて小刻みに成功体験を味わわせるんだって。どこまでも自発的にやってもらうように手助けするんだって」と言って、それで、これは多分違うよなあとか言いながら、今日は「今日やることを自分で探してみよう」という課題を出して自分でタスクを見つけさせてみた、そうしたら「なるほど、こういう視点で冷蔵庫の中を見たことがなかった」という新たな体験になったみたいで、やってみるものだね、という話をした。これからコーチングを学ぶからいいコーチングに期待してね、というところで、よろしくと伝え、出た、小雨が降り始めた気がしたが気にしないことにしてフグレンに行き、空は薄暗い、今日もいくらか肌寒い。店内は静かで、ソファに座った。外で熱唱する女があった。

そのあとの外は韓国語の若い女性グループがおなじみの調子で写真を執拗に撮っていて、煙草を吸いに外に出たらまだ撮っていて、5人くらいのグループで一人がベンチに座って4人がそれを撮る、みたいなことをローテーションでやっていたのだろうか、20枚以上同じ構図で撮っていて、ちょうどドロップボックスを整理したあとだった私は彼女たちのカメラロールのことが気になって仕方がなかった。早晩、というかわりと早く、消さなければいけないときは来るだろう、あまりにも写真が溜まりすぎるからだ、しかし、写真を削除する作業ってけっこう面倒なような気がしていて、どうしているのだろうか。どういうモチベーションがそこにあるのか。これは一度聞いてみたいことのように思った。

それで日記を書き、日記を推敲し、推敲の途中で疲れて家に帰った、帰って続きをやった、やって、エディタに反映させて、InDesignをきれいにして、とやり、やり終えたら9時過ぎだった。9時か、と思って、夕飯はもう食べないんだろうな、と思った。開店前のご飯と納豆が唯一の食事。

遊ちゃんが帰ってきて、今日は岐阜に行っていた、今朝、洗濯についての話が出て、それでいろいろと話していた。家事参加の機会の少なさに対する後ろめたさの話をした。それを解消するためにバランスを取りたい。でも家にいる時間が圧倒的に少なく機会がそもそもない。だから分担の仕組みをつくりたい。僕はどんどん暗くなっていくようだった。後ろめたさを負うことが嫌だった、今日は朝からなにもかもがもう、生きていること、全部、面倒で、と話した。話が一段落してビールを買いに出て、なにか食べ物をお腹に入れないとと、唐揚げの串みたいなやつを買って、夕方ぐらいは今日は野菜をたっぷり食べたいなと思っていたのに唐揚げか、唐揚げのみか、と思うとバカみたいでよかった、歩きながら、すぐ食べ始めた、ビールも開けて、すぐ飲み始めた、すぐ食べ終えると、煙草をくわえ、火をつけた。家の前でビールを飲みながら煙草を吸って、戻った。ビールは家に入る前に飲み終え、明日捨てるのを忘れないように玄関の上がったところに置いた、遊ちゃんはシャワーを浴びていた、ソファに座ると、次の缶を開けて飲み始めた。本を開いて、『犬を愛した男』を開いた。2本めのビールが終わるとすぐに眠くなって、太ももの上に置いて座って読んでいた姿勢のまま、うとうととした。分厚い本は、ふわふわと脆い体をその場に留める重しみたいだった。うたた寝から起きると気持ちがむしゃくしゃとしてきて、どんどん暗くなっていった。外に出て煙草を吸いながら、おでこをベランダの手すりにつけながら、唸っていた。シャワーを浴びて、浴びながら、抑えられなくなって、癇癪を起こすというか荒げた声が喉から、歯ブラシをくわえた口から、出た。シャワーを止め、浴槽の端に腰を掛けて、頭を抱えていた。上がると、遊ちゃんがぱきぱきと動いていて、殺気立っていた。僕は、あ、と思った。あんな声は聞きたくない、あんなのは嫌だと、遊ちゃんは言って、僕は、やっちまった、と思いながら、自己嫌悪を増幅させながら謝った。謝りながら、自分は自分が思っているよりもずっとクズなのかもしれないな、と思った。僕はずっと自分のダメさというものを甘く見ていたというか、まあ、人は多かれ少なかれいろいろダメでしょう、このダメさもまったく凡庸なレベルのそれでしょう、と思っていたけれど、もしかしたらけっこうダメ、けっこうクズなのかもしれない、と思った、思いながら、沈鬱に話しながら、ウイスキーを何杯も飲んだ、何度も外に煙草を吸いに出た。話が落着し、気持ちは落ちたままで、飲みすぎて気持ち悪くなって、肩を喘がせながら寝た。

6月12日(水)

起きたら金曜日だと思って苦しさがやってきた、元気はどこにもなく、改めて謝り、遊ちゃんは優しかった、家を出た、虚脱した顔で自転車を漕ぎながら、前を歩いていた人が煙草を吸っていて、ポイ捨てしたら拾って投げつけたい、殴りたい、と思ったが幸か不幸かポイ捨てはしなかったようだった。店に着き、階段を上がりながら、涙が出た。飯を食っていたらまた涙が出た。全部ダメ、という気持ちで、こういうのいくらか前にあったよな、いつだっけな、日記を探せばすぐわかるだろうけれど知りたくもない。ちょっと今回はわからなくて、理由が、わからなくて、困った。前は、なんとなく見当がついたが、今回はまったくなんなのかわからなかった。ただ、ただ、全部、放り投げたい、というような調子だった。全部が、面倒。飲酒と喫煙以外は全部が面倒。ドラッグとかがあったら僕はあっという間に依存するようになるだろうなと思った。酒も煙草も、すがりついているようなところがある。この弱さとどう付き合っていったらいいのかちょっと今は皆目見当がつかない、途方に暮れる、涙が出る。

いくつか仕込みをして、今日は仕込みがいろいろとある日だった、暗い、こわばった、投げやりな、ろくでもない気分のまま開店すると、どうしたのかとんとんとお客さんがあって満席になりそうにすらなった、ならなかったが、オーダーも途切れず、途中、パニックに陥るかと思った、踏みとどまった。オーダーの隙間隙間で仕込みをして、ずっとよく働いていた、手仕事はセラピーで、いくらか気持ちも和らいでいくようなところがあった。虚脱は、し続けていた。

夜、吉田輝星が勝った。

高卒ルーキー初先発初勝利はドラフト制度導入後史上19人目の快挙ということだった。途中途中、一球速報を見ながら、すごい、ストレートばっかり投げてる、と思いながら、すごい、抑えてる、と思いながら、すごい、切り抜けた、と思いながら、試合展開を追っていた、1点リードのまま迎えた9回、石川直也は先頭の鈴木誠也にヒットを許し、バントで二塁に送られ、ピンチ。次が三振で2死。四球でピンチ続く、と思っていたら次の會澤がサードゴロで試合が終わったらしかった。ツイッターを開いたら日ハム公式アカウントのツイートが最初に来てゲームセットの瞬間のもので文字情報だけだとただのサードゴロだったそれはファインプレーでサード平沼翔太が横っ飛びで捕って、というものだった。閉店したらダイジェスト動画とか見るんだ、と思ったら楽しみができたのでよかった。

珍しい日で10時以降に3人のお客さんがあって結果としてずいぶんいい調子の平日になって、よかった、働いた感じがあってありがたかった、ダイジェスト動画を見た、ストレート、ストレート、見ていて気持ちのいいストレートで、ヒーローインタビューもまたよかった。ラジオをおこない、遅くなった、帰った、髪を刈った、髪を刈ると風呂場の呼び出しボタンを押して遊ちゃんに来てもらってちゃんと刈れているか頭を見てもらう、呼んだら、ニコニコしながらやってきた、うれしかった。

風呂から上がるときっともう3時くらいだった、今日は無飲酒で、眠くなるまで『犬を愛した男』を読んでいた、外がだんだんと青色になっていった。暗い心地がずっとあった。


「まずは煙草からやめるべきでしょう」ラケリータは言った。

「この期に及んで？　もはや眩暈を和らげてくれるのは煙草ぐらいだ。あとはコーヒー。何リットルもコーヒーを飲んで……　煙草を吸うだけだ」

レオナルド・パドゥーラ『犬を愛した男』（寺尾隆吉訳、水声社）p.148

6月13日（木）

際限なく眠るから12時には起きようとアラームをセットしておいたので12時に起きて、起きた瞬間から悩んでいた、迷っていた、『犬を愛した男』を開いて漫然と読んだ、うどんを茹でて、食べた。迷っていて、ダラダラとしていた、今日、どうやって過ごすのか。銀行に行きたい、映画を見たい気もする、走りたい、本を読みたい。どう時間割をつくったらいいのか。ぼやぼやとしていて、映画の時間を調べたら15分後に始まるものがあって、ぼやぼやをもう少し早く切り上げていたらこれも間に合ったのに、と思った、あとで考えてみたらそれをしていたら銀行は終わってしまうからそういうわけにはいかなかったのだが。しかし銀行は今日行かなければいけないというものではなかった。あっという間に2時を過ぎて、出ないと銀行が閉まってしまう、でも今日銀行に行かなければいけないというものでもない、でも、と思い、出。

快晴。渋谷の方向に自転車を漕いでいると信号待ちで前にいた男性二人の様子がなにか違って、なんだろうと見たら正方形の板みたいなものに乗っているらしかった、なんという走行物なのか名前がわからないが、小さい板に乗っていた。下敷きくらいの大きさに見えたがさすがにもう少し大きいか。信号が青になると、どういう方法なのかわからないが動き出して、自転車で追った、自転車を普通に漕いでいては僕では追いつけないスピードで、速かった、あの小さな板の上に無防備な体で乗っかってあのスピードで走るというのは怖いことではないのだろうかと思いながら、それも慣れの問題というか、自転車だってまったくの無防備な体で乗るわけだから、同じことではあるのだろうと思った。なにかがあったとき、倒れたら、自転車もあれも、変わらず痛い、というそれだけで、でもただ直立しているというだけの姿勢はなにか、一生懸命漕いでいる自転車の上の体よりもやはり無防備に、なにかがあったときに対処できない体のように見えるが、それもやはりなにかに囚われているだけだろうか、きっとそうだろう。すいすいと、つまり見た様子としては直立した体がただ前方に流れていくというもので、すいすいと二人は前に進んでいった。犬が吠えた。菓子店の前のベンチに繋がれていた犬が吠えて、強く引っ張られたベンチがひっくり返った。二人が目の前を過ぎたところだった。犬は恐慌をきたしているように見えた。強く警戒するような声で何度か吠えて、吠えると、元いた場所に戻り、倒れたベンチを見ると、くーんくーんと、申し訳なさそうな、力ない声を何度か上げた。おずおずとベンチのまわりを歩いた。あれは、人間の見慣れぬ移動の姿に驚いたのだろうか。ただ直立した体が、前へ前へ、走るのよりも速いスピードで流れていく、見慣れぬ姿。

銀行。行き慣れぬ銀行に行きいろいろの手続きを、補助を受けながら、おこなっていた。待つあいだ、あいだに、本を読んでいた。銀行は広々として白々と明るくて、そして頭上のあたりにたくさんの声や物音が雲みたいに浮かんでいるようだった、それは読書にちょうどよくて、待つあいだ、あいだで、小刻みに、いい読書の時間が過ぎていくような感じがあった、これは望外のもので喜びとなった。

　呼ばれたブースで、行員の方がなにかをしているのを待ちながら、視線を固定する場所も特にないから、いろいろときょろきょろしていた。パソコンの裏に埃が積もっていた。その横にどっしりとした花瓶に入った造花があってこれもうっすらと埃をまとっていた。その隙間に、なんの用途のものなのかさっぱりわからない、オレンジ色の液体が入ったプラスチックボールみたいなものがあって、投げて、当たって、オレンジが、炸裂する、そういうものだろうか、あるいは印鑑関係というか朱肉関係のオレンジにも近いように見えたが、どうか。大きな銀行というなにかほとんど公的機関めいて思える場所でも個人の爪痕というか、そこに働いているひとりひとりの爪痕みたいなものはいろいろとあるのだなと思って、爪痕でもあるし、誰かがやったからこそある余計なこと、とも言えて余計というのはいいことだった、行員の方がキーボードを叩いたりなにかに記入したりしているすぐ横にはディズニーの柄の缶があってペン入れになっている、キーボードの余白にメモの書かれたポストイットが数枚、貼られている。今この時間はここは誰々がやっていますと、付け替え可能な名前が表示されていたが、持ち場みたいなものは、どういうテンポで交代するのだろうか、どこまであの場所は個人の場所として築かれるものなのだろうか。

存外に時間が掛かり、しかし本を読めたのでむしろいいものだとすら思っていた、ユーロスペースに向かった、4時半の回のチケットを買って、家を出る前にオンラインで買おうとしたがなんとなく面倒になりやめていた、買って、下りて、下のカフェに入った、40分ほど時間があった、そこで読書をするつもりだった、初めて入った。入って、メニューを見るとコーヒーが320円とあり、あ、間違えた、と思った。リニューアルしたのはそう昔ではなかったように記憶していて、わりと最近できたところであれば、コーヒーもなにか、おいしいようにするのではないか、コーヒーの味なんて気にしても仕方がなくね？ という態度をあたらしい店は取らないのではないか、と思っていたが甘かった。これが値段を見たときに550円だったら期待が持てた気がするが320円とあっては、これはきっとあれだ、よくわからないマシーンからボタンを押すと2つの穴からぴょろぴょろぴょろと黒い液体が出てくる、そういうコーヒーだ、と思ったらそうで、置かれたカップに2つの穴からぴょろぴょろぴょろと黒い液体が出ているのが見えた、受け取ったコーヒーは表面に粗い泡があってきれいな光景ではそれはなかった。その日最初のコーヒーがおいしくないコーヒーになると悲しい。

外の席で、その液体をたまにすすりながら、本を読んでいた。何ページあるのかわからないが分厚く重く、800ページくらいはありそうだった、読んでいて、読み続けていて、これはどうにか自分をこの小説につなぎとめようとしているように思える読み方だった。読んでいて、長大な小説を読んでいるとき特有の満足感というか充足感、それは3つ順繰りに描かれる時間と場所の違う場面が、少しずつなにかに統合されていくのだろうという期待感に依っているような気がする、それを感じながらも、ものすごく面白く読んでいるかといえばよくわからないというか、意識が、物語の進行をせっつくように働いているようにも感じる、「それで？ それで？」と話をせがむ子どものようなな。そこに、描かれる情景細部への喜びは薄く、それは僕の意識の持ち方のせいなのか、書いていく手それ自体が、細部の書き込みへの興味が薄いのか、わからなかった。後者のような気がする。美しい、ときめく、あるいは汚い、驚く、見覚えのない、そういう言葉に触れたくなる、あるいは、読んでいるそのときの何かと響き合うような、そういう言葉。そういう言葉に触れたときに、ページを折り、引用したくなる。そういう場面が今のところあまりなかった。登場人物は考え事をする、過去を思い出す。「そんなことを考えていると、」で現在に引き戻す、その手つきに嘘はないか、無理はないか。書き手を僕は今はまだ信用できていないようだった。

映画の時間になったので3階に上がり、コーヒーはほとんど残した。暗くなるまで、続きを読んでいた。予告編がずいぶん長かった。本編が始まって、ギヨーム・ブラックで、最初は『遭難者』だった、男が自転車を漕いでいるところから始まって、曇り空の下の広大な景色は開放感よりもむしろ閉塞感をもたらすような感じがあった。ひとつひとつの場面が、妙な充実を持っていた。ただ視線を送るだけ、ただ顔があるだけ、ただパスタかなにかを食べるだけ、ただいるだけ。それがそれぞれひとりひとりの人間がそこにちゃんとあるような充実を持っていて、こういうものに触れていたいということなんだろうな、と思った。男が泣いて、女がそれを見たか見なかったかした。続いて『女っ気なし』になって、ひたすらずっとよかった。ヴァンサン・マケーニュたちが海に入ってはしゃぐ場面で、なんというみずみずしさなんだろう、と思って、みずみずしさ、と思ったあとに、水のことをみずみずしいと思っている節はないか、と自問したが、ありそうだった、浅はかだった、それにしてもよかった、ヴァンサン・マケーニュが暗い部屋でテレビゲームに興じる様子、車の横でアイスクリームを食べる様子、赤いポロシャツを着てみる様子、いちごにクリームを大量に乗せる様子。でっぷりとした老女の笑顔、ガリガリの老女の細い指。コンスタンス・ルソーの物憂い目つき、突然弾ける笑い。

ロール・カラミーの大笑い、迷いながらの誘惑。ひとつひとつがとにかくみずみずしく、うつくしかった。ずっと見ていたかった。しかしバカンスは終わった。

最後に流れている音楽がとてもよくて、映画館を出てからがんばって調べたがさっぱりわからなかった。なんという曲なんだろうか、知りたい。『7月の物語』も見たい。映画。もっと見たい。もっと見たいが、どうやって。

丸善ジュンク堂に寄って、『Number』を取って、それから今日保坂和志のインスタの投稿で見て突然とても読みたくなった『ソウル・ハンターズ』を探しに、文化人類学であるとかの棚に行って、ないかな、と思ったら、あった、躊躇があった。これを買ってしまったら、『犬を愛した男』を放棄することになるのではないか、そういう躊躇があった、それでなのか、珍しく、最初の数ページをベンチに座って読んで、それで決めよう、ということにした、読んだら、やっぱり読みたくなり、買うことにした。買って、帰った。帰って、遊ちゃんはもう帰っていた、ソファに座って、迷いに迷っていた。今日やりたいこと。というかやるべきだと思いこんでいること。走ること、読むこと、日記を書くこと、食事を摂ること。困る。今は7時。なにをしたらいい。一日中迷い続けている。ソファに座って、なにも決められなかった。なにも決められず、なにもしないで時間が過ぎていった。どれをしても、しなかったことが生じて、後悔しそうだと思った。一日というのは短すぎるのではないか。起きるのが遅かったのがいけないのか。それはそうだろう。困る。困って、困り果てた末、野菜を食べたい、と思って食事に出ることにした。そう決めたら気持ちが楽になった。歩いて、ベトナム料理のお店を目指した。着いたら、満席だった。さて、困ったね、となって、家で野菜を食べよう、ということにした。野菜をオーブンで焼いて、それを食べよう、ということに決めた。そう決めたら気持ちが楽になった。いろいろと野菜を買い、ビールとワインを買い、それで帰った。

人参、米ナス、ズッキーニ、エリンギ、ブロッコリー、カブ、カボチャ、ミニトマト。クッキングシートを敷いた天板にそれを並べていって、オリーブオイルを回しかけ、塩と胡椒といくつかのハーブをまぶし、焼いた。これは、とても、いいものかもしれないね、と二人は楽しく嬉しくなった。待ちながら、ビールを飲み、本を読んだ。『犬を愛した男』を続けた。テーブルの上に『ソウル・ハンターズ』があり、それが常に僕を誘ってきた。いや、いや、とぐっと堪えるような形で、『犬を愛した男』を続けた。なにも決められない男にとっては、2冊、同じ程度に強く読みたく思う本が同時に目の前にあるという状況は辛かった。焼き上がり、ワインを飲みながら、食べた。これは、とてもいい食事だ、と思った。これは、救世主になりうるというか、これから多用しそうだと思った。食事を、野菜を、摂取したいが、いろいろつくるのは面倒というか時間が取られて辛い。でも外食で野菜欲を満たすのも選択肢があまりわからない。もういっそ食べない、ということにしがちでよくなかったが、これなら、野菜を買ってきて切って置いて待つだけというもので、そして素晴らしくおいしく、お腹にも溜まって、これはいいものだった。とてもよかったが、食後、また僕は悲しい気持ちになっていった。出口が見つからない。読んで、飲んで、話して、しかし、気持ちが沈んでいくのを感じた。映画も見て、本も読んで、おいしいご飯も食べて、十分じゃないのか、と思う。求めすぎだろうそれは、と思う。でも気持ちが沈んでいくことを抑えられない。生活が整わない。出口が見つからない。

6月14日（金）

決めていたとおり早起きをして店、行き、コーヒーをたっぷり淹れて日記書き。nensow君がフヅクエをイメージしてつくりましたというCDを送ってくれてそれが今朝届いていたので聞きながら、日記書き。60分のおだやかなドローンで、いい音楽で、これは、とっても、いい音楽だ、と思い、終わったらまた聞いた。日記を書くのは時間が掛かるもので、1時間半くらい書いていた。昨日の分だけで、それくらい掛かった。掛かるものだなと思った。朝にこうやって書くリズムができたら一番いいんだけどな、そうしたら、そう、だから、昨日、夜に悄然としていった一因は「日記を書きたいが他のこともしたいが」というところにあって休日であるとかに一日を終わりまで楽しむことができないことに、なっている気がする。日にもよるが。少なくても「じゃあいつ書く」というプレッシャーというか、そういうものはある。なら、毎日早起きをして書いたらいい。しかし、早起きをするためには早く寝ねばならず、早く寝ては読書ができない。この数ヶ月、自分の手を自分の首に回して、ぎゅうぎゅうと、強く、より強く、締めつけて、息の根を、止めようとしているように感じる。

何もできていない、やるべきことを何もできていない、という意識に苛まれている。やること、って、なんかあったっけ、とも思うが、でも、たしかにあるが。

それで、なのか、それでではないが、夕方、やることもなくなり、『最高のコーチは、教えない。』を開いていた、読んでいて、「お、これやったろ」と思った、まず目的、目標、課題を定めてもらう、それから今度からシフトの日かその翌日にこう質問をしていく、「今日（昨日）は自己採点で何点だった？」「よかったところは？」「悪かったところは？」「失敗したところはどこ？」「失敗したシーンで、もしその場面に戻れるとしたら、どういうことをしたい？」「それをするために、何か準備をしておいたほうがよかったと思うことはある？」「それらを踏まえて、次の登板に向けて何をしようと思う？」

そういう振り返りの時間を設けようと考えたらゲラゲラ面白くなった。「登板……⁉」そう、登板だよ、というような。覚えておくこと。余計な口を挟まずに選手の言葉に（選手……⁉　そう、選手だよ）耳を傾ける。それを繰り返すことで言語化の能力を高め、課題解決の能力を高める。ゲラゲラ。ゲラゲラと笑いながらも、なにかやりたいとは思っている。思い出した、ひきちゃんの初期に日報を書いてもらっていた、うれしかったこと、疑問に思ったこと、を書いてもらって、返信する、ということをやっていた。懐かしくなった。というか、ドロップボックス整理のときにそのファイルを見かけて、メモリアフォルダに収納したのだった。メモリアフォルダにあるのは、ひきちゃんの日報、ひきちゃんのあさふづくえのときのイラスト、山口くんの小説、遊ちゃんのクレイアニメのＧＩＦ、保坂さん滝口さんのトークの録音、武田さんが描いた『読書の日記』の絵、西山の資産運用のシミュレーションをしたエクセル、僕の健康診断結果の数字の推移を見るためのエクセル、そういうところだった。

今日は、今日も、か、今日も、6月は、もうすっかりダメだな、壊滅的、と思って金曜日だった、夜を迎えると忙しくなって寸時も僕の動きは止まらずに、働いた、今日はシェイカーをよく振って「ウケる」と思った。途中で外で煙草を吸いながらインスタを開くと保坂和志の投稿があっていつか行ってみたい小説的思考塾の案内で「小説を書くとき、たいてい傍らに一つ、杖となるような本がある。デビュー作の「プレーンソング」は、もともとの世界観？　距離感？　のイメージは、吉田健一の「瓦礫の中」と「東京の昔」だった。この2冊は「こんな小説がありえたのか！」と感心する。」とあって、わあ、と思った。吉田健一を初めて読んだ昨年末のときに読み始めてすぐに保坂和志の文章で吉田健一に言及しているのを見たことがないと思って、見た記憶がないと思って、不思議というか、単に僕がどちらの文章もめちゃくちゃに好きというだけだが、不思議と思って、保坂さんは吉田健一が積極的に嫌いだったりするのかなと勝手に思ったりしていたので、出てきて、しかも『瓦礫の中』と『東京の昔』という「僕も！　はい！」というそういう2つだったから、勝手にうれしくなった。うれしくなることに勝手もなにもない。というか、勝手以外にうれしくなんてなれない。

俺も諦めちゃいけないな、と、日ハムの試合の展開を見ながら思った。途中で見たときに6回で0対3で負けていて、まだ6回でまだ3点なのに、今日は厳しいのかな、と思っていた。そうしたら次に見たら5対3で逆転していて、中田が同点打を打ち、王柏融が勝ち越しの2ランを打ったらしかった。1点差になったが、勝った。すぐに諦めちゃいけない、俺も、諦めちゃいけない、とその時に思ったが、なにを諦めているというのだろうか。特になにかを諦めた覚えはなかった。

バタバタとしながら味噌汁をこしらえケーキを焼きその他もろもろとおこないオーダーをこなし、しかし前半の無風というか完膚なき暇が祟って目標値には届かなかった営業が終わり、ハイライト動画を拝見した。坂本勇人の大きなフライをフェンスにぶつかりながら大田泰示が捕った。すると、坂本が元同僚である大田に向けて笑顔でヘルメットを掲げて、それに気づいた大田が少しはにかんでから「おっす」という感じで指をぴゅっとする、そしてもう少しあとに帽子を取ってお辞儀をする、そういう場面があって両雄というか両イケメンという感じでこの二人は格好が本当にいいなと思ったが、それにしても、日ハムベンチの盛り上がり方は、いいチームだな、と思わせるものだった、また、ホームランを打った王柏融を迎える場面でコーチの金子誠が相変わらず金子誠らしい姿勢というか、頬杖をつくみたいな、脱力してニヤニヤした感じの姿勢で迎えて軽く片手でタッチみたいな、そういう様子を見て、うれしくなった。現役時代も常にリラックスしているように見えてその様子がすごく好きだった。

『Number』を読みながら大量の飯。「ホームランが止まらない。」という特集。帰るころ、雨が降り出した。明日は一日雨になるようだった。

帰り、遊ちゃんとぽろぽろと話していた、本のこと、下北沢のこと。そういえば、説明会の資料で、特に読み上げられもしなかった気がするが目に入って「あ」と思ったのが、賃貸の契約形態が定期借家契約だったということで、あ、そっか、まあ、そっか、そう、だよな、そういうものなんだろうな、と思い、思った、ということを話した。あら、そうだったのか、まあ、そうなんだろうね、そうだよね、事業者からしたら普通借家で貸すなんて絶対したくないよね。そうだよね、3年契約、9年くらいは、やりたいよなあ。そういうことを話していた。

寝る前、『犬を愛した男』。キューバの場面で浜辺で顔を合わせる謎の男が、語り手に、この話は一切他言はしちゃいけないけど誰かに言いたくてしかたがないから言うよ、という話を始めて、話が徐々に、統合されていくというか、有機的に絡まっていくことになるようで、そうなったらこれは加速度的に面白くなるのだろう、と思って、今、

200ページ。強くなっていく雨音を聞きながら眠りに吸い込まれていった。ナイスノイズ。

6月15日（土）

悲しい夢を見てぼろぼろと泣いていた。暖簾みたいなものをくぐると木製のスタジアムみたいなものになっていて、草野球の世界大会みたいなものがおこなわれていた。しばらく誰かと観戦して戻って、それから校舎に入ると「面白い展示がありますよ」と言われて見て、なにも見た記憶がない。そのあたりで僕は泣いていた。

いつもより30分早く起きようとアラームをセットしていたがいつもの時間に起きた、この意志の薄弱っぷりは、すごい。とは言え、いつものアラーム第1弾の時間には起きたわけだから、早いと言えば早いので、第1弾を早めにセットすると早いは早いという時間に起きられるかも、しれない、わからない。意志の力を信じてはいけない。

選手には気分よくプレーしてもらいたい。そのために選手が一人で思考し、試行し、判断し、決定できる能力を教えるのが、コーチングの大きな目的になるのははっきりしている。それを実現する過程で、やり方は変わっていくだろう。それでもベースにあるのは「選手のために」という普遍の大前提だ。そこだけはブレずにコーチングしたい。

吉井理人『最高のコーチは、教えない。』(ディスカヴァー・トゥエンティワン) p.277

雨が強く降っていると煙草を吸いに外に出るのが大変で、扉の前で雨靴に履き替え、傘を取り、出る、外階段は壁と壁のあいだで、そこで傘を広げるとちょうど傘の端と端で建物と建物を結ぶようになる、つまり狭い。そこで、濡れているから座るわけにはもちろん行かずぼんやりと立ちながら煙を吸って吐いて、火を消し、傘を閉じ、扉を開ける、そろそろと静かに戻り、灰皿に吸い殻を落とし、傘を戻し、靴を履き替え、靴紐を結び直す。ぎゅっと、しっかり結ぶ、その瞬間がいつもよりも気持ちよく、いいのだが、工程が大仰でなんだか恥ずかしい気になる。そもそも喫煙なんていう時代錯誤の病的なおこないを恥じよ、と言う声があちらこちらから聞こえて、そのたびに店内に響き渡る声で「黙れ黙れ黙れ!」と叫ぶことになる。みな、あっけにとられたような顔をしてこちらを見るしそれをするとたいてい何人かの人はそそくさと荷物をまとめて帰っていく。だから雨降りの日の喫煙は大変で、大変な思いをしながら煙草を吸ったり、コーチングの本を読んだりして過ごしていた、「選手のために」、これだ、そうだ、僕も気構えを作り直さないといけない、選手のために、そうだ、それだ、と思い、読み終えた、言うまでもなく過度に暇。

夜になり、『犬を愛した男』に行こうかなと思うが暇のわりに仕事が絶えずある不思議な感じで、ぽこぽこと働いていた。10時を過ぎてから少しずつ読んでいた、スペイン人の青年ラモン・メルカデールがソ連人ロマン・パーヴロヴィチになってソ連に渡って猛特訓を受けたらベルギー人ジャック・モルナルになった、人格が変わって暗殺マシーンになった、面白く、面白く、ずいずいと読んでいる、閉店してもしばらく読んでいた、すると重いものを引きずるような音が聞こえて立ち上がって窓の外を見に行ったがなにかわからなかった。また雨が降り出した。強くなった。うんざりした心地になった。道に出、歩きだすと空がチカチカと光って街灯が瞬いているのかと思ったら雷だった。道は、人っ子ひとり歩いておらず弱くなった雨は音もなく降り続け、たまに空が光りだいぶ経ってからくぐもった音が鳴った。不安になった。

6月16日（日）

昨日は暇で座っている時間が長かったが途中から体がどんよりと疲れたのを、今朝体がはっきりと疲れているのを感じて思い出した。太もも、肩、背中、そういうあたりが重く、きりっと晴れていて窓の外の木々の葉にできる影は黒かった。コントラストが強かった。

朝から気持ちが弱く、薄く、暗かった、不安感みたいなものがじっとりと体を覆っている感じがあり、理由がわからなかった。

開店し、晴れたしどうかと思ったが、暇だった。今日のツイッターに自動投稿された過去ブログが投げ銭ボタンを設置したという内容のものでそれを見て「キャッシュポイント」と思ったせいか、日記を一週間分という単位で、というかこの週の分だけ読みたい、という需要はあるだろうか、どうだろうか、と思いながら、ＰＤＦのダウンロード販売の方法を考えた、BASEとSTORES.jpだとダウンロード販売なら後者が断然いい、購入時の煩わしさがずっと低い、というかBASEがとにかく煩わしい、というのを見、僕も買い物をする際に煩わしい思いをしたことがそういえばあったことを思い出した、それで、STORES.jpでやることにした、それで以前アカウントというかストアページをつくってから結局使わなかったそれを引っ張り出してそこにＰＤＦを商品登録した。そうしたら、noteでも？と思い、有料のnoteをつくった。それをやっていたら、やりながらときおり入るオーダーをこなしていたら、泣きそうになっていた。虚しくて。いったい何をしているのだろうと。でもやった。泣きそうになりながら「なんでこんなどうでもいいこと泣きそうになりながらやってんのw」とおかしく思いながら、やった。全部済んでから、あれ、これ、もとる? と初めて考えた。倫理に、もとる? という疑念でメールマガジンを献本込みでやることにしたのは日記への課金によって書籍の購入が控えられることを考えていたからで、メルマガにも金出して書籍版にも金出すとか、僕だったら躊躇しそうだなと思って、メルマガをやることによって書籍の売上低下をもたらしたくなかった、それでそういう献本をすることを前提にした値段設定にしたわけだけど、あれ、もとる? 献本とか関係なく単品で売りに出しちゃった、と終わってから考え始めていつもこうで愚かだった。取り消そうかとも思ったが、もう少し考えたらこの単品販売はメルマガ購読への呼び水でもあるから、問題ないな、というところに落ち着いた。単品で400円にして、メルマガは800円だから、しかも1回課金すると前月当月翌月の3ヶ月分までは読めることになるから、え、メルマガのほうがずっとお得ですよ、こっちこっち! ということだから、だから、もしひとつ買って読んで「これは」となってくれたらメルマガに、というのはまったく想定できる動きだから、だから、ありだった。ここで一度買って満足でも不満足でもいいがそれが書籍購入の判断と関係することにはならないように思う。だから、ありだった。

店も気持ちも絶不調。極端に暇。ずっと物悲しい。

少しだけ『犬を愛した男』を読んでいた。重い本を太ももに置いて、ラモンだったジャックはソ連からフランスへ。


今日は遊ちゃんは仕事で栃木に行っていてそれで帰りというか終わったあとに義実家というのか僕の実家に寄った。両親に加えて叔父の哲夫さんもいたらしく、ずいぶん長居してひたすらおしゃべりをした、とても楽しかった、ご飯も食べていったらと言ってもらったが夜に打ち合わせがあるから帰らないといけないのが残念だった、父と腰を痛めた哲夫さんは温泉に行った、ということで、なんというか、それはよかったなあ、と思った。想像するとそれは楽しい場面で、そして嬉しい場面だった。

嬉しい、と感じるこの感じというのはなんなんだろう、と思った。その感じ方を警戒まではしないけれども、妻と、親が、仲良くする、そのことを嬉しく思うというのは、そうあってほしいという期待があったということなのだろうか。例えば仮にそうならなかったとき、例えば遊ちゃんが「お義母さんにこういうこと言われたんだよね……」みたいに言った時に、よくある、「でも母も悪気があって言ったわけじゃないしさ」とか

「悪く取り過ぎじゃない?」みたいな母親の肩を持つあの、あの感じとかと通じるメンタリティだったり、するのだろうか。考え過ぎで、単に、先日の両家の顔合わせというか、ご飯のときに感じた「僕と遊ちゃんがこうやって一緒にならない限り決して混じり合うことのなかったいくつもの人生がこうやって交差して仲良くみんなでケラケラご飯を食べたりお酒を飲んだりしているこの光景、なんか人生、すごい、という感じがして、ぐっとくる」みたいなあれと同じようなことでは、きっとあるのだろう。

夜、外でニュースアプリを開いていたら「ビットコイン価格100万円回復」とあり、ビットコイン、と思い、積み立てていたやつ今いくらになっているんだろうな、多少は戻ったのかな、そうしたらもう解約というのか、円に戻して、ビットコインとおさらばしようかな、と思って見に行くと7万いくらとあり、いくら積み立てたんだろうな、と見ると月5000円で14回どうやら引き落とされているので7万円だったので、プラマイゼロということでもういいでしょう、と思って円にして出金申請というやつをした。けっきょくビットコインのことはなにもわからず、100万円回復というのがなんの話なのかもわからない。Zaifというところで積み立てていたが気づいたら、途中で積立サービスが現在休止中となっていて今もどうもたぶん充当されていない5000円があるんじゃないかこれは、という様子だった。一貫して信用できないサービスだった。それで、もう何ヶ月もそうだったわけだけど、月々の5000円が浮いたというか、浮いたので、楽天証券で積み立てている投資信託のやつの積立金額を変更して5000円足すことにした、S&P 500というやつで今はこれとなんか新興国のやつとひふみ投信の3つに積み立てているのだけれども見たらS&P 500以外は今はマイナスだった、今がどういう情勢というのかそういうものなのかまったくわかっていない。老後までに2000万円を貯めなければいけないらしいが僕は国民年金なので、なので、いくらあればいいのだろう。老後とか、考えられない、ここのところのこの鬱屈を前にしてそんなことはとてもじゃないけれど考えられない。

暇。あまりにも暇。しかし、その、ビットコインをやめにして7万円を戻して、という作業をしたらどうしてなのかなにかすっきりした感覚が少しあった。少し爽やかな感覚があった。

それでなのか、それでもなにもないが、nensow君のつくってくれた音楽をiPodに入れて店でも流そうということで、それでCDだからリッピングの作業が必要だった、リッピングなんて、いつ以来だろうか、と思いながら、それをした。早い時間に誰もいなくなって、片付けや、氷を割ったり、氷をつくったりといった作業をしながら、リッピングをし、それからiPodに同期させた。どういう勤勉さなのか、エアコンのフィルターの掃除をした。些細なことだ。ビットコイン解約、リッピング、しようしようと思ってやってていなかったお箸の購入、エアコンフィルター清掃。どれも些細なことだ。しかしなにか、それらがなにか、なにかを整えてくれるような気がして、なにか、この、明かりのないトンネルみたいな場所から抜け出していく小さな小さな一歩目になったような気がして、少しだけ、前を向けた気がした。

6月17日（月）

まあ、そんなわけもない。暗い、弱い、薄い、気持ちで帰宅し、ウイスキーを何度も飲んだ、飲みながら『犬を愛した男』を読んだ。遊ちゃんは帰ってそのまま倒れ込むように眠ってしまっていて、僕が布団に入ると、むくりと起き上がり、なにかしゃべった、しかしそれがまったく意味をなしていないように聞こえて、何度か「どうしたの？」と聞いても意味をなしていないように聞こえる言葉がぽんぽんと口から出てきて、少し心配にすらなった、憑かれているのかな、というような。そうしたらやっと意味をなしているっぽい言葉が聞こえてそれは「おきなわさんさん、おきなわさんさん」というもので、そのあと「あ、夢か」と言った。

今日はよく晴れていた。夕方までだったので、夕方まで一生懸命働こうと思って、仕込みはそうやることもなく、トマトを切って焼いてドライにすることを、山口くんが来るあたりでちょうどよくドライになるくらいの時間に始めた。前回、山口くんにそれを教えたとき、トマトはこのくらいまで焼く、というのを、これはまだダメ、もうちょっと、というのを、手取り足取りというか手と目をよく使って教えようとそういうことをやったそのドライトマトのオリーブオイル漬けの瓶を、開けたら、あれ、これは少し、焼きすぎだな、明らかにいつもと違う、使えないやつ多い、というふうになっていて、だからそれは教えるという場面において僕が過剰になったというか、いつもの感覚を失していたということを表していた、それは面白い現象だと思った、ともあれだから今日焼くことにして、オーブンに入れた。

それ以外の時間は日記の推敲をしていた、印刷して、赤入れをして、反映して、InDesignに流し、きれいに整える。それから、反映したものをメルマガの配信ページの雛形に流し込んで、整える。これで今週はメルマガはあとはラジオを録ってそれを流したら完成することになって、日記推敲、メルマガ配信準備というのはそれぞれ火曜、木曜のタスクだったから、それを一気呵成に済ませた、そうしたらずいぶんと肩の荷が下りた感じがあって、肩の荷が下りたというか清々しい感じがあり、よかった。しかしこれも良し悪しで暇だったからできたことだった。このアンビバレンツを生き続けている。暇じゃないであってほしい。暇であってくれたらできる。このアンビバレンツ。あれ？アンビバレント？　どっちだ？　とにかくこれは辛い状況で辛いと普段から思っているわけではないがじわじわと蝕む状況ではあって食い破られる。それで今の僕がある。のではないか、とここのところ少し思ったことではあった。他にもあろう。それは、これは先週思ったことだが、今がフヅクエ（仮）という状態に思えて仕方がないということなのではないか。これは、下北沢がオープンしてそれで回せる状態になるそのときまでずっと続く状態のはずで、今が6月だからあと10ヶ月くらいはそのはずで、そのあいだ僕はずっと曖昧な気分のまま生きるということだろうか。これはさすがに、切り替えなければいけないことだった。早く、そうなってほしい、早く、そうなってもらわないと、と思うが早くはそうはならない。切り替えなければいけないことだった。

日中、トマトを切りながらだったか、『女っ気なし』のことを思い出していた。思い出したというかこれまで何度か思い出しているのがカフェで痩せぎすのおばあちゃんがカウンターにいる、素晴らしいカフェで、そこでウイスキーを頼んだら細長い普通のコリンズグラスみたいなものにストレートで、だからものすごくわずかな量に見えるウイスキーを注いで出したその場面で、こういうことなんだよな、となにか得心するようだった。つまり、店側が、堂々とどれだけしていられるか、堂々としさえすればそれはもう、それが正解、というそういうことだった。テイスティンググラスとか、あるいは小さなショットグラスとか、あるいは底面に少し膨らみがあったりするもので、少量っぽく見えにくいグラスで出したく、僕はなるけれど、コリンズグラスでストレートのウイスキーを出してしまうというこの潔さ、それを何度か思い出して、夜にもその話を僕はしていた。

夕方に山口くんが来て、また今日もタスクを自分で考えてもらって、それからドライトマトの僕の誤りを伝え、また前回同様「このくらいでオーケー、これはまだ」というのを伝え、どうだったか聞いたら「あ、こんなんでもよかったんだ、って思いました」ということで「そうなんだよｗ」と言った。それからコーチングの本というか吉井コーチに教わったことで、目的、目標、課題、それを設定してさ、やるんだってさ、という話をして、なので今日は目的、目標、課題、そういうの考えてみて、ちょっとなにを考えたらいいか俺わかんないから、考えてもらって、それをたたき台にしてまたなんか考えてみよう、ということを伝えた。懸念も伝えた。君は文章を書く人でフヅクエに骨を埋める人ではないそういう人にとって店でアルバイトとして働くその中で目的というのは持ちうるんだろうか、例えば僕が会社員だったときに何か目標とかを決めてと言われて決めてもそんなのは全部ウソにしかならなかった、なんせそこでしたいことなんてなにひとつなかったんだから。だから、目的とか、考えるときも、かっこいいことを言わなくていいから、自分に矛盾しないようにしてもらいたい、そういうことを言った。そのやり取りの中で山口くんは「でも、でもというか、フヅクエで働くことは、文章を書くことと、なにか距離が近い、混じり合っている感じがある、これまでのただ生活費を稼ぐだけのバイトとは感覚が違う」ということを言っていて、じーんとした。

都営新宿線に乗って、どこまでも、というつもりで『犬を愛した男』を読んでいたら神保町はすぐで、ほんの10分程度で、A6出口を上がると岩波ホールの建物でワイズマンの映画のポスターがあっていつ見に来れるだろうか、早く見たい、と思いながら大通りに出て回り込むような動きで神保町ブックセンターに入った。

席について、サンドイッチとコーヒーをお願いした。コーヒーは「四六判ブレンド」と「文庫ブレンド」という2種類で、しろくばんとぶんこ、ぶんこかな、と思って、少し迷ったが、ふと、しろくばんって声に出して言ったことって僕はほとんどないな、というか、しろくばんって、読める人と読めない人がいそうだな、というか、しろくばんなんて音は、普段の生活で触れることはないし、というか、けっこう本が好きとか本に馴染みがしっかりある人でないと、いやたとえあっても、しろくばんって、馴染みのない言葉、音、だったりするのではないか、というか、しろくばんで読み方、あってるよな、あれ、いや、あってるよな、と思って、けっこうプレッシャーを与えてくるメニューだな、プレッシャーというか、問われる、と思った。

神保町ブックセンターは一度ふらっと入ったことはあったが席に着くのは始めてで、文庫棚の前のソファの席に座って、目の前が本棚というのは気持ちがよかった。本を読んだ。1時間半近くあった、とにかく読むぞ、という時間だった。それで、とにかく読んだ、トロツキーはフリーダ・カーロに熱を上げた、ジャック・モルナルはまた違う名前になってメキシコにとうとう入った。不思議な感覚で、今は二人とももうメキシコにいて、だからメキシコばかりが舞台になっているわけだけど、そうすると空気が変わるというか、明るい、カラッと晴れた、そういう感じになるような気がした。ラテンアメリカの小説を好きなのはラテンアメリカという舞台の明るさみたいなものが好きみたいなところがきっとあるのだろうなと思った。ソ連、ヨーロッパ、そこが描かれているときよりもずっと、色彩豊かで、明るい印象があった。

容易におわかりいただけるだろうが、その内容は（グラスノスチにより情報が公開される数年前のことだ）はまさに閃光を放つ爆弾であり、メルカデールのみならず、何百万にのぼる人々が辿った不吉な運命を白日のもとに曝け出していた。そこに書かれていたのは、朽ち果てゆく夢の記録、そして史上最も忌まわしい犯罪の証言であり、歴史的恐怖の主人公として権力闘争の渦中にあったトロツキーだけならまだしも、自分で頼んだわけでもなければ、意向を訊かれることすらなかったのに、歴史の引き波と権力者——恩人、救世主、選ばれし民、歴史に必要とされた者、階級闘争につきまとう弁証法の申し子等々、様々な役回りを気取った――の怒りによって、何百万もの市民を巻き添えにした事件の全貌なのだ。

レオナルド・パドゥーラ『犬を愛した男』（寺尾隆吉訳、水声社）p.367, 368

閃光を放つ爆弾。史上最も忌まわしい犯罪の証言。全貌。言うなあ、と思った。「その内容は（グラスノスチにより情報が公開される数年前のことだ）は」は誤植だった。ブラウニーを食べた。おいしかった。四六版はむしろ、とあとで思った、四六判はむしろ「読めた」という達成感、自己肯定感、そういうものをもたらすためのものだったりするのだろうか。

時間が近づき、出、歩いた、喫煙する場所を探して駅南側の、テラススクエアというところに向かってみたところ、そこに至るまでが道がずいぶん整然としていて静かで、知らない神保町の様子だった。このあたりは僕は道が斜めに走っているような印象を持っていたらしかった。テラススクエアはテラスがたくさんあるようで、そのひとつで老年というのか中高年というのかの男性二人がチューハイのロング缶を6本くらい並べて大宴会をおこなっているようで、見るとすぐのところがコンビニだった。肩をぽんぽんと叩きながら「ナイスアーバンチル」と言って、そうしたら二人ともサムズアップで応えた。そのせいで少し遅れた、東京堂書店に着くと橋本さんの姿があった。挨拶をして、これを買ったんです、と見せてくれたのが『現代短歌』で、表紙は植本さんですか、と聞くと、そうだということだった。多幸八という居酒屋に連れていってもらった。

小さな居酒屋で厨房に男性があり、フロアは店主の方なのか、痩せたおばあちゃんが担当していた。素敵な品のいいおばあちゃんというふうで、よかった。『女っ気なし』のカフェのおばあちゃんを思い出した、それでその話をしたのだったか。瓶ビールを飲みながら、ビールが減ると橋本さんはそのつど注いでくださって、あ、や、いいのに、と思いながら、注がれた。僕は一度も注がなかったのではないか。この気がつかなさ。気がつかなさなのか、それとも、やりたい人がやればいい、と思っているのか。また、僕もそういうタイミングが見つかったら注ごうかな、という意識はあったのだが、不思議とそういうタイミングが一度も見えなかったというのもあった。やはりただの気がつかなさか。ともあれ、本の話を中心に、それに限らずにいろいろと、話した。二人で飲むということは初めてのことだった。それは愉快な時間になって、岸先生が表記揺れはそのつどのそれなんだからそれでいいんだみたいなことを言っていて、と、岸先生というのは岸政彦のことだった、橋本さんは言って、僕もそれは本当にそうだと思うというかそういう姿勢が常にある、と思った、岸さんのそれは聞き書きとかをずっとされているからというのも強いのかもしれませんね、と言った。話し言葉ならなおのこと、人は言葉をその都度ぜんぜん違うもので使うことがある気がする、その言葉をその言葉として尊重することが話し手を尊重することのように思うし、なんにせよ、言葉の揺れにしても事実誤認にしても、それは豊かなものだった。正解は一つだが間違いはいくらでも多様になりうる。僕はそちら側の光景を見ていたい。

トイレに行ったら橋本さんが会計を済ませていて、あ、いやいやいや、払います払います、と言ったが今日はいいということで、なんかラッキー、と思って、歩いた、多幸八はとてもよかった、カブの煮浸し、蓴菜のなにか、そら豆、いわしの刺身、鶏のから揚げ、あとなんか食ったっけか、全部おいしかった、そら豆は「蚕豆」と書くことを初めて知った、とても落ち着く場だった、すとんと収まる感じがあった、お店の方の存在というのは大きい、素敵なおばあちゃんだった。

場所柄やはり出版関係の人というのは多いのかトイレに入っているときによそのテーブルの会話が聞こえてきてなにかそういった調子だった、原作者がどうのこうのと言っていて、トイレの壁に貼られたポスターは高いはしごみたいなところの一番上でお腹かの一点とか二点で支えた体をピンと伸ばすみたいなそういう祭りの、様子で、なんという名称だったか、忘れたが、先入観というか見知った感を取り払って見たら奇祭だよな、と思った。危ない。落ちたらどうするんだというかどうなるんだ。

神保町の駅とは違う方向に歩いていき、まいばすけっとでビールとつまみを買った、また払ってくださって、あ、や、えー、なんか、あ、ありがとうございます、ということでお言葉に甘えた、シャッターがのろのろと開き、入った、朝日出版社にお邪魔した。仕事机を覗いて、橋本さんの机だけが雑然としているというか雑然というよりはとにかくいろいろが高く積まれていて城塞めいた様子になっていて、部屋全体がその印象に引っ張られたがよく見れば橋本さん以外のデスクはよく整理整頓されていた。その隣の応接間的なソファのセットの置かれた、しかし周囲はダンボールであるとかがけっこうあるような、そして本棚がいくつかある、そういう部屋で、腰を下ろし、ビールを飲み、そしてまたあれこれと話していた。話していて、なになにを見る感じあれは7000部、いや、6000部は刷ってないと思います、というような、刷り部数の感覚というのが話されて、出版社の営業マンの持つそういう数字の感覚の解像度の高そうな感じというのは、新鮮で面白かった。僕には6000部と7000部の違いの感覚というのは想像もつかない。

終始いい時間で、2缶めのビールを飲み切る前に眠くなったため終わりにすることにして、九段下まで歩いた、川を渡り、なんという川なのか尋ねたら、なんだったか、日本橋川だったか、とにかく神田川の支流ということだった、あとで地図を見たらちょうどそのあたりでその川は終わりになっていた。首都高がまっすぐ、空を横切るように、通っていて、そのまっすぐさ、それなのか、なにかぽっかりと空いた場所にすっと通っているような妙に広々とした感じ、それなのか、その首都高はナイスビューで、駅で別れた。

初台まで、行きと同様やはりたちまちで、本を開いていつもは重く感じるその本が酔っ払っている体がなにか鈍感になっているのかそう重くないような気になって、すぐに駅についた。酔っていて、松屋に寄って牛丼を食べて、帰った、帰ると、シャワーを浴びると、遊ちゃんにストレッチを教わり、ストレッチをした、ストレッチをしていたら体が疲れてヘトヘトになった、おしゃべりをした、栃木に行った遊ちゃんが楽しかったそれを嬉しく思うこの感じってなんか浅ましい何か説を感じたりしたんだよねという昨日書いていたようなことを話して、それから母とたくさんおしゃべりをしたその話を聞いた、大宮のマンションの畳替えの話、ハーブや山菜の値段の話、父の単身赴任が長引いた話、オレオレ詐欺の話、初台で起きた強盗事件の話、大宮で起きた警官による発砲の話、お蕎麦の話、那須の山が東北の景色に似ているという話、哲夫さんの腰痛の話、ずいぶんたくさん話したらしかった、面白く思って、それから、本を開いたらすぐに眠りに落ちた。

6月18日（火）

早く行きたかったが早く起きられなかった、気持ちが軽かった、店に行き、昨日も終日暇だった、そうなるとすぐにやらないといけないこともない、アラームをセットして日記を書いていた、時間になり、日記を切り上げ、ご飯を食べた、大谷がホームランを打ったということなので動画を見た、そうしたら大谷がホームランを打っていた、ご飯と、納豆と、途中で卵を溶いて、混ぜて、食べた。

店は今日はコンスタントにお客さんがあって、よっしゃよっしゃ、働くぜよ、と思って働いた、ほうれん草を湯がいた、じゃがいもを茹でて粉吹きにした、ほうれん草を生姜とゴマと砂糖と醤油で和えた、刻んだベーコン、オリーブ、玉ねぎのマリネ、マッシュルームとじゃがいもを、マヨネーズや生クリームやローズマリーや胡椒で混ぜてポテサラにした、チーズケーキを焼いた、働いて、4時になって山口くんが来た、今週は山口くんは月火木で今日はだから火曜日だった、またタスクを考えてもらっているあいだに僕は八百屋さんに行って、入るとさっきまでフヅクエにおられた方がいて目が合ったので「あ」という顔をして笑った。カブであるとかを買った。

外で、訓示の時間。声出しの調子はどうだい、と気持ち悪い感じの問いを発したところ調子がいいらしくて、「なんかずいぶん楽になった感じがします」と言っていて、声をこれまで潜めていたことで全体が硬くなっていたということだった、声をもう少し普通に出す、普通に話すということをやってみる中で、のびのびに近い感じになってきた、というようなことを言っていて、効果てきめんじゃないか、と思い、僕は喜んだ。昨日の目的目標課題の設定は考え中ということで、コーチングが捗った。と思ったが自己批判と総括をしてもらうのを忘れた。店を出てフグレンに行った。日記の続きを書いてから、『犬を愛した男』を読んだ。「本当の父親は強制収容所へ送られて行方不明、母親はベルリン滞在中に彼のすぐそばで自殺、養父はスターリンの仕業と思しき変死、保護者役だったはずの女はどうやら発狂して怨念をぶちまけ、祖父母は亡命の身、もう一人の祖母も収監中、数多の叔父叔母は亡くなったか行方不明、兄弟や従兄妹たちの消息は不明……」とあった。今週は気持ちに余裕があって、それがありがたかった。

時間になり、ユーロスペースに向かった、コンビニでクリームが挟まったパンをふたつ買って、ひとつを歩きながら食べた、そうしたらそれはチョコでコーティングされたものでコーティングされたチョコがぽきぽきと落ちて「ウケる」と思った。映画館に入り、もうひとつの、長細い、パンを、食べながら予告編を見たり見なかったりした、そうしたら本編の時間になって『勇者たちの休息』が始まった、先週に続いてギヨーム・ブラック。それはアルプスを縦断する自転車乗りの人たちの、縦断して、そのあと24時間休んで、帰路につくというそういう人たちの、休憩のその時間や、走っている時間や、そういうものを映した映画で、参加者というか少なくとも映画の中で扱われた人たちは全員年配の男たちだった、山に囲まれた上り坂を一生懸命漕ぐ姿から始まって、その進まなさみたいなものに途方もない気持ちになった、見ていたらどんどん眠くなり、体がしんどくなり、やばい、なんでこんなに眠い、まるっきりただ眠い、と思い、これは、と思って、抗せずにうつらうつらとしていた、そうしているうちに終わった、それから『7月の物語』になって不思議なものでそれになった瞬間から目はちゃんと起きてそしてずっと起きた。怒りで始まって怒りと暴力で終わって帰路についた、それが第1部で第2部は絶叫で始まって怒りと暴力と絶叫で終わって帰路についた、そのあいだに何度も何度も笑って特に第2部はかなりあっはっはっは、あっはっはっは、と笑っていたから終わりの暴力への急傾斜は不意打ちで食らうところがあった、あなた方ひとりひとりに関係する、という歌がうたわれる美しいシーンで、アルメニア出身の男が静かに確かに踊って、ここでも思うのは堂々とおこなうことの大切さだった、それがぶち壊しになり、そして外ではテロが起こった、女は叫んで、それから、力尽きたような、物憂い朝が訪れて、国を離れた。

その終わりの不意打ちに唖然としながら映画館を出て、第1部の帰路の車窓から流れる夜の景色の美しさを思い出して渋谷はそうは見えなかった、あの、『女っ気なし』と同じように地方から都会へ戻る移動する物体の中におけるふたりの女のそれぞれに思うところがありながら肩に頭をもたせかけるそれは美しく、美しさによるのだろうか、涙がこぼれた。渋谷は夜で男と女がホテルのなかに入っていってまだ9時にもなっていないから、9時にホテルに入る男と女というのは何時に待ち合わせをしてこれまでどういう時間を過ごしたのだろうか。暴力に囲まれた世界でその中でたくさん笑って、そして人は恋をする、あるいは恋とは関係なく体を重ねて、彼らはその夜を後にどういうふうに思い出したか。

家に帰り、野菜をオーブンで焼いた、カブ、おくら、かぼちゃ、エリンギ、ズッキーニ、それを焼き、ビールを飲んで待った、遊ちゃんがシャワーから上がって、野菜が焼けた、食った、どうしようもない広告代理店の話やARやVRやMRやSRの話を聞いてリアリティはどこまで飲み込まれてどこまで新たに作り直されるのだろうか、と思いを馳せた。遊ちゃんは最近最新のVR機器を試す機会があって「VR廃人」という現象がこれはまったくありえることだとよく実感したらしく、ヘッドギアの中から見える世界があまりに心地良いものにセッティングされたとき、理解し合えない現実の人たちとそれでも対峙しようとどこまで人は思えるものなのだろうかね、やばいね、という話をした。食い終え、シャワーを浴び、またストレッチ教室をおこなってもらい、肩で息をして、遊ちゃんはそのまま布団に倒れて眠りに吸い込まれていった、ひどいかっこうで眠っていたので写真を撮って、本を開いた。「スターリンも、彼の意向に沿って築かれた社会も、どちらも完全な病的産物であることを世界は忘れはしない。彼の起こしたテロルは単なる政治的道具ではなく、個人的快楽であり、同時に、墓掘り人の異常な感性とロシア社会の屑を喜ばせる祝祭なのだ」とあって今の世界に重ねて読んでいる自分がいて「ウケる」と思った。病的産物。個人的快楽。屑を喜ばせる祝祭。

読んで、読んで、読んでいたら450ページで、そのときに「もう安心だ」と思ってそれから「ウケる」と思った。もう安心というのはここまで来たらこれは俺は最後まで読むに違いないということで、そうなったら勢いがついたらしくもう少し酒を、もう少しつまむものを、と思ってコンビニに出てつまみを買った。トロツキーとジャック・モルナルがとうとう出会った。作戦決行が迫ってきた。500ページまで行き、寝。ページ数で考えているというのがやはりなんというかそういう読書になっている感じがして、そういう読書になっている感じがするなあ、と思った。

6月19日（水）

今週は明るいらしく明るい心地で起きて出、明るい心地のまま店に辿り着いた。おかずを見ると開店までにやらないといけない感じのものはなくて、だからのんびりやろう、ということで朝は日記を書いていた。

開け、暇、今日も暇、味噌汁を完成させ、人参と切り干し大根の煮物をこしらえ、小松菜と舞茸の土佐和えみたいなものをつくった。小松菜はこれまではわりと回避する野菜だったのだけど味噌汁の定食にして以来どうしてだか「小松菜おいしいな、ありだな」という気になってそこそこ頻繁に使うようになった。小松菜はあとあと水が出るというのが僕の中でデメリットというか使いにくい点だったのだけれどもどうしてそれが克服されたのかがわからない。最近はあまり水が出ないような気がする。どうしてなのか。

それからナスのおかずをということでアチャールにした。切ったナスを油を回してレンジで温めていくらか火というか熱を通すとともに水分を出してもらって、フライパンで鷹の爪とコリアンダーとマスタードシードと油を温め、すりおろしたにんにくと生姜を合流させ、コリアンダー、ターメリック、ガラムマサラ、塩胡椒を入れて混ぜてそこにナスと余っていたマッシュルームを入れて、ライムを絞って、炒めた。これがどうもとても上手にというかおいしくできて上機嫌だった、「まるでアチャールのようだ！」というような。少し持って帰って遊ちゃんに食べさせたい、というような。塩を「えいや」と多く入れたのがよかったような気がする、塩梅は大切だった。

夜、来週に花田さんに「ひとの読書」で話を聞くので下調べというか、インタビューであるとかを読み返しておこうと『ユリイカ』を眺め、それから『すばる』で山崎ナオコーラからインタビューを受けているやつを読んだ、それから少しパラパラとしていたら「ひとの読書」的な、「どうやって本を読んでいますか」というコーナーがあってそこで武田砂鉄が答えていてそれを読んでいたら「仕事がどれだけ忙しくても、夕方5時から7時までは、駅前の喫茶店で本を読むことにしています。ほとんどチェーン店ばかりですが、駅前にはたくさんの喫茶店があり、今日はどこに行こうかと、3時くらいから悩んでいます。その2時間はとにかく集中して読みます。」とあって、めちゃくちゃかっこいい習慣だなと思って強烈に羨ましくなり、それから、やっぱり習慣というかブレない枠組みを作るのは本当に大切だよな、と思った。習慣というものに憧れる。

それにしても、暇で、暇で、6月はもう本当にひどい数字になりそうだった。去年は6月は地味に、というか働いていたときの印象を裏切る格好でいい数字だった月だと記憶していて、いるが、今年の6月は印象のとおりにひどい数字になるだろう。もしこの印象を裏切っていい数字になるとしたら、何かが起こった、ということだった。何か、というのは、たとえばなんだろうか、なにもありえない。なにかの前払い金が入って、とかだろうか。なんの前払い金なのか。前払い金という発想は『犬を愛した男』の影響でありトロツキーは本の原稿の前払い金をいろいろともらっていた。

早い時間に誰もいなくなり、座り込んだ、それで本を読んだ。トロツキー暗殺、いよいよ……！　というところに来た。飯を食った。野菜をたくさん食べられて幸せ。

6月20日（木）

やばい、やばい、トロツキーが殺される。次のページ開いたら殺されてるんじゃないか、でも寝なきゃ、寝なきゃ、と板挟みになり、いよいよ殺されるんじゃないかという直前で、閉じた、まだ眠気はやってきてはいなかったが、閉じた。そうして目も閉じたら存外にすぐに眠りに入って、途中で起きて腕や肩が気持ち悪くて寝る前にストレッチをやっていてもこうなるのな、と思った。やはり飲酒をしてから寝たほうが体にいいのかもしれない。だから、事件のような早起きをした、それは7時だった、起きて、遊ちゃんは今日はまだ眠っていた、コーヒーを淹れて、飲んで、トイレに行って、歯を磨いて、着替えて、少しストレッチをして、荷物を詰めて、出た。出際、「応援しててね」と言うと遊ちゃんは「絶対勝ってきてね」と言った。

自転車で世田谷公園を目指した、日曜日くらいの時点では曇と雨のマークのついた日だったがそういう様子ではない日になり、晴れていて暑かった、渋谷のところで折れて２４６に入ってこの道はずっとガタガタのままで自転車で走るには走りづらい道だった、三宿のところで、折れて、コンビニでおにぎりと水を買っておにぎりをパクパク食べながら公園に向かった。公園の入り口は幅が広くて向こうが開けていて、進むと噴水が上がっていて気持ちがよかった、清掃の人たちが噴水の前をゆっくりと歩いていった。グラウンドに向かった、世田谷公園の野球場は人工芝だった、それだけで見た目に爽やかだった、水を撒いている人の姿があった。

今日は4月以来の二度目の野球の参加で今日は練習試合だった、顔のわかる人たちがいたから挨拶をして、つまり、「おはようございます」と言った、グラウンドに下りて、ストレッチをした、とんかつさんに聞いたところわりといきなり試合になるようで、ほとんどの人が最近チームで作ったというユニフォームを着ていた、黒い、背番号がある、名前のついた、そういうものだった、僕はフヅクエTシャツを着ていた。とんかつさんとキャッチボールをおこない、そうしていたら集合の声が掛かって先発メンバーが発表された、僕は8番ライトだった。ライト！

両軍の人たちが整列して、審判の方もちゃんとあった、それで挨拶とともに試合が始まった、1回表、攻撃。いきなり一番の方が大きな飛球を打ってそれで2塁打だったか。二番の方がどうしたのだったか、たしか進塁打を打った。そのあとなにかがあって1点を取った。裏の守りについて、外野のキャッチボールは高くぽーんぽーんと投げて、飛球に見立てて投げて、それを捕る、というやり方のようだった。その、ぽーん、ぽーん、と平和に投げ合うその軌道を見ていたら、野球、という愛情のような情がやってきて幸せになった。守った。フライがレフトへ、それからセンターへ上がり、それぞれつつがなく捕られた。それは立派なことのように僕には思えた。三者凡退だった。2回か3回に打席が回ってきて、相手ピッチャーは左腕で、そして基本的に山なりのボールを投げる人だった、たまに速いボールを投げて撹乱してきたが、遅いボールというのがとにかくタイミングが合わせづらく、ボテボテのゴロになった。ああいうボールを投げてちゃんとストライクを入れるというのは見事なものだ、とチームの人たちは何度か言っていた。そういうものなのだろう、と思った。投手戦というか、非常に締まった試合として進んでいって、僕のところにもひとつ、フライが飛んできたが捕れた。捕ったあとに「捕ったなあ」という緊張がやってきた。二打席目、追い込まれ、何を思ったのか最後の怪しいボールを見逃してしまい、それは外角に決まって見逃し三振になった。見逃し三振というのは非常に後悔の残るものだなと知った。

初めて守るライトという場所は守備位置が全然わからなくて、ベンチから何度もライトもうちょっとこっち、そうそっち、という指示がやってきてそれに従った。それにしても、特にこちらのチームの守備がずいぶんとしっかりなされ続け、凡ミスがほとんど見当たらず、守備をつつがなくおこなえると試合というのは締まっていくものだ、ということの見本のような感じになった。一度などノーアウト満塁かなにかのピンチを無失点とかで切り抜けたのではなかったか。サードゴロで本塁でフォースアウトなんかもあったりして。どこかの回で2ストライクと追い込んで、ライトの位置から見える投手と捕手の見え方は新鮮で、次のボール、あ、捕手がミットを下に構えたぞ、と思ったら緩い、たぶんカーブとかそういうものだったのだろう、緩いボールを投じ、そして空振り三振に仕留める、というその一部始終を見て、見事、と思った。

1対1で迎えた4回くらいに、三度めの打席は僕はまたボテボテのゴロで一塁を駆け抜けた、惜しかったがアウトで、打撃、と思った、そのあと、2死から、まずランニングホームランが、生まれ、先頭バッターの最初に2塁打を打った方だった。それからさらにランナーが溜まって3点が入った。それが5回くらいからこちらのチームが守備が乱れ、6回だったか、乱れに乱れ、ライト前ヒットもひとつあった、ボールが来て、捕って、今ってどういう状況で、これどこに返したらいいんだっけ、とずいぶん躊躇してセカンドに渡した、そのあと内野の送球が逸れてそのカバーで捕ったボールを、なにか声は聞こえるけれど、誰に、誰に渡したらいいんだ、となって、つまり頭が真っ白だった。ボールを捕ってから、どうしたらいいかわからない、状況がまるでわかっていない、そういう頭になっていて、その現象が面白かった。俺、頭真っ白になっているぞ、というそれが面白く、ライトにおけるありうる状況というのをそもそも僕はなにも想定できていなくて、なんならそのときがアウトカウントがいくつで、ランナーが何塁に今いるのか、把握しているつもりでもその把握と実際のアクションが連動していないような、そういう状態だった。そうやってテンパりを味わったのちも、声を出すことだけは続けて、「ナイスボール!」「ナイスピッチ!」「へーーーーい!」、ほとんどそれだけだったが、できるだけずっと声を出していた、晴れた、立っているだけでじっとりと暑くなるグラウンドで、声が無数に浮かんで、世田谷の空の中に吸い込まれていった。

結局この回に8点を捕られて4点差。最後の回、今度は右腕で速い球を投げるサイドスローのピッチャーで、なんなんだこの変則ピッチャーチームは、と思っておかしかった、コントロールが定まらず、四球でランナーが溜まっていった、「まだ荒れるよ!」「まだ荒れるよ!」とベンチから誰かが言った。「ライナーバック〜」という声もあった。「ヘイバッター!」という声もあった。1点返し、しかしそこから、ボールが定まったのか、ふたつ、見逃し三振が続いたのだったか、きれいにストレートが決まり、三振が続いて、それでゲームセットとなった。負けた。

試合が終わって、グラウンドの外の、公園の小道のところで、しばらくのあいだ雑談のような時間になって、眠気がやってくるのを感じた。聞く限りミュージシャンの人たちが多いらしく、ユニフォーム姿でグラウンドにいるときと、着替えて外でいるときで、印象がずいぶん変わるような感じがあった。お金を払って、解散となった。ご飯とかに行く人たちもきっとあったのだろうがそのまま帰る人たちもあって、僕はそのまま帰ることにした。

まだ二度目の参加だけれども、このチームの人たちはいい優しさがどの人もあるように感じて、それはすごいことだと思った。僕が先発で出させてもらってそしてそのまま出させてもらったということもそれを物語っていて、ベンチスタートになった人たちはむしろ中心人物の人たちのように見えた。2打席回ったあとに何人かが入れ替えになったが、とんかつさんは最後まで出ないで「今日は僕はスコアをつけたい気分」と言ってスコア係に徹してすらいたが、自分たちが出ないで他の人たち、二度目の参加という僕に機会を譲るという、そういう選択を軽やかにできるというのはかっこいいことだった。

公園内の喫煙所で煙草を吸った。近くのスケートボードパークの、しゃーーー、という滑る、がちゃっ、という着地する音、頭上の木々の葉が風でそよぐ音、明るい緑色、白い木漏れ日、子どもたちの遊ぶ声、そういうのが混ざって、なんだこの桃源郷みたいな、これは、となった。幸福だった。体の静かな疲れがまた幸福だった。呆けながら一服をして、公園を出た。

公園のすぐのところにNOZY COFFEEがあって、せっかく普段来ないこういうところに来たしコーヒーを飲んでいこうか、と思って自転車を走らせていたら迷った、行き過ぎた、行き過ぎを是正する走りをしているうちに、しかし今はコーヒーよりもご飯が食べたい、帰り道というほどでもないけれどもなんとなく帰り道気味というので前日に調べていた東大のあたりの菱田屋に行ってご飯を食べることにしようと、思い直してコーヒーはやめることにして、そうしたらチョコレート屋さんの前を通った、行きも前を通って、「チョコレート」と思っていたことを思い出した、せっかく普段来ないこういうところに来たんだし遊ちゃんにお土産を買っていこうと思い、自転車を停めて、入った、CRAFT CHOCOLATE WORKSというお店だった。入るとお店の方がいろいろ案内してくれて、売り場の横が作る場所になっていて作っている人たちがいた。テーブル

と言うと、全部70%ですか、と言うと、他のものは国に並べられたチョコレートはどれもカカオ分は70%だった、全部70%ですか、と言うと、ひとつ85%のものがある、と言う。それは他のものと違ってブレンドで、他のものは国別だった、こういうほうがお好きですか、と言われたので、「妻が」と僕は言った、僕はできたら全部「遊ちゃん」で行きたいのだが、なぜなら遊ちゃんは遊ちゃんだから、遊ちゃんで行きたいのだが、でも遊ちゃんでは通らないから、だから自分の中で少しつっかえた心地を喉に感じながら「妻が」と言って、遊ちゃんはいつも90%とかのものを食べている、その旨を伝えた。90はすごいですねえ、とお店の方は楽しそうだった。でもせっかく国別のチョコレートだしどこかの国のやつを買っていった方が面白いかなと思って、それにしてもこういう、ビーントゥバー的なチョコレートを食べるたびに感心するけれども本当に産地ごとに違って面白いもので、ボリビアのものにした。白ワインとなんとか、ということだった。それにした。ハワイのやつもベトナムのやつもどれもおいしかった。お店の方がレジのところで「90%とかがお好きだったらこういうものもお好きかもしれないですね」とレジ横に置かれたカカオニブを示し、味見をさせていただき、おいしくて、たしかに、遊ちゃん好きそうというか、むしろ遊ちゃんはどうしてカカオニブじゃないのだろう、とすら思ったから買うことにして、カカオニブに同量くらいのはちみつを入れて混ぜて、しばらく置く、そうして馴染ませたものをトーストに塗って食べるとか、おいしいですよ、と教えてくださった。また、グラノーラ的な使い方もいいらしい。たしかにとてもおいしそう、と思った。サラダとかにも使えるらしい。なるほど、と思った。

よくわからない勢いでチョコレートを買ったため、２０００円くらいを使った、昼間から２０００円を使うというのは大出費という感じがあって定食はやめることにした、でも、コーヒーと定食両方に行っていたとしたらやはり２０００円近く掛かっただろうから、それをやめたから出費としてはとんとんで、だからとんとん、という感覚で２４６を走った。昨日地図を調べているときにそういえばあの場所はなんなんだろうと調べたそれはファラフェルサンドのお店ということで松見坂から松濤とか神泉とかの道が斜めになっているところのお店で、そのわきを通ったらたしかにファラフェルっぽい香りがした。コーヒー、チョコレート、ファラフェル、なんか、東京っぽいな、と思った。

ドラッグストアで漂白剤を買って帰ると、家に入ると遊ちゃんの「勝った〜？」という声が聞こえてきたから、「負けた〜！」と言った。洗濯機を回し、シャワーを浴びた。すぐに冷蔵庫にあったビールを取って飲み始めた。

風呂のカビ取りを今日はしようと思っていて、気持ちがもう、すごく健やかだった。

まだ12時過ぎくらいで、今日はもう何も予定がない、あとはだらーっとしながら『犬を愛した男』を読む、そう思うと開放感が強くあって、多幸感もそこにあった。だから、というのか、その余裕なのか、風呂のカビ取りをしようというような殊勝なことすら自主的に思いついたわけで、それで調べると漂白剤と片栗粉を混ぜてペーストにして塗り込む、それが効率のいいカビの落とし方という話だったが、家には片栗粉はないらしく、葛はあるよ、と言うが、なんかそれはもったいない感じがするよね、ということで、仕事に出るという遊ちゃんと一緒に出て、駅で別れ、僕はスーパーに寄って片栗粉を買うことにしたところ、つまみとビールも買っていて、「そういう感じで過ごそうという感じね」と思った。

6月21日（金）

少しばかり早く起きて遊ちゃんはとっくに起きていた。出、店、急いでやることもないことを冷蔵庫をよくよく見て確認し、ご飯をセットし、コーヒーを淹れ、45分後に鳴るようにアラームを設定し、日記をつけた。10時15分から11時までの45分で片栗粉を買うところまで書いた、5296文字ということだった、朝、7時に起きて、12時半くらいだろうか、13時くらいまでだろうか、ここまでに執筆時間が45分掛かり、文字数は

5000字になる、というのはそういう休日だったからでそういう日でなければ3行で終わるのだろう、3行で終わる日があってもいいといつでも思っているのだけれどもここのところはそうはならないというそれは自分のなかのトレンドがそういうものだからということでしかなくて1年後とかにはもっと簡潔に書いている可能性はある。

ともあれ11時で日記はよして、ご飯を食べ、掃除等をし、準備をして、外で煙草を吸った。今日も晴れていて今日は日記を書いているときからnensow君の『moyau』を聞いていていて先日神保町ブックセンターの時間も聞いていたのだけどフヅクエで聞くこれもまた違った聞こえ方がしてよかった。今日は営業中も『moyau』を流していて、最初はいくらかお客さんがあってとんとんと仕事をしていたがすぐに座ることになり、メールを送ったりそういうことをしていて、13時半になった、「昼ごはんはうどんにすることにしてお湯を沸かしてそのあいだに風呂場に行き、床に片栗粉をどぼどぼと落とし、ハイターを注ぎ、手袋をした手で混ぜてペースト状になったところで黒いカビのあるところに貼り付けるようにして置いていった、部屋に戻り、沸騰していた、うどんを2束投入し、茹でた、うどんを茹でていたらトロツキーが死んだ。本を開いて、予期していた通りすぐ、2ページ後くらいだろうか、暗殺の場面になってトロツキーの頭部にピッケルが振り下ろされた。いや、すぐには死なずに日付けをまたいでから息を引き取ったということだからうどんを茹でているあいだにはまだ死んではいなかったかもしれない。冷やしてざるうどんにして食べ、食べているあいだは野球の記事を読んでいた。

食べ終え、風呂場に行って先ほどのハイターを、60度の高温にしたシャワーで流した、流したが、全然変わらなかった。癪なので今度は直接、液体だけをぴしゃぴしゃと掛けることにして、掛けたら家を出て郵便局に行った、用事を済ませて家に戻るとシャワーで同様に流し、変わらなかったから諦めた。ビールを開け、ミックスナッツをお皿に出して、つまみつまみ、飲み、読んだ。ソファで、テーブルは高い、ミックスナッツの皿はソファに置けるが缶はそういうわけにはいかない、そうなると手の動きが面倒で、ビールの缶に手を伸ばすのが大仕事になる、これが課題だった、サイドテーブルとかがあれば解決するのだろうけれどもないから、ゴミ箱くらいしかないから、解決する手立てがわからず、「ソファではない」というのが今日導かれた答えだった。布団を敷いて、腰と背中のところに枕をふたつ重ねて置く、端っこに座る、それがいいのではないか、つまり、体は布団の上、ビールとつまみはすぐ横の床の上、という形で、そうするとシームレスにつまむ、飲む、読む、これができる、リラックスした姿勢のまま。ということで快適さを確保し、そのまま読んだ、午後で、ずっと晴れていて、冷房がきいていた。もう今日は一日中家の中にいると思うと静かに幸せで、昼寝だっていつしたっていい、そう思うと静かに幸せで、ゆっくりした時間の中に入り込んだようだった。この感覚は久しくないものだった。

夕方くらいまでに『犬を愛した男』が終わり、昼寝をして、夜は待望の『ソウル・ハンターズ』に突入する、そんなつもりでいたがトロツキーが死んでも『犬を愛した男』はなかなか終わろうとせず、「面白い」という気持ちと「終わらないぞ」という気持ちが常に混ざったような気持ちで読んでいった、次のビールを飲み始め、今度はポテチの袋を開き置いた。食べ終え、少し体を動かしたくなったらしく、それからきれいにしておきたくもなったらしく、掃除機を掛けて、また読み始めたところで遊ちゃんが帰ってきた。置かれた空き缶を見て「いい休日だね」というような感じで楽しそうな反応を見せ、僕も「そうなんだよ」というふうだった、僕はそのまま読書を続け、遊ちゃんは仕事をしていた、すぐに、どこか行って仕事してくる、今日はすぐにだらけちゃいそう、と言って、隣にこれだけだらけたやつがいたらそうなるよねえ、と大笑いをした。フグレンにしようかなと言って出て行って、僕はその直後に眠気が到来したので任せて目を閉じた。

起きたら19時とかで、遊ちゃんが出たのは15時半くらいということだったから、3時間くらい寝たらしかった。起きたらまた本の続きを読みだして、600ページはもうとっくに超えていたが、終わらなかった、終わりそうで終わらないんだよ、と残りページを見せた。ずいぶん長い時間、読書をし続けていたと思ったが、結局、一日で読み進められるページ数というものにはかなり近いところに限界があるんだよな、と落ち着いてそれを受け入れた。それから、ページ数ページ数言っているけれどもページ数を気にしながら本を読むのなんて、ここのところあったことだったっけな、とも思った。たとえば吉田健一を読んでいるとき、ページ数なんていう概念自体がもうどこかに消えているような気がする。そのつど、目の前に流れる言葉しかない場所にいるような気がする。

読み終えた。解説を読むとミステリー小説を書く作家として名をあげた人らしくて今もそのなんとかという警部のシリーズは続いている、9作ある、ということだった、『犬を愛した男』はキューバ国内では2万部が売れ、しかしそこでぴたっと増刷などはされずに市場から消えたらしかった。排斥はしないし売るは売るが、国を司る人たちにとってやはり邪魔くさいものではあるようだった。

読み終えて、お腹も空いた、ご飯を食べに行こうか、昨日持って帰ったアチャールは大好評で、それもあってかカレーを食べたくなり、近くのインド料理屋さんみたいなところに行った、カレーを食べた、僕はナスとキーマのカレーとひよこ豆のカレーという本日のカレーのプレートみたいなものにして遊ちゃんはオクラのカレーを頼んだ、ビールを飲んだ、プレートにはティッカというのだったかチキンがタンドールがどうのこうのというやつもひとつ付いていておいしかった、アチャールみたいなものはメニューになくそれだけ残念だったがインド料理にも北インドとか南インドとかいろいろあるのだろうし僕はそういったことはなにひとつわかっていないからいろいろなのだろうと思った、総じてとてもよくて、気安いインド料理屋さんなりカレー屋さんなりは現代の食堂という感じがとてもすると思った、ふたりとも、久我山の遊ちゃんの部屋のすぐ近くにあったインド料理屋さんのことを思い出した。

いくらか散歩をして家に帰って、フグレンは今日も人々は写真を撮りまくっていた、今日はフグレンの建物の向かいの建物に鏡みたいに反射している窓があってそこにカメラを向けて自分とフグレンを同時に入れるという撮り方が流行っていて一人がやっているとその横に順番待ちみたいな顔をした女の子二人がニコニコ待っているという様子があったらしくて、その写真を探しにインスタグラムを探索していると、フグレンのハッシュタグの投稿は本当に、驚くほどにハングルの投稿が多く、その中にポーズを決めた端正な顔立ちの感じの男の人がいてプロフィールを見に行くと「Doctor」とあった。

「Doctor」は医者なのかは全然わからなかったが兵役を終えたくらいなのだろうか、軍服姿の写真もあった、大人気のインスタグラマーなのか4万人以上のフォロワーがあって下に下がっていくと半裸でポーズを決める写真がいくつかあって、ボディビルダーかな、というレベルでムキムキの体をしていた。そろそろラジオをやろうと思いながら、スイッチを入れて、と思いながら、もたもたと、ドクターすごいねえ、などと言っているとスラックに通知が来て山口くんで「吐き気と脂汗」ということで体調不良のようだった、なので仕込みがいくつかできないかもしれません、というそういう連絡で仕込み云々の前に交代だなと思って店に向かった。珍しくほとんどシラフで、元気なままの状態で、という日でよかった、と思った。向かう気持ちの中に面倒みたいな感情は、自分でも嬉しかったことに、一ミリもなく、人の窮地を救えて嬉しい、みたいなそういう気分だった。人は、人の役に立つと、嬉しい。

それで交代して、自転車も置いて電車かタクシーで帰る、ということで帰っていった、ずいぶん具合が悪いようだった。洗い物がたくさんあって、バトンタッチしたのが10時過ぎで、2時間、ひたすら片付けをする、という時間を過ごした。これからスタッフが増えていったときに、もしかするとこういう、クローザー的な僕の入り方というのがあるようになったりするのだろうか、と考えていた。どういうふうに働くことに僕は、なるのだろうか。」とここまで書いて14時過ぎ、お客さんがとん、とん、とあり、サンドイッチをつくったり紅茶を淹れたりアイスコーヒーを淹れたりしていた、しながら、今日って日記を書いている場合だったっけ、他になにかすることって本当になかったっけ、と思うが、いまいち頭がそちらに向かないで、どうせ今日も暇なんだろうなとどうやら高をくくっているらしかった。それからメールをひとつ書き始めたらずいぶん時間が掛かって、気づいたら18時になろうとしていた。夜は忙しくなってくれるのだろうか、ならなかったら、なにをしようか、『ソウル・ハンターズ』は営業中に読める本なのだろうか、そういうことを思っていて、「今日は片付けだけで終わりだなと思っていたら11時になって3名さんという珍しい来客があり、しばしば来られる方が同僚かなにかの方を連れて来られた、ルール等はお連れさんも把握の様子だったので、お通しして、でもこれがこの店にとって幸せなことなのかは、初めて来る方にとって幸せなことなのかは、全然わからんな、と思いながら、レモネードを3杯お出しした、ものの20分くらいで帰られ、連れてきた方が3人分を払った、レモネード3杯で5000円、まるでただのちょろい商売みたいだなと思って、カタギの商売じゃないみたいだなと思って、まあラッキーと思って、洗い物を済ませることに専念し、終わりにした。終え、それからラジオをおこなった。山口くんが体調不良と聞いたときに、じゃあ交代しに行こうと思ったときに、始めるいい取っ掛かりというか、きっかけが与えられたみたいな感覚もあった、店に行き、仕事を少しし、座り、ラジオ、というのはスムースな流れだった、ラジオをした、先週よりも饒舌になった。

帰って、『ソウル・ハンターズ』を読み始めた。買うときに読んだ序文がよくて、もう一度読んだ。シベリアの先住狩猟民の小集団であるところのユカギールについての本だった。

かくして私はほとんど六ヶ月の間、スピリドン・スピリドノフ「爺さん」と、その二人の成人した息子ユラとピョートル、および孫のステファンを含む狩猟者集団とともに、ネレムノエの南方およそ百キロメートル、ヤサチナヤ川に合流する切り立った山河オムレフカで暮らした。しばしば食料不足や凍傷、さらにはクマにも襲われる森の生活は身体的に苦しかったにもかかわらず、私はこの滞在を心から楽しむようになった。一生懸命働く覚悟が私にあると他の狩猟者たちから認められたとき、私は集団にすっかり溶け込んだ。我々は毎日連れたって、もしくは一人で狩りに行き、私は次第に極めて大きな猟果を上げるようになった。肉や毛皮の分け前を平等に受け取り、集団の誰かがネレムノエに戻るときにはいつもそれを村の知人に持っていってもらった。森への逃亡を強いられたことによって、狩りの様々な局面や、獲物や精霊を扱う様々な実践的・呪術的な技法などの観察が可能になった。それだけではなく、日々のルーティン作業をとおして自らも狩猟者の実存の様態へと浸っていった。私は徐々に、彼らが経験するように彼らの環境を経験するようになった。狩りに出たときは常に獲物の足跡や他の痕跡を見分けられるように私の筋肉は緊張し、夜の夢にはときおり霊的存在が猟運を知らせに現れた。

レーン・ウィラースレフ『ソウル・ハンターズ　シベリア・ユカギールのアニミズムの人類学』（奥野克巳・近藤祉秋・古川不可知訳、亜紀書房）p.8, 9

面白くて際限なく引用したくなる。」と、引用部分を打っていたところ少しずつお客さんが入られ、少しずつ働いた、それにしても日記を書くこととメールを打つこと以外に今日やるべきことになにも手をつけていなくて、毎日昼過ぎには済んでいる経理というか、伝票とレシートの入力作業も手つかずだった。始めればすぐに終わるが。白湯を出し、引用し、ビールを出し、引用する、という小刻みの引用の時間が続いて、「なのでその続き。

だが森の生活がどれほど深く影響したのかに気づいたのは、森の逃亡生活からネレムノエに戻ってからのことだった。私は大多数の狩猟者たちと同様に、村の生活がほとんど耐え難いほど単調であることに気がついた。さらに、優雅なレザーブーツにロシア式の服を着た村の若い女性は、私にとってはまったく異質なものに見えた。教師や役人、引退した人々にインタビューをするとき以外は、他の狩猟者と酒を飲んで時間をつぶした。特に仲の良い友人となっていたアクリナとグレゴリーのシャルーギン老夫妻が私を森へと引っぱって行ったとき、ようやく状態はましになった。だがそのときから私は村の生活をできるかぎり避け、調査地での残り時間を森にいるスピリドンや他の狩猟者の集団と一緒に過ごした。

同前 p.9

この「インタビューをするとき以外は、他の狩猟者と酒を飲んで時間をつぶした」というのが特によかったらしくて今日読んでもまたよかった。

「ミメーシスとしてのアニミズム」と題された第1章を読み始めるとすぐに「スピリドンは人間であることをやめてしまったわけではない。むしろ、彼は境界領域《リミナル》的な性質を有していた。彼はエルクではなかったが、エルク**ではない**というわけでもなかった。彼は、人間と非人間のアイデンティティの間にある奇妙な場を占めていた」とあってかっこよくて、いい、いい、と思いながら酒を飲んで、寝たのは3時ごろだった。」と、やっと昨日の日記が書き終えられたのが7時で、

と、ここまで書いてから一気に忙しくなって追いつかないような忙しさがあった、途中、あれ、と思っていたらご予約が続けて入ってそれによって実質満席になった、わわ、と思って、今朝ポストから取ってきてまだ開けていない『&Premium』で紹介されたその効果だったりして、と思ったら少しさみしい気持ちになった、頼らないといけないのか、というような。それで満席で一人お断りというか、空いたら連絡しますよというところで、そういうことにした方があって、そのあとにご予約のお二人が来られた、同じ名前でご予約があって、少しだけ嫌な予感はあった、そうしたらまさにで、席はそのときそのお二人分の席だけが、残っていて、それは離れ離れの席だった、席つけてもいいですか、と言うのでそれはなしです、隣り合う席に座れる状況になったら移動してもらうのは大丈夫ですが今はこの席でのご案内です、と伝えると、話さないといけないので、やっぱりキャンセルさせてもらっていいですか、となり、「まあいずれにしても話せないいんだけどね」と思いながら、iPhoneを取って、Safariを開きながらポチポチと

操作しながら外に促して、キャンセルでもいいんですけど、と言いながら予約のページを見せて、そこには満席時のそういうキャンセルとかは1500円ちょうだいしますと書かれているわけだけど、それを見て「あ、そうなのか」というふうで、そうなんです、というふうで、それで3000円をいただいた、消費税分はなんだか面倒だったので3000円ポッキリでいただいて、「というかそもそもおしゃべりできないですよ」と言うと「入ったらそれわかりました」ということで、それで帰っていかれた。3枚の千円札を手に、中に戻った。なんというか、巻き上げたみたいな3000円だなあ！　まるでカタギじゃない稼ぎ方みたいだ！　と昨日と同じことを思って、でもいただくのは公正なことだった、でも後ろめたさというか、「なんだろうこの金」みたいな感じはどうしてもあった。こういうことの抑止のためのそういう1500円もらいますよ、だからちゃんとどういう店なのか知ってから来ないと怖いですよ、という案内なわけだけど、起きるものだなと思った、しかもコンボというのがまた、珍しいことだった、コンボということ、つまり、予約を二つ取ったということは、予約ページの最初の方だけは読んだ、ということで、そこには予約は一つお一人としてしか数えません、みたいなことを書いていてだから二つ取ったということはそこまでは見た、しかしあとは見なかった、ということでだから珍しいことだった、ありがちなのはまったく何も見ないで一つ予約して二人で来てそれで「え」とか言いながら帰っていくパターンで、ありがちといっても滅多にないが、だから、今日の方々には、「惜しい！」と言いたい。

それで忙しさは続いて、後手後手になっていった、ケーキを焼く、ハムをこしらえる、キュウリの漬物、いくつかあって、さあどうだ、と思いながら一気呵成にがんばった、がんばりながら、『&Premium』なのか？とさっき思ったけれど、『&Premium』では「会話厳禁カフェ」みたいなくくりのページで紹介されているはずだから、少なくともしゃべれないことを知らないで来られたさっきのお二人に関しては『&Premium』ではない！ということがわかり、笑った。どんなわかり方だよ、どんな喜び方だよ、というたぐいの、笑い。

遊ちゃんは今日『ものするひと』を読んだようで家の扉を開けたら開口一番で居間から「ものするひとよかった〜！」という声が聞こえて、よかったらしかった。最終巻とのことだった。今日は休肝日にしようかと思っていたが忙しく働いたためビールに手が伸びていて、それから、ウイスキーを注いでいた。『ソウル・ハンターズ』、なんだか難しいことが書かれていて眉間に皺を寄せながら読んでいた。

6月22日（土）

今だってぜんぜん切実だ。

朝、八百屋、腰の曲がったおばあちゃんがめちゃくちゃ大量に果物を買っていて持って帰れるのか心配になった。グレープフルーツをいくつかとすもももみたいなやつを1パック、それからなんだったかもう一種類、と思っていたら両手で抱えるようなスイカを半分、買っていて、どうやって持って帰るのだろうと思った。

店、今日は仕込みががっつりとあって昨日三宅唱のツイートで知ったGEZANの『Silence Will Speak』を大音量で聞きながら、聞いていたら、今だって全然切実だ、と思った。

ご予約がここのところにしては多くあったので今日は忙しくなってくれるかなと思っていたら誰も来なかった。昨日の伝票を入力し、今月ってどうなってるんだろう、と、今月初めて今月の数字を見に行った、そうしたら思った以上にひどい数字で日々マイナスを垂れ流していた、度し難いレベルでひどい数字で、体感としては知っていたがいざ数字を突きつけられると「マジかよ」という気にはなった。

そのあと、ツイッターを開いたら最低賃金の話題が見えて、町山智浩の「そもそもアベノミクスは企業にお金を入れることで、賃金を上げて景気が良くなることを目指してたんだけど。それが全然賃金が上がらないから問題なんだけど。賃上げに反対してる人たち、経営者じゃないのになぜ？ 自分の給料が安くてなんかいいことあるの？」というツイートについたリプライに「ここで絡んでいるのは中小零細個人事業主でしょうね（数は多いですよ）。彼らは消費税納税者であり、また雇用主でもあります。彼らにとっては経済循環云々よりも自分の目先の損得でしか見られ無いのです。中小零細企業、商店がどんどん潰れているのは賃金が上がらないから、とは想像できない人達。」というものがあり、それでハッとしたというか、僕は中小零細個人事業主であり消費税納税者であり雇用主でもあってまた、経済循環云々よりも自分の目先の損得でしか見られ無いし商店がどんどん潰れているのは賃金が上がらないから、とは想像できない人だった。ヤバ、と思って、最低賃金を上げるみたいな話題が出ると僕は「やめて〜」というふうにしか思わないわけだけど、そういうニュースに対してこういう反応をする人というのは雇用側の人だけで、被雇用側の人はまったく歓迎する話なんだよな、ということを、今まで一度も考えてみたことがなかった。僕なりにスタッフにどうしたらもっとお金を払えるかなみたいなことを思ったり、時給を上げることを考えたりというか実行したりはしていたけれど、時給で労働する人たちにとって最低賃金アップというのはいいニュース以外なにものでもない、ということを一度も考えてみたことがなかった。そのことに愕然とした。こういうのが進めば、最低賃金アップはしませんみたいな政党に投票したり、するようになっていくのだろうな、と思うとゾッとした。断絶について思った。

それからぽやぽやと、ほんの数十分前に突きつけられた今月の絶不調のことはすっかり頭から離れて、時給1300円とか払えたりってしないのかな、みたいなことを、ぼんやりと、いたずらに、考えながら、1時を過ぎて少しずつお客さんが入って、働いていた。あまりにも零細個人事業だった。いや、それは思考停止だ、方法はあるんじゃないか。ぼんやり考えていてもまったくわからないけれども、と、考えながら、働いていた、そうしたら、1時まで誰も来なかったから今日もひどい日になるのだろうと思っていたところまったく忙しい日になってバキバキに働き続けた。『&Premium』効果だったりするのだろうか、と思ったら少しさみしい気持ちになった。そう言ったら遊ちゃんが『&Premium』は中の小冊子みたいなところに掲載されているということを教えてくれて、それだったらそんなそもそも効果もないだろう、どれだったら効果があるのかわからないが、表紙とかだろうか、表紙と開いてすぐとか、だから、小さな効果だから、これは地力ということにすることにした。

爽やかに嬉々としながら猛烈に働き続け、疲れ果て、店じまいし、椅子から動けなくなり、ビールを飲み、飯を食った。帰ってストレッチをすることを楽しみに感じている自分がいておかしなものだった。それでその通り遊ちゃんに教わりながら楽しくしっかりとストレッチをおこない、「その理論は第一に、日々の実践的な生活が、いわゆる心的表象あるいは認知の「高次な」活動が着実に前提づけられるために必要不可欠の基礎であることを説得的に示すことで、人類学的な分析における存在論的な優先権を逆転させる」という一文が、帰宅後のことだ、読み始めてすぐのところにあった一文が、まったく頭に入ってこず、何度も読み返して、それから進んだ。こういうことを踏まえつつこれからこういうことを書いていきますよ、という案内があったあと、「狩猟者と彼らが殺そうとする動物との関係の民族誌を、とりわけ動物の再生に関する見解に焦点を当てて検討する。私は、輪廻に関する狩猟者の信念と、運搬され食べることができるよりも多くの動物が殺される、一見「侵略的な」生業実践につながりがあるかどうかを問う。」という第2章が始まった。ユカギール。土地の名——土地。

コリマ川上流域のユカギールが住む亜極北環境は、一般にはタイガとして知られるほぼ無人の広大なカラマツ林の一部となっている。その気候は、大陸性の厳しいものである。長く、凍てつく雲のない冬と永久凍土がともない、冬には気温が摂氏マイナス六十三度まで下がることがある。冬は、十月前半の初降雪に始まり、五月後半まで続く。実際のところ、一年間のうち無霜日は七十〜八十日間しかない（Ivanov 1999: 153)。真冬は暗闇に支配されている。十二月後半には、太陽が地平線より上に上がっているのは一時間だけしかないが、たそがれ時は日のあたる時間を六〜七時間ほど長引かせる。寒さと暗闇にもかかわらず、人々は年中、狩猟と氷下猟を続ける。春は、太陽が日ごとに八〜十分ずつ地平線より上に長く留まるようになるにつれて、日照周期と気温に極めて急速な変化をもたらす。四月中頃まで、太陽は地平線より下に下がらなくなり、完全な闇夜になることはない。夏の気温は摂氏四十三度にも達することがある。

レーン・ウィラースレフ『ソウル・ハンターズ　シベリア・ユカギールのアニミズムの人類学』（奥野克巳・近藤祉秋・古川不可知訳、亜紀書房）p.56

無人の広大なカラマツ林。雲のない冬。日照一時間。暗闇の中で狩猟。闇夜にならない夏。知らない世界だと思って、すごい、と思った。3時過ぎ、寝た。

6月23日（日）

遊ちゃんはマツコ・デラックスと千葉雅也が大好きではあったが唐突に「マツコと千葉雅也って対談すべきだと思う」と言ってきて、僕も遊ちゃんから聞くなかでしか知らないけれどマツコは面白い人なのでそれは面白いと思ったしそのあと、マツコと千葉雅也が遊ちゃんの前で対談している様子を想像したらニコニコした。白い壁に囲まれた部屋で、聴衆は遊ちゃんだけ。そこでマイクを握って椅子に座ったマツコと千葉雅也が対談をする。遊ちゃんはニコニコしたり真剣な眼差しになったりしながらそれを見ている。大歓喜の時間だろう。それで店に着き、いくらか日記を書き、それから明日のインタビューというか話を聞く質問であるとかを考えて、そういうことをしていたら12時になったので店を開けた。

今日は12時にご予約があったので昨日のように13時まで誰も来ず、みたいなことにはならずに12時にはお客さんがあった、しかしその方が来られて以降は誰も来ず、4人なんですけど入れますかという若い女性だけ来たのでこのあとご予約でいっぱいで満席である旨を伝えた。本棚から花田さんの『出会い系サイトで70人と実際に会ってその人に合いそうな本をすすめまくった1年間のこと』を取って、読み返していた、考えてみたら僕はプルーフと呼ばれる簡易版というかそういうやつを読ませてもらっていたから、本番の、蛍光イエローの表紙が鮮やかなこちらは、装丁をふむふむと見るくらいしかしていなかった、それで斜め読みというのか、なにか質問につながるようなことはあるだろうかとだーっと読んでいたら、だーっと読んでいただけなのに何度か涙ぐむようなことがあって、これはすごいことだった、『GINZA』の連載のときもそうだったし、それは売り場でポップをつくることを多分長くされていたそのなにかもあったりするのではないかと思うのだけど、短いフレーズのなかにぎゅっとなにか力強いというか琴線にぶつかってくるというか、そういうものを込めることに秀でているというか、強いのだと思った、最後、「めまいがした。」という一文が炸裂するような感じがあった。それで読み終えて棚に戻すと、13時を回っていた、次のお客さんがやっとあって、蛍光イエローのTシャツを着ていた。蛍光イエローは強くて、ペラペラとめくるメニューの紙の裏面が光っているように見えた。

それからぽんぽんとお客さんがあり僕も仕事のモードになってちゃきちゃきと働いた、蛍光イエローの方はカウンターの一番奥で、その隣の席に男性が座った、シャツをまとっていて、シャツという言葉でいいのだろうか、ボタンで留めるやつ、まとっていて、白湯を持っていったらそのシャツが向こうの蛍光イエローを受けて光っているというか白いシャツが向こうの蛍光イエローに染まっているように見えて、蛍光イエローほんと強いな、と思ったらそうじゃなくて黄色いシャツだった。

満席になって、満席になっても必ずしもウェイティングの紙を貼るわけでもなく、その根拠はあとから考えるとよくわからないというか思い出せないようなものだけど機微としては確かにあるはずで、昨日は大忙しだったけれど貼ることはなかった、今日は貼った、夕方までは勢いのある日で今日もぶちかましてくれ、と思いながら猛烈に働いて、途中、綾女さんから嬉しいメールがあって、テンションが上がった、それから緊張した、緊張しながら働いて、夜にはぱたっと止まった。

夜、東野さんから下北沢の平面図案が送られてきてウキウキしながら見た、5案あった、見て、見たら、なんだ、フヅクエもう完成したわ、という気になった。イメージがぐっと湧いて、あ、こうね、こうでこうでこうね、はいフヅクエ、という感じになった。ビジュアル化の力というのはすごい。そして楽しい。

僕はいま本を、下北沢店、本を、置くのかどうかで迷っていて、一冊も本を置かないということを当初は考えていた、「本の読める店」に本は必須ではなく、本を一冊も置かない「本の読める店」はかっこいい、ハードコアでかっこいい、そう思ったし、それ以上の思惑というか、そういうものもあった、が、やはり本の並んでいる景色というのはいいのだよな、というのはずっとあって、スタッフのことを考えてみても、本に囲まれて仕事をするのと、そうでないのとでは、またきっと違うんだよな、というのもあって、迷っていた、いる。平面図を見て、本を並べるとしたらこうかな、というのを考えたら、一気にそれはフヅクエみたいな気になって、やはり並べるのかな、という気にもなっている。が、その置かないかっこよさというか、置かないという状態の強靭さというか強面な感じというか、ブックカフェなんて誰にも呼ばせないよ？というそういう魅力もまた、ある。どうするだろうか。まだ悩む時間は当然ある。

ふと、下北沢のオープン日は僕は下北沢には行かないで初台で働いている、ということを想像した。オープン？　なにそれめでたいの？とか。今日はここまで準備を一緒にがんばったスタッフに順繰りに立たせてあげたくてさ、主役はあいつらだからさ、みたいな。そういう格好のつけ方。恥じ入る。格好つけではなく自然にそういうことをできるようになりたい。

ぽこぽこと仕事をしながら、緊張したり楽しくなったりしながら、焦りも感じていた、おかずの現況を考えると明日おかずを4種類つくる必要がどうやらあって、明日の日中に全部やるだろうか、でも、先週月曜日に日記の推敲と配信準備までを済ませたあの爽快感というのが忘れられないというか、これは月曜日に済ませるべきタスクなんだ、と気づいた感じがあり、そうしたい気持ちが強くある。明日の夜も明後日の夜も予定があるから、それを余裕を持って迎えたい。そうなると、明日の夕方までにおかず4品と日記のあれこれを全部済ませるということになる。これは、できるのだろうか、いくつか返すべきメールもある。これは、できるのだろうか。どれから手を付けたらいいのだろうか、と思い、焦った。焦った結果、まずはおかずを今日2つつくろう、ということにして、ごぼうのおかずとじゃがいものおかずをつくることにした。ごぼうをスライサーで笹がきにしていると頭というか目の焦点が朦朧としていく感じがあり、気をつけないと手をやるぞ、と思い、そうなったら全部台無しだぞ、と思い、ごぼうのことだけを考えるように努めた。ごぼうのことを考えるといってもごぼうについて考えることもないよなと思い途方に暮れたが、目の前のごぼうのことにできる限り集中した、「ごぼう、ごぼう」と頭で唱えるような格好だった。それでごぼうとしめじをにんにくとバターとごま油のところで炒めて砂糖とみりんと醤油と酒とたっぷりの黒酢で炒め煮にするというやつをして、じゃがいもはえりんぎと一緒に出汁と酒とみりんで煮て、煮詰めて、粉吹きにして、白味噌で絡めて胡椒をこれでもかと振る、というものにした、これをつくりながら、こちらこそがバターだったのではないか、と思ったが、バターはごぼうに使ってしまったのでバター抜きになった。このじゃがいものおかずはなんとなくの思いつきでつくってみたのだがどういうものなのだろうか、適切なのだろうか、とつくりながら悩むところがあった。よくわからない。

それが済んで10時くらいになって、19時くらいまでは24時間制で考えたくなるところがあって、それが20時というか8時を過ぎると12時間制で考えたくなるところがあるようだった。22時、というよりは10時、というほうが実感だった。いや、違うか、19時くらいまでは24時間制でも12時間制でもどっちもオーケーな感じがするが、というほうが実感か。それでだから10時くらいになって、とりあえず昨日までの日記を流し込んで、印刷した、推敲を始めた、つまり今日、おかず2品とさらに日記の作業までやってしまおうという魂胆だった、今日は後半がだから沈んだからいい日曜日とはならず、あと3人ほしかった、しかしあと3人あったら今日こういうことはできなかった、いつもどおりのわかりやすいアンビバレンツだった。月曜日の日記を読み返すと、暗い、とあり、そうか、今週の頭は暗かったんだな、と知った。もうすっかり明るいから、どう暗かったのかも覚えていない。簡単な起伏、と思った。

11時前、どなたもおられなくなり、片付け等々をやってから、ソファに座り、日記を書いた。書いている。

6月24日（月）

ストレッチをすると翌日体が痛いような気が連日しているのだがなにかの間違いだろうか。昨日も念入りにストレッチをした、『女っ気なし』のエンドロールのときの曲がなんなのか、ツイッターで誰か知りませんかと募ったところ小林さんが教えてくれてTHE RODEOの「High Resolution World」ということで、それを聞きながらストレッチをした、やはり、いい曲で、と思ったら最後の激しくなる展開で、あ、そうなのね、と思った、エンドロールはそこに至る前に終わったということだったし、そこはここでは要らないとしたということだったし、僕も好みとしてはそれがよかった。そうやって、風呂上がり、ママバターのボディローションを顔や体に塗りたくり、ヨガマットを敷いてストレッチをおこない、それから「あ、ハンドクリーム」とか思って手にハンドクリームを塗りたくっていたら、「なんなんだよｗｗｗ」という気になったため外で煙草を一本吸って、それから中でウイスキーを飲んで、本を読んだ、今日は飲酒を控えるつもりだったが叶わなかった、いつもどおりの夜中。

今日の『ソウル・ハンターズ』は「動物の霊魂、つまり**アイビ**が解き放たれ、後に転生できるようにするために、狩猟者は動物を屠り、消費しなければならない。狩猟者の捕食活動は、この要領で生命を与える活動になる。なぜなら、殺しがなければ、動物は再生し損なうからだ」とあってさらに「入手可能なすべての動物を殺し損なうことは、みずからの未来の猟運を危機に晒すことである」とあって、不思議な感動があった。まともがゆれる。

雨が起きたら引き続き降っていて昨日は閉店後に日曜日の分の日記をまず書いて、それで全部印刷をして、赤入れをしていった、先週はどうしてなのか3万字にもなって、どうしてなんだろうと思いながら、時間も当然掛かるわけだった、なかなか終わらず、2時くらいまで掛かった、しかし赤入れまで日曜日中に済ませることができた、それは清々しかった、しかし気づいたらそんな予報は知らなかった雨が降り始めて濡れながら帰ることになった。

朝から快活な気分だったためか眠りながら遊ちゃんに調子よく話しかけていた、店に行き、コーヒーを淹れ、今度は赤入れをした日記をエディタ上で反映させる作業をした、済んで、飯を食う等の準備をおこなったのちに店を開け、次にInDesign上できれいにして、それから配信準備用に整え、それを流して、配信準備まで済んだ。う・れ・し・い、これはずいぶんいいことらしい。

今日は、しかし、誰も、来ずに、誰も来ないしおかずも明日でいいような気がしたから厨房仕事はまったく触れずに日記仕事が終わったあとはメール仕事をしていた、何通か返すべきメールを返し、書くのにはそれぞれ時間が掛かった。下北沢もあるし本もあるし、いろいろこれからこういう事務的なというか、やり取りみたいなものは増えていくのだろう、と思うと、大変だな、と思った。楽しみであることとそれを大変だなと思うことはまったく健やかに同居するもので日記だってそうだったしフヅクエだってそうだった。雨が、雲が途切れたのか、ふいにやむというか光がぱーっと広がって、やんだらしかった、外に出たらパラパラと雨は落ちていて、空からのものなのか、建物が溜まった水を落としているのか、わからなかった。また降り出した。


そういえば先週試しに売ってみた一週間分の日記は、STORES.jpもnoteもひとつも売れなくてもうやらないと思って、ひとつも売れなかったことにもひとつも売れなかったからと一瞬でやめることにもどちらにも「ウケる」と思ったのでウケた。

また晴れて、隣の建物の壁が真っ白く光に染まった。深呼吸みたいに、それはすぐに徐々におさまって、グレーと白の中間みたいな色に落ち着いた。やることが、ない、という状態にあるらしく、「本当にやることない？」と思ったがよくわからなかった。やる気はないということはよくわかった。そうしていたら山口くんが入ってきたので大声で「こんにちは！」と言って、山口くんが笑ったからもう一度「こんにちは！」と言った。誰もいなかったから、あれこれしゃべった、下北の内装、どれがいいかな、と言ったら山口くんはBとDで、僕はCとDで、遊ちゃんはCとDだったので、これはやはりDということかな、という気になった、本を並べるかね、どうするかね、と話した、やっぱり並べないのも手だよな、と思った、いくつか指示を出し、お客さん来るといいよね、と言って出た。

電車に乗って、雨の時間は終わったらしかった、『ソウル・ハンターズ』を読みながら電車に揺られ、神保町で乗り換えて三田線、日比谷で降りた。ミッドタウンのあたりを目指せばいいのだよなとミッドタウンの出口で出ると、ミッドタウンの中で、初めてミッドタウンに足を踏み入れた、広い、と思った、長いエスカレーターで地上に上がりながら、長い、と思った、日比谷、と思った。日比谷なんてなんにも知らないから、日比谷、と思ってみたところでなにもなかった。

時間があったのでHMV&BOOKS HIBIYA COTTAGEに入って、いくらかうろうろした、武田百合子の『遊覧日記』が目に止まり、あ、と思ってパラパラと見て、買おう、と思ったがどうしてだか棚に戻してそのままになった、別の場所に行き、そうしたら『ホホホ座の反省文』が目に入り、これだ、と思った、知らなかったが10店舗というかホホホ座という名前で10の場所ができているらしかった、それはただただ名前を貸すだけということで、貸すですらないのかもしれない、それは読んだらわかるだろう、そういう広がり方というか、点在の匂せカタ、なんだろうこれは、させ方、と言いたったたわけだが、匂せカタ、匂せ、匂？　初めて見た、「音 サツ・トウ 訓 さす・もうしぶみ・しるす」、もうしぶみ？　とにかくそういう点在のさせ方があるのだなと思って、そういうことも読んでみたかったのだろう、と思ってのことだったが、買ってから、花田さんの『出会い系サイトで70人と実際に会ってその人に合いそうな本をすすめまくった1年間のこと』でホホホ座のというかそのときはガケ書房の山下さんとの出会いの場面が描かれていて、花田さんにとって重要というか大切な存在が山下さんだった、それもあってこの場所でこの本が光るというか入ってきたのだろうと気づいた。

1時間くらい、読書の時間、と思い、どこで、と思い、外に出てぐるっと歩いたが決めかねるところがあってさっきの建物に戻って1階のパン屋さんが席が広々としていたのでそこにいることにした、小腹も空いていた、パンオショコラとくるみパンと、レッドグレープのジュースを買って、そうしたら885円で、そのときに「885円」と思った、さっき本を買ったときは１８００円くらいだったわけだけどそのときは水を払うみたいな感じでなにも感じずにお金を出していた、それとは違って「あ、出費」という感覚になって、ドトールだったら４００円で済んだな、と思って、思うんだな、と思った。『ソウル・ハンターズ』を開いた。

例えばイリナは夫が彼女を「養うために家に戻ってきた」と私たちに語っている。それゆえ、彼女はパヴェルを孫と呼んでいるが、彼を戻ってきた夫としても見ている。彼女が模倣する行為主としてパヴェルに向かっていることが示唆するのは、一人の人物《パーソン》の中に二つのパースペクティヴがこのように組み合わされていることである。後に第５章では、私は、いかに狩猟者が獲物に近づくときに模倣する行為主としてふるまっているかを示す。彼はいかなる絶対的な意味合いにおいても、狩猟者でもなく、動物でもない。二つのパースペクティヴの狭間にあることのいくらか類似した経験は、イリナとパヴェルの関係に表れている。彼女が「昔みたいに彼に服を着せ」「彼の衣服を繕う」とき、彼女は、妻という単独の観点からパヴェルを見るのでもなければ、祖母という単独の観点から見るのでもなく、二つのパースペクティヴを同時に取っている。このことにより、彼女が孫との日常的な接触をとおして夫の存在を経験しながら、同時にその少年を夫のまったくの生き写しにしてしまわないことが可能となる。

レーン・ウィラースレフ『ソウル・ハンターズ　シベリア・ユカギールのアニミズムの人類学』（奥野克巳・近藤祉秋・古川不可知訳、亜紀書房）p.93

6時を過ぎて、待ち合わせが6時半だったので、どこかで一服しておこう、と思い、出た、ミッドタウンの3階に喫煙所があるようだったのでまたミッドタウンに入り、長いエスカレーターで2階へ上がり、ぐるっと回って3階に上がった。たくさんのお店があるらしいことがわかったが、僕がこういう場所でなにかを買うということは起こることなのだろうか、と思った。遠い、遠いものに見えた。

煙草を吸い終えるとちょうど終わったという連絡が入り、また先ほどの建物に戻り、だから今日はミッドタウン、シャンテ、ミッドタウン、シャンテ、という往復運動が日比谷ではおこなわれたということだった、日比谷コテージに入ってうろうろしていると花田さんがいて、写真を撮らせてもらい、それで出た。高架の下のところにドイツ料理屋がふたつある、ということで、見ると並んでふたつドイツ料理屋があって、どうしてだろう、と思って片方に入った、前回の山下さんのときにけっこう賑やかなところでも録音は問題ないことがわかったから、大丈夫だろうと思いつつ、やはり賑やかだったが、奥まった席に通されてそこは少し音が中にこもりそうな感じがあって、だからより大丈夫だろうと思った、ビールを頼み、つまみをいくつか頼み、話を聞くというか話した。花田さんとこうやって長々と話すのはほとんど初めてのことで、なんかもう、ただ話す、という感じで、普通に飲みながらおしゃべりをするという感じで、出版のこと、編集者との関わりのこと、スタッフとの関わりで気をつけていること、文章を書くときの赤裸々さのこと、そういう、気になることを聞いていたら質問のリストにしていた質問を改まって聞くのもおかしなことのように思われていって、思われていきながらも、結局はだいたいどれも聞けて、僕はただ楽しい飲みの時間として過ごしていて、愉快だった。

終え、別れ、歩きだして録音したものを再生して、大丈夫そうだ、と確認して、帰った、なか卯でうどんを食って帰った、帰って、遊ちゃんとあーだこーだおしゃべりをした、今日遊ちゃんは母とLINEをしたらしく、先日遊ちゃんが行った蕎麦屋さんがおいしかったことを話したら今日行ったらしく、そうしたらおいしかった、父が今度は哲夫さんを連れていきたいと言っているということだった、ストレッチをし、それから文字起こしを少し始めて、酔っ払っていたこともあって『ソウル・ハンターズ』じゃないことにして『ホホホ座の反省文』を読みながら、12時過ぎくらいには寝ていた。

6月25日（火）

起きると山口くんから昨日の伝票が送られてきていて見ると昨日は4人だけだったようで「絶不調」と思って、外はよく晴れていた、日記を書き、それから文字起こしを少しだけけした、2時間40分、録音時間はあった、これはどれだけ掛かるのだろうか。いんげんを茹でて、氷水に取って冷やした。いつもは水で流して冷やすのだけれども氷水がベターと書いてあるのを見て、氷水、と思ってそうしてみたのだけれどもなにかが違うのだろうか、なんだかすっきり冷えるような印象は確かにあったが、こういうことに氷を使うことに対してもったいなさみたいなものを感じていた。

夕方まで一生懸命、という山口くんの日のいつものモットーに従って、一生懸命働いた、今日は早々に4人来られたので「昨日超え！」と思ってそんなことで喜んでもしかたがなかった、途中でnoteでひとつ記事を読もうと買おうとしたところ、noteアプリの購入時のUIというのは「これ本気？」というようなひどいもので、金額とかが書いてあるところをタップしてみても一切反応がなく、「ウェブで購入」みたいな文言がたしかに見えて、だから、アプリ上ではどうも購入することができないようだった、これは課金においてなにかハードルがあるのかもしれないけれど、いや、あれなのか、アプリ上で課金をすると手数料が取られるから、ということなんだろうか、とにかく不便なこと極まりなくて、というか、こんなのめちゃくちゃ離脱するだろう、というようにしか思えなくて、実際に僕はきっと買おうと思ったものをまた買おうとすることはないのだろうなと思った。

山口くんが来て、いくらかの有益な助言をおこなって、出た、今日は気持ちよく晴れていたから遊ちゃんと散歩をしようと言っていて、帰って荷物を置いて、二人で出た、パドラーズコーヒーに行ってカフェラテを飲み、テラスで、夕方のテラスはどんどん鬱蒼と茂ってきたように思える木々や植物に囲まれるようでうっすらと暗く、見える葉っぱの上部の方だけ光が当たっているところがあり、きれいだった。出、駅のほうに歩いていると、救急車がコンビニの横で止まった、遊ちゃんがなにかに気づいて混乱したような反応を見せたので見ると、「〜〜家」と書かれたものを持った喪服の男性がコンビニの角に立っていて、斎場への案内のようだった。救急車、それから喪服、それで遊ちゃんは「え、いま救急車で、それでもう喪服?」となって混乱したらしかったが当然救急車に乗る人からすれば「まだ」ということで、そうじゃなかった。

乗った電車はなんとか急行の橋本とか行きで、幡ヶ谷で乗って、次が笹塚で、それから明大前、その次が桜上水とかだったろうか、京王新線と京王線がそのまま接続される電車ということでこんなものがあることは知らなかった。と思ったが考えてみたら初台から乗るときに橋本行きみたいなものはいくらでも見てきたような気もしてきた。と思ったが考えてみたら京王新線に乗るにしてもそちら方面に乗ることは今はめったにないからどのみち馴染みはなかった。ともかく京王新線はぽっかり浮いているというか、幡ヶ谷か初台に行くには京王新線に乗るしかなくて、でもそれ以外の駅に行くならば京王線で、よくわかった人以外にはいつでもわかりにくいものだった、京王初幡線というのを提唱して何年にもなるし有識者会議に呼ばれて「京王初幡線がいいと思います」と述べたこともこれまで何度もあった気がするが、変わることはなかった、読み方についてはは紛糾した、「はつはた」派である僕と「しょまん」派であるAさんとのあいだの溝は埋まりそうにもなかった。それも変更に至らない一因だったのだろう、と思い出した。

明大前で下りて、各駅停車に乗り換えようと思っていたがふと地図を見てみたら隣の下高井戸駅までは歩いても10分ということだったので、もともと散歩ということだった、だから歩いていこうと提案し、採択され、明大前から歩いた、歩き出すと、なんだかいい看板、と思ってそれに惹かれて入っていった路地で、小さなパン屋さんがあって、小腹、と思ったためそこでアップルパイみたいなものを買った、なんだかいい看板、と思ったのはその隣のジャズバーみたいなところだったらしく、覗いたらなんだかいい雰囲気だった、明大前という場所を全然知らないし明大前という場所にまつわる記憶は遊ちゃんと初めて会った日に華南子ちゃん遊ちゃんいっしーさんで夜中に飲んだ、白木屋みたいな店で飲んだ、そのときのものだけで、だから知らない土地だが大切な土地とも言えるのかもしれなかった。そのときどういう話がおこなわれたかはほとんど覚えていないが遊ちゃんがブツブツしたものが怖いという、それでそれを指す言葉が「トライポフォビア」というものだということをめいめいがスマホを開いて調べて知ったようなそういう場面があった。トライポフォビア。「小さな穴や斑点などの集合体に対する恐怖症のことで、ギリシャ語の trypo (punching, drilling or boring holes) ＋ギリシャ語の phobia (恐怖症) を掛け合わせた造語」。

線路の横を歩いた。土地の起伏が大きいのか明大前までは高架だったはずだが渡った踏切のところで明大前のホームが同じ目線の高さで向こうにあって、それから線路沿いを歩いていると何箇所かで「高架化」という言葉が見えて高架化計画があるのだろうか。高架にしないで地下化して、線路跡は緑化するべき、みたいな貼り紙だったかのぼりだったか、そういう家があった。線路をまたいで向こうの家の庭で、ビールを飲みながら電話で話している年配の男性の姿があって、いい、と思った。変な階段の、回廊みたいになっている、真ん中がすかすかの階段の、4つ建物がぐるりとあるような、そういうマンションがあったから中に入った。

下高井戸はたしかに近くてすぐに下高井戸シネマが現れてつまり下高井戸で、お店がたくさんあった、お酒を供する様子の店が多くあって、ヒューガルデンだとかギネスだとかハイネケンだとか、どこから提供されるのかよく見るサインを何度も見た、道路を渡って玉川上水永泉寺緑地と称されたところに入った。甲州街道に沿ってある細長い公園というか緑地で、じめっとした見え方の暗い場所で、「じめっとした見え方の暗い場所」と言いながら受ける印象は気持ちがよく、好きだった。向かいに建つ集合住宅を見ていた。

反対側に戻って、またうろうろと歩いて、フジタカ食堂に入った。永山やシラたちはまだで、LINEを見るともうすぐ来るようだったが構わず先にビールを頼んで、二人で飲み始めた、吉本興業のことを話していたらシラ、えりこちゃん、ベビーカーのちびっこがやってきて、遊ちゃんはどの人も初対面だったのではじめましてというような挨拶をおこなった、それでしばらくして永山がやってきた。永山は今日は高崎で仕事だったようで家は大宮だから大変な移動だなと思ったが愉快なことだった。永山、シラ、という小学3年だったか4年だったかのときに同じクラスだった、そしてそれからもずっと付き合いのある人たち、こんなに長く付き合いが続いている唯一の人たち、と飲む、そこに配偶者や子どもがいる、というのは僕には他にない集まり方で、それは予期というか期待というかしていたようにいい時間にどんどんなっていった。シラの博識は年々拍車が掛かっていくようなところがあって何を言っても何かを打ち返してくる感じがそれだけで笑った。ちびっこは、最初はベビーカーにいたが、ベビーカーだとやや遠く、また、ぐずり始めたりしたこともあってシラとえりこちゃんのあいだに座った。少しのあいだでずいぶん大きくなったような、大人びた顔になったような気がしてそこには明らかにシラの面影があった、それは感動をもたらした。

途中、足の甲が痒くなって掻いていたら隣にいた永山に「掻かない、掻かない」と制されて「おさななじみ感」と思った。シラが「すべからく」を誤用していたので正した。シラはそれをまったく清々しく受け取ってくれる。小学3年生だったか4年生だったかからずっと、そんな感じだった。

いい夜で、別れ際、駅のところでシラに僕と遊ちゃんの写真を撮ってもらった。

あとで見ると、後ろの駅名のプレートというのか、それが白く発光してこちらは薄暗くなっていて、そのなかで満面の笑みで手を振る遊ちゃんがいて、隣で僕は仁王立ちみたいな姿勢で立っていて、撮られているときは僕も遊ちゃんも認識していなかったが遊ちゃんの振っていないほうの手を僕の手が握っていて、それは手を繋いでいるというよりもなにかすがるように僕が握っているというそういう握り方で、グッとくるものがあった、いい写真だった。

帰り、遊ちゃんはそのままこてんと眠り、僕は洗濯物を畳んで、畳んでいる時間がどうにもよかった。『ソウル・ハンターズ』を少し読んで僕もすぐに眠った。

6月26日（水）

スーパーでダイナソーJr.のTシャツを着ている人を見かけて昨日ツイッターでなにかが炎上というかボヤが起こっていてそれを追っていたときにめちゃくちゃ口汚いツイートだったかとても悪意のあるツイートだったかをしている人のアカウントの写真がダイナソーJr.で、だから立て続けにダイナソーJr.だった。

準備はそんなになさそうで、日記を書いて、それからショートブレッドを焼いた。店を開け、暇で、お一人だけおられた方もお帰りになると誰もいない状態がしばらく続いて、文字起こしをすることにした、ドイツ料理屋のにぎわいがフヅクエを満たした。けっこう進んで、50分まで行った。残り1時間47分ということだった。

疲れてそこでやめて、夕方になっていた、肩が重くなり、そして気持ちも重くなる。なんのやる気も湧かず、やれること、やるべきことはあるような気がする。

少し、やった。下北沢の必要書類を揃えるということで過去2年の決算書や申告書であるとか、印鑑証明書であるとか。簡単なことではあったがタスクが自分の中でぼんやりしていてそうすると不安が無駄に胸の中で広がっていくようなところがあった。ひとつひとつ見、あとやることはプリントアウト、証明書取りに区の出張所に行く、これはメール、とか見て、記していくと、気分が驚くほど簡単に穏やかに落ち着いていった。そういうものだった。

明日の休日の過ごし方が少し見えたというか見通しがついた気がして、やってよかったと思って、また暗い気持ちで休日を迎えるところだった。今日のうちに明るいところまで持っていきたい。腹が妙に減って、割れてしまったのでそのまま冷凍庫に入れていた8枚切りのパンを2枚食べて、それからやはり冷凍していたバターロールみたいなやつをふたつ食べ、ショートブレッドの焦げたやつを何枚か、食べた、空腹がおさまらなかった。本を開いて、ホホホ座のやつを読んでいた。

加治「（…）なんかさ、コックピットに乗りこんで、ガンダムを自分で操縦してるみたいな感じにまったくなれへんねん。半ば動かされてるガンダムに乗ってる感じ。なんでこんなことになってんのかなあって（笑）」
山下「それは、レコード祭り（100000tの他、京都の中古レコード店による神出鬼没のレコードマーケット）とか？」
加治「いや、全部。店やってから自分で回せるハンドルの領域がどんどん減っている気がする」
山下「店やめたいとか思う？」
加治「思うねぇ〜。もう面白い、面白くないの軸じゃなくて、ファーマーの感覚やね」
山下「ファーマー？　あ、農夫ね（笑）」
加治「うん、ファーマーは自分の仕事を問わない。問うファーマーもいるかもしらんけど（笑）。淡々としんどいっていう感覚。（…）」

山下賢二、松本伸哉『ホホホ座の反省文』（ミシマ社）p.85, 86

「自営業は初期設定の自由さはあるけど」「テトリスの最後の上のほうの忙しいのをずっとやってる感じ」というなんだか素敵な言葉がいくつか続いて、やっぱり商売人の言葉というのは僕には響くなと思って、でもこれもそうだし、『IN/SECTS』のお店特集のやつもそうだったけれど、響く商売人の言葉って、商売人というか店をやっている人か、の言葉って、どちらも関西弁だったな、と思って、こういうことは東京ではあまり話されないことなのだろうか。ふと、「ひとの読書」ではなく今度は「ひとの店」とか、そういうのも面白いかもしれないと思った、店の話。優くんとやってみようか、と思った。

ずっと声を出していなくて、お帰りの方があって見送りでドアのところまで歩きながら「あれ、なんて言うんだっけ、落ち着いて？　いや、」と思ってどうにかギリギリで体が反応というか、それはおそらく「この位置このタイミングでこれまで散々この口が発した言葉」というので体が思い出して「お気をつけて」と言って見送ったのだが声を出していないと即座に声を出せないということはしばしばあることで、午後に文字起こしをしていたときに「でも儲かってるわけでもないし」と僕は発言していて、たしかに儲かってはいない、儲かってはいないけれど困窮しているわけでもない、というか感覚としてはまったく特に困らずに暮らしているから儲かっていると言ってもいいのかもしれないけれど儲かるってどういうことなんだろうというのはわからないところで、でもはっきりしているのは人件費がぐっと上がるこれから、2店体制になってから、一気に利益は薄くなる危険性は高まるということで、これから出て行く人件費を考えるとけっこうちゃんとお客さん入り続けないと非常に心もとない金額しか残らないことになるからだからいま僕はふと「別に儲かってないというわけでもないよな」と思うそれは錯覚で砂上の楼閣でこんなのは僕がひたすらに働くということでしか成り立っていない残り金で、だからこれからしっかり儲かる形をつくっていかなくてはならないというのはまったくそのとおりだった。

だけど今日はお客さんは5人だった。これじゃあまずいわけで、『&Premium』がんばってくれよ！というのが僕の叫びだった、11時前、山口くんが青山ブックセンターで今日『煙の樹』と『断片的なものの社会学』を買った、それをABCの『読書の日記』特設コーナーというか僕の選書と食べるように読むTシャツとのコーナーの前でぱちり写真を撮っているツイートをしていてそれに対して「お、スタッフ山口くん、本日は青山ブックセンターにて『煙の樹』と『断片的なものの社会学』をお買い上げのうえ『読書の日記』コーナーの前で記念写真の模様。いい休日だね！（あれ、そういえばＡＢＣって写真ダメマークなかったっけか、大丈夫かな、怒られちゃうかな、怒られちゃったらツイ消しだね！）」とツイートして、ツイートしたら、それからそわそわし始めて、あれ、俺なんか間違えたかな、と思って、それで追加ツイートで「や、これは、よくないツイートだな。自分の店のルールは守らせないと気が済まないのに、よその店のルールは「そうは言っても多少はよかったりするんでしょ？」と勝手に歪曲というか矮小化して解釈して受け取る、っていうのは、なんだか、非常によくないな。反省中。」とツイートして「僕こそがツイ消ししたくなっているということの愚かさ」とツイートしていたら山口くんがツイ消しをしたので「あ！」となって、スラックに「あくつさんすいませーん、ＡＢＣのツイート、写真ダメなんですかね！　全く気付かず、すいませせん……。調べたのですが写真ＯＫかわからないので、とりあえず、消します！」と来ていて、平謝りをした。書店における撮影禁止というのは、僕は、どこまで本気で撮影禁止なのかわかっていないところがあって、本の中身を撮影はダメだけど棚とかは別に撮影してツイートされても特に問題ないのでは？と勝手に思っていて、でも棚の独自性みたいなものを外に勝手に発信することがダメということもあるのかもしれず、よくわからないのだけど、とにかく僕はしないにしてもした場合にしても「怒られたら消す」で十分のように、まあ結局歪曲と矮小化を勝手にするわけだけどしていて、だから山口くんは消さなくていいと思っていたのだけど結局僕のツイートが彼のツイートを消させたわけで完全になんというか振る舞い間違えた、と思って、振る舞いといえば『ホホホ座の反省文』を読んでいたら「立ち居振る舞い」という言葉が何度か出てきて「あれ、もしかして俺今まで立ち振る舞いだとばかり思っていたけれど間違っていたのかな」と不安になって調べたらどっちもありのようだった、初出的には「立ち振る舞い」のほうが先というくらいで、それはいいのだけれどもなんだかそれでとても悄然としたというかなにか勝手に自爆した感じがあって、自爆というよりは自縛という感じがする、縄を、勝手に変な結び方をしてまた変な結び方をして気づいたらなんか自分を縛っていたというようなそういう感じがしてそれで疲れて、夜にラジオをやろうと思っていたけれど呆然としたままそのまま過ごしてしまい、今日はまた休肝日にしようかと思っていたがそれだけのストレスというか自己嫌悪みたいなもので「おい、ビール」とぶっきらぼうに言って冷蔵庫からビールを取ってこさせた。しょんぼりと力ない僕は言われたとおり冷蔵庫に向かい、ビールを一本取って栓を抜いて、僕に渡した、無言で受け取った僕はごくごくと飲み、横で悄然と立っている僕に向かって「お前なんでこんななんでもないことで元気なくなってんの?」となじるように言って、僕は「んー、わかんないんだけど、ごめん」と煮え切らないことを言った。

6月27日(木)

初台の区役所の出張所に行って「今日って27日ですか」と確認しながら印鑑証明書の発行をして店に行くと山口くんがなにか準備をしていて、ラジオを聞きながら開店準備をしているようだった、それをこっそり1分くらい見ていて気づかれて笑うということをしたかったのだけどいつまでも気づかれないのでこちらの腰も疲れるというところで静かに入って、朝の挨拶をした。昨日のことを謝って、というのが主な用事だったけれどいくつか書類をどうこうしないといけないものがあってそれの準備をしたりもした、12時になって、少しして、出た。

先週に続いてという感じで都営新宿線に乗って神保町に出て、岩波ホールでチケットを買ってからスヰートポーヅに行った、入口の前にふたり人があって待っているようだった、回転は早くすぐに通され、おばちゃんと相席で僕もおばちゃんも餃子定食を頼んだ、電車の中からそうしていたように『ソウル・ハンターズ』を引き続き読んでいて、去年来たときはウィトゲンシュタインの日記を読んでいたんだよな、それで目の前の男がクチャで、そうだった、と思って、思い出して、本を読んでいた。

思うに、これが指し示すのは、鏡像段階を発達段階として考えるのはおそらく間違いであることだ。すでに指摘したように、ラカンのアプローチをユカギール人に当てはめる上での主たる困難は、まさしく「段階」という彼の考え方による。それは、「伝統的な」狩猟民と西洋の子供のライフステージとを危険なほどに同一視してしまっている。だが、いかに私たち自身の身体的な断片化が決して完全に乗り越えられないか、またいかに自己と他者との間の境界はいくらか流動的で目立たないものであり続けるのかに関する多くの実証的な例に照らして見ると、ラカンの理論が実際に描いているのは、現実の時間におけるひと時のことではなく、自己であることと身体を持つことの本性であると私には思われる。

レーン・ウィラースレフ『ソウル・ハンターズ　シベリア・ユカギールのアニミズムの人類学』（奥野克巳・近藤祉秋・古川不可知訳、亜紀書房）p.125, 126

「ラカンの理論が実際に描いているのってさ、現実の時間におけるひと時のことなんかじゃなくて、自己であることと身体を持つことの本性なんじゃないかって思うんだよね」と今度から言おうと思って、ラカンを読んだことはなかった。定食が来たので定食を食べた、おいしくお腹いっぱいになり、先週と同じようにテラススクエアに行った、建物に沿って丸テーブルと一対の椅子が10くらいまっすぐ並んでいるところがあってそこで違和感を目が覚えて、なにかと思ったらすべてのテーブルを一人が使っていて全員が同じ向きで座っているということだった。整列というか前へ倣えという格好で、だから同じ方向の背中がずっと向こうまで続いている、というのが目に入ってきた光景だった。日本人らしい、とふと思ったがこれは日本人らしさなのだろうか。ユカギール人はどう思うだろうか。あるいはクズリは。

「うむ、そんなふうにクズリは見てないぞ。私たちの食べる肉が贈り物であるのとほとんど同じように、クズリは見つけた肉を**ハズィアイン**［霊的な主］からの贈り物と見るのだ。誰もが食べなくちゃならんし、**ハズィアイン**はすべての子供たちと同じようにクズリにも食物を与える。だからクズリは自分たちがすることを盗みだとは思っていない。それどころかクズリの心の中では、盗みを理由にクズリを殺そうとする私たちこそが間違いを犯しているのだ」

同前 p.134

岩波ホールに向かい、待合ホールは人がすでにたくさんだった、ちょうどよく座るところに座れたため、そして40分時間があったため、ラジオの収録をおこない、開場して席についてからもしばらく続け、隣の人は映画館の席で白いエディタに文字を打ち続ける様子にぎょっとしたのか、ディスプレイを見られた気がしてちょうどそのとき「映画館で隣の人がどうかでそのときの体験変わっちゃうし蓋を開けてみないとわからないところ多いから怖い」みたいなことを書いていたからこれ見られたとしたら恥ずかしいなと思って一度おしまいにしてリュックに入れ、でもやっぱりまだ時間があるしと思ってもう一度取り出して今度は少し畳み気味に開いて見えないようにして続けた。ブザーが鳴って、閉じて、映画を見た、フレデリック・ワイズマンの『ニューヨーク公共図書館エクス・リブリス』で、冒頭から面白かった、なにかの電話対応をしている職員の人が映って「え、ユニコーンは想像上の動物ですよ」とか言ったあと、「中世英語はあまり得意ではないんですが訳してみます」みたいなことを言ってから訳し始めて、それがユニコーンが最初に確認された文献とかっぽく、「最後にEがついてますけど」みたいなことを言っていて、なんだろうこの高度な電話対応は、どういう部門なんだろう、と思って、その次も受付みたいな場所で「こういうことを調べたいんだけど」というリクエストに対してまずはこれを見てみて、そうしたら入港記録を当たって、ってやったら絞り込めるかも、みたいな、知の導き役という具合で、すごいぞニューヨーク公共図書館、と思って、それから一方的に眠気がやってきて「こんなはずじゃなかったのに」と思った、眠い時間が多く困った。『ニューヨーク、ジャクソンハイツへようこそ』もそうだったけれどこれもスピーチの映画で、でもジャクソンハイツと違うのはこちらは本当にスピーチをしているという場面が多く映されていたことで、この図書館は催し物がたくさんあるのだろう、冒頭、とさっき書いたが本当の冒頭はなんだったか、有名な名前の人の、財団で、の人で、というかその人だったのだろうか、が登壇して話している様子から始まって、それからもたくさんの聴衆の前で公式のスピーチであるとかトークイベントであるとかがひたすらおこなわれていた。ジャクソンハイツのスピーチはスピーチではあるが聞き手がもっと近くて、リアクションや話の横取りが活発にあってそこにグルーヴが生じるようなところがあった気がしたけれどここで見られるスピーチは話し手と聞き手のあいだには大きな境界があって固定した明確な役割がそれぞれに付与されるからそういう動きにならなくて、あるのは聞いているだけの顔で、そのせいなのかそこに動きが生じるような感じを僕は受けなくて、それもあったのかどんどん眠くなっていった。それにしても図書館というのはこんなに多岐にわたるあれこれをやるものなんだなと思って、子どもの教室みたいなものはやりそうなイメージはあるけれど就職説明会みたいなものもあった、もはや本の場所というよりは本もある公共施設という感じがして、『公共』というタイトルでも驚かなかった。

前半の後ろのほうでいくつか感動して、ひとつはスピーチの終わりにされた詩の朗読で言葉と音の渦みたいなものに飲み込まれるようなところがあって朗読ってすごいと思い、それから読書会と思しき集まりでガルシア＝マルケスの『コレラの時代の愛』が取り上げられていた本でそこで挙手して話した女性がとにかくリアルだった、云々、と言って「70代を生きるとはどういうことか」ということを考えさせられたらしくて当然誰にとっても70代を生きるのは初めてのことのはずだから70代になったときに70代を生きるとはどういうことかという問いを立てることは何も不思議ではないはずなのに「70代もそういうことを考えるのだな」と思ってとても新鮮でハッとした。人は常にそのつどルーキーとして生き続けるのだな、というような。それにしてもそういう場でもスピーチになるものだなというのはぎょっとするようなところがあって、こういう振る舞いが求められる社会を生きるとはどういうものなんだろう、と思った。

それから晴れた日、図書館の庭みたいなところ、芝生のところで、ポスターにもなっていた場面で、たくさんの人がいて、芝生に寝そべり、本を読んだり、カップルでギュッとしたり、眠ったりする、そういう人たちが順繰りに映された。どうしてだか泣きそうになって、そうしたら前半が終わって休憩となった。お茶を買って後半に臨んだが、後半も起きたり眠ったりを繰り返して夢も見た、一度頭がガクッと大きく激しく倒れて岩波ホールは背もたれが低いから頭まではカバーしてくれないからそうなった。

けっこう、余裕で圧倒的に超面白いのだろうな、と思って見に行ったら、けっこう、面白がれなかったというか楽しかった時間少なかったぞ、となって、あれれ、と思いながら、初台に戻った、山口くんといくらか言葉を交わし、雨がぽつぽつとしていたので急いで家に帰った。

買った封筒に書類を入れたりという地道なことをやって、それから今日の今日も読書を更新しようと思って、見たら、あれ、となって、「神保町に着いた、(…)路地を曲がると、そのまっすぐのところにまさに行こうと思っていた餃子屋さんであるところのスヰートポーヅのファサードが見えたのでうれしくなった、ぐんぐんと近づいていく、という向かい方がうれしかった、それで入った、相席で、前の人もまだ注文の品を待っていた、餃子の定食を頼んだ、僕はウィトゲンシュタインを読んでいた、(…)店を出て、大通り、日は照っていた、信号待ちをしながら突っ立っていると夏の葉っぱの風の匂いが、揺られてかさかさ鳴る葉っぱの音とともに流れてきて、夏だった。岩波ホールに行った。」とあって、1年前の6月27日のことだった。ちょうど1年後、まったく同じ動きを取っていたわけだった、これはもう6月27日は「スヰートポーヅ&岩波ホール記念日」に制定しないといけないかもしれない、来年も神保町に行こう、覚えていれば、と思い、せんべいを食ってお酒をいつ飲み始めるのか、夕飯をどうするのか、またいつものように考えだしたがまだ暗くはなっていなかった。

切手を買いにコンビニに行って、そこでビールとつまみを買った、傘を持って出たけれどもうほとんど降っていなくて、傘をさして歩いている人もまだいた。先週発明した布団の端っこで読み飲みつまむスタイルを今日も実践し、それで『ソウル・ハンターズ』を読んでいた、先日から聞いているTHE RODEOを聞きながら読んでいて、最初、ワイヤレスのスピーカーを久しぶりに起動したらBluetoothがさっぱりつながらず、スピーカーの横にiPhoneを置いてiPhoneから音楽を流していて、スピーカー、と思った、2缶目を飲んでいるあたりで遊ちゃんが帰ってきて今日は遅くまで打ち合わせがあったらしく疲れているようだった、先週買ったチョコレートを二人で食べて、おいしかった。

遊ちゃんがシャワーを浴びているあたりで僕は酔っ払って、それからやっぱり何かちゃんと食べようという気になって冷蔵庫にブロッコリーがあったので先日「She is」で見ておいしそうと思ったグズグズにしたブロッコリーのパスタをこしらえることにして、それはブロッコリーとパルジャミーノだけあれば、というそういうレシピで「これだけでいいです。」と言われていたけれど普通のというか多くの人の家にパルジャミーノなんて、と打ってわかるように少なくともパルミジャーノをパルジャミーノと打ってしまうような人間の家にパルミジャーノなんてあるわけもなく、だからブロッコリーだけというか、オリーブオイルとにんにくとブロッコリーと塩コショウだけのパスタということになって、塩加減を少し間違えたというかやや過剰に塩辛くなってしまったけれどおいしかった。

風呂上がり、体が突然猛烈に痒くなってしばらく大変だった、汗も引かない。ストレッチをして体と気持ちを整えるようなつもりで、して、一週間くらい毎日ストレッチをしていたら体が少し柔らかくなった感じがあり手を伸ばして足をつかめるようになった。ツイッターを開いたら耳マッサージがいいというツイートを見かけ、耳もマッサージした、それからそのままツイッターを見ていたら主に動物の、心がささくれだったらこれをとりあえず見ようみたいなアカウントを見に行ってしまい、主に動物の、心温まるというか心和らぐ動画を次から次へと見ていたら止まらなくなって40分そういうものを見ていた。異種が仲良くしているものが特にふわふわした気持ちになるところがあるらしくてユカギール人とエルクの交流も見たらそうなるだろうか、真似て、おびき寄せて、殺す。

寝る前は、今日はもう酔ったというか頭も働かない感じがありユカギール人はやめることにしてそれで庄野潤三の『ザボンの花』をとうとう開いた。買ったのは3月だった、先日遊ちゃんが『山の上の家』を読んでいていたく感動していたのを見たその影響だろうか。冒頭、幼いヒバリが空を飛んでいて、最初からよかった。

6月28日（金）

それにしても度を越して暇な日が続いている感じがあってまずいというか、まずいし、心細い。今日は今は夕方になろうとしているところでまだお一人しか来られていない。さっき来られて、それまで長いあいだ誰もいなかったので大きな音を出して文字起こしを進めていたらスイスイと進んで、残り1時間になった。ハイペースで、だから、もう1時間半分が起こされた。

もうそれで、来られたことだし、あとは単純に疲れたこともあるし、やることも特に見当たらなくて、本を読もうかというところだった。それでいいんだっけか。

しばらくのあいだ『ソウル・ハンターズ』を読んでいて狩猟者の誘惑、愛、変身について書かれていた、真似ねばならない、しかし変身してはならない。へんしん、そういえば、返信、と思い出して、先日韓国の編集者の方からメールでのインタビューみたいなものの打診があってそれが送られてきていてそれを思い出して、答える文章を書いていった、面白かったからたくさん書いた、「個々の欲求、個々の愛の集積によってしか、ある文化にとっての明るい未来はつくられていかないのではないか、と考えています。」と書いていていいことを言った気がして満足した、どこまでも一人称単数で言葉を発することが大事だった、腹が減っては仕事はできないためバターロールみたいなやつに、仕込んで少し余ったトマトソースを挟んで、チーズを乗っけて、焼いた、ふたつ食った。

6月29日（土）

昨日は終日暇で、長い時間『ソウル・ハンターズ』を読んで結局過ごすことになって、金曜日、と思い、明日、ひと月分の売上をパチンとはじき出すのが怖くもあり楽しみでもあったが今日はまた極端で開店直後からずいぶんご予約が入っていて満席必至だろうか、先週は土曜日だけが劇的に忙しかったが今週もそうなるのか。

ある程度そうなって、長い時間、満席の貼り紙をするようなそういう営業となった、途中まではゆっくりとした満席という感じで、僕はふと思いついた、時給を恒常的に高くすると考えるから厳しい感じがするのであって、それが店の売上と連動するような形だったらどうなんだろう、ということについて考えていた。今月は惨憺たるもので目標値におそらく10〜15万届かないようなそういう数字になりそうで、それは、個人事業主としては、給料が10〜15万低くなるようなそういうもので、それは憂うというかやばいというものだけれども、目標値を超えて「わーい」と思う月もあったりするわけで、そのときに、でもその超えた分を僕が総取りするというのはしっくり来ないというか、分配するのが筋というか分配したほうが楽しいのではないか、みたいなところというか、というか、考えはじめたときに店の売上によって給料が変動することで店のことがより自分ごとにならないか、ということを思ったのだけど、自分ごととかそういうことよりも、店をやるって、「今日自分が何をやったか」とかじゃなくて「なんでこうなってるんだろう」を日々生きるということなんだぜ、というそういう日々を生きてもらうことで、一緒に喜んだり一緒に微妙な気分になったり、できたりはしないか、ということなのかもしれなかった。これはやはり都合のいい考え方なのだろうか。運だよ運、みたいな、運とともに生きるみたいな、それもまたよしみたいな、そういうことなのだけど、都合がいいしました、特にそれは受け取る側にとっては面白くもないことだろうか。

夜、疲れ果てていた、落ち着き、座る時間ができたらエクセルを開いて計算をしていた、どうやって計算したらいいんだろうな、と考えていたら紙切れに「(x-0.22x)-750000y-540000=500000y」みたいなことを書いていて笑った。連立方程式！

そうやってぐねぐねと考えていったら売上の増加に伴って時給というか、時給という言い方はどうもしないほうがいいみたいで、割増賃金的な、臨時手当的な、そういうことにしたほうがいいみたいで、というのは時給を上げる下げるというのは、上げるのは問題ないが下げるのは不利益変更というらしく難しいものらしく、だから「毎月時給が変わる」みたいな言い方はできないみたいで、ともあれ、その、ぐねぐねと考えていったら売上の増加に伴って払う金額を増加させることの、かつ営業利益もちゃんと増加する、といういい塩梅というのが見つかった感じがあって、それで考えると今年の一番よかった月の数字で考えたら時給１３００円相当になった、つまり夢がある感じがするのだけど、どうなのだろうか、明日山口くんに相談してみようと思った。「今月はいい月だったね！」というのが、「でしたね！」となるのは、楽しいと思うのだが、どうなのだろうか。まったくの悪手だったりするのだろうか。よちよち歩きの経営。気が済んだのでエクセルを閉じ、本を開く。

彼らにとってシャーマニズムは、世界について「考える」ための理論ではなく、また一貫性のある象徴構造のようなものを伝えるものでもない。実際のところ、ユカギールのシャーマン的な実践の大部分は、後に述べるように単なる象徴（恣意的なやり方で他の何かを象徴すること）それ自体にかかわるのではなく、動物をコントロールするという具体的な目的を持った実際の身体的な模倣からなる。この本質的にプラグマティックな視点はまた、家族のシャーマンを指すユカギール語が、「すること」を意味する**アルマ**（a'lma）であることにも表れている。

レーン・ウィラースレフ『ソウル・ハンターズ　シベリア・ユカギールのアニミズムの人類学』（奥野克巳・近藤祉秋・古川不可知訳、亜紀書房）p.209

帰り、遊ちゃんは眠っていて、僕が話しかけるとむにゃむにゃと返答をしてかわいくて、それでゆっくりじっくりまたストレッチをした、足に手が届く、日ごとに、それが深くなっていくような気がする、得も言われぬ気持ちよさがあるが得が言える気持ちよさなんてあるのだろうか、その気持ちよさを私たちは本当に言語化できるのか。シャーマニズムに関する章を読みながら、始まりの方にあったユカギールの死生観というか輪廻感をぼんやりと思い出していて「生命が決して失われ得ず、また完全に破壊され得ないというこの中核となる考え」、「人々が切れ目のない輪廻を経験し、前世であらわにしたのと同じ性格の特徴を取り戻すものと想定している」、「終わりなき周期の中でただ単に周り続ける、固定化された霊魂の蓄え」、そういうことが言われていてぼんやりと読みながらなにか大きなものの中にいるような気分になっていった。

6月30日（日）

遊ちゃんは今日はつくばに仕事に出て行ってG20のどうこうということで「要人かな？」と思ったがどうなのか。珍しくひとつめのアラームをまったく止めた認識なく止めていてふたつめのアラームでびっくりしながら起きて、遊ちゃんが用意していってくれていたヨーグルトとジャムのやつを食べて、ジャムは先日母親から遊ちゃんがもらって帰ってきたものでいちごのジャムでこのジャムがやたらにおいしくて、潰していないで形がそのままでぎゅっとなっているシロップ煮みたいないちごでそれを「ジャム」と呼んでみるとこんなに気持ちのいいものなんだなと思う、おいしい、出て、雨はもう降っていない。

開店までにやっておかないといけないことは大してなくて小松菜を湯がいてくるみと白味噌とかで和えたら和え物になって、あとは日記を書いてそれから文字起こしをした、文字起こしがどんどん進んでいる感じがして残り1時間を切った、怒涛の速さで起こし切れるかもしれないしどこかで止まるかもしれない、途中、トイレで離席するところがあって、そうなるとただ時間が流れる、隣のテーブルの4人組の人たちが話していた中国語っぽい言葉のその音のつらなりが、それから全体のガヤガヤが、起こしているときは意識が背後に押しやろうとしているそういう音の全体が今度は主役になってそれ自体が時間というような音だった、それとともにトイレで離席をするとその時間だけ起こさずとも残り時間が短くなっていくので得した気分になるというのもあった。

店を開けると、今日もいい調子で始まってくれて早々と満席になって必死に働いて立派だった、ちょうど山口くんが来たタイミングでこの日一番のオーダーラッシュみたいな時間になって山口くんは即座にフルスロットルの動きを要求されて二人でばーっとこなしていった。そのあとに山口くんに怒る機会があってコーチングの基本は聞くことで耳を傾けることで自発性を引き出すことで、と吉井コーチが教えてくれたが、教えてくれたが、と逡巡したのち普通に怒って、「コーチングは難しいw」と思った。

夜、応募の方とお会い。散歩とスタバどっちがいいですか、と問うと初台来たの初めてなので散歩がいいです、と言われ、「初めて?」と思って歩き出しながらさっき初めてって言ってましたけどフヅクエは、と聞くと来たことがないということで、一区画、ぐるっと四角を描くようにだいたい黙って歩いて駅に出るルートで、歩いて、これでおしまいにします、と面接を終える旨を告げた。そこから、応募要件に書いてあることをぶっちぎったわけですけどどうしてそれでいいと思ったんですか、行ったこともない店で働くとか怖くないですか、間違って合格になって初出勤で初めて店に入ったら「え、なんなのこの店」とかになるとか最悪じゃないですか、とか、話して、あちらさんの言い分であるとかを伺って、その結果なんというか明るく終えることができてよかった。今度お店行きます、また会いましょう、というような。

戻り、厨房のことをしたりしなかったりしながら他の業務をいろいろやっていて食べるように読むTシャツがほぼなくなったので追加発注をした、3度めの発注ということで、だから60枚くらいが出て行ったということだった。

それで閉店と同時にエクセルをパチンと叩いて驚いた、昨日今日でいくらか挽回というか、昨日今日がちょうど目標値くらいだったから挽回ではないけれどでも低い低い平均を押し上げるところはあるからやや持ち直すかと思ったら驚いた、20万マイナスだった、こんな低水準はいつ以来なんだろうと去年のエクセルを開いたところ4月5月それから7月も似たようなところで、そういうところだった。去年は8月で息を吹き返して残りは全部いい調子でそれがこの2月まで続いた、去年のその好調だったうしろ3ヶ月の平均を今年は目標値にしていて3月以降は大きく下回り続けている、どこが底なんだろうなと思ったら胸がゾワゾワして、横で山口くんが洗い物をしていた。

閉店後、先日ビール屋さんにいただいていたMikkellerのRiesling PapiというブリュットIPAなるものを、開け、二人で飲みながらあれやこれやと話した、時給の昨日考えていた件を話したら面白がってもらえた、面白がってもらえたというかよさそうだった、一緒に喜ぶ、一緒に微妙な気持ちになる、そんなことを経営する側が求めるというか期待するのは浅ましいというか何か間違っているというかよくないことなのかもしれないけれども、一般的に、でも一般とかではないというかどうなっても小さな所帯で小さな所帯でならばありうるありかたというのはあるだろうから、これもありなのかもしれない。7月は試しにそれやってみようぜということになって、山口くんが脚本を書いた映画がぴあフィルムフェスティバルで入選したということで受賞したら海外の映画祭に出品されることになっているからその暁にはタキシードを着用することになるかもしれなくて山口くんにはぜひタキシードを着てもらいたい。

山口くんは終電で帰っていった。僕も帰った。

7月1日（月）

起きると遊ちゃんが外で鳴いている鳥の声を真似ていて「上手だねえ」と言って、また真似たので「本当に上手だねえ」と言った。遊ちゃんも僕もその鳴き声は育った町の記憶を喚起するらしかった。

昨日内沼さんから校正と索引づくりが終わったからどこかで打ち合わせを、と連絡をいただいて夜の11時ぐらいにいくつか動ける日時を出して、明日も夜は動けるけど今日の明日で明日というのもきっとさすがに唐突だよなと思いながらも「1日（月）18時以降」も追加していたところ起きるとメッセージが来ていて鉄は熱いうちにというところで今日の18時あたりでどうでしょうかと来ていて、僕はそれを「楽しみな予定ができた！」と思って喜んでいて本をつくることを楽しい遊びだと思っているふしが確かにある。

店、着き、仕込み、GEZANを聞きながら大根を切ったり白菜を切ったりして味噌汁をこしらえて、切る作業が終わったら6曲終わっていたからけっこう時間が掛かるものだなと思ってGEZANはとてもよく僕の耳に響くらしくて心地がよく優しかった。開店して何人かとんとんと来られ、それをこなしていったら午後1時で体が妙にはっきりと疲れているのを感じた。

カレーやトマトを焼くことやいくつか、やっていいこともあったが月曜日はとにかく日記をがんばる日にすることにして、なんとなく山口くんが来る日は山口くんが来るまでに出来る限りのことをやって、とここで次に続く言葉が「あげたくなる」で、やってあげたくなるのだけどそれは意識の持ち方としてなんだか違うんじゃないのかというところもあって、今は二人で、二人で分担しながら店を回す、進めていくということをやっているわけだからそれは「あげる」ではないし、「店の仕事」の中には僕の日記も入っているのは確かなことだから、だから堂々とそうしようと思って月曜日は俺は最優先タスクとして日記をやる、ということにして日記の赤入れをおこなった、読み返していると、数日前に給料のことを考えていたときに出てきた「店をやるって、「今日自分が何をやったか」とかじゃなくて「なんでこうなってるんだろう」を日々生きるということなんだぜ」という、僕はそれを名言だと思ってそう思った言葉はホホホ座の本から引用していた加治さんの「なんかさ、コックピットに乗りこんで、ガンダムを自分で操縦してるみたいな感じにまったくなれへんねん。半ば動かされてるガンダムに乗ってる感じ。なんでこんなことになってんのかなあって(笑)」という言葉からの流れだったことがわかって、でもこれは僕が思っていた思いに加治さんの言葉によって輪郭を与えられたということでもあるし、総じてこうやって知らずに他者の言葉を自分のものとして取り入れていくのが本を読むということだし生きていくことなんだなと思った。

午後2時、乳製品の配達があり、受け取り、それを冷蔵庫に入れながらふと野球のことを思った、どうしてなのか僕にとって野球は、あるいは草野球は、というか草野球はなんだろうな、草野球は『オーバー・フェンス』とつながっているみたいであれはソフトボールだったけれど、『オーバー・フェンス』とつながっているというよりは最後のオダギリジョーのホームランと蒼井優の大声とつながっているみたいで、その情景を思い出しながら牛乳を冷蔵庫にしまっていたらなにかこみ上げるものがあって泣きそうになった。

山口くんが来るまでに赤入れ、そのあとの反映のほとんど終わりまでが済み、来てからは山口くんに任せたままにして反映を済ませ、それから配信用に整えるという作業をして、それから山口くんはトマトを焼いた、オーブンに入れたあたりで僕は出ることにして、あとはよろしく頼んだ。

やたらに空腹でコンビニで甘いパンをふたつ買って家に帰って、食べながら、少し『ソウル・ハンターズ』を読んだり、洗濯機を回したり、掃除機を掛けたり、革靴に汚れ落としを塗ったりして過ごし、6時過ぎ、内沼さんの事務所に伺った。

まずは内沼さんの校正によるチェック箇所を検討してそれをInDesignに反映させていくという作業をひたすらやった。「武田百合子のエッセイを読みたい」みたいなところがあって、校正と並行しておこなわれた索引づくりの索引はかなり細やかなもので書名は言われていないけれどこれのことを指しているというものはそれとして索引に組み込むというやり方を採っていて、その武田百合子のエッセイのこともチェック箇所に入っていて、「これは『あの頃』ということで合ってますか」と言われて僕はいろいろ思い出そうとしながら「これは僕はいつぐらいに読むんですか」と聞いて、「この直後に読むんです」と返されてたしかに僕が「武田百合子のエッセイ」と思ったときに今思ってもエッセイとしてすぐに想起できるのは『あの頃』だけでだから『あの頃』で間違いないはずだということでそれも『あの頃』の登場箇所として入ることになって、それはそれとして僕が「これは僕はいつぐらいに読むんですか」と聞いたそれが、そして「直後に」と内沼さんが答えるそれが面白かった。僕のその頃のことを今だったら僕より内沼さんが知っている、というそのねじれ。

それから「隣に座っていたリクルートスーツの女の子も泣いているらしく何度か目を拭っていた。予告編の終盤に席に着いたときはすぐ隣にソロの人がいて、え〜、と思った、映画が始まっても僕の右3つは空いていて、つまり彼女はわざわざ黒く潰されている席の間の席を取ったということらしくて、その選定は不可解というか勇敢だったが、目を拭っている様子が視界の端で見えたことにより、報われた気がした。」というところがあってそのページの余白には黒く塗りつぶされた四角と白い四角が描かれていて、ここについてやたら時間を掛けて協議した。ここは僕がいて、右3つは誰もいなくて、左側はひとつ挟んで人がいて、という状況で、その僕と左ひとつ挟んでいる人の、間にリクルートスーツはわざわざ席を取った、という状況で、つまり、左から見て黒白黒白白白の状況で彼女は席を選択することになってそのときに普通というか僕だったら黒白黒白**黒**白にするところを彼女は黒**黒**黒白白白にしたということでそれを書いたのだけど、読んでいて一瞬止まったということで、たしかにこの書き方だと一文の中で視点が僕から見て左、右、左、と断りなく変わっていくし「つまり」と言いながらも僕の左ひとつ挟んでいる人のことは唐突な登場になっていて、だからたしかに一瞬わからないものだった、それでそこは「予告編の終盤に席に着いたときは左隣にソロの人がいて、え〜、と思った、映画が始まっても僕の右3つは空いていて、つまり彼女はわざわざ黒く潰されている席と席の間の席を取ったということらしくて」に変えて、その検討が妙に面白かった。それから「CHINESE PEPPER」を一瞬「CHANCE THE RAPPER」に空目したのもまたよくて、俄然久しぶりに聞きたくなったし明日聞くだろう。そういう、楽しい時間だった。

その検討&反映作業を終えて、僕はその作業を先にして残りの話して検討することについてはビールでも飲みながらとか、提案しようかなと行く前は思っていたしそれは僕の遊びの意識がそうさせてあまりに遊びすぎるかなと思って自制しようかなと思っていたことでもあったがでもそれもありというかきっと楽しいと思っていたのだけど、内沼さんが咳をわりとしていて体調が悪いのかなと思って、だからそこで飲酒に誘うのもよくないかなと思っておとなしく帰ることになるかな、まあそうするか、と思っていたのだけど、咳の話になって咳があるだけで体調はまったく問題なく元気ということを聞き、え、それじゃ、ビールにしませんとか思ったんですけど言うのやめておこうかと思ったんですけど、と言って、内沼さんもわりとそういうつもりがあったみたいで、じゃあ飲みましょうということになり、タラモアに移動した。

そこでキルケニーを飲みフィッシュ&チップスをつまみ、ながら、打ち合わせの続きであるとか雑談であるとかをした。校正をして改めて、第1弾というか去年出した『読書の日記』と比べて面白くなっているというかいいものになっていると改めて思った、ということを言ってくださり、なんというか、そうやって信じてくれる人と一緒に仕事をできるというのは幸せなことだなと思って、うれしかった。その今取り組んでいる一年分というのは、途中で人名を出すようになるそのところで、その前と後で質って変わりましたか、と聞くとやっぱりそういうところはあるみたいで人名が出ていた方が日記らしくていい、ということで、でもまだ躊躇したりするところはあるんですよね、たとえばかんなちゃんとか、と話して、それは内沼さんのワイフの名——名で、僕と遊ちゃんの中で勝手にとっくに「かんなちゃん」になっていて「かんなちゃんが屋上でアロハの心になっていたね」であるとか「今日のかんなちゃんはア・ホールニューワールドだったね」とか言っていて、という話をしたところ、かんなちゃんと遊ちゃんの不思議な相思相愛具合というのが明らかになり、お互いにインスタでいいねをし合っているというのは聞いていたがなんというかそれ以上で、遊ちゃんは遊ちゃんで、ずっとかんなちゃんとは友だちになれそうというかなりたい、かんなちゃんとグータンヌーボをやりたい、ということを言っていて、かんなちゃんはかんなちゃんで、きっと遊ちゃんであろう、しかし確たる証拠はない、そういうインスタアカウントに花火の誘いをDMで送ろうとしていて内沼さんが止めたということがあったらしくて、夫たち、妻たち、面白いもので、今度内沼さん宅にお邪魔することになった。

それで2杯目は志賀高原のIPAのUSパイントかUKパイントかで迷ってどのように量が違うのか聞いて、そういえばそれは『キッチンの歴史』で書かれていた、USが570ミリとかでUKが470ミリとかで、570は多いよなと思ったのでUKにして、三宅唱が来年だったかにNetflixで手がける『呪怨』の話から、僕も内沼さんも怖いものが苦手ということがわかり、でも三宅唱の手がける初めてのホラーなんてめちゃくちゃ見たいけどでも怖いのは困るからすごく迷うということを話したり、して、お賃金の話とか、下北沢のこととか、いろいろ、僕は内沼さんに聞いたり話したりしたいことが尽きないみたいで尽きず、楽しく、時間も遅くなったのでシャットアウトというふうに終わりにした。気分よく、酔っ払っていたがコンビニに寄ってビールを買って、飲んで、それから家に帰った。帰って遊ちゃんにいの一番で遊ちゃんたちの相思相愛の話をした。うれしがっているのを見て僕もうれしくなった。

明日にしようかと思っていたが日記を書いて、それから『ソウル・ハンターズ』を開いたが、数行読み、今日はもう頭に入ってこないようだったから庄野潤三に切り替えた。「畑の中を通って、小さな牧場の横を歩いて行く道は、とても景色がいいし、身体のためにはこの上ない通い道だが、いつも人気《ひとけ》がない。それで千枝は、やっぱり、心配なのだ」とあって赤い札入れを持ってユキ子ちゃんと一緒に買い物に行った長女のなつめがなかなか帰って来ず、ふいに不安がやってきたり気が落ち着いたりする。ゆったりとした波のような母の心情の移り変わりが、なんだろうこの透明さは、という言葉で紡がれていって、簡単に一緒に心配になったりする。それにしても透明というのかなんというのか、この、読点。読点すごいなあ、と思って、千枝は、やっぱり、心配なのだ、と、この読点が読んでいる者にも心配を波及させているように感じた。波及、波のように。帰ってきた。二人はずいぶんな道草を食っていたらしく、赤い札入れをなくして途中で出くわしたユキ子ちゃんのお母さんはそれを心配していたが安心した千枝はあんなものはなんでもないものでそんなのはなんでもいいんだと言って、ユキ子ちゃんのお母さんも安心する。子どもたちは親たちのそんな思いを知らないで、のんきな顔をしている。

どうしてこんなところまで来たのかと思って聞くと、あの木の下に山羊が二匹つないであったからだという返事だ。なるほど、山羊が二匹、はるか向うの野原の端に見える。なつめとユキ子ちゃんがたどったコースは、とても道草などというものではなかった。大人の想像も及ばない歩き方を二人はしていたのだ。

……その話を聞いて、千枝はなんだか知らないが、とても羨ましい気持がして、じっと子供の顔を見ていた。

庄野潤三『ザボンの花』（講談社）p.53

「庄野潤三はやっぱりいいねえ、札入れをなくしてお母さんが心配するやつ」と言いながら布団に入ると遊ちゃんも思い出して「いいよねえ」と言って、もうしばらく読んでから眠った。

7月2日（火）

『ザボンの花』はこれまで読んだ『夕べの雲』や『明夫と良二』と違って夫がまだ勤め人の時分で、だから今のところ夫不在で描かれることが多くて、だから視点が活発に動くというか、『夕べの雲』と『明夫と良二』は語りの視点は家を離れることが決してなかったように記憶しているのだけどここではそうなっていなくて、どちらがいいということでもないというかどれもよくてこれもとてもよくて、起きると遊ちゃんが出るところで僕はもう少し眠るところで、遊ちゃんは今日は出るまでもたもたしていて出るかと思ったら「服が全部黒かった」と言って着替え、出るかと思ったら「歯磨き忘れていた」と言って歯磨きをして、笑った、少しして、起きる時間になって起きた。外に出ると蒸し暑い日で湿気で息が詰まりそうだった。

店、粛々と準備をし、開け。の直前、ツイッターで見たグラストンベリーのDAVEというラッパーのステージにオーディエンスのアレックス青年が上がって一曲完璧にラップをするというそういうツイートを見て動画を見て、見たら、なんだか胸がいっぱいというかガチアガって、涙がこみ上げたのでそこで12時になったので開けた。こんなことってあるんだな、人生ってすごいな、というそういうことだった。アレックス青年。

妙にコンスタントにお客さんのある日で「おほほほほ」、「おほほほほ」、と思いながら働きながら隙間隙間でスプレッドシートで山口くんが愉快に皮算用をして売上や時給を計算するそういうシートをつくって、山口くんが来るまでに完成させるの！という妙な焦りというか急き立てられてやっている感じがあった、途中で外で数日前の山口くんの「誰かの日記」を読んでいたら勝ち負けの話が出ていてそれを読みながらつまりこの変動給料制というのは、と思った、これはつまり店の時間を生きるということでそして店の時間を生きるということは勝ちもせず負けもせず漫然と日々「そっか〜」と言いながら宙吊りの時間をそのまま引き受けて生きること、だった。

茹でたブロッコリーを和えるのにボウルにごま油と醤油と砂糖と味醂を入れてかき混ぜると金色のキラキラしたものがそこにあって、それがきれいだった、絡めて、そこに花鰹を細かく砕いたものを追加してまた混ぜて、土佐和えだった。皮算用シートも無事できた。山口くんが来て、すぐに外にパソコンとともに連れ立って出て、「見て!」と言って見せた。数字を入れ替えると売上が変動するようになっていて「こういうのはさ」と僕は言う、「こういう数字を入れてさ、おほほ〜これだけお客さん来たら売上200万だ!と、いうことは、時給はいったいいくらになるんだ〜2000円とかになるんだろうか!みたいな無駄な遊びをするのに使うんだよ」と僕は言う。いいですねえ、と山口くん。

それでしばらく一緒に立って、なにかしていたのち、5時過ぎとかだったかに出て家に帰った。いくつかの事務仕事であるとかをやっていたら6時で、45分あった、アラームを掛けて、寝るか、と思ったが少し『ソウル・ハンターズ』を読むことにしてシャーマンはユカギールの人たちの中で次第に不要とみなされていった、「私たちはワクチンによって天然痘が撲滅されるのをはっきりと見た。だったらなぜ、ほんの時たま治療に成功するだけのサハのシャーマンのところまで行って金を払うのかね」ということで、「成功と失敗こそがシャーマニックな実践の本質」とあった、うつらうつらして、それで寝て、15分、夢をたくさん見た。

家を出て、歩いていくと、遊ちゃんがこちらに向かってくる姿があった、手を取って、歩き出した。今日は7月の恒例の、一緒に住み始めた記念日みたいなことでの夕飯でマル・デ・クリスチアノだった。入るとすでに何組かお客さんはあってだいぶ若い女性3人と同じくらいの若さだろうか男性が1人とそれから白髪の男性が1人というテーブルがあって、最初白髪の方に気づかずに「合コンだろうか」と思ったが、「先生」という言葉が聞こえたりして合コンではないような様子で、僕と遊ちゃんの見立てでは高校の先生を囲んでなのかゼミの先生を囲んでなのか、そういう会ということだろうか、ということだった、でもそれも少なくとも僕の高校や大学の経験ではあまり想像ができないというかそんな間柄の先生なんていなかったなと思って、それにずいぶんな少人数だし、なんなんだろうな、と思った、楽しそうだった。ビールを頼み、それからマグロと黒目豆のサラダ、ココナッツ和えのフムス、パン、羊の赤ワイン煮みたいなやつ、それを頼み、それからヴィーニョ・ヴェルデのボトルを頼んだ、隣のテーブルに2人組の女性がやってきて、最初にワインのボトルを頼んで同時にビールを頼んで、ビールを先に持ってきてください、という頼み方をしていて、まず景気づけのビール、間髪入れずにすぐワインに移行、という姿勢が豪胆な感じがしてかっこういいと思った。最近は何に興味があるの、と遊ちゃんに聞かれて、何に興味があるのだろう、と思って、ここのところはお賃金のことをよく考えていた、二重のパースペクティヴを同時に持って生きることと、だからユカギール人の狩猟者のあり方と、店の曖昧な時間を生きることになにか繋がりがあるような気もして、そういうことを話していた。

ワインが終わったので、今度はグラスで、と思って次は白かなと思ったらさっき頼んで飲んでいたものはヴィーニョ・ヴェルデではなくスパークリングワインだったみたいで、だからヴィーニョ・ヴェルデの辛いやつをグラスで頼み、魚介の鍋と、そら豆、パンを追加。フムスがおいしくて、というかやっぱりどれもとてもおいしかった、クミン、パクチー、オリーブオイルという組み合わせはいいものでサラダもやっぱりおいしかったし赤ワイン煮の羊のやつは八角の風味ばかり感じて食べていたが口に何かスパイスの殻が入って噛んだらはっきりとアニスで、アブサンの味で、アニスってこんなにもアブサンなのか、と思った。おいしかった。そら豆は小さい豆でナッツをつまむみたいに手で食べていた。
もう1杯ヴィーニョ・ヴェルデを飲み、それから前回と同じコースをたどることにしてポートワインとふにゃっとした丸い甘いやつを食べ、口の中で魔法が起きたその魔法をまた、と思った、前回、言われたとおりにそうオーダーをして、甘いやつを口に入れ、それからポートワインを入れると、味が変わって、わ、魔法、となってそれが美味しくて楽しくてよかったのだけど、今日は僕は「あれ？　どんな魔法だったっけ？」と味が変わるのがわからなくて遊ちゃんは魔法を楽しんで笑っていたから僕の口がよくわからなくなっていたということで、今日の僕は「どちらもそれぞれにはっきりとおいしい」というそういうことだった。ティラミスみたいなパフェみたいなやつをデザートに頼み、やっぱりバカみたいにおいしかった。

満ち足りて、酔っ払って、ビール、ボトルワイン、ワイン2杯、ポートワイン、というのはたしかにずいぶん飲んだものだった、酔っ払って、帰り、すぐに眠くて、シャワーを浴びて軽めにストレッチをして、庄野潤三を開いてほんの少しだけ読んでたちまち眠った、10時半だった。

7月3日（水）

起きたら1時55分でアルコールの気配が喉の奥にあってつまり酔っ払っていた、水をガブガブ飲み、眠気がうっすらとしかないような様子で本を開こうかとも思ったけれどもそうはしないで眠ろうとすると、眠ったり、起きたりして、暑くなったり、寒くなったりして、そのまま朝まで過ごした、いつもどおりの時間にいつもどおりにアラームで起きてだから11時間は布団の中にいたということだった、いつまででも眠れるようだった、遊ちゃんも今日は珍しくその時間まで眠っていた。

開店前、すっかり忘れていた、QRコード決済の端末がどうこうという方が来られ、使うかわからないが登録をした、ぺいぺいはけっきょく一度も使っていないし使おうともしていないしお客さんからそういうのを使えないかと言われたこともないしそのままで眠っていて、今はまだ利用者は少ないですけどこれから増えますよということで、きっとそのとおりではあるのだろう。寝すぎたみたいで全身が疲れていて笑った。

午後、外は薄暗く、蒸し暑く、ふと、先日内沼さんと話していたときに思い出した、おばあちゃんの葬式のあたりの日記を読み直した。去年の7月だった。7月12日に亡くなって、そのとき滝口悠生の『茄子の輝き』を読んでいて、通夜葬式は15日と16日の日曜月曜だった、その2日間は『死んでいない者』を読んでいた、その一週間くらいを読んで、目頭が熱くなるようなところがあった。日記を書いていてよかったな、と思うようなところだった、書けてよかった、と、それはもう書いているときから感じていた感じで、それを一年後に読んでも同じようにとても感じた。

それから、どうしてだったか検索をしていたら内沼さんの昔のブログというものを見つけてエキサイトブログだった、2004年12月2日、それが最初の投稿で最後は2009年5月25日だった。2004年のその記事は「ちなみにぼくが一番よく新刊の本を買うのは、もちろんバイト先の往来堂なのでした。みなさんはさて、どこですか？」で終わっていて、2004年、24歳だろうか。エキサイトブログ。僕は大学1年のときから1年くらいだろうか、だからやはり2004年か、最初のブログをエキサイトで書いていた、「momiage in the air」というブログだった、と、検索してみるとそれはもちろん閉鎖されているというかプライベートモードになっているから記事はなくて、検索しても引っかかるものはほとんどひとつもなかった、ひとつだけあった、それはてなアンテナで、誰のアンテナだろう、と思って開くと「稲葉振一郎のホームページ稲葉せんせ、momiage in the air あくっちゃん、in my daily life 鈴木さん、インタラクティヴ読書ノート別館の別館 稲葉せんせ、思いっきり生日記 むこさん、D's BLOG ｘｘｘさん、はてなダイアリー‐映画をめぐる怠惰な日常、わぁ。（驚きに満ちた小さな悲鳴）、わたしはさせ子、試行空間 北田さん、スネオヘアワックス 斉藤さん、豚飼い玉子 べっちさん、カタコト、ドリフトウッド 関さん、Sound and Fury（メルの本棚。）、ヒーバハバ 広島さん、視基 津田さん、Punchout 松田さん、桃色核実験 原さん、今日の出来事たくさん、SOUL for SALE charlie さん、baritonesax、小心者の杖日記、とうきょうばな奈、slowlearner blog」とあって、ヤバかった。小心者の杖日記とかとうきょうばな奈とか、slowlearner blog とかわぁ。（驚きに満ちた小さな悲鳴）とか Sound and Fury（メルの本棚。）とか、懐かしさともまた違うような、なにか「かつてよく知っていた感じ」というのか、D's BLOG もそうだ、わたしはさせ子もそうだ、インタラクティヴ読書ノート別館の別館も当然そうだ、既視感というのともまた違う、なにか、そのなにかで、むせ返るようだった。開こうとすると、それは予期していたとおりだが、たいていのブログは閉鎖されていて、「ご指定のページが見つかりません。URLをもう一度お確かめ下さい。」であるとか「Forbidden」であるとかと、出てきた。

暇で、ずっと座っていた、『ソウル・ハンターズ』を開いた、インゴルドがこう言う、

「我々は建てねばならないがゆえに住まうのではない。そうではなく住まうがゆえに、つまり住まう者であるがゆえに建てるのであり、建てねばならないのだ」「それが意味するのは、想像の中であれ地面の上であれ人々が建てる形は、周囲への実践的な関わりにおける特定の関係的な文脈の中で、彼らが没入する活動の流れのうちに生起するということだ」

しがたって住まうことの視点は、人々が経験を解釈し、それについての表象を構築するという事実を否定はしない。ただし強調されるのは、人々は知的な主体として環境から根源的に引き離され、世界へのいかなる関わりにも先立って精神のうちに世界を構築することからそうするのではないという点だ。住まうことの視点が主張するのは、まさにことのはじめから我々は、目下の活動の文脈の中で我々に意味《アフォード》をもたらすひとつの世界＝内＝存在者たちであり、それゆえに世界についての表象を生み出すことができるということだ。

（…）

我々は世界を観照的《コンテンプレイティブリー》に知るのではなく、日々の実践的投企の中で「用具的存在者《レディ・トゥ・ハンド》／使えるもの」として経験される道具として知る。すなわち知ることは、なすことと深く関係する。ハイデガーのアプローチがユカギールの狩猟者と結びつくのは、まさにこの点である。彼らにとって精霊の知識は、生きられた実践的な経験とともに始動するのである。

レーン・ウィラースレフ『ソウル・ハンターズ　シベリア・ユカギールのアニミズムの人類学』（奥野克巳・近藤祉秋・古川不可知訳、亜紀書房）p.246, 247

どうにも面白くて、それから内装図案への返信を東野さんたちにした、して、Slackにつくっている下北沢チャンネルにどういうやり取りをしているのかを貼っていったところ、そうだ、これニューメンバーたちも招待したら楽しんでもらえるかな、作っていく過程、と思い、森奈ちゃんマキノさんを招待しようと思って、招待していいか尋ねた、いいということだったので招待した、そうしたら間違って日常的な連絡をしているチャンネルにも招待してしまって、このままでもいいし通知を切ってもらってもいいし一旦外れてもらってもいいしなんなら全チャンネルに入ってもらうのでもいいしお好きにどうぞと伝え、伝えながら、少しソワソワする感じがあった、これまで山口くんと二人だったところに、まだ勤務を始めていない二人が入って、それはつまり「まだフヅクエの人ではない人」がそこにいる、みたいなソワソワで、それは不思議な感覚だったし、また、山口くんにひとこと断ってからにするべきだったかもな、とも思って、そう反省したら元気が消えていく感覚がやってきて、それからまた読書を再開した。

したがって火に食べさせるとき、狩猟者の意図は儀礼の対象である精霊を通り越して、活動の目的とその成就へと向けられている。そうした供犠の間、精霊は狩猟者にとってある種の利用可能な存在として現前しており、これはハイデガーが「用具性」(Heidegger 1962: 99) と呼び、ドレイファスが「利用可能性」(Dreyfus 1991: 60) と表現したものだと言える。このことから私が言わんとしているのは、精霊はその道具的機能をこうした淡々としたやり方で差し出すがゆえに、狩猟者の意識の中にはほとんどいなくなるということだ。ナイフや斧、罠、銃といった「非精霊的」道具についても、狩猟者が何らかの実践的投企のもとで上手に使っているときには同様のことがいえる。「手近な用具的存在者の特徴とは、それがまったく本物の用具的存在であるためには、その用具性の中にそれまで通り引きこもっていなければならない。我々の日常的な交渉がさしあたり気にかけているものは [物質的にも精霊的にも] 道具そのものではない。反対に、我々が関わり合うのは作業なのである」(Heidegger 1962: 99)

同前 p.250, 251

出てきた、「作業」。僕は作業という言葉がとても好きというか多くのことを作業だと捉えていて、少し特別な言葉で、だからここでグイグイ面白いなあと思いながら読んでいたら「作業」という言葉にぶつかるのはなにか「そういうことなんだな」というそれ以上は特にない得心みたいなものをもたらすもので、もう少し読んでいくと「儀礼的実践の過程において世界へと向き合う態度は、神秘的でも呪術宗教的でもないからである。まったく反対に、彼らにとって重要なのは精霊よりも作業であり、何らかの実践的投企に携わっている他のあらゆる作業者と同様、その心構えは実用本位かつ経験主義的なのである」とあり、出てきた、「作業者」。僕は表現者という言葉が苦手で作業者こそが実態にそぐう言葉では、とずっと思っていてわりと一時期こだわっていたことで、それが出てきて「おっ」だった、また、「Dreyfus」という文字列を入力しながら、あ、ドレフュス、と思い、『失われた時を求めて』にはいつ戻るんだろうな、と思った。いつ戻るんだろうな。

戻って、家に、戻って、引き続き読書。ずいぶん『ソウル・ハンターズ』が面白くなっているらしくてずっと読んでいたくなっていて精霊であるとかを意味するハズィアンをユカギールが認識する認識と僕であるとかがパソコンを認識する認識が似たようなものなのだ、つまり道具的存在として普段はあって、あ、違うか、僕であるとかがたとえばエディタを認識する認識か、エディタ上でタイピングをこうやってしているときにエディタについての意識は薄く、あるいはまったくなく、文字を打ち込む、それが何らかの危機に陥るとき、キーボードが壊れて文字が打ちづらくなったとか、そもそも電源がつかないとか、そういうときに初めてパソコンという認識が、あれ、混乱してきた、まあともかく、なかった認識が立ち現れる。パソコンについて僕はいろいろなことを体系的に知っているわけではないがしかし、使える。知らないままで、使える。そういうものとしての精霊、みたいなことで、「面白い……！」と思って、ぐんぐん読んでいて、ウイスキーをぐんぐん飲んでいて、しかしこれだけ面白がっていると僕は何か簡単に理解しようとしていないか、何かを矮小化しようとしていないか、という懸念を覚えた、覚えたが、面白いものは面白いので読んで、伝えること、言語を使用すること、非言語で世界を学ぶこと、「ただ師《メンター》の足跡を追うだけのものは、ひたすらついて歩くだけのロボットのようになる。自律的になるには、自分自身で狩りに行かねばならない。そうやって初めて、周囲にある無数のこまごまとしたものに本当に気づき始める」「師が指導者として役割を果たせるか否かは、自身が持つ表象を見習いへと移植できるかどうかにかかっているのではない。むしろ手本を示して支援する能力、つまり見習いがランドスケープについて自身の「感覚《フィール》」を発展させられるような状況を仕立てられるかどうかにかかっている。したがって経験を積んだ狩猟者が経験の少ないものに与えるのは、それをとおして見習いが自身の知覚と行為の力を発展させられるような、特定の経験の文脈なのだ」とあり、「コーチング……?」と思って、寝た。気づき、学び。

7月4日(木)

労基署、税務署、お打ち合わせ。

起床、10時半。うどん、釜揚げ。「Number Web」、甲斐野央。コーヒー、ドリップバッグ。ハイデガー、世界＝内＝存在。

雨が止んで、雨雲マップを見ると太平洋側に日本列島に寄り添うように雨雲が伸びていて、東京はしばらく降らないでいてくれるだろうか、と思いながら家を出、労基署。きっと簡単な何かなんだろうけれども考えることが煩わしく、緑の封筒を持っていくと、そういう会場があり、一年分の人件費を伝えると職員の方がその場で記入をしてくださった、感謝。来年は来ないでもできるようにと思い、パシャリとした、しかし、来年もやり方がわからなくて来るのだろう。対応してくださった人はせっかちで空回りというか空ぶかしするような人だった。「わかってるからちょっと待ってw」と二度思った。エレベーターに乗って1階に下りようとすると扉が開いて若い男女が入ってきて、1階だと勘違いして出たら違う雰囲気だったのでギリギリで開けるボタンを押してすいませんとか言いながら再搭乗。女性が、トイレが立ってするところしかなくて手が汚れてほらこれ、手が汚れて、触ったらわかるよ、と手を男性になすろうとして男性は「やめて」と言っていて、まったくなんの話なのかわからなかった。

税務署、今度は源泉所得税の、給与の、源泉所得税の、納期の特例の、あれの、やつで、これも何度出しても毎回、忘れるというか、自分がこれについて何を忘れているのかも忘れて、税務署に赴く。そうして行ってみると、特に記入の仕方にわからないことがあるわけではなくて、記入して金融機関に持っていく紙をただもらう必要があって行っているということに、行って毎回気づく。行くたびに複数枚もらうが、半年経つたびにどこにあるかわからなくなる。見当もつかない。明らかに、店を探したら出てくる。愚かと思うが、仕方がない。仕方がないのかはわからないが、どうせ自転車でちょろっとで行けると思うと、改善するつもりが起きない。あるはずなのにどこにあるかわからなくなって毎回調達するもの。この帳票。封筒。乾電池。

そういうわけだったから税務署に行って、待っている人がわりとあった、見ると、「納付」のコーナーは待ち人数ゼロで、これは納付コーナーなのか、届け出コーナーなのか、わからんというか納付ではきっとないな、でも近いものではあるな、と思いながら、納付コーナーのボタンを押すとたちまち呼ばれて、ずる賢さ、と思いながら窓口に行った、行って、あ、あの〜、ここでいいのかわからないんですけど、みたいな呆けた顔で質問をして、書類をもらって、その場で記入して納付することもできたから、だからわりとこれは正しく納付コーナー案件だったな、ということがわかったが、先ほどの労働保険だったかなんだかの払い込みもあるから、郵便局でまとめて払うことにしてここでは帳票に記入だけして、出た。今年も愚か者。

郵便局に着いたタイミングでお打ち合わせが先方の体調不良により今日はなしという連絡を受け、けっこう体調不良のようで心配になった、全員の体調が良好だったらいいな、と思った。少しそれは、祈るような気持ちで、なにか泣きそうな気持ちがあった。

家に帰ると出ているあいだはかすかな霧のような降り方だった雨がバラバラと音を立てて降り出して、とても得した気になった。

しかし、僕の脆弱性がここで発揮され、動きがわからなくなった。電車で新宿に出る、打ち合わせをする、それから紀伊國屋書店に行って、亜紀書房の文化人類学のもうひとつのやつであるところの『森は考える』と、柴崎友香のあたらしいやつ、それから昨日滝口悠生との対談を読んだ松原俊太郎の『山山』、それを買う、買い、新宿のどこかで、いいのか怒られるのかわからないが紀伊國屋書店の2階の窓側のカウンターで、そこでラジオをやって、帰って、ジムで走って、帰って、本読んで、というそういう予定だった、しかしそれらの大半を構成している新宿行きがなくなった今、どうしたらいいのか。思考を停止させて『ソウル・ハンターズ』を開いて、読んでいた、すると読み終わって、めちゃくちゃに面白かったな、と思った。しばらくそのままいて、どうしたら、どうしたら、と思い、最有力候補はもちろん渋谷の丸善ジュンク堂に行って本を買うということだったが、渋谷ってだってさっき行ったじゃん、と思うと少し腰が重い気になるようだった、しかしそうは言っても、それら買いたい本を買えるところは丸善ジュンク堂以外にはなかった、うだうだしたのち、工程が決まった、丸善ジュンク堂で本を買う、帰りにスーパーで夕飯にスープをつくる材料と、今フヅクエになくて山口くんが困っているにんにくと氷砂糖を買う、いったん家に帰り、走る格好をして、フヅクエに行く、そこでにんにくと氷砂糖を渡す、僕はそこから西原のスポーツセンターに行く、入り口前のテーブルとかのところでパソコンを出してラジオをやる、走る、帰る、スープをつくる、本を読む。

そう決まって、だいぶ楽になった。決まった以上はそれに沿って行動するだけだった。丸善ジュンク堂に行った、それらの本と、その直前に山口くんに福利厚生本で買ってくるように言いつけられた岸政彦の『図書室』を取った、新刊台のところにあった『七つの殺人に関する簡潔な記録』が気になりやはり読みたいがいきなりまたこのどでかい本を取ったら大変だからとスルーした。『山山』を探して日本の文芸の棚のあたりにいたときに出版社の営業と思しき人が店員と思しき人に営業と思しきことをしていて、3刷りがどうとか言っていた、その営業の、それは女性だった、その話のトーンがいかにも外向きの声で、なんで人はこんな自分じゃない声を出して働かないといけないのだろう、と思っていくらか悲しくなるようなところがあった。

そんな声じゃなくて大丈夫だと思うんだよ俺は。あなたが恋人や、友だちと、話しているときと同じ声で、営業先で話していいと、俺は思うんだよ。

でももしかしたら、そういうトーンで話してしまった方が楽だということもあるのかもしれない。それはあるのかもしれない。でも、俺が書店員だったらそんなトーンで話す人のことは話半分にしか聞かないというか用途以外は一切聞かないんだろうなと思う。そして、俺は彼女が営業する相手の書店員ではないから、こんな仮定には意味がなかった。

着替えて荷物を詰めて、それは山口くんに渡すものと走るもので、詰めて、フヅクエに行った、蛍光イエローのロンTが僕が走るときの格好だった、ナイキの。それでフヅクエに行って、暇そうだった、渡し、岸政彦の話をし、それからどうしてだったか参院選の話になって、なんでもいいからあんな誠実さのかけらも品性のかけらもまったくないとしかどうしても思えない政治家の顔は見たくないよね、という話になって、選挙、いっしょうけんめいがんばろうね、という話になって、出た。

それで、出る前に思いついたのが、ラジオを、そのスポーツセンター前でおこなう、そのときにおいしいコーヒーがそばにあれば、ということで、パドラーズコーヒーでコーヒーを買っていったらいい、ということになり、それは名案だったしそうと決まったらその瞬間に「楽しみな予定」という感じになった、どこまでも自分のことは甘やかさないといけない。それでパドラーズに行って、ホットコーヒーを買って、ランニングの姿でここに入るのは初めてだった、もう何年ものあいだ知った顔の、話したりしたことはないにしても、知った顔の人たちが働いていて、そこでコーヒーを買いながら、なんとなく僕はこのあたりにずっと住んで、この人たちも同じペースで年を取っていくというそういう時間とともに生きたいな、という気がやってきた。

受け取り、スポーツセンターに着き、自転車を置き、そうしたら喫煙所が見えて、ラジオの前に一服するかな、と思ったのが間違いだった。行く前にもラジオ、一服、走る、という順序を考えたりして、でもここは別に家に帰ってからでも間に合うから、ラジオ、走る、でもまるで問題ないはずだった、でも喫煙者の血がうずいたというか、「喫煙所」と見たら吸わずにはいられないのか、いや、その前に初台から幡ヶ谷までの道の途中でこれまであった喫煙所が閉鎖されていて、それは4月からで、かつ、一週間前くらいにどこで誰にだったか配られたティッシュで知ったのだが渋谷区は4月から指定の場所以外の路上喫煙が禁止になって、今までは全面禁止なのは歩行喫煙であり路上喫煙は渋谷駅周辺や恵比寿駅周辺など限られた場所で、だから路上に突っ立っての喫煙は嫌がられるかどうかは別として禁じられていなかったわけだけど、それが4月で禁止になった、妥当な変化だった、それで、その閉鎖された喫煙所を見て、そこに立つ注意喚起の「公園内の喫煙禁止」みたいなそういうのぼりを見て、こういう禁止のお知らせ自体が汚いところがあるよな、visual pollutionというやつだよな、と思って、思いながら、自転車を漕いでいた、そしてコーヒーを買って、一口だけ飲んで、熱いしもったいないからあとにして、スポーツセンターに向かいながら、きっとスポーツセンターの喫煙所も撤去されているだろうな、まあ妥当だよな、と思って、向かった、そうしたらあってさ、あったもんで、あれ、あるな、と思って、じゃ、まあ吸おうかな、という気になったのが間違いだった。煙草を吸うので片手のコーヒーが邪魔になって、それを横にあったダストボックスみたいなところに置いた、置いて、煙草を取り出し、火をつけた、バチャン、と音がして、コーヒーはすべて地面にこぼれた、いくらかダストボックスの上のところが湾曲していて、するするする、と滑って落下したらしかった、呆れて、自分に、自分に呆れて笑って、すべて、と書いたけれど啜れるくらいは残っていたので何口か啜って、呆れた、惨めな心地と呆れた半笑いの心地が同じだけやってきて、これからラジオをやるのもなんかやる気が削がれちゃったな、と思ったが、喫煙を万事無事に終えてそのテーブルみたいなところに行き、座り、パソコンを出し、始めると、考えてみたらラジオをやっている30分であるとか40分であるとかのあいだは手はとにかくキーボードの上で動き続けているからコーヒーを飲む時間ってあんまりなかったりするんだよな、ないということもないけれども、コーヒーはなくても構わないんだよな、ということはわかったが、いずれにせよおいしいコーヒーを1杯廃棄してしまったことは悲しかった、悲しかったがラジオを終えるころにはそんなことは忘れていた。ただ、忘れさせないこともあってスポーツセンター内に燃えるゴミを捨てられるゴミ箱がひとつもなくて、聞いたところ確かにないということだった、一方で缶やペットボトルを捨てるところはいくつもあった、なんでだろうと最初は腑に落ちなかったが、そのテーブルでラジオをやっていたときに他のテーブルはママさんちびっこたちで、机になにか広げて食べたり飲んだりもしていたけれど、こういうので出るゴミの量というのがもしかしたらバカにならないのかもしれない、と走りながら思った、それから、たとえばタオルであるとか、なにかで「これもういいや」となったそういうものも、ゴミ箱があったらけっこう捨てられたりして、バカにならない量になるのかもしれない、とも思った。「オンプラ」を聞いて、それから野球の中継を聞いて、聞きながら、30分走って、帰ってきた吉川光夫はノックアウト。走り終え、汗だくのまま、帰った。

走っているときに、そうだ、シャワーを浴びる際に風呂の排水口の掃除でもしたろ、と思いついてその思いつきをそのまま保持していたためそうした、強い水流でびゃーっとやって、ゾワゾワしながら、汚れというのは溜まるものだと思って、上がったらすぐにビールを開けた。

スープを作った、玉ねぎと人参とセロリとにんにくをみじんぎりにして、オリーブオイルを引いた鍋で塩をまぶして蒸し炒めにする、玉ねぎの半分を薄切り、セロリの葉っぱをみじんぎり、マッシュルーム、キャベツを適当切りにしてボウルに入れておく、じゃがいもも適当に切って水に晒しておく、鶏もも肉は適当に切ってそこらへんに置いておく、野菜たちがじっくり甘くなるまで待つため時間ができて、買ってきたハニーなんとかナッツみたいなものをつまみながら、柴崎友香を開く、この時間が待ち遠しかった、音楽を掛けた、Alex Cameronの『Forced Witness』を聞く、このアルバムがどういった経緯でライブラリに入ったのか、さっぱり覚えがない、覚えがないが、黒いサングラスの長髪のいかつい風貌の男というジャケットからは想像がつかない優しい歌声優しいメロディラインで、よくて、いいなあ、と思う、それで、読む。大阪、女たち。

沙希は、真剣な顔だった。サスペンスドラマを見て犯人を考えているような、と春子は思って見ていたら、沙希が言った。

「どっか笑うとこありました？」

「わたし、笑ってたかな？」

「うん。にやっとしてました」

「いや、なんか人と話すのっておもしろいなあ、と思って。予想外のこと、いろいろあるから」

ケーキをお盆に載せて、ゆかりが戻ってきた。

柴崎友香『待ち遠しい』(毎日新聞出版)p.37

不穏さと、親密さ。それがまだらに現れるような感触。それがずっとあって、凄い、と思った。アレックス・キャメロンのコーラスが、「あけおめ、ことよろ、あけおめ、ことよろ」と繰り返しているように聞こえる曲があって、甘い香りが部屋に漂う、よさそうだったので他の切った野菜を入れて混ぜて、肉も入れて、じゃがいもはまだにして、水を足す。もうしばらく読んで、じゃがいもを入れて、これが煮えて味を整えたら完成で、というところで、ビールが2缶終わり、買い足しに行こう、と火を止めて家を出ることにした、家を出る頃には、ビールではなく炭酸水を買ってハイボールにすることに決めていた。

コンビニで雑誌の前を通ると日中に丸善ジュンク堂でも見かけた『POPEYE』の「二十歳のとき、何をしていたか?」という特集の号が目に入って、やはりこれにはあまり惹かれないのだな、と思った。どうして惹かれないのだろうと思ったら、20歳なんてたいてい学生とか、あるいは学生じゃないにしても、なんだろうか、若すぎる、と思ったようだった。それよりも30歳がよかった。30歳のそれぞれを知りたかった。と思って、思ってから、それは多分『POPEYE』に求めることじゃないｗと思った。と思ってから、「じゃないｗ」と思ったとき僕は『POPEYE』はだって20歳前後くらいを対象にした雑誌なんだから、みたいに思ったようなのだけど、実際、『POPEYE』というのは何歳くらいの人を対象にした雑誌なんだろう、シティボーイというのは、何歳から何歳まで。

炭酸水を買って帰りながら、ツイッターでちらっと見かけたユザーンの、ベンガル料理の本の、ことについてのインタビューの紹介のツイートで「ユザーンさんにとってベンガル料理とは」みたいな問いに対して「一言で言えないからこれだけ文字を書いて一冊の本にしたんです」みたいなことを答えているというのを見かけて、それをいつ見たのだったか、それを思い出して歩いていた。一言でまとめろという要求は言語の側にある思考で、本をつくるであるとかおびただしい量の言葉を書き連ねるというのはもう非言語の側、実践の側の行為なんじゃないか、と思った。言語を超えるということは言語を使ってもできることというか、簡単にまとめる、要約する、そういうことができる範囲を超えたらそれは非言語の行為になるのではないか。量の問題ではないかもしれない。俳句でも短い詩でも、言語は言語を凌駕できる。音楽をつくる、料理をする、刺繍をする、消しゴムはんこを彫る、それらと同じように。実践。作業。投企。

家に戻り、スープを完成させた。薄味だったので塩をどんどん足していたら最終的にはしょっぱくなった。使い慣れない塩というのは難しいというか、塩というのは使い慣れている必要があるというか、使い慣れている塩という存在は大事なのかもしれない、と思った。塩梅。ただ、しょっぱかったが、十分においしく、野菜もたくさんで、後入れにした玉ねぎのスライス、セロリの葉がいいアクセントになっていて、たくさん食べた。おかわりをした。舌を火傷した。遊ちゃんはまだ帰ってこなかった。


洗い物を終えて手を拭いた律子は、沙希の肩をぽんぽんと叩いた。

「そのころは、漫画家になってお金儲けて楽させてよ、なんて言うてたんやけど。まあ、わたしの子供やし、そんなんできるわけないのはわかってたんですけどね。なんもできへんけど、それでもうちには、この子がいちばんやから」

なんもできへん。

春子の頭の中で、その言葉は律子ではない別の声で再生された。一つではなく、いくつもの声だった。自分の声も、混ざっていた。

同前 p.78

そのあとゆかりが怒って「大谷翔平が先入観は可能を不可能にすると言っていたよ」というようなことを言っていたような気がした。可能性を、悪意なく、奪い取ろう奪い取ろうとする人たちはいつでもいる、それはとても怖い存在というかかなり脅威の存在だなと、たびたび出てくるそういう言葉に触れながらいちいちゾッとしていた。途中でストレッチをしていなかったことを思い出してストレッチをしながら本を読もうと思ったが、たいてい、できなくて、どうしたらできるだろうと考えたらヘッドセットというのかヘッドギアというのか、そういうもので目の前に固定して、という装置があればストレッチしながら読書というものは可能なようだった。しかし我が家にはなかった。

遊ちゃん、遅いな、と思いながら、特別遅い時間でもなかったが家にいるとこういうふうに感じるものだな、と思った、乾燥機が止まった音がしたので洗濯物を畳んだ。遊ちゃんの靴下の中にはたいてい靴下が入っていて、それから、遊ちゃんのパジャマのズボンを畳みながら、あれ、これってパジャマじゃなくて外で着る服だっけ、どっちだっけ、というのがわからないズボンがあって、遊ちゃんはパジャマみたいな格好をしていることがあるため、よくわからなくて、そういうひとつひとつを愛おしく感じた。

寝床に入って引き続き読んでいるとしばらくして帰ってきて「いいにおい」と言いな

がら入ってきた、スープを温め直して、こういうのが食べたかったの、とうれしそうに言った、おいしそうに食べた。

7月5日（金）

仕込みがいろいろある気配があったので少し早めに行こうかと思っていたがそう早く起きることはできなかったし9時間以上寝ていたはずだがいつまででもやはり寝ていられるようだったしいざ行ってみたら昨日も暇だったこともあってまた山口くんがいろいろやってくれていたこともあってそこまで急いでやることもなく、日記を書くことから始めた。

それから今日もアレックス・キャメロンを聞きながら仕込みを始めて店を開けてからも仕込みをしたりオーダーをこなしたりしていて一日がそうやって過ぎていった、やることはやっぱりたくさんあった、よく働きながら途中で体が疲れを感知して、ここで面白い感覚がやってきて、今月は試しに山口くんのお給金を店の売上とともに変動するようにしていて1000円がベースで5%ずつ上がるというか50円ずつ上がるようになっていて店の目標値に行ったらそれは1150円ということになるようなのだけど、ともかく、とりあえず今月だけということにして、やっていて、それでここまでの4日間はしっかりダメだった、しかしまだ4日なのでもちろんいくらでもまだどうにでもなるはずで、それで、忙しく、疲れたときに、やってきたのは面白い新鮮な感覚で、お客さんが増えれば増えるだけ多く山口くんに払えると思うと疲れても、もっともっと、来てちょうだい来てちょうだい、という気になった。これまでは、一定以上疲れると、もちろんその売上の上がり下がりによって利益は変わるのはわかりきってはいるのだけど、利益よりも楽をしたい、という気持ちが出がちだった、今日は、もう、十分、というような。でも、これがスタッフの賃金と関係してくるとなると、もっともっと、どんどん来て、ここ4日のマイナスを埋めて埋めて、そして目指せ1150円、あるいはもっと高みへ！というような気持ちになってそれは愉快な心地だった。

スタッフが増えて、人件費について真剣に悩むというか、シビアに悩むようになったら話はまた違おうけれど今は、自分のところに残るお金よりも、人に渡すお金のほうがモチベーションになるのかもしれなかった。この感覚でありたい。

雨が強く降っていて帰り道、雨粒は水たまりの上、僕の足下で、線香花火のように光って、瞬いていた、帰って、そう言った。ストレッチをした。ウイスキーを飲んだ。寝る前、柴崎友香。ぐんぐん、ぐんぐん、面白く、寝ないでずっと読んでいたいと思いながら読んで、その気持ちのまま眠くなり、寝。

7月6日（土）

雨は上がっていて道路ももう乾いていて歩いた、店に着いたら体が深刻に疲れていて、腕が特に疲れていた、疲れているとだいたい「ストレッチのやりすぎかな？」と思うようになっているからそう思って、でも昨日たくさん働いたからかも、と思った、思ったが、その前日は休日で、その前は暇な日で、その前とその前は夕方までの労働だったから、疲れが溜まって噴出するようなはずはなかった、あるいは休日に走ったことがいけなかったのだろうか。なにをやっても疲れる。

開店前、掃除機を掛ける。バッテリーが終わったらしくて数日前から充電しようとすると赤く点滅して、これはバッテリーが終わったことを示すようだった、代わりのものを昨日注文して明日届くから今日明日は充電できていないバッテリーで掃除機を掛けることになって日に日に力強さが減っていく。減っていくのだが、老練というのか、老練ではないか、枯れた魅力というか、魅力ではないか、なにかその静かな弱った音ながらも、そんなわけはないはずだが、むしろこれまでよりも的確に吸引するような気すらして、技巧派というのか、120キロ台のストレートで勝負するような、左右、高低、奥行き、緩急、全部を駆使して打ち取っていく投手を見るような、そういう面白さがあった。そんなわけはないはずだが。ピッチトンネル。

開店し、男性がやってきて、半ズボンの松岡正剛、みたいな印象の方で、ソファに座られた。ドライマティーニをつくっていただけますか、と言われ、真っ昼間、マティーニ、かっこいい、こわ、と思い、マティーニなんて一家言ある人しか頼まない気がどうしてだかあるので、こわ、と思い、松岡正剛にマティーニ出すとか無理でしょ、と思い、確かつくれるはずだと思いながらもマティーニ、マティーニ、と調べて、つくれることがわかったので、つくります、と言うとマティーニをオン・ザ・ロックでお願いしますと言われ、一家言どころか二家言も三家言もありそう、と思い、こわ、と思い、マティーニってたしかステアなんだよな、でもシェイクでつくるパターンもあるってなんかで見たな、ステアって実はとても難しいという話も見たな、勝手のわからないステア、しかもミキシンググラスもないし、と思い、だからってシェイクならばわかるというわけでも一切ないのに何を思ったのか「ステアじゃなくてシェイクでつくってもいいですか」と聞いていて、そうしたらシェイクではなくステアでつくってほしい、ということで、十家言くらいあるのかな、と思いながら、なんかステアって、と言うと、ただぐるぐる回せばいいんですよ、と豪快な口ぶりで、その豪快さが言外に「もちろん、ただそれだけの技術なんていうわけは、ないんだけれどもね」ということをほのめかしているようで、まあまあまあ、うっすうっす、と笑いながら言って戻って、つくった。ちょうどアイスのドリンクで使っている13オンスだったかのオールドグラスがミキシンググラス的に使えそうだったので、ストレーナーもちょうどきれいに嵌って、使えそうだったので、そこに氷を入れて、水を入れて洗って捨てて、というのは前に動画で見た、そこにジンとドライベルモットを入れて、混ぜた、レシピにはレモンがどうとかとあったがそれは見なかったことにして、注ぎ、オリーブを添えて、爪楊枝を刺して、出した、「爪楊枝ですいません」とか笑いながら言いながら。

そのあとにピクルスを頼まれたので持っていきながら大丈夫ですか、と尋ねたらおいしいですと力強く答えてくださり、ほっ、とした。そのあとはマンハッタンを頼まれて、今度はもう堂々としたもので、チェリーとかないですけど、と応じ、またステアした。せっかくなので上等のやつでつくったろ、と、コーヴァルのウイスキーを使った。楽しい時間だった。

しかし暇で、それにしても暇で、長い時間、座っていた。柴崎友香を開いて、もう少しで読み終えてしまいそうだった。え、終わっちゃう、と思いながら読んでいった、途中途中でオーダーが入ったりして手を止める、ハガキを中に挟んで本を閉じる、済んで、また開く、という間歇的な読書の時間が妙に心地よく、それを繰り返していたら終わってしまった。読んでいるあいだじゅう、いろいろな感情があり続けた。腹が減って、パンをトーストして食べたら食べる前よりお腹が空いた。猛烈な空腹だった。『森は考える』を読みたいと強く思った。持ってくればよかった。まさかここまでの読書日和になるとは、思ってもみなかった。取りに家に帰りたい……

そういうわけにはいかず、返し忘れていたメールをいくつか返し、済んで、イ・ランを久しぶりに読もうかと思って開いたが開いてすぐに閉じて、フェルナンド・ペソアの『アナーキストの銀行家』を開き、その表題作を読み出した、ペソアは読んだことがなかった、20ページくらい読み、今じゃないな、と思い、岸政彦の『図書室』を開いた、山口くんのものだった、読み出し、なにかうっすらとした記憶があって、なんだっけ、と思ったら、最初のほうを『新潮』に掲載されたときに読んでいた、図書室、布団、猫、こたつ、お母さん、軍人たち、リッツホテル、中庭、そういうイメージがやってきて後ろの3つはヘミングウェイだった、ヘミングウェイの未邦訳短編と「図書室」と「アイオワ日記」があった号だったんだろう。少し読んで、今じゃないな、と思い、途方に暮れた。退屈で仕方がなかった。眠かった。

それから荒川洋治の『日記をつける』を久しぶりに開いて読み出したら最後のページまで読まれて、千葉雅也の『意味がない無意味』を取ってきて開いた、最後のプロレス論を読んで、それからもうひとつ読み出したら難しくて放り出された、イ・ランの『悲しくてかっこいい人』のいくつかの文章を読んだ、また置いて、『イメージの本』を見て以来また読みたい気になっていた平倉圭の『ゴダール的方法』を取ってきて、読み出した。「あるイメージが強烈であるのは、それが粗暴だったり幻想的であったりするからではなく、諸観念の連合が、かけ離れていて、かつ正しいからだ」

映画を「編集台」にかけ、再生速度を変えて注意深く分析すると、ショットAとBで、別の鳥の鳴き声として聴こえていたものは、じつは同じカモメの鳴き声であったことが分かる。ショットAの鳴き声は「約一・七倍速」で、ショットBは「約〇・五倍速」で再生されている。それは講義シークエンスの約五分前、窓辺に座って画集をめくるコーディリア（モリー・リングウォルド）と画集の映像に、湖畔で羽ばたくカモメの群れの映像がクロス・カットするというシークエンス（図8〜11）で用いられていたカモメの鳴き声と同じものである。複製された音響が再生速度を変えながら増殖する。
　コーディリアのシークエンスでは、カモメの鳴き声はカモメの映像をはみ出し、コーディリアが画集をめくる映像にまで重ねられている。ページの縁、画集に描かれたウサギの怪物の翼、カモメの翼のγ字状の形態は、三者を視覚的に結合している。さらに、めくられていく画集の余白が生み出す（1）白い光の運動、（2）ウサギの怪物、そして（3）カモメの鳴き声との結合は、約五分後に現れるショットAの（1）裸電球の運動、（2）恐竜の人形、（3）カモメの鳴き声の三者がつくりだす結合と相同的な音‐映像アレンジメントをなしている。つまり要素的な音と映像だけでなく、音‐映像アレンジメント全体の類似、すなわち「諸結合の類似」が構成されているのだ。

平倉圭『ゴダール的方法』（インスクリプト）p.57, 58

　やっぱりビシビシとかっこよくて、買ったときに読んだときと同じようにそれはなにか「痺れる」という感覚で痺れて、痺れる。痺れて、閉店した。

今日こそは未飲酒で一日を過ごそうと思っていたが昼間に早々とその可能性は潰えていて、ベアードビールの島国スタウトをお出ししようとしたところ間違えて帝国ＩＰＡを開けてしまって、グラスに注いだときに気づいた、それでそれはラップをして、グラスと瓶、どちらにもラップをして、冷蔵庫に戻されて、そのときに閉店したらこれを飲むということが決まって、だから閉店と同時に飲んだ、そしてひとつ飲むともうひとつ飲みたくなるというのは人のというよりかは僕の、性だから、さが、だから、飲み終えたらハートランドが開けられた。

細かい雨であっという間にズボンを濡らしながら帰って、圧倒的成長を祈念しながらストレッチをおこなった、遊ちゃんに『ゴダール的方法』のことを話して、ね、すごいでしょう、と言った、遊ちゃんはゴダールの映画について「音が大きい」と不平を言った、遊ちゃんがゴダールを評する言葉はいつも思わぬもので、よかった、笑った。『映画史』を見たくなった。

飲酒、読書。『森は考える』を読み始めて、『ソウル・ハンターズ』を読み始めたときも思ったけれど面白いんだけど難しい、と思い、これから読んでいくのが楽しみだった。

7月7日（日）

抜かりなく、今日は抜かりなく、『森は考える』と『山山』も持って、家を出た。『ゴダール的方法』をこのまま読むのも面白いよなとは思うところではあったが、それは悩むところではあった。まだ雨は降っていて、不便だった。

昨日からまた顔が乾いてこれも不便で、そんな日に限って乳液というのかフェイシャルローションと書かれたものを顔に塗布するのを忘れて出てしまって、店にもひとつあるとよかろうというところもあってドラッグストアで「ヒアルロン乳液」というものを買った。「極潤」という商品名だった。「うるおいへのこだわり」とあった。「肌ラボ」ともあって「HADALABO」ともあって「極潤」の下部には「GOKU JYUN」ともあった。「LABO」。「JYUN」。難しいところ。

開け、今日は快調なスタートで一生懸命働いた。途中でどうしてだかカクテルメニューの刷新というかいい加減、メニューを作り直して印刷し直したいという欲求が強くやってきて今夜キンコーズに行って印刷をしようかというような変な勢いまでやってきた。どうも、使っているプリンタがトナーが切れているわけではないが小さい文字とかがかすれるようなところがあってその不信感もまた、メニューの作り直しを押し留めていた要因だったみたいで、キンコーズ、という選択肢を思いついた瞬間に一気に開けた感じがあって簡単なものだった。西新宿に24時間やっているところがあるみたいで、それで、と、そういう勢いだった。カクテルの試作は全部は終わっていないが、待っていたらいつまで経ってもできないので、試作済みのものとまだ試作していないものがありますという案内をそのときどきのメニューですれば済む話のように思えた。

それからさらに、本棚を整理したい、という強い欲求が、いずれもフルスロットルで働いている最中のことだ、欲求が、やってきて、閉店したら本をどさっと一回取り出して棚を作り直そうか、というような変な勢いまでやってきて、なんなんだろう、と思った。どうしてそれ、昨日じゃなくて今日なの、と思った。動き出さないと動き出さないということだろうか。だろう。

夕方になると、まだ忙しかった、忙しく働きながら、変な強い眠気がやってきて、それから先ずっと、眠気がまとわりついていた、夜、しかし忙しさは終わってしまい、今日も足らずだった、雨が降り続けた日で健闘したとは思うが惜しかった。残念だった。InDesignを開いてメニューをいじりだした。それから、とても久しぶりにメルマガの新規のご登録があってその対応をした。一瞬、何すればいいんだっけ、と思うようなところすらあって、見たら5月以来ということで、6月はひと月のあいだ一人も増えなかったということだった。というか、減り続けている。妥当なことではあるのかもしれない。

お客さんが帰られ、見送ったあと、お代のお札をレジに入れようとするとお札の下に「幸せを呼ぶ 天然石おみくじ」があって未開封だった、こんな縁起物を忘れちゃいけないよ、と思い、急いで外に出たがもう姿はなかった。裏を見ると中にある天然石の種類によって呼ばれる幸せが異なるらしくて商売繁盛と身体健固の瑪瑙が入っていたらいいな、と思った。

閉店し、気の赴くままにしていたらInDesignを最初は触っていて、試しに印刷して文字の大きさや読みやすさを見たり調整したりしながらちらちらと意識が本棚に向かっていて、本棚、と思い、InDesignをおしまいにして本棚の整理が始まった。始めてしまった。不用意に始めてしまった。入り口のすぐの高いところの日本の小説を全部出して、そこにその向かいのピンチョンとゼーバルトとムージルを詰めて、エクス・リブリスとクレスト・ブックスもそこに移植した、ピンチョンの上にあった本も全部出して、そこを日本の小説コーナーにすることにして保坂和志、滝口悠生、柴崎友香、岡田利規、小島信夫、青木淳悟、磯崎憲一郎、そういうものが詰められた、わかりやすい趣味、と思った。次に真ん中の島を、下の段を文芸誌の、上の段を日記文学のコーナーにし、その隣の島をノンフィクション、人文、そういう感じにした、「人文」、というものがなにを指すのか僕はよくわかってはいなかった。大量にしかし、それは場所を動かしただけだから大量に、主に手前の島と奥の島にあった本がまだ、吐き出されたまま所在なくカウンターに積まれていて、そこからが大変だった、やり始めなければよかった、と思い、いったんご飯を食べて、それから、がんばって収めた。

眠い眠いとあんなに思っていたしなお眠かったのに、いったいなにを、と思いながら時間は2時半になっていた。出ると、肌寒く、自転車を漕ぎながら、明確に寒さを感じていて、一瞬、夏の盛りが終わって、あ、秋になる、というそういうところだったっけか、と錯誤しそうになった、そういう寒さがあった。

寝る前、『森は考える』。今はまだ第1章ではこういうことを書きます、第2章はこうです、というそういう説明の段階で、それがとても読みづらいというか、理論的というのか概念的というのか抽象的というのかわからないが僕には受け取れない言葉での説明がされ続けていて、でもどうも嬉々としてというか高揚感があるというか、「おれはこれから、こんなことをかんがえていくんだ！」という感じみたいで、その感じだけ受け取りながら、それにしてもよくしゃべるなあ、と思った。

7月8日（月）

少し早めに店に着き、昨日の日記を書き上げ、InDesignに流し込み、印刷。それから準備を始めてご飯をたらふく食べた。昨日届いた掃除機のバッテリーは同じく赤の点滅を繰り返していて早晩使えなくなるのだろうか。やはり正規品じゃなかったのがいけないのか、それとも充電器の方の寿命だったのか。掃除機。

店を開け、いくつかの仕込みがあり、と同時に日記の推敲をどこまでやれるかの勝負だった、開け、今日はコンスタントにお客さんがあって、嬉しかった、推敲なんていつでもできるから、お客さんよ、どんどん来い、と思いながら、それはお賃金の影響のメンタリティだった、それはしかし傾けばよこしまとも言えるかもしれない考えにも傾いて、つまり、なんでもいいから売上がほしい、という気にもさせうるものだった。フヅクエでの時間を欲望していようがしていまいがそんなのはなんでもいいから、お客さんよ、というような。そうなったら台無しだった。だからそうならないようには気をつけないとと思うとともに、そうは俺はなりたくてもなれないだろうなとも思った。だから安心だった。お客さんはコンスタントに続いた。隙間、隙間で日記に赤入れをして、今日はとても山口くんが来るまでに済むということはないだろうなと思いながらチーズケーキを焼き、ほうれん草を和え物にした。一瞬、満席近くまでお客さんがあり、なんだなんだ、どうしたどうした、と思って嬉しくなって、ふと、どうしてなのか、水声社の「フィクションのエル・ドラード」の、あれはなんだっただろうか、『境界なき土地』、ではない、『別れ』、かもしれない、ウルグアイ、オネッティ、そうかもしれない、山間の、待合室みたいなところ、待合室というかお店か、郵便が届く、そういうところ、そういうところの情景が頭にやってきて、『別れ』はきっとなにも面白くなく読んだのだと思うけれど、今だったら面白く読むかもしれない、という気がやってきた。そのとき、そのときにしか響かない響きというものは絶対にある、それはもう絶対だった。19歳で読んで響いたものを33歳で読んで響かなかったからといって19歳が間違っているわけではなくて19歳も33歳も正しくて、同じように19歳で響かなかったものが33歳で響いたとして19歳も33歳も正しい、昨日響かなかった自分と今日響いた自分とどちらも正しい、だから可能性を残すことだ。可能性を自分の中に残すことだ。「あのときまるで面白くなかったもの」はいつかどこかでそうじゃないものになるかもしれない、というその認識をちゃんと掴んでおくこと。可能性というか、謙虚であることでもあるだろう。作品が面白くなかったのではなくて自分が「面白がれなかった」のであり、出会いが悪かった、出会う時を間違えていた、そういうことは多々ある。

今日はどういう日なのか音楽の響き方も違って聞こえていて、あれ、流してるのあれだったよな、と確認することが二度ほどあった、開店前に昨日ツイッターで見かけたジム・オルークの好きなアルバムリストみたいなそういうページからスパークスというバンドの70年代のアルバムとそれからClaudio Rocchiという、人、の、80年代のアルバムを、流していた、昨夜は本を並べ替えながらスコット・ウォーカーを聞いていてスコット・ウォーカーはレオス・カラックスだったしゴダールだったしいつ聞いても異形という感じですごくて、そういう聴取の時間が今日の耳にも影響を及ぼしていたのかも知れなかった。

とにかく働き続けていて、外で煙草を吸っているあいだも赤入れをしていて、4時、山口くんが来て、外でわりと長々とあれこれを話して「けっきょく俺がしゃべり続けちゃうんだよねえ、よくないよねえ」という反省の弁を述べながら出た。帰り、1時間あった、赤入れを続け、残り1日までやった、やり、NUMABOOKSの事務所に向かった、向かっていると「阿久津さーん、阿久津さーん」というようにも聞こえる声が聞こえて階下の床屋のお母さんのような声に聞こえたが、実際に発されていたのは「阿久津くーん、阿久津くーん」でそれは遊ちゃんだった、遊ちゃんとばったり遭って、やあやあややあ、今から打ち合わせ行ってくる、と言って、それで事務所に行った、入った、6時、入って、内沼さんが「そういえば」というのでチョコをくださった、それはかんなちゃんから遊ちゃんへのもので、見るとカカオ99%のものだった、「なにかが始まっていますね」と笑い合って、それは愉快な、いい心地のものだった。

戸塚さんがやってきて、今日は装丁や造本まわりの話をした、造本は僕はイメージしきれないところがあって、布みたいな紙であるとか、シールであるとか、箔押しであるとか、あるいはであるとか、上製本にするのか並製なのか、フランス装というのもある、内沼さんがいろいろな本を持ってきてくださっていてそれをためつすがめつしながらこういうのだったらこういうのが、であるとかを言いながら、僕は僕でミシェル・レリスの『幻のアフリカ』を持参していた、いろいろ、イメージしきれないと感じながらイメージしながら、一生懸命考えているとどうしてだか眠気がやってきて日本酒を飲んだときみたいな眠気だった。

表紙のイラストをこの人の絵はなんだかとてもいいなと思ったという人があって、出したら、二人ともしっくり来たみたいで、お願いすることにして、イラストをお願いする人が決まったとしたらそれは大きな前進だったように感じた。終わってから内沼さんが『新潮』を出して、読みました？と言う。滝口悠生の「全然」で、見たら、やっぱりこれは、連載を追おう、連載で追っていこう、という気持ちに完全になり、そうなったら自動的に、今月は滝口悠生は他にも『文學界』に短編も書いているし『すばる』で面白そうな鼎談もしているし、全部買おうと決めて、今月の文芸誌は滝口さんはすごいですよね、と言って、僕はこのとき「ていだん」を「けんだん」と言っていて「鼎」の字を「けん」と読みたがるらしかった、今は「かなえ」で変換した。8時半、事務所を出てフグレンに行って、赤入れを終わらせ、それから反映作業をした、レジの中では先輩のスタッフの人が後輩というか入ったばかりというか「明日授業は？」という発言があったからきっと大学生なのであろう入ったばかりのスタッフの人にシェイカーの振り方を指南しているのが聞こえて、氷が回ってるのわかる？という問いがあって、なるほど、氷が回るように振るのか、と思ったりしていた、なかなかに厳しい指導で、でも気持ちのいい厳しさを感じた、コーヒーは今日もおいしく、それでだから反映作業を続け、赤字が多かったのかけっこう時間が掛かって、それが済んだらInDesignの調整作業をして次にメルマガ配信用にまた整えて、とやっているところで月曜日の閉店時間の10時になって、出た。今日は朝10時から働いていた、隙間なく働いていた、10時、4時、6時、8時半、10時、それでも終わりきらなかった。夕飯を食べる余地はないな、と思ってコンビニでビールとひねり揚げを買って帰り、配信準備の作業をして、それでやっと終えることができた。これで明日から心置きなく生きていられるというか、やはり月曜のうちにこのステータスに至るこれが清々しい。

遊ちゃんにチョコレートを渡すと、最初、なんのことかわからなくて、なんで阿久津はこれをお土産で買ってきたんだろう、と不思議に思って、でも少しして、それがかんなちゃんからのものだとわかると、感激して、そして驚いていた、なぜならそれは「私が一番好きなチョコレートだ！」ったからで、「どうして！　すごい！」となって、僕もうれしくなって、楽しくなった。「もったいなくて食べられない」と言っていた。最近の遊ちゃんのチョコレートライフは「今はお試しで１００％のを試してるんだ」ということで、発言内容と発言のトーンのギャップがおかしかった。カカオ原理主義者みたいになっている。

インスタを開いたら保坂和志が宇野邦一との対談の、というのをアップしていて、なんだろう、と思ったら『文藝』だった。もともと『文藝』は気になっていたけれど、それを見て「あ、買おう」となって今月はこれで文芸誌無双みたいなことになるようだった。『群像』……。

12時を過ぎてやっと読書の時間になって、ひねり揚げをばくばく食べて、ビールはすでにごくごく飲まれてしまっていたので、ウイスキーをがぶがぶ飲んで、『森は考える』を読んでいた、第1章が始まって話が具体的になって僕も馴染んでいってわかるようになるかなと思っていたが、あまり調子が変わらず、戸惑って、あれ、もしかしてこの本、俺には難しすぎるのか？と思って、戸惑って、読んで、寝た。

7月9日（火）

『文藝』は売り切れたみたいで雑誌というのは書籍とは流通の契約か何かであるとかも異なって重版はしない、できないものらしく、そういうことらしかった、ツイッターにはそれに対して「社会的意義がある特集なんだから」というような、いくらか咎めるような言葉も見えて、現金なものだな、と思った。

店に着いていくらか文字起こしをして、それからご飯を食べる等、一生懸命準備をした、開店し、のんびり、のんびり、というか暇、と思いながら味噌汁をこしらえたり里芋のおかずをつくったりしながら、過ごし、4時に山口くんがやってくる直前にとんとんとお客さんがあり3人組の若い女性があり、まあ絶対帰るよな、と、思ったらみなさんそのままオーダーされて、先入観、憶測、と自嘲しながらわたわたとこなした。外で山口くんとあれこれとおしゃべりをして、俺は今日は野球を見に行ってくる、と言って帰った。

コーヒーを買って電車に乗って、甘いものが食べたかった、表参道の駅の中を歩いていたらベーグルを売っていて、それを歩きながら見ていたら、というか、そこに吸い寄せられた視線がそのまま引っ張られて、だから体は前方に進みながら顔と首の向きだけベーグル屋さん向きに徐々に右に曲がっていく、そういう歩き方をしていたら遊ちゃんが「ベーグル食べたいの」と笑った、ベーグルが食べたいのかどうかはわからなかった。

外苑前で降りると出口は混雑していて、ただでさえ狭い出口でもたもたと人の列は進んだ。球場に向かう人にとってはいいだろうが球場とは関係なく外苑前に来た人には鬱陶しいものだろうなと思い、僕は球場に向かう人だったのでのんきだった、外に出ている店でからあげと焼きそばとロング缶のビールを買って、西山とは何時に待ち合わせようというようなやり取りはそれまで一度もしていなかったから、そろそろ、と思ってスマホを見ると30分前から連絡が来ていて10分前には着いていたみたいで「どないなっとんねん」ということだった、今着いた、そこに行く、と言って4番ゲートのほうにいるということなので向かった、向かっていると、「玉村もいるらしい」という連絡があって笑った。合流し、玉村はまだ来てはいないみたいで、なんだ、と思った。西山と会うのは玉村の結婚式以来だった。去年は僕は野球は二度行っていて一度は西山と玉村とでもう一度は西山と遊ちゃんとでだった。今日は西山と遊ちゃんとだった。

4番ゲートで会ったが僕らの入り口は11番で、チケットを発券して11番に向かって、買ったロング缶のビールを紙カップに注ぎながら遊ちゃんがどうして持ち込みはダメなんですか、とそこにいた係の方に聞くと、大学生のアルバイトみたいな雰囲気の青年が僕もわからないんですけど、と言っていて、しばらくするともう少し先輩のような顔の方が来て「グラウンドに投げ入れられると困るからです」ということを教えてくださった、たしかに空き缶というのは投げたり潰したりするためにあるような気はするから納得だった。ビール半額の日だったから、わざわざ外で買うこともなかった。

階段を上がって、折れて、上がって、すると、広がる、空と、グラウンドと、たくさんの人。それがその日初めて目の前に現れる、現れて広がるときが、野球場の体験のひとつのハイライトだった、まだまだ空は明るく、照明が煌々と全体を照らしていた。無数の人によってできあがる厚みのある、厚みだけの、音がそこに横たわっている。席はどこだと、うろうろとしていると、12段、135番、12段、135番、前へ、前へ、と歩いていたらずいぶん前のほうで、三塁後方のずいぶん前のほうで、こんないい席を取った記憶はないな、といくらか信じられなかった。取ったのは僕だった。ずいぶん前だった。

野球のチケットは徐々に値段が上がっていくから、選択が難しくて、3600円くらいから、4000円、4400円とか、わからないが、そういう刻み方をしていくから、自制しないとどんどん高い席に誘われていく感じがあって、たしか4000円ちょうどくらいの席を取った記憶があったのだけどあとで見てみたら4600円の席で、でも600円足してよりいい席になるんだったら、そっちのほうがよくない？という、だからそれが危険だった、いつか6000円くらい払っていてもおかしくない。

すぐに試合開始の時間になって小学生の女の子が、どういう経緯で選ばれたのか、始球式をした。ダイナミックなフォームでいいボールを投げて、お～、と歓声が湧いた。万雷の拍手。

長い試合になった。三者凡退がまったく起きずに、両チーム、毎回ヒットを打っていた、僕はヤクルトの村上を見たくて村上が左打者だから、村上を今日は見るために三塁側の席にしたのだけど、不思議と村上の打席のときはいつも意識がどこかに行っていて「あれ？　村上だった？」みたいなことになっておかしかった。見たかった村上をどうしてもちゃんと見られない。横浜のボール回しというか、投球練習時の内野の守備練習も、なんとなくしっかり見たいものだったのだけど、これも毎回「あ、見忘れた」となってそれを繰り返し続けた。

球場で野球を見る、体験するとは、ファウルボールがスタンドに飛び込むことがそのつど事件になるようなそういう時間を体験することで、それはテレビで見る、文字情報として見る、というのとはまったく異なる位相の体験だった。ファウルボールはそのつど、自分たちを当事者にさせる力があった。メジャーで先月だったかにファウルボールが女の子に当たって怪我をして、打った選手が涙するという悲痛な場面の、それが話題になって、防球ネットの必要性が議論されていたのだろうけれど、いろいろな立場があるだろうけれど、見ていて、というか球場で過ごしていて、思うのは、すべてのボールの行方についてしっかりと追うというのは不可能なことではないかということで、しゃべったり食べたり飲んだりトイレに立ったりよそ見をしたりビールを買ったり、客席にいてもやることはたくさんあって、一日で200回以上あるボールが放られるその機会すべてで集中していることは無理なことだろう。いやすべてを真剣に眼差すことで選手と一緒に戦うというファンもあるだろうけれどそれは熱心なファンはそうしたらいいことでそれはもはや興行ではなく参戦だ。

野球を見に行くとついビールをどんどん飲んですぐに眠くなったりするというのがよくあることだったので今日は最初のビールのほかは一度だけしか買わないで、せっかくの半額の日だったがもったいないから飲むとやっていたらすぐにへべれけになったろうしこれでよかった、眠気のこともあったろうしまた、暑くなさもやはりあったろう。

一年前、一年前というと7月のだから祖母が亡くなったあたりで猛烈な暑さの中で栃木に行ってそしてスーツを着て汗だくになっていたのが一年前だから一年後の今年の暑くなさが際立って何度でも驚く。今年の夏はどんなふうになるのだろうか。

試合はヒットがどんどん出るから目に楽しいが展開としては緩慢な感じがあって後ろの男性3人組は長くなりすぎて年を取りそうだと何度か言っていて、チャンスで打席に立った筒香に対してずっと「ストレートを投げたら絶対に打てない、絶対に三振、ゴロでもフライでも前に飛ばしたらそれで1点になるシチュエーションなんだからどうにかしてほしいけど筒香は打てない」と言っていて横浜ファンらしくて辛辣な横浜ファンで、結果は犠牲フライで「奇跡が起きた」と言った。辛辣なファンは柴田の打席のときは「柴田は守備がうまい、柴田は守備がうまい」と大きな声で言っていてつまり打撃には期待できないということで、しかしその打席で柴田はヒットを打った。次の上茶谷の方が打率が高かったが、上茶谷は真剣に打とうとしていて妙な期待感が球場全体を包むというほどではないにせよ局地局地で「打つのではないか」という期待が湧いたが三振に倒れた。その裏、上茶谷は先頭打者だった小川に二塁打を打たれたようで、ちょっと休憩をしようと喫煙所に西山と向かっているところで、人だかりのできた階段のところでテレビを見上げる人たちを見下ろして、どよめきと驚きが起こっていたからなんだろうと思ったらそういうことだった。続く山田が打ち、山崎を挟んで青木も打ち、2点を入れた、その次の村上もヒットを放ったようだった、そのあたりで席に戻ったからそれらは全部見なかった。

筒香が犠牲フライを打ったのはそのあとだった。

6対4で横浜リードの5回か6回、満塁でロペスに打席が回ってきた。後ろの人たちは「グラスラ、グラスラ」と言っていてグランドスラムを略しているようだった、ロペスの構えが格好よくて、どっしりと腰が落ちていて、バットは体の真ん中にあった、振ると、低い弾道の当たりはぐんぐん伸びていって、レフトスタンドに入った。満塁ホームランで、三塁側は横浜のユニフォームを着た人たちが大勢だったので、みな歓喜した。僕らも喜んだ。5回と6回、横浜は3安打で7点を取った。

それで試合はある程度は決した感じがあり、6回の裏以降、それまで一度もなかった三者凡退が何度かあったりして、それまでとは見違えるようなテンポで進んでいった。そのままのスコアで試合は進んで、終わった、10時20分くらいになった。長い試合だった。

さすがにこれから飲みに行くみたいなのは大変だということで今日はこのまま解散することにして、外苑前駅は人でごった返していたし3人でおしゃべりをもう少しはしたかったからひと駅歩くことにして、表参道まで歩いた。政治のことを話していた。君とこんな話するの初めてちゃう？と西山が言うから、いや、一度あったよね、あの、なんだっけ、安保法制？　法案？のときに、と言った。3人で、それってなにがなんだったんだっけ、という話をして、たしかきっとこんなことだったよね、というところにしか落ち着かなくて、ゲラゲラ笑った、自分たちのあっけない忘却を。そりゃあちょろいもんだよねえ、こんなに簡単に忘れてくれるんだもんねえ、というような、私たちの忘却を。もうとっくに閉まった暗くなった店が連なる通りを歩いて、すーっと静けさが、扉の隙間であるとかから、足下から、忍び込んでくるみたいだった。

家に帰って、試合のスコアを見たりしていると、文字情報で見ているものとさっきまでいた空間でその4時間以上の試合を体験することはまったく本当に別物になることがよく感じられて、スコアを見てもピンと来ないようなところがあった、同じ試合ともほとんど思えなかった。試合の時間の中には数字はなくなって、ひとつひとつの動きがあって、それが続くだけだった。一塁上の走者が何度もスタートを切る構えを見せて投球のたびに短距離のダッシュをすることであるとか、三塁手が深く低く構えて来るかもしれない打球に備えることであるとか、そういうひとつひとつの動きはスコアの上には現れないことで球場の時間に属することだった。

5時間であるとか屋外にいたから体がはっきりと疲れていて、なんで外にいると疲れるのだろうか、気温の問題だろうか、なんだろうか、とストレッチをしながら調べてみたがいまいち求めている答えに辿り着けなくて紫外線は体に疲労をもたらすということはわかった。遊ちゃんが、阿久津くんはもっとお風呂に入ったほうがいい、というから、血行をよくするっていうのはストレッチじゃ代替できないのかな、ストレッチで済むならそれがいいんだけど、と言うといくつかのリンクを送ってきてお風呂の効用みたいなもので、僕は真剣にそれらを読んだ。風呂というのがとても魅力的なものに感じられて、今度から週一くらいで入るのもいい気がしてきた、半身浴と全身浴だと半身浴だと20分は入っていたほうがいいみたいだから、そんなに時間を掛けてもいられないから、全身浴10分というところから始めることにした、風呂の中にいると体重が9分の1になるという、それがずいぶん僕にとって魅力的だったらしかった。変身としての入浴。

『森は考える』を読もうかと思ったが、疲れているし、どうせ頭に入らないし、と思って庄野潤三が取られて、それを少し読み、すぐに眠りに落ちた。『森は考える』は、これは、暗雲が立ち込めてきた感じがあって、困ったぞ、と思った。

7月10日（水）

ぐっすりと眠って遊ちゃんは先に出た。僕は「眠い、眠い、眠い」と思いながらどうにか布団から出て、店に行った。疲れていて、仕込みは店を開けてからで間に合うような調子だったので日記を書いたりして過ごした。

開けると、意想外にコンスタントにお客さんがあって一瞬「仕込みは間に合うか」と焦ったが、そんなに続くわけもなく一段落してからおかずをどんどんこしらえていった。

休憩のたびにツイッターを開いていた。『文藝』が重刷ということでたくさんの人が喜んでいるということだった、山本太郎の政見放送が素晴らしいということだった、三原じゅん子の政見放送が醜悪ということだった。フィルター、バブル。

夕方、仕込みがだいたい済んでからはInDesignをずっと触っていた、明日キンコーズに、と思っているが多分難しかった、小さい文字を見ていたら酔っ払って、仕事をいくつかした。座って、立って、座って、立って、そういうことを繰り返して体はいつもどおり疲れた。帰ったら風呂に入ろう、水中でインナーマッスルを鍛えよう、そう思ったら楽しみな予定ができた気になった。ストレッチも引き続き楽しみなことだった。俺の体は、ぺたりと、折れるところまで柔らかくなるのだろうか、というような。

メニューを見て「やっぱり今日は帰ります」って帰る人って本当に椅子を戻さない人が多いよなと思って、笑っちゃうくらいにその確率が高い気がして、あれはなにか、逃げ出すみたいな意識でもあるのだろうか。

閉店後、政見放送を見たりしていた、それで遅くなって帰っているともう風呂に入るという選択肢はなくなっていることを感じた、もうそれはとっくに面倒で、今日はなかった、そもそも、一日のどこかで感じていた体の圧倒的な疲れみたいなものも見失っていて、特に疲れてもいなかったし、いつ疲れていたのかも思い出せなかった。

寝る前、『森は考える』。今夜は少しだけ、手応えのようなものというか、そういうものを感じた。まだ、行けるかも、というような。すぐに眠くなり、寝た。

7月11日（木）

11時、起き、店へ。山口くんはラジオを聞いている。机に3冊の本が置かれていてひとつが書楽のカバーで残りが紀伊國屋書店のカバーだった、勝手に開けると、『プラータナー』『図書室』『寝相』だった。コーヒーを二人分淹れて、飲みながらとりとめもなく話す、『文藝』のことを話していた、山口くんがおそらく大学時代、書店でアルバイトをしていたときに、又吉直樹の「火花」が出た『文學界』がそういう重刷みたいなことになった、そのときはたしかに店頭でもたくさんの人が『文學界』を買っていった、と言っていて、『文藝』といい『文學界』といい、日常的に発されることのない言葉が日本中で発されていたのだな、と思ったらそれは愉快で、ぶんげいくださ い！ ぶんがくかいください！ その響きを考えて笑った。

店が開き、お客さんがさっそくあり、喜び、出た。自転車に乗って甲州街道のほうに出た、それから山手通りを走った。昼時で休憩の人たちがたくさん外に出ていて、それから西新宿を通って、高層の、住友不動産みたいな、住友どうのこうのみたいな、そういうビルがいくつもあって、人が同じように、そこから出てきて、どこかで昼飯を食べるのだろう。公園で、小さな山みたいなところの上にべったりと座って本を読む人の姿が目に入った。

自転車を漕いでいてもまるで暑くならず、ずっと涼しさがあった、新大久保に着いてハラルフード屋さんに入ってスパイスをどんどんカゴに入れていった、ガラムマサラの箱の裏面にピーマンとマッシュルームのカレーのレシピが載っていて、それを見たら「あ、今夜はピーマンとマッシュルームのカレーをつくろう」という気になって簡単だった。会計のとき、お店の、たしかバングラデシュの人だった気がする、人が、かっこいいおにいちゃんで、その人が、『ドラゴンボール』の連載が始まったときと思しき『週刊少年ジャンプ』が印刷されたモノクロのTシャツを着ていて「ヒットメイカー・鳥山明」みたいなそういう言葉があったような記憶がある。はっきりと覚えているのは定価が170円とあったことで、今はいったいいくらなんだろうな、と思った。それ、いいですね、と自分のTシャツを引っ張りながら言って、ああこれ、いいでしょう、と笑った。アッサラーム・アレイクム。

引き返して駅前の人通りの多い通りに出るよりもぐるっと回ってみようと、進むと、いくつも語学学校があって、それから桜美林大学という表記があった、桜美林大学はこのあたりなのか、と初めて知った。なんとなく、相模大野とか、そういうあたりかと思っていた。それはそれであるのだろうか。道路を渡って向こうの路地に緑の、蔦に覆われたコンクリートの壁が続くみたいな景色が見えて、光が当たってぼんやりと白飛びしたような明るさになっていて、奥に行けば行くほど明るくてそれは曲がって途切れた。その先を見たいというような、誘われるような感覚があったが、それは方向があまりに違うので自制して、ちゃんとした方向に向かった。自転車を漕ぎながら、僕の口は「ワーキングピーポー、ワーキングピーポー」と歌っていて、それはお昼休憩で外に出てくる彼らを指すのか、いま店の買い出しをしている僕をも含んでいるのか。僕を含んでいないのだとしたら、どんな意識を持っているのだろうか。なにか、歪んだものが自分の中にあるのではないか。蔑んではいない。けれど、蔑まれたくない、という思いがけっこうあるのかもしれなかった。見下されてたまるか、というような。見返してやる、というような。そういう気持ちもいまだに、あるのではないか。なにを見返すのかもわからないが。僕の目が見ているのは、スーツ姿の見知らぬ誰かの姿なんだろうか、それともそうあったかもしれない自分の姿なんだろうか。

リュックの中のスパイスは大荷物で、どうにか入る、というようで、5キロとか、あるいはもっとあったのではないか、重く、このあとに渋谷に行く用事もあったから書店に行くのは渋谷でいいかなとも思ったが、帰り道でブックファーストに寄れることを考えると、ほとんど1階みたいな感覚の地下1階というのは魅力的で、丸善ジュンク堂のエレベーターに乗って7階というのは、まったくハードルがないということでは全然ないのだなと感じた、それで、ブックファーストを目指した、コクーンタワーが見えたのでコクーンタワーを目掛けて走ったが、道を誤り、というか大通りに阻まれ、遠回りになった。

入り、最初の文芸誌の棚のところで、『新潮』『文學界』『すばる』を取って『文藝』は切れていた、それ以上奥には進まないでそのままレジに持っていって、金額が2848円で、え、となった、「3冊本を買う」というのは僕の中では5000円から6000円あるいはもっと、という感覚があったから、今日は文芸誌を4つ買うぞというつもりでいたから全部で、でも文芸誌だからもう少しは安いから、6000円くらいだろうか、そんな値段の分だけ僕は楽しめるのかな、と思っていたところだった、だから3冊本を買って3000円を切っているというのは一瞬なにかの間違いのように感じて、止まった。買って、初台に戻った、渋谷区役所の初台出張所に行って納税証明を取得して、これはSquareのなにかでなにかを申請すると手数料が安くなりますみたいなもので、それに必要というものだった、取り、それから八百屋さんと肉屋さんで野菜と肉を買って店に戻った、昼はそこそこ忙しかったみたいで山口くんはカレーをつくろうとしているところだった。野菜と肉とスパイスを置いて、玉ねぎひとつとにんにく一片と生姜を適当な量、それからクミンをいくらかラップに包んで、リュックに入れた、家で今晩使うためだった。

いくらか外でぱやぱやとおしゃべりをして、出、いったん家に戻ることも考えたがこの勢いのまま行っちゃおう、というので渋谷、用事は東急ハンズ、アイスドリンクのコースターに使っている革が数が足りなくて、アイスドリンク続出のときにコースターが切れるということが何度かあったから、足そう、というので革の端切れを買いにきた、ちょうどよさそうなものがあり、300円だった、端切れというのはどうやって値付けをしているのだろうか、売るほうも買うほうもこれは双方にとっていいものだな、と思った。ある人にとっては要らないものも、買いたい人はいる、ということだった。

用事がとんとこなされていく。SPBSに寄ってみたら『文藝』が置かれていたので買って、それでフグレンに行ってラジオをやって、帰ろう、それから読書だ、そういう組み立てをしていたのだが、フグレンは行ってみると今日は12時でクローズだった、知る限り珍しいことだった、どういうことがあったらこういうことになるのだろうか、なにか機械であるとかのトラブルであるとかだろうか。クローズされているということは自転車を停めて扉のところに行くまで気づかなかったことで、それは外の縁側席にはいつものように、少なくはあったが、座っている人があったからで、その人たちも僕と同じように行ってみたら閉まっていたという人なのだろう。そこに僕も座ってラジオをやっちゃおうかなとも思ったが、なんとなく気が散るというか、気になる気がして、やめた。やめて、スーパーで野菜や肉やビールを買って家に帰ると雨がぽつぽつと来るところで、「セーフ」と思った。

帰ってきたのが3時過ぎで、ラジオをやってその日初めての食事としてうどんを食べて、済んだのが4時半だった。4時半。休日が始まる、これを早いと見るか遅いと見るか、迷うところだったが、とにかく、今日やるべきことは全部済んだ、ビールが開けられた。

ビールを飲みながら、『新潮』を開いて、開いたらすぐに、滝口悠生の「全然」があった、読み始めた。

海にいるらしい。2016年にできた船で、とあったから現代らしい。

やがてひとり、またひとりと寝息をたてはじめる。長さも間隔もそれぞれ違い、深く、太く、浅く、いろいろの呼吸音を聞き合ううち、自分もうとうとしはじめて、誰もかれもいつの誰かわからなくなる。空調はきいているはずなのに、蒸し暑くなってくる。体の下の布団がやけに湿って感じられてくる。空耳ではない、明らかな波を打つ音が室内までも届き、船の速度は落ち、揺れが大きくなる。布団は板敷きの床にゴザを敷いただけ、というわびしい硬さにすり変わって、くたびれた自分の着物からも、部屋のそこらじゅうからもすえたような匂いがする。

滝口悠生「全然」『新潮 2019年 8月号』(新潮社)p.9

時間がまだらになっていく。そのあと2005年の場面になり、それで戦争のときの硫黄島のことが書かれる。それを読みながら、僕は少しずつしかしずぶずぶと感動していくような心地にとらわれていって、いくらか泣きそうになりながら読んでいた、それは、「この作家がこういうことを書いている」というそれ自体への感動のようで、大きな話、というと語弊はありすぎるのだけれども、時間的にダイナミックな話というか、いやこれまでだってダイナミックだった、だから、時間的にわかりやすくダイナミックな話、というか、というか僕は『愛と人生』をまだ読んでいないからもしかしたら『愛と人生』もそういう側面がある作品なのかもしれないからこれまでも書いていた可能性はあるけれど、なんせ寅さんの話ということだから歴史スペクタクル、一大叙事詩なのかもしれなくて、とにかく、「全然」、わあ、と思って、そういえば、というので思い出したのが去年の8月に青山ブックセンターでトークイベントでそのあとの打ち上げの2軒めで入ったお店で、滝口さんが「今度は歴史物を」みたいなことを、どんな単語を使ってだったかはまるで覚えていないけれど、「へえ！」と思ったことは覚えていて、このことだったのか、と思い出して、そうか、と思った。思って、「さっき歌っていた歌詞がどんなだったか、もういまは思い出せない。毎日には、思い出せない歌がたくさんある、とイクは思う。これまで忘れた自分しか知らない歌は何曲くらいあるのだろうか。その時その時は、とても大好きな曲だったのだけれど。あるいは、自分以外の、ほかの人たちにもそういう歌があるだろう。私の知らない歌がこの世にはたくさんある」というイクの場面というか、になって、強制疎開以前の硫黄島だろうか、の場面に、なって、イクは歌を歌った。読みながら、遊ちゃんが今朝、「ぽにょらぽにょらぽにょ〜」と歌っているのを、うっすら眠りながら聞いていたことを思い出した、僕が、自転車に乗りながら、「ワーキングピーポー」と歌っていたこともまた思い出した。

しかしイクは野球に興味はないので、ほとんど何も聞いていない。指先を鼻にあてて、すんすんにおいをかいでいる。頭のなかでは歌を歌っている。

レモングラスからつくったオイルは、香水や香料になる。今ではそのへんにたくさん野生しているからさしてめずらしい香りでもないし、この島では贅沢な香水なんてほとんど目にすることはないけれど、工場でつくったオイルを指にちょんととり、かいでみればすっとしたいい香りがして、葉っぱをちぎったのとはやっぱり少し違う。工場のひとが横流ししてくれるおこぼれを大事にとっておいて、首筋や腕につけたりすることもある。達身、とイクは呼びかけて指先を達身の鼻にあてる。

達身は、なんもにおわねえ、と言う。

なんもつけてないもの、とイクは言って、笑った。

このようなシチュエイションは、まるで私が達身に恋慕してるみたいだけれど、レドレドレドレド、とイクは歌の続きを歌うみたいに思いながら足をぶらぶら揺らした。そういうわけでは全然なくて、達身は私の、夫の、弟です。

同前 p.26

もう初っ端から面白すぎる！　と思って、たのしい！　うれしい！と思って、それが終わるとすぐに他の何かを読む気にはならなくて、もう一本のビールを開けて、飲みだした。飲みながら、じわじわとさっきいた世界の、さっきいた時間、複数の時間、複数が一体となった時間の、その余韻を味わいながら、過ごし、気が済んだので『文藝』を開いて保坂和志と宇野邦一のベケットをめぐる対談を読んだ、面白かった、短かった、もうすぐ遊ちゃんは帰ってきそうだった、少し寝ようかな、と思い、うつぶせになった。鼻の先にパジャマとタオルがあって、呼吸のたびになんとなく慣れない匂いがあって邪魔で、タオルをどけたらなくなった。夢を見た。遊ちゃんが帰ってきて、寝ながら「おかえり〜」と言ったが声はソファの生地に吸収されて聞こえなかったかもしれない。

ビールを買ってきていて、僕も飲もうと思ったら僕用のものはロング缶で、ロング缶はまだいいや、と思ってまだ飲まなかった。遊ちゃんはすぐに飲み始めて、テーブルの上に4つ並んだ表紙を見ながらあれこれ言った、遊ちゃんがご飯を炊いたので、僕も料理を始めることにして、マスタードシードを温め始めて横で玉ねぎとセロリを切って、ぷつぷつとマスタードシードが音を発し始めたので玉ねぎとセロリを入れ、クミンを入れ、にんにくと生姜をすりおろし、塩を入れ、混ぜ、蓋をした、残りの玉ねぎ、セロリの葉っぱ、ピーマン、マッシュルームを切ってボウルに入れ、トマトは切ったままな板の上に置いていた、しばらく待ち時間で、話したり、話さなかったりしながら、『文藝』を開いて斎藤真理子と鴻巣友季子の対談を読んで、読んだら韓国の小説を読みたくなった、トマトを入れ、つぶし、コリアンダーパウダーとカレーパウダーみたいなやつを入れ、ルーができて、肉と野菜を入れてそれから水を足して、蓋をした。ロング缶のビールはもう飲み始めていて飲み始めたらどんどん飲まれていくというのがビールだった。

雨が降っていて雨は僕が帰ってきたら降り始めて今の今まで降り続けていた、チョ・ナムジュの「家出」を読んで面白かった。それにしてもこの特集がバカ売れをしているというのは、人はどれを読みたくて買っているのだろう、というのが気になるところだった。買った人は、どれを読むのだろう。

カレーができたのでカレーと、遊ちゃんが昨日こしらえた鶏肉とブロッコリー等の野菜の、なんだろうか、温野菜的な、塩だけの味付けの、蒸し煮というのだろうか、をテーブルに並べ、食べた。カレーは、パクチーをたくさんまぶして、食べた。おいしかったが、カレーなのか、という感じはあってやや物足りなかった。温野菜みたいなやつは薄味で、薄味というか野菜の味で、肉の味で、それがそのままでとてもよくてバクバク食べた。

食事が終わると雨がやんだようで、散歩に出た。ぐるっと歩いて、短い距離でも歩いたら知らない初めて見る景色はいつだってあるものだった。遊ちゃんは店の前でわりと立ち止まってメニューを眺めたり、店内の壁のメニューを凝視したり、して、僕はそういうのは苦手で、すごいよね、俺はなんか視線に圧せられる感じがあってできない、と言うと、メニューはパブリックに開かれている情報だからできる、逃げ道があるとわかっているとできる、ということだった。メニューの出ていない店はさすがにじっと中を見ることはできない、と言った。そういう店がひとつあって、そこはいつも賑わっていて、いつか行ってみたい、けれど、行ったらすごい疲れそう、負けそう、全体に負けそう、と思って、それでずっと行くことがなかった、初めて思いついた、二人で行こうとするからいけないのではないか、誰か友だちとかを誘って4人5人で行こう、そうしたら、いいんじゃないか。二人で入って、二人でいると、よその席の会話であるとかあれこれに耳や意識が持っていかれやすい、それはその場では2は弱い数字になるからで、それをこちらが4や5になって武装して行けば、楽しく過ごせるのではないか。ワイワイの場にはワイワイで行くのがいいのではないか。そういう案だった。採択された。

帰って『文藝』をパラパラと見ていると朝に見た『プラータナー』の書評があってタイの小説ということだった、タイの小説、面白そう。開いたときは、水に飛び込む、なにかそういう場面みたいだった。夜のプールを勝手に思っていた。

寝るまで『森は考える』。前に読んだところを初めて読むように読んでいて、途中で「あれ?」と思って、読んでいたことに気づく、ということが何度もある。どれだけ読めていないのだろう、と思う。

眠る前にアラームをセットしようとアプリを開くとストップウォッチが動き続けているのが見えて9時間58分だった。ラジオをやるときに、30分、と思い、うどんを茹でたり食べたりするたびに止まるから止めながらというところでだったのか、別にアラームでもよさそうなものだがストップウォッチを押していて、そのまま忘れていたらしかった。あれから10時間が経った、ということだった。

7月12日(金)

雨で歩きで歯医者に行くという遊ちゃんと一緒に歩いた。傘は要るか要らないかというような降り方だったが差していた。歯医者の前で別れ、店に着いた。仕込みをしながら、ふと、今はスタッフが2人決まったから山口くんと合わせて3人で、とりあえず3

人いたら下北沢の店は回せるのでは、ということを考えた。昨日山口くんに「その後スタッフ募集はどんな感じですか」と聞かれて、特に進んでいないと答えて、急がないといけないほどではないけれどどこまで時間があるかね、と言っていて、それで考えたらしかった。3人がもっぱら下北沢をやって、僕が初台を守る、みたいな。と思って「でも実際」とメモ紙に3人でシフトを組み立てた場合、を書いてみると、ちょうどよく収まるような感じがあった。というか、こういうことを一度もしていなくて、「まあなんとなく」「なるようになる」以外、全然考えていなかった、なるようになるしなるようになる以外にはなりようがないからそれでやろうと、それしか考えていなくて、それでしかしだから3人で1店というのはぴったんこで、それがわかるとすっと気が楽になった。とりあえず、本当にとりあえずの形だし、その場合は僕一人で初台の7日分全部をまかなうのはさすがに到底無理だから、過労にも程があるから、だから初台はちょっと営業時間を調整したり休店日を設けたりしながらという形になるし、だからもしその形で始めることになったらそれはまったく本当にとりあえずの形だけれども、とりあえず、回すことは今の面々でできる、ということが知れて、レテ、レテ、レテレテ、と僕は歌の続きを歌うみたいに思いながら、すっと気が楽になった。

すっと気が楽になったあと、エクセルをよちよちと触り始めて、また人件費について考えだした。人件費と、人員。5人、つまりあと2人、必要、と思っていたが本当なんだろうか、と、先ほど3人でひとつの店舗を回せることがわかって、疑いだして、それで考え出した、スタッフは4人で残りは僕で、というふうにしたほうがいろいろといいのではないか、そちらのほうが一人あたりが働ける時間は当然長く持てるわけで、そうしたらより多くのお金をフヅクエでの労働によって得てもらえる、どういう形がいいのだろうか、そして、いくら渡せるのだろうか、とまた皮算用皮算用で、また連立方程式を解いたりしていた、連立方程式を解こうとしながら、これってエクセルで計算できないのかな、と思って「連立方程式　エクセル」とかで検索をしていたら、もしかして僕が「連立方程式」だと思っているものって連立方程式ではないのではないか、という疑念がやってきた。連立方程式というのは式が二つ必要なのだろうか。僕は変数が二つというのが連立方程式かと思っていたが、違っていたのだろうか、結局よくわからなくて、それでひたすら皮算用をしていた。

また皮算用で変動賃金のことを考えていたのは昨日山口くんと話していたことも影響していて昨日話しながら、7月は出だしでつまずいた、出だしの一週間がひどかったので、それでつまずいて、実質時給が変わるラインが遠くなってしまって面白みを感じにくかった、だからどうせ今月だけなんだから射幸心を煽れるようにしたほうが楽しいよねということで、刻むラインを下げて、そうしたらたしかに実質時給は現在のペースだと1000円だが少し売上が回復したら1050円になるしもう少し行けば1100円になりそうで、「こっちがいいね」と言った、「こっちがいいですね」と山口くんも言った。僕らはふざけていた。それで、今日もその、どうやって刻んだらいいのか、ということを考えていて、いろいろな要素があった、結局、店というか事業主はどれくらい取っておけばいいのか、ということがまず、わからなくて、多く渡したいと思ってもそれで完全にカツカツになってしまったら事業の継続性みたいなものを危なくさせるわけで、でもむやみに多く、多くってしかしどこからが多いのか、むやみに多く取って内部留保をと言っても、それはできるだけ働き手に還元するべきではないかと思ってしまうし、だから、バランスなんだろうけれど、その設定が、根拠が僕にはどこにもなかった。それで、でも、考えていたら、いいポイントが見つかったような気がした、つまり、累進性を高くして、そして刻みを多くする、そうすることによって国民の射幸心を煽り、消費を促進する、そういうことで、夢がある場所があった、今年の一番よかったときの数字を当てはめてみたら実質時給1500円になるような、そういう夢が見られていた。本当か？と思った。本当だったらすごい、立派な、ことな気がした。しかしこんな計算は本当だろうか。

夜、外で長いあいだ叫び声や笑い声が続いて、酔っぱらいたちはどうしてこんなにも声高なのか、それにしても声高すぎる、と思って、外を見ると、子どもたちだった。絶叫する子どもたち。うっすらと『人喰い』で出てきたアスマット族の子どもたちのことを思い出していた。ものすごい叫び方をするらしくて、それが健全な子どもの姿ということで、大人たちはそのままにしている。それをきっと思い出していた。それはこんなふうだったろうか、というような。

ともあれ今は日本時間で10時半で、遅い時間だった。大人たちも一緒になって笑っていたしけしかけているようにも見えた。うるさいなと思って、さすがにうるさいなと思って、時間も時間だしなと思って、10時半、でも、何時だったらいいのだろうか。今、子どもたちには、こんなに大きな声を出すことが許される場所はあるのだろうか。さすがにうるさいから、彼らが出てきた、その前にいる、その店に電話でもして「お子さんたちが楽しそうなのはいいなとは思うんですけど、さすがに大きいと思うんです声が」とでも伝えようかと思ったが、なんとなく、叫ばせておきたいような気持ちにもなって、そのままにしていた。

一日、暇で、暇だったが、皮算用の計算の中では僕は十分に儲かっていた、だから凹むようなことにならなかった、エクセルというのは本当にありがたい存在だった。パソコンを持って帰り、遊ちゃんに今日の成果とばかりにエクセルを見せて、「ほら！」と言った。得意げだった。

寝る前、『森は考える』。今日のところはちんぷんかんぷんだった。読んでいて、『ソウル・ハンターズ』はきっとずいぶん親切だったんだろうな、と何度も感じる。

7月13日（土）

遊ちゃんは今日は『ニューヨーク公共図書館』を見に行って明日は『オルエットの方へ』を見に行くらしくて今日はニューヨークへ、明日はオルエットへ、いいお休みだと思った。

『オルエットの方へ』はいつ見たんだったか、ものすごく好きだった記憶があった、とにかく、終始、女の子たちがはしゃぎ続ける、底抜けに明るい映画だったような印象があるが正しいだろうか。

店で掃除機を掛けながらふと前田健太が歯を食いしばって投げる様子が脳裏に浮かんで、すごい力がそこには入っているんだろうなと思い、それから、もし一球だけ、僕のなにかが前田健太の中に入って、投球する体を体感することができたら、そこで感じるのは恐怖なんじゃないかという想像がやってきた。ジェットコースターに乗るようなや、ちょっと、体そんなふうにしたら壊れるから、おかしいからその体の曲げ方、ダメだからそんな力の入れ方、というような。

開店前にコーヒーを淹れようとしたとき、ふと、頭の中に、今度は野球ではなく、メロディが、流れていて、それはPSGの「愛してます」だった、だからそれを大音量で流しながら、大声で一緒に歌いながら、高揚しながら、コーヒーを淹れた、それで、そのまま、体がテンションがおかしくなっていたのか、ビーカーからマグカップに移そうとドリッパーを外したところなにかに引っ掛けて、倒した、全部こぼれて作業台がコーヒーの海になって、一気に絶望の気持ちに落ちた。が、拭いたあと、まだ時間が余裕が少しあったから意地で、もう一度淹れ、よかった。店を、どうにかそれで、開けたが、客足は極端に鈍く、鈍い気持ちになっていった。

昨日の皮算用明けだったから、ギャップがあって、リアルと皮算用にギャップがあって、あまりに大きくあって、もうリアルすぎて訳分かんねえ、いやリアルさが足りねえのかな、とジェームズは誰かに言っていた……いや、誰かにそう言われたのか……。それでも3時過ぎ、いったん満席になり、まったく静かな満席状態だった、静かというのは僕の動きのことで、座って『すばる』を開いていた、青木淳悟と佐々木敦と滝口悠生の鼎談を読んで、読んだらむくむくと青木淳悟の野球小説を読みたくなった、本に、どうしてならないのかな、本で読みたいな、しかし読みたいから電子書籍で仕方がないかな、どこで買うのかな、と思い、それから『文藝』を開いてイ・ランの小説を読んだ。これが、とてもよかった。

それから小山田浩子のやつを読み出し、そこからしっかり働くような感じになって、働いていった、途中、遊ちゃんから連絡があって自転車を盗まれたということだった、映画館を出たら、自転車が見当たらなくなった、コーヒーを飲んで冷静になってゆっくり探したが、見当たらなかった。悲しみと喪失感と怒りが一緒になったものが一気に押し寄せてきて、どうしたら人のものを盗むということができるんだろうか、と思った。その貧しさが悲しかった。

7時半くらいに、疲れに飲み込まれた。結局そう忙しくはならず、全然ならず、全然忙しくもないはずなのに、全身が疲れに飲み込まれた。息が上がるような疲れ方をして、なんで、と思って、疲れた。7時くらいにいったん疲れが来るというのはよく知っている現象でこれが10時とかになるともうどこかに消えるそういう疲れのはずで、そういう疲れだよな、と思って、頭はそう理解しているが体の疲れは否応なくて、疲れた。

感心なことにチーズケーキを焼いてジンジャーシロップをこしらえて、それから座って小山田浩子に戻った。小山田浩子は『庭』しか知らないけれど『庭』でもそうだったけれど最初はただ不穏な話を書く人かと思ったがそういうことではなくて日本語で踊っているような感じがあって「私は脳裏に今朝の、そして去年の映像を思い浮かべました。卵は白かった、というか、白かったからこそなんというか「そうなんですね。ありがとう」「お役に立てなくて申し訳ありません」彼女は丁寧にお辞儀をしました。私もこちらこそすいませんと頭を下げ返しました」とあって見たことのない動きの不穏な踊りを踊っているようだった。

7月14日（日）

雨降り。とぼとぼと歩く。こういう日に限って、という、「こういうときに限って」とか、この、つい限りたくなることには抗いたい。たいてい全然限らない。たくさん野菜であるとか肉であるとかを買って、リュックはパンパンで、重くて、そんなことはよくあることだった、重くて、歩いた。行軍という気になった。坂の途中の工場かなにかだったところがいつの間にか更地になって、そこに人の高さくらいのコロンみたいなものが、何個か置かれている。先日、それがクレーンで吊り上げられていた。コロンのような。コロンは数日前に山口くんから山口くんの恋人から僕と遊ちゃんにというので小さい箱のやつを2つもらって食べていて、だから思い出す経路が近かった。コロン、あるいはサイロというのもこういう形だったか。あるいはあの形に固められた藁みたいな。その形に固められた藁を思うと柴崎友香の小説を思い出して、作家たちは歩いていた。

その少し前まで工場だったあの工場はなんの工場だったのか、工場ではないかもしれない、太い管みたいなものがたくさん積まれていた。昼時に前を通ると、作業着を着た人たちが3人とかでキャッチボールをしているところをたまに見かけた。横は道路で、かつ坂道だから、絶対にそっち側に逸らしてはいけない、そういう緊張感があったろうか。キャッチボールをしたい。

今日はご予約がいくつかあって雨は調子よく降ったままだった、忙しい日になって、長いあいだ外に満席の貼り紙を貼っていた。入れ替わりのようなものもわりといいタイミングで発生して、つまり、誰かが帰った、と思ったら次の人が来た、みたいなことがタイミングよく発生する、そういう日になって、僕はフルスロットルで働き続けるだけだった。テンションが上がって、先週の週末というか特に土曜日がひどかったから、それで一気にダメなスタートになったわけだけど、今日でその今月の休日の平均をどこまで押し上げられるだろうか、と考えたときに、今日何人で、平均何人になる、そこにあと何人来たら、平均人数がひとつ上がる、さらに来たら、とそういうことを考えたら「どんどん！　どんどん！」という気持ちになって「さあ来い！　どんどん来い！」という、来いというよりも「行け！　行け行け〜！」という具合で、応援という具合で、だから僕は猛烈に働いた。どこかで電池が切れることが心配だったが切れる余地もなかったというのか、それとも僕が立派なのか、最後までダレることなく走り抜けたという格好で、喝采を送った。

へとへとになった。今日も風呂には入れそうにない。入浴の難易度が途轍もなく高い。

7月15日（月）

一転して今日は開店の時点でひとつもご予約がなくてこれはたしか珍しいことだった。

暇な日になるのだろうか、海の日。海に行くのか？　みながみな？

　昨日新しい充電器が届いて、バッテリーをそこに入れるとそうあるべきであるように赤色に点灯して、そして、充電が済んで点灯は黄緑色になった。バッテリーではなく充電器の終わりだったというのはわからないことだった。そのフル充電のバッテリーで数日ぶりなのか一週間ぶりくらいなのか、掃除機を掛けると、あ、この音ね、という音でそれは吸引をがんばった。

　開店前にツイッターを開いていたらコナミのアカウントの広告のツイートが出てきてなんだったか、なにかのソフトの発売まで3日みたいな内容でその画像が高橋周平だったか、誰だったか、背番号3の3が大きく真ん中に来るようになっている画像でこれは秀逸だなと思って他のも見ようとそのアカウントに飛んで、見ていった、いろいろな選手で6日前くらいまであって、目に面白かった。それから、その中でコナミなのでパワプロのeスポーツのというのかそういうもののハイライトみたいな動画があって見てパワプロは今はこうなっているのかという感慨とともにその試合の様子を見たら、見たが、これはeスポーツの競技的にはあんまり面白くないんじゃないかな、と思った。なんか、機微みたいなものが掴めなそうというか、ただのゲームの画面にしか見えなかった。盛り上がっているのだろうか。

開店し、ゆっくりかなと思ったらそうでもない感じになっていってうれしく、そして働いた、一所懸命フルスロットルで働きながら同時に日記の赤入れも進めるという荒技を繰り広げていて俺はどこまで凄いんだと思った。山口くんが来るまでに赤入れと反映の途中までが終えられていて、それは望外のことだった、こんなに忙しかったのに。

それで、山口くんが来て、来てみると、安心みたいなものがあったのかふっと体から力がなくなるようになって、まるで運動を終えたあとの午後みたいな、ぼやーんとした体の感じになった。もしかしてこれはただの体調不良なのではないか、という危惧も生まれて、判然としなかった。熱でもあるのではないか、というような。ゆっくりになっていって静止した感じになったので、しばらく外に出ることにして、ドトールに入って日記の作業を続けた、反映作業の中でフグレンが12時でクローズだった日があったことがチェック項目として入っていて、実際にどういうアナウンスがされていたのだったか、その文言を今一度確認しておこうとインスタを見に行った。すると、その前々日にスタッフの方が事故で亡くなっていたということが知れた。その、予期していないそれが、ショックで、重く、襲ってきて、僕はこのスタッフの方を存じていなかったけれど、悲しい気持ちが強くやってきて、涙が浮かんだ。なんでこんな気分になるのだろうか、この痛ましい気持ちはなにに起因するのだろうか、わからなかった、いやわからなくはないのだろうか、若い、おそらく同年輩の、飲食の店に立って働くという人間が不慮のことで亡くなったということ、大好きな店でそんな悲しいことが起こったということ、大好きな店の僕の見知った人たちがきっと大きな悲しみの中で、それでも立ち続けていること、そういういろいろが絡まってのこの悲しみ、アクチュアリティなのだろう、と思った。人が死んだ、という知らせでこんなふうな悲痛な気持ちになることは僕は滅多になかった。安らかにあってください、というこれは、アクチュアルな祈りだった。重かった。帰ってから遊ちゃんにその話をしたら遊ちゃんもその知らせを見て、不思議なくらい一日中それが張り付いている、と言っていて、言っていた。

ドトールで、日記に関する作業をずっとやって、済んで、済んだら今度は「より効率的に」というよくある発作がやってきて、InDesign上で検索のクエリをたくさん作る作業をした。それを、順繰りに押していくと、日記があるべき形になるような、そういうことのための作業だった。手こずりながら、完成させた。閉店時間になって、戻った。戻って、もうゆっくりみたいで、しばらくパソコンでいろいろ仕事をしていて、9時になった、今日は9時はnensow君と約束があって、CD制作のためにちょっと話し合いをしようというそういう約束だった、大枠の約束しかしていなくて、まあ9時くらい、ということで、9時になったがメールも来ていないし、まあでもフヅクエに来るだろう、と思って放っていたら、そもそもすでにフヅクエにいて、ソファに座っている人がnensow君だった、ねんそう君だった、気づかないものだなと思って笑って、それで店を山口くんにまかせて磯丸水産に行った、店もゆるゆるだし一杯くらい飲んでも構わない、話すのにはもう喫茶店的なところもないし磯丸水産がよかろう、と思っての磯丸水産だった。入ると、ファミリーであるとかがけっこうあって、「おしっこ、おしっこでる」と言って泣きわめいている女の子があったりして、にぎやかだった。壁に据え付けられたテレビ画面を、しゃべることもなくぽーっと見上げ続けているテーブルがふたつあった。

ビールを飲み飲み、いろいろを話した。僕はねんそう君はモヤウを始めてから知り合ったような気がぼんやりしていたが、それは僕の記憶違いで、実際は僕がまだ会社員のとき、ぺパーランドであった多分ドローンのイベントみたいなものに行ったときに、ねんそう君がDJをして、それはドローンのDJで、そんなDJを聞いたことがなかった僕は感銘を受けて終わったあとのねんそう君に話し掛けた、僕はスーツ姿だった、めちゃくちゃよかったです、云々、そこで話が深まっていったというのはどうやったらそうなるのかまるで想像がつかないのだけど、そこで連絡先を交換して、それで直後に二人で飲んだらしかった。モヤウで知り合った、という僕の記憶は完全に記憶違いで、僕のモヤウ時代、ねんそう君は沈潜していた時期で、音楽をつくることもあまりしていなかった、たまにモヤウに行って、ビールを飲んでいた、僕が岡山を離れてからモヤウで演奏をするようになった。阿久津くんとはずっと少しずつボタンの掛け違いみたいな感じがあったけえ、彼はそう言った。それにしても、そうだったかと思って、そう考えると、トーチカだった。全部がトーチカから始まった。トーチカでたくさんの時間を過ごしていたからぺーにゃんやたなさんと知り合った。たなさんがいたから、たなさんのライブを見にペパーランドに行った。ぺーにゃんがドローンやアンビエントをデカダンで流していてそれで好きになったから、ねんそう君の音楽に反応できた。全部はトーチカから始まった。ねんそう君はかおりちゃんと結婚した。かおりちゃん、しほちゃん、みのりちゃん、総社の、岡山県立大学だったろうか、だとしたらデザイン学部の、仲良しの3人の女の子たちを僕も覚えている。デカダンでも会ったしモヤウにも来てくれた。かおりちゃんは今は学芸員をしていてしほちゃんは大阪にいるらしい、みのりちゃんはドイツに移住してなにかをやっているらしくその個展を見に行くというのがねんそう夫妻の新婚旅行だった。そういう全部が10年とかの月日を隔てて、隔てるというかまたがって、またがるというかそれはあたかもドローンのようになんらかのなにかで持続して、ひとつの横断する膜になって、そこにある、というのがとてもプレシャスなものに思えて、感動を覚えていた。いいCDをつくろう、ということになった。

プロセスであり続けること、というのが僕やフヅクエとねんそう君のあいだで通底することだった。プロセスであり続けること、ちゃんとつまずき続けること、その時間をそれとして受け容れること、その時間をただ生きること、手を動かすこと。

思ったよりも飲んでいてビールを4杯か5杯飲んでいた、時間も12時になった、会計をして店に戻って、僕が出たあといくらかお客さんがあったようで、お、一人プラスだし一人足らずだね、射幸心、煽られるねえ、と言って、我はこのまま帰るね、と言って山口くんにおまかせして、ねんそう君と帰った、雨が、そんな予報は知らなかったが、わりとしっかりと降っていて、一緒に歩いた。ねんそう君の宿は池尻大橋ということで、どうやって行くのが一番いいのかわからないが一緒に途中まで歩き、ここ、まっすぐ行ったら、かなり池尻大橋だから、と言って、別れた。いいCDをつくろう。

帰り、酔っ払っていた、しかしバリカンを駆使して髪を切り、そのあとで寝るまで庄野潤三を読んでいた。この頃は春が春らしくないし夏も夏らしくない、年々気候が変わっているのだろうか、というようなことが書かれていて1956年の作品だった。今も昔も気候は年々変わっているように感じるということだけは変わらないらしかった。

千枝は、音楽会に行こうとしていた。

それから後に、千枝は三度、彼女の演奏会に行った。一回は女学校を卒業した年に、あと二回は結婚してからであった。

その時々の思い出が彼女にはある。それは音楽会そのものの思い出というより、その音楽会へ行った時が代表しているそれぞれの時期の思い出である。

都合四回、千枝はこのひとのヴァイオリンをきいたが、その時のことを一つ一つ思い出してみると、そんなにかけ離れてはいない歳月のことなのに、一回一回、違った感じで心によみがえって来るのは不思議なくらいであった。

浮き沈みがあったというわけではなく、一日一日は全く同じことの繰返しのように思われた、変化のない暮しであったのに、こうして振り返って見ると、海の表面の色があるところでは水色に、あるところでは藍色に、またあるところではもっと違った色に見えるのに似ていた。

庄野潤三『ザボンの花』（講談社）p.81

よくて、うっとりとする。語りがこうやって妻の内面に入っていくよさは、語りが語り手というか書き手というかである夫というか父というか作者に徹底して張り付いている『夕べの雲』や『明夫と良二』の良さとはまた違うよさや、ドキドキする感じがあって、読むたびに新鮮で、それでだからうっとりしてそのあとうとうとしたので寝た。

7月16日（火）

朝、雨の中を歩きながらSafariを開くと昨日検索したのが「カリンバ」で親指ピアノみたいなものだという、ねんそう君はこれにギターのエフェクターをたくさんつなげて演奏するのが主な今のやり方らしく、カリンバってどんなだっけ、と思って磯丸水産で調べたのだった、そのページのアドレスバーに今度は僕は「いでこ」と打って、それで個人型確定拠出年金のことを調べた。僕は、資産運用を始めるときに、たぶん一度は調べていたのだけど、60歳まで受け取れない、ということで、そんなのいつ使う必要が生じるかわからないじゃんかよ、と思って、それで選択肢から除外して、ＮＩＳＡもなんらかの理由で除外していて、だからただ投資信託を買う、ということだけをしてきたのだけど、昨日武田さんから阿久津さんなにやってます、ひふみってどうなんです、みたいな連絡が来て少しやり取りをして、今朝見たら、個人事業主だったらiDeCoはやっておくのがいいのでは、みたいなことを金融情報系のメディアにいた友だちが言ってました、みたいなことが来ていた、受信時間は朝5時過ぎだった、遅いのか早いのか、と思ったら昨日は月曜だったからラジオのあとの時間だった、つまり遅かった。それで「そうなのか」と思って調べたら掛け金が全額控除になるということが知れて、え、それって、なんかまったく大きなことなんじゃないか、という気に途端になって、iDeCoか、と思った。先週か先々週か遊ちゃんも重い腰を上げて楽天証券の口座を開設した。そして武田さんも考え出した。これは老後資金2000万円問題の余波のひとつなのだろうか、簡単。

店、着き、ショートブレッド、焼き。

昨日話していてねんそう君と、話していて、その中でペパーで知り合ったことが思い出されて、ペパーランドで、それはきっとかつてのブログに書いているはずだ、あとで調べてみよう、と思っていたので調べてみた、Evernoteの中で「nensow」で検索を掛けるといくつか出てきて一番古いのは２０１０年の12月、31日？　大晦日に何を書いているんだろうと思ったらその年のまとめのブログの一環のようだった、こうあった。

それで、ということでもないけれども月曜日に仕事に疲れ、火曜だったっけな。火曜か。仕事に疲れ、お誘いを受けたので極寒の中で原付を走らせてペパーランドまで行ってライブ見学をおこなって、舞台裏、駅前旅館、nensowの三つのライブを見た。

舞台裏は若い人たちによるスリーピースバンドでコミックバンド風情もありつつ、すごくすごく好感のもてるライブだったのでよかったなー図らずもとか思いながら感心して帰ってから一生懸命なんてバンドだったのか調べてやっとのことでバンド名が判明したのだけど、岡山でやっている人たちというのか、もっとマイスペとかに上げてくれればアクセスしやすくていいのになというのは常々に思うことだけれどもそれぞれの射程の問題かもしれないから特にはいいけれど、いいと思ったものはどうにも、これがいいんですよ、これが！というので伝播されていったら面白いのにと、それは本当に心から思うんだけど射程の問題でもあるのだろう。

そのあとに駅前旅館でやたら客が入って来たから横にいた人に人気あるんですねと言うと岡山の重鎮みたいな人たちだからと言われ、なるほどと見たらこれがもう本当にとてもすばらしくよかった。ポップグループの末裔みたいな音で複雑なリズムをドラムベースギターの人たちががっちりと作ってその中でボーカルの方が早口でやたらめったらに何やらを言い続けるような具合で、精密で力強くてその中であれこれと気が抜けているような、絶妙なバランスの音で、この人たちのライブはもっと何度も見てみたいと強く思わされ、ペパーにいくと、本当に面白いと思えるものといくつも、唐突に出会えるからすごくいい。

その次にこれが目当てだったのだけどnensowさんで、この人はかつてドローンのDJをやっていたときに見てすごくよかったのだけどこの日はDJスタイルじゃなくてなんか座り込んであれこれいじくってのドローンというのかアンビエントというのかノイズというのかそこらへんの音で、持ち時間が20分ということも影響があったのか、音の展開というか飛び道具の発せられるタイミングに性急さが見られる気がしてもっとゆっくり、ゆったり、一時間でも二時間でもやってほしかったのだけど、それでもやっぱり、グォー、ぬぉーなドローンの上で立体的な音像が時に鋭く時に艶めかしく飛び回り、とても興奮した。いいもの見たなあと思い、私はまた煙草に火をつけた。

それにしても、仕事ですさまじく気持ちが塞ぐような、沈み込むような、どうしようもなく鬱屈した時間を過ごしていて、それを払拭というか音の海に流してしまうというか、音の海にさらわせてしまおうみたいな、そんなつもりで見に行ったのだけど、毎度思うけれども音の生成の現場に立ち会うことは本当に何かいろいろを忘れさせて、それからいろいろを開かせてくれるというか端的に救われる。

その後、時間がたち、コピー機の前に立つとすぐわきにあるシュレッダーに紙を全部流してしまいたくなるようなそんな衝動にいつも通り打ち克ち、また時がたち、昨日、誘われたので少し離れたライブハウスまでライブを見に行ったのだけどライブハウスは今までに見たことがないような非常になんの装飾もないというか、なんの取り柄もなさそうなところで、白々と事務所かというような明るさのエントランスを通り、トイレの入り口かというようなドアを開け、それからまた廊下を通り、重い扉をあけるとわりと広い、ライブハウス然としたフロアには人が20人もいないで広いから閑散としていた。

その中でスリーピースのわりとヘビーな感じのバンドがやっていて、その一挙手一投足すべてが本当にださくて、自分とのなんの共通点というか折り合いのつけられる地点を見つけることができないような感じで、ボーカルは歌がうまく、織りなされるサウンドは重厚かつ上手で、時にギターとベースがステージ中央に駆け寄って背中合わせで演奏したり、なんやかんや、すべてがばしっときまっていた。わずかな聴衆の中にファンがいるみたいで、前方の柵にもたれている二人は気だるげにリズムを取りながらも手をあげていて、また、フロア中央の金髪のショートボブのおしゃれな女の子も曲の展開を熟知していなければできないタイミングで両手をあげてピョンピョンとはねていた。

２０１０年、みなさんにとってはどんな年でしたか、僕にとっては云々、音楽ありがとう云々、ＭＣの言葉も話し方もすべてなんかそれっぽく、20人にも満たないような聴衆を前に、おそらくそれが１０００人であっても変わらないような、１００％の力でロックスターを演じ切っていて、演奏の最後にはピックを投げたんじゃないかとすらいっしゅん思えたのだけど、なんというか、ペパーで見たライブの印象もすべてこのバンドの前にはかき消されてしまうような、そんな強い衝撃をうけた。いちばん自分の存在を脅かされたような気がした。

私たちが何か、ださざを回避するために禁忌としているようなものをすべて通り越えて彼らは存在していて、１００％のださの中で１００％の全力を、何にも揺るがされないようなあり方で出していて、いったい、誰こそが笑われるべきなのだろうかと胸騒ぎがどうにも落ち着かずに目はステージにすっかり釘付けにされた。

信じること。無根拠に、やみくもに信じること。不条理さゆえに信じること。

そうあって、これはだから2度めに見たということだった、では初めてはいつなのか、今度は「ペパーランド」で検索をしたら出てきた、同年10月25日。

ペパーランドで「古典能楽と新感覚音楽の共演」というイベントがあったので行ってきて帰ってきて米と漬物となめたけという簡素な食事をとり、この晩とてもエキサイティングな心持ちになったことを後日思い出せるよう日記をしたためることが始められたのだけれども、仕事を早々と切り上げて岡山大学近くの小さなライブハウスに入ると客席はわりと年齢層高めで、お能が見られるというので来られた方々なのだろうけれどもゆっくり見られそうでいいなと、後ろの壁際のスツールに座っていたら開演近くになってから若い人たちがどしどしと押し寄せてきていったい何を見に来た人たちなのかさっぱりわからない。

最初はRroseSelavy / Celineで、この人あるいは人たちのライブは何度も見ているけれども今日は宮沢賢治の「春と修羅」をモチーフにした演奏で、パーカッションの人が参加しているのがいいバランスになっているのか、すごくよくて、パーカッションの人がドラムをはじめとするいろいろな楽器をあやつる姿に見惚れてしまい、パーカッションというのは身体表現なんだなあと、その踊るような動きぶりに感心していた。大学1年だか2年だかの辻堂のスプートニクのときに見たgroupのベーシストの艶やかな身動きを今思いだした。何かを演奏するということはけっこうなところ、あれこれのテクニックを越えて舞踊なんじゃないかとか、そういうことを思いたくなる。どういう音を鳴らすかというよりもどんな動きのバリエーションが、座してパーカッションを前にした状況で取れるのか、それを実験して体験しているかのような、そんな印象を受けた。すごくいい演奏で、続々と入ってくる大学生たちはそういった状況にはお構いなしで会話する、ケータイを開く、等々の行動をおこなっていて図太いものだと感心および寒心していたのだけど、演奏が終わったあとに近くに座っていた男の子たちが「ぜ、前衛的な音楽でしたっ」みたいな演奏を揶揄するようなことを言って笑いあう姿があって、自身の理解というか、枠組みになかったものと対峙したときにもっとも都合がよく、楽なのはこうやって笑いに変換して、それを共有して、要するに意味わかんねーと言って思考停止に陥ることなんだろうなと、それを見ながら思い、そしてそれはやはり貧しいというかもったいのないことで、私は苛立ってそれを後でツイートしていたのだけど、集まった大勢の大学生はやはり即興演奏でも能でもなくて、その間にどういういきさつなのか知らないけれどブッキングされていた大学生バンドを見に来た人たちで、見に来たというよりは応援しに来たという方が合っているような気がするのだけど、実際、彼らの演奏が始まるとMCでどっと笑ったり、頭でリズムを刻んだり、楽しそうにそういったことをおこなっていた。うっとうしくなって外に出た。

それでそれが終わって次が能で、ワキ方の安田登さんという方と笛方の槻宅聡さんという方がマーシャルのスピーカーの前でいくつか古典の作品を見せながら、能についていろいろとお話をしながら進んでいき、能は大学時代に何回か見に行ったことがあったけれどどういったことになっているのか何も知らないままで見ていたからなんかかっこいいなあ動きが、みたいなだけでいたのだけれどもワキというのはたいがい流浪の世捨て人みたいな人で、その人が木とかに話しかけるとシテとなる老人とか女性だとかが寄ってきてあれこれ話して、実はその老人だとか女性はだいたい幽霊だったり神様だったり動物だったり虫だったりするらしいのだけど、らしくて、それであれこれ踊ってくれる、という構造らしくて「へー」と思って、回ることで霊になるだとか、笛のあるフレーズが霊を招くだとか、そういったことが知れてたいへん面白かったし、勉強じゃないけど、何か本読んだりしてみたいなと思った。というかもっとあれこれ見てみたい。

学生時代はプログレバンドを中心に5つのバンドを掛け持ちしていたという安田さんは続けて、物語というのはもののけ系のものなのであれで、という話をされていて、ワキは要するに樹木だとかその土地だかが持つ物語を取り出す役目を持っているみたいなことを言われていて、私は条件反射的に東海道線を思い出す。土地自身が記憶を持ち、物語を持つという、そういう話っていいよねと思うのだけど、それで古典のやつをいくつかやったあとに漱石の『夢十夜』の三夜目をやって、口語能っていうのがあるのかしらないけど新作能っていうのかな、テキストはたぶんまるまる漱石のもので、それがキラキラと粒の細かいライティングの中で妖しく演じられ、小説は読んだことがあるけれどすっかり内容忘れていたのだけどすごい怖い話で、たぶん今日を経たら二度と内容を忘れないだろうなという強い印象を与えられた。細かい照明が壁で這う感じは大量の虫の発生みたいにも見えて、能のことがそもそもわからないからどういうところに能のメソッドが反映されているのかわからなかったけれど、すごく感無量な気分で見ていた。

最後に安田さんと槻宅さんとRroseSelavy / CelineとTest Patternで「夢十夜」と「春と修羅」を即興でやって、アンプによって増幅された二つのギター、ボイス、シンセの中に笛と、分厚い声が混じりこんできた瞬間、本当に未体験のところに連れて行かれる感覚になってもうなんかただならなかった。こんな即興がありえてしまうのかとびっくりしたのだけど今ウィキペディア見ていたら能は即興芸術という項目があったので「へー」と思った。「春と修羅」では安田さんが終盤に立ちあがってステージ上をじっくりじっくりと舞って、激しくも美しい音の渦の中にあるその静かな姿は幽玄で荘厳で、というような紋切り型の言葉しか浮かばなくてそれはとても実状を言い表しきれるものではないのだけど、ただただ、なすすべもなく見続けた。

ステージ上で起きていることもそうだけど、それと同時にこれを見ている客の存在も私を幸福にさせていて、能目当てだろうという紳士淑女の方々、先ほどの大学生の人たち、仕事帰りのサラリーマン、そういった雑多な、ふだん混じり合うことのない人たちが今こうやって同じものを見て、同じ時間を共有し、それでおそらく、その多くが強く感動し、発見し、希有な経験として受け止めているのであろうということが私にはなんだかものすごくうれしかった。

この豊穣な時間がずっとずっと終わらなければいいと思ったけれどもしばらくして終

わった。

それで帰ってきたのだけど、なんか本当にこう、いいよなあというのがあって、これを見て豊かな気分になったからといって私の生活の現状が変わるなんてことは一切ないのだけれども、改めて、芸術というのか文化というのか表現というのか知らないけれど、こういったものは生きるために必要過ぎるし、それらに触れているあいだ、私のうちに血が通うことが強く意識されるということを改めて実感したいい夜だった。

それとともに、私の岡山の生活は二つの店を軸にして形成されていって、一方の店はもはや存在しないのだけど、ペパーのこの夜、私にとって大切極まりない友人であるそのもはや存在しない店の店主と会うこともできたし、その店があったから知り合えたいくつかの懐かしい人たちとの再会があったり、そういった意味でもとてもうれしい夜で終演後、その店で知り合った女の子とばったり出くわして久しぶりだねとか言っていて彼女があれ彼氏ですといって一人の男性を指し、もしかしてＤＪとかやってる人？と聞くとやはりそうで、私はその人の名前を言い当てたし電話番号すら知っていた。というのも以前ペパーでノイズのイベントがあった際にその人が一人異色でＤＪでドローンをやっていて、それがあまりにすばらしかったから終わった後によかったですとか言って話して、じゃあ今度イベントあるときお伝えしますよとか言うので電話番号を交換したといういきさつがあったのだけど、岡山は本当に狭いし、ペパー及びその店周辺の文化圏というか、その狭さと、面白さは私を惹きつけてやまない。こういうことが、こういう夜があると、岡山からずっと離れないでいたいというような気にもなる。というかこういう夜に触れていると、自分がもともと岡山の人間だったんじゃないかとすら思えてくる。

平日、というか週初め月曜とは思えない、すばらしい、すばらしい夜だった。

出てきたかと思ったら出てきてなかったどころかこの日のイベントに登場してすらいなかった。でもかおりちゃんが出てきたし指さされた人としてねんそう君が出てきた。これだけでも見返してなんだか胸が熱くなるところがあった。そして、この安田さんのライブは本当にすごくすごくよかった、けっこうたびたび思い出す。RroseSelavy / Celine とTest Patternとか、やばい、懐かしさでなにかが崩壊するようだ、たなさん。

それにしても、書かれていないのだろうか、それは。少し探しにくそうだったが、「ドローン」で検索をした。するとやっとあった、２００９年の９月12日のエントリー。

昨夜はそれで会社終わってから友だちの写真展を見て、それからライブを見てきたのだけれども見たかったのは一つだけでそれが終わったら帰るだろうと高をくっていたのだが、けっきょく６組くらいだったか、最初から最後まで全部見てしまったので自分でも驚いたしそりゃお腹もすくだろうと納得した。

昨夜は一人目が、とかなんとかいちいちどんなだったか説明したくなるくらい、昨夜はどの人たちも面白かったのだけど、一人目が、なんかわからないけどギター持ってたけどたまに弾いてた気もするけど後ろ向いてなんかいじってブオーン、ブオーン、という圧力の強い低音と、耳鳴りみたいなキーンという音をベースにうんぬんしていたけど、その音圧がびっくりするくらいで、体中を圧してきて呼吸するのにちょっと難儀するほどだった。すごい気持ちよかった。

二人目はギターの方で、ハーシュノイズというらしいのだけど話したらやたら難しいこと考えながらやってらしたみたいで、納得していない様子だったけど、私はひたすら美しいものを聞いた気になって気分よかった。

三人目はフロアにビール瓶の箱みたいの置いてそこに座って壁に映している映像を見ながらなんか機械をいじるのだけど、映像に音がひもづいているのかその逆なのかわからないけど、ガチャガチャした映像とバキバキのオーテカをもっと無意味に暴力的にした感じのノイズがかっこよくて、見入った。頬杖をつきながらつまらなそうに機械をいじっていた。

四人目は四台のターンテーブルを使ってここでいきなりＤＪなんだと思っていたら重めのドローンのＤＪで、誰も踊っていなかったから私も椅子に座ってぐらぐらするくらいだったけれども、ああいう音で踊りたいんだと、やっと出会えたなーと喜んだため終わったあと話しかけて知り合うことにした。

五人目は若い男の子のギター二人となんか座ってちっちゃな機械いじってる人たちで、緊張した。

六人目はリュックしょってチェックのシャツ着た男性で、いきなりどんと足でエフェクタ踏んでドバーって音出たと思ったら体バッキバキに動かしながらひたすら叫びまくり、2リットルのペットボトルを手にしたからここで水分補給かと思ったらフロアに投げつけ、うわ、とドキドキしていたらエフェクタとかが入った箱をまた思い切りフロアに投げつけて終わった。ふだんとてもにこやかな人らしくて、とてもよかった。

最後が若めの男性で、弾き語りで、このイベントで最後この感じなんだーと不思議に思っていたら3曲くらいやったあと立ち上がりスピーカーに近寄りけっきょくノイズで、直前の投げつける人も参加して再び叫びまくり、この日いちばん情動的な場面だった。他の人たちはどれだけうるさい音出しててもたたずまいはひたすら静謐というふうだったけれども、この二人のノイズはパッションだなーというふうだった。投げつける人がマイクスタンドをギター弾く人にぶつけたところ、ギターの人、邪険そうに払いのけたと思ったら今度はギターを思い切り投げつけて、それでその日のイベントは終わった。同じノイズといってもいろいろあるんだなーと感心しながらラーメン食べに行き、とても充実した気になった。めかぶをよく食べているのだけれども、同じようなぐあいにノイズも体を浄化してくれる気がする。

２００９年。10年。漢数字なんだなあ！　というところにまず驚くというか、どうしてそういう書き方を選んでいたんだろう、と思う。この頃は一人称は「私」だった、それは意識的というか最初女性として書き始めたブログだったからそういうことだった。「私のように美しい」というのがブログのタイトルだった。全部が懐かしく、遠い。

店の時間になって働いた、雨だし誰も来ないかなと思ったらそんなこともなくむしろ平日の出だしとしてはいい調子で、ありがたや、と思いながら、オーダーをこなしつつ、さつまいものおかずとナスとピーマンのおかずをこしらえたりして、一人でバタバタ忙しく働いていた、雨は夕方になって小雨になって、それから止んだ、止んだと思ったらまた降り出した、さっきのその止んだ状態を「小止み」と呼ぶということでいいのだろうか。今まで小止みを小雨の意味だと思っていた、今調べたら違うよということを教わった、どこかで小雨の意味で小止みと使っている可能性があったがだからそれが成長ということだった、それは本当だろうか。

今日も一日中ねんそう君のドローンが流れていてもう数週間これだけが流れている。昨日、２時間くらいねんそう君がフヅクエで過ごしていたあいだ、慣れるまで自分がつくった音楽が流れていることに対して緊張したと言っていた、しばらく集中して聞いていたということだった。すごく、作品に対して失礼だなと思いつつなんだけど、最初の2分間くらい。あ、やっぱそうだよね、早いな、って。あ、気づいた、すごいなやっぱり気づくのか。この60分の作品の最初の2分くらいはフヅクエの建物の屋上で録音した環境音が流れていてそれはボリュームが小さくて、店で今のボリュームで流すには小さく、スピーカーからほとんど聞こえないくらいだった、さすがに2分間のほぼ静寂というのは僕は作りたくなくて、それもあってiTunesの設定で開始時間をいじれたから、2分のところから始めるようにしていた、ねんそう君もつくるときに最初のところのボリュームに関してだいぶ悩んだらしくて、だからとても意識的な、判断されたものとしてあのボリュームがあったから、すぐに気づいた。また、店内で録音したという本のページをめくる音が随所に入っているということだが、僕はまったく聞こえたことがなくて、そのボリュームもいろいろ思案した結果ということで、すでに空間にある音をそんなにはっきり入れる必要はないだろうということでのそれだった。たしかにそうだと思いながら、これをCDとして買って、家で聞く、よそで聞く人のその環境を考えたとき、ある程度「あ」と聞こえるくらいにするのがいいのか、あるいは意識にはのぼらないけれど何かがかすかにキャッチされるというくらいがいいのか、判断が難しいところだよね。

そこんとこ、最初のところも含めて、ちょっといろいろ調整してみるけえ。ねんそう君が音の調整をして、僕がジャケットを開いたところに載せるための文章を書く、それがそれぞれのやることになった。タイトルは「fuzkue」になるだろう。楽しみで、とても楽しみだった。

暇な日で、InDesignでメニューをいじるであるとか、『森は考える』を読むであるとか、そういうことをしながら過ごしていた。紅茶をいつも買っている店のウェブサイトを、どうして見たのだったか、見ると、求人のリンクがあって、見た、そこで「待遇」のところに「有給休暇制度（アルバイト／正社員）」とあって、ほう、アルバイトでも有給、と思って、あれ、有給って、と思って、有給休暇について調べたら、そうかそうだよなアルバイトも有給ってあるんだよな、なんかうっすら知っていた気になっていたけれど忘れた顔をしていたな、と思って、調べるのを続けた。勤務開始半年から発生するようで、山口くんは11月からだからすでに権利を取得していたことがわかった。有給、取ってもらわないと、と思い、しかし週3日4日でシフトで働く中で「有給を取る」というのはどういうものなんだろう、と思って、休みますとかじゃなくて、月1日取得してもらう建前にして給料に有給休暇分の金額を足すという運用はどうなのかな、と思ったら、厚生労働省かなにかの資料のQ&Aみたいなところで「年次有給休暇を買い取ることは可能ですか。」というQがあってAは「年次有給休暇の本来の趣旨である「休むこと」を妨げることとなるため、買い取りは法律違反となります。」とあって、それってシフト勤務の場合はまずシフトを一日余計に入れてもらってあとで「この日は有給取ります」「かしこまりました」っていう小芝居みたいなことをしないといけないということなのだろうか。応相談。「応相談」ってwww 待遇であるとかのところの応相談ってなんなんだろうなと思う。なんだか偉そうというか、応じますよ？ という。「相談させてください」だろう。乞う相談。

なんにせよ、お金って掛かってくるなあ、と、ちょっと重い気持ちになった。こういうことを積み重ねていくと、ちょっとそんな売上に連動してお給金アップしていこうぜみたいな遊びも、というか、遊び心みたいなものを持つことも、しにくくなっていったりするのだろう、あるいは今考えているよりもバーの設定を上げていくというような。そしてそれこそ福利厚生で本を支給とか、削っていきたくなったりもするのだろう。遊びは本当に大事で、遊びじゃなくなったら仕事なんかじゃないはずだから、遊びは本当に確保しないといけない。必死に遊びを守らないといけない。がんばらねば。がんばるとは？　ずっとがんばるということがどういうことなのか知らないまま生きてきた気がする。

環世界。帰り、『森は考える』。環世界という言葉を久しぶりに見た気がして環世界という言葉は大学の何かの授業で知ってときめいたそういう言葉だったことを環世界という言葉を見るたびに思い出すところがあってそれがなんの授業だったのかは思い出さない。面白い、ような、気がしながら、難しく、遠く、手応えがなく、２００ページくらいまで読んだけれど、これは、俺は、と思い、寝た。早めに帰れたのでようやく風呂に入れた。

7月17日（水）

いつもの時間に起きて店、コーヒー。11時から取材。「本を読むのがお好きなんですか？」「文章を書くのもお好きなんですか？」という質問があって、「あ、そうですね、好きというか日常的に読みますね」「あ、そうですね、昔から書くのはなんか好きですね」と答えていて、答えながら「それ聞く？」と思っていたけれど、「それ聞く？」と思っているその思い方の中に傲慢な気持ちがあることを感じはした。いや、でも、それ聞く？とはやっぱり思うが。

終わり、山口くんに昨日思いついたというか発覚した有給の話をして、月一日、取得、とういうことでやっぱりいいんじゃないか、という話になった。こういう運用の仕方で正しいのかは、わからないが、双方納得したらそれでいいと僕は思ったがどうか。

そのまま新宿に出た。伊勢丹にまず行って、モルトンブラウンコーナー直行でハンドウォッシュをふたつ買った。伊勢丹のモルトンブラウンコーナーを守るのはもう何年も前から同じ男性の方で、今日もナイスな方だった。一階に上がると、伊勢丹がいつもより静かに見えた。いろいろな場所でたくさんの人が化粧品であるとかを試していた。なにか尊い気持ちになった。尊い気持ちになったのは地下一階のエスカレーター付近のところに本の販売コーナーがあって、そこで、そういえば、と思って、先日花田さんに教わった、面白そうと思った、『美容は自尊心の筋トレ』を思い出して、ちらっとうろっとしたが見当たらなかったがそれを思い出していたからかもしれなかった。自尊心の筋トレというのは、素敵な言葉だった。


出、飯、食いたい、丸亀製麺へ。行くも行列ができていたので後にすることにして踵を返して紀伊國屋書店に。一階を少しうろうろして、広島カープ特集の『Number』を取って二階へ。ルシア・ベルリン『掃除婦のための手引き書』を取った、それからラテン・アメリカコーナーに行くと「フィクションのエル・ドラード」で新しいやつが出ていることがわかったが、また今度にすることにした、今日はそれでおしまいにしようと思っていたがキャンペーンじゃなくて、書店の、展開、特設、じゃなくて、なんだったっけ、キャンペーンじゃなくて、コーナー、エレベーターの扉の横のところで数社合同のノンフィクションのあれがあり、それを見ていたら、あ、フェアだ、数社合同のノンフィクションのフェアがあり、それを見ていたら『酔っぱらいの歴史』というのが目に入って手に取ったら面白そうで、青土社の本だった、僕も、酔っ払うことが、というかお酒が、好きで、お酒は、いいよなあ、という気持ちが日々あって、だから興味があった、読むことにして、それらを買った。お金をあまり持っていなくて、カードで払った。

丸亀製麺に再度アタックし、時間がずれたら様子はもちろん変わってすぐに入れてうどんをたらふく食べて、満足した、時間が少しあって、やっぱり本来であれば丸亀製麺、紀伊國屋書店、という順番があるべき順番だった、そうしたら、その少しあった時間というのは紀伊國屋書店の二階の窓際のカウンターのところで潰したらよかったからだった。しかし僕はすでに紀伊國屋書店を済ませた身として丸亀製麺におり、そこからまた時間を潰すためだけに紀伊國屋書店に戻るのはバカげていた、地上に上がった。交差点は晴れていて人が、信号の色が変わるとともにわーっとゆっくりした雪崩のように動いた。

エクセルシオールが見えたので入り、レジを待ちながら、見ていると、もうスタバとどう違うのかわからないな、と思った。もう、というか以前からかもしれないけれど、どうしてここまで画一的になるというか、寄せるんだろうか、どうしてこんなに定型化されていくんだろうかな、というふうに思われた。アイスコーヒーを買って上の階に行って、適当な席を取って喫煙室に入って一服をおこなった。おこなっているとお店の人が入ってきて片付けをして出て行って、それがずいぶん勢いのある動きで、もちろん、非喫煙者であれ喫煙者であれ業務として煙のきつい中に入らないといけないのはきついことだろうということはわかるけれども、その恨みや怒りみたいなものを体現したような荒い動きで、笑った。エクセルシオールはずいぶん広々とした感じで、なんだか気持ちのいいエクセルシオールだった、そこで『掃除婦のための手引き書』を読み始めて、コインランドリーでインディアンの男であるトニーと出会っていた。隣の席の隣の席に3人が来て、僕がいたところはソファと椅子が対になっている2人がけの席で僕の隣はソファでソロの男性で、その向かいの椅子が空いているというので3人組が、若い男女のようだった、3人組が「これいいですか」って顔と声を向けるのだけど、イヤホンをしてスマホを凝視している男性はそれに気づかないみたいで、二度、三度と声を掛けるも反応がないから、3人組は「あれれ」という感じで笑いながら、ゆっくり、椅子をもらった。本当に気づいていないのだとしたら、ここまで気づかないというのが怖かったし、気づいていても反応していないのだとしたら、ここまでコミュニケーションを断っているというのが怖かった。名歯科医の祖父と孫娘が、いいコミュニケーションを取っていた。時間になったので出た。通い合いたい。

向かったのはすぐのところにあるらんぶるで地下に続く階段を下りた。地下は初めて来た。地下にどうしてこんな空間ができたのだろう、今ではきっとこんなふうな空間は作れないだろうなという贅沢なつくりの空間が拡がっていて、見渡して、適当な席についた。打ち合わせで、先方の体調不良で延期になった打ち合わせだった、2週間がそれから過ぎて、猶予をもらっている、という感覚があった。「プールに入る前みたいな気分」と店を出る前に山口くんに言っていた。プールに入る前みたいな気分だった。これから泳ぎださないといけないんだよな、という、そういう、前の時間。

それで来られるのを待っていると隣のテーブルに若い男性たちが座って、ひとめぼれの話をしていた。電話番号を聞くとか名前を聞くとか何もしなかった、なんにももう、ゼロ、ノー状態。このあいだのツーデイズは行ったの？　そう、それで、すぐ行くしかないなってことになってまた会うには、それで、行ったの！

平野さん綾女さんが来られ、それで、綾女さんとはおひさしぶりですの、平野さんとははじめましての挨拶、打ち合わせ。途中途中、店全体のにぎやかさに負けて向こうの話している声が何度も聞こえなくて、打ち合わせってやっぱりスムースな会話が担保された場所でやるべきだな、と思った。それはどこか。オフィスなんだろうな。

2時間くらいあれこれと話して平野さんのお子さんも綾女さんのお子さんも電車が好き、子どもは電車が好き、ということが言われ、なんでだろうな、と考えていた。お二人は動くもの、と言っていたが、大きさ、過剰さ、そういうものなんじゃないか、大人は慣れてしまっているからなんでもないけれど、電車の走行音であるとか、止まる音であるとか、いちいち、それは異常な音を世界にもたらしているのではないか、彼らはその異常さをちゃんと異常さとして感知できているから好きなのではないか。その異常さ、過剰さ、それから硬さ、大きさ、そういうものなのではないか、と思ったが、どうか。

お二人とも、初稿というか、まったくいろいろなところが滑っていると今の僕には感じられるその原稿をしっかりと読んでくださっていて、面白がってくださっていて、心強かった。感心というか感嘆というか感激というか、すごいなと思ったのが平野さんが今現在の目次案と初稿を突き合わせてこのトピックはすでに書かれているこれはまだ書かれていないというのをマーカーで引いていたところで、すごいな、と思った、いい話ができた、印税とかの話を聞いて、これそのとおりに行ったら人件費に充てられるな、と思ったらやる気が湧く感じがあり、それがモチベーションになるんだな、と思っておかしかった。

終えて外に上がると、まだまったく明るくて、今日は地下に下りては上がることを繰り返しているような気がした。

家に帰った。新宿を離れ、家に近づくにつれて、まだ大通り沿いを走りながら、なんて静かなんだろう、なんて違うんだろう、と思っていた。帰ると遊ちゃんももう帰っていて、ビールを飲みながら、なにかラジオみたいなものを聞きながら、パソコンとiPadの前で仕事をしていた。今日は俺は茄子のカレーをつくるの、と言って、必要なものは青唐辛子とパクチー。そろそろ仕事が済むから一緒に買い物に行こう、ということになり、あ、それなら、というか、投票行こう、となり、え、しかし、どこに入れたらいいんだろう、と二人して慌てていろいろ調べ始めて、それでそれぞれ投票先を決めて、出た。

夏の終わりみたいな、ふとなにかがそう感じさせる気候で、気候ではなかったのかもしれない、なにか目に入ったものがなにかだったのかもしれない、夏の終わりみたいな気に一瞬なって、静かな住宅街を歩いていた。コンクリートの塀だけがたしかに残っていて敷地の中は鬱蒼と植物が、というか大きな木も、生えている、緑に溢れた家というか元家があった、見慣れない場所だった、期日前投票のところに入るとだだっ広いところに職員の方というのか係の方が4人くらいいて、他には誰もいなかった。僕はなにも持っていなかったので住所であるとかを記入して、それから二つの用紙に名前を書いた。書いてみると、それが馬券みたいに思えてきて、レースに参加した気が出た。


スーパーに寄って二人でビールを飲みながら帰ると茄子を買い忘れたことに気づいて茄子を買いにもう一度スーパーに行って、それから次のビールを飲んでミックスナッツを食べた。なかなか料理をする気が起きないらしくて、遊ちゃんが読んでいた絵本を見て、よくて、雨の日の絵本で、これはいいなあというもので、ビールを最後まで飲んで、料理を始めた。雨、あめ。

茄子のトゲトゲのところを取って爆発しないように竹串で穴を開けて、グリルに並べて、焼いた。焼いているあいだに、油を引いたフライパンでクミンをあたため、あたたまったらみじん切りのにんにくを入れ、香りが立ったら生姜と青唐辛子とパクチーの茎のところを刻んで入れ、それから玉ねぎを入れ、塩をまぶし、強火で飴色にしていった。なかなか飴色にならないものだなと思いながら、茄子をまっ黒焦げになるまで焼くことが気を大きくさせたのか、多少焦げてもいいな、という気がいつもよりもして、強火で強気で玉ねぎを炒めていった、ある程度になったのでトマトを入れて、遊ちゃんが追加のビールを買いに出た、トマトを放置してベランダで一服した、戻るとトマトはいい調子で、触れたら崩れるくらいの状態になるまでまた放置した、放置して、たまに混ぜて、そのあいだに茄子も真っ黒に、ぷにぷにになったので上げて、粗熱が取れたら皮を剝いていった、途中途中で食べて、焼き茄子のいい味だった、トマトがよくなってカレーパウダーみたいなものを入れて、塩も足して、ルーを完成させて、ぷにぷにの茄子をざっくりと刻んで、入れ、パクチーのいくらかをまた入れた、しばらく火にかけながら混ぜて、完成だった。

冷凍のご飯を温めて、そのときにオバマの演説のときにトランプ支持者が罵声かなにかを浴びせたときのオバマの対応がものすごくスマートで、その動画を見た話を遊ちゃんにして、それで話しながら思い出したのがひと月前くらいに見た能町みね子のツイートで、クソリプみたいなものに対してのリプで「あなたのツイートを見たら徹底的にリプライしかしていない。私みたいなのはともかく、NHKニュースやヤフーにまで、つまりテレビ画面のような絶対に返事がこないものにまで話しかけている。誰かと話したいのをそんなに我慢しているのはよくない。現実で誰かに話しかけたほうが絶対にいい。」とツイートしていてそれに対してまたなにかのクソリプがついて、今はクソリプはいずれももう消えていた、それに対して、「あなたの意見には正直何の興味もないので、そういう意味ではあなたの求める会話をする気はない。私はただ、ニュースやヤフーにまでリプライを延々送り続けるあなた個人に興味があるので。趣味は何ですか？　よければ年齢も教えてほしいです。」とリプライを飛ばしていた。この対応方法というか戦い方ってえげつなくそして有効なような気がして、ぞっとするえげつなさが、あるな、と思った、その話をしながら、盛り付け、食べた。バカウマ。残ったやつを明日山口くんに持ってってったろ、ということになった。

のんびりとしたものだった、のんびりとして、眠くもなって、もう少し飲んで、僕は酔っ払うのが楽しいな、それで『酔っぱらいの歴史』を読み始めた。最初からとてもいい肩の力の抜け方で最初からとてもよかった。えへらえへらと、いいねいいねと思いながら読んで、12時になるかならないかくらいで寝ていた。

7月18日（木）

ツイッターで見かけて「ふむ、放火事件」と思っていたら時間が経つにつれて大きな事件であることがわかっていって、やりきれない気持ちがどんどん大きくなっていった。なんなんだよ、というような。なんで、被害に遭った人たちは、こんな目に遭わないといけないんだよ、というような。周りの親しい人たちや、親御さんであるとかの、気持ちを想像しようとしたら、きつかった。言葉を失うし、失われた言葉は取り戻されるべきなんだろうか。どんな言葉が、ありうるのか、わからなかった。

店、仕込みがいくつかあって真面目に働く。味噌汁をこしらえて人参とひじきのおかずをこしらえてトマトを焼いた。夕方までしっかりと働き、山口くんが来て、外であれやこれやと話してバトンタッチをした。荷物がやけに重くて、リュックに靴が二つ入っていた。雨靴。運動靴。パドラーズコーヒーでアイスラテを買ってスポーツセンターに行って、ラジオをおこない、それから走った。「オンプラ」を聞いていた。そこでゲストでボーカルの方が登場していたなんという名前のバンドだったか、バカンス的な、なんだったか、カリカチュア的な、カリカチュア・バカンス的な、その音楽がとてもよくて、しかしもう名前が思い出せなかった。走るのは最初の10分が疲れて、次の5分は快適で、次の5分は時間が進まなくて、残りの10分は疲れるし時間も進まなかった。30分走った。

家に帰って、それから遊ちゃんと出てフグレンに向かった、駅の踏切が開かずの踏切になって、待っている人たちを数えていったら両岸で100人は超えていたように思って、途中で待ちすぎて眠りそうになった。小田原へ。新宿へ。唐木田へ。新松田へ。帰ったり、行ったり、していた。

フグレンで日記を書いて、それから文字起こしをしていた。文字起こしは、イヤホンをして音量を最大にしないと聞きづらいことがわかり、そして最大にするとさすがに漏れることがわかり、やりづらいことがわかり、家に帰ることにした、雨が降っていた、遊ちゃんは、京都の事件を受けて動揺していた、雨に二人で、濡れながら、特に僕は靴が、濡れる、濡れながら帰り、途中で夕飯を食べて、帰った。遊ちゃんが、ショックを受けながら、それでも悪い食べ物を口にしようとするようにスマホやタブレットを開こうとするので、やめておいたほうがいいよ、今は遮断しておいたほうがいいよ、そう言うと、布団に体を倒して、寝た。
僕は文字起こしを続けて、最後のほうがノイズが大きくなって、聞き取りづらく難儀した、どうにか最後まで終えた。

それからウイスキーを飲みながら、『酔っぱらいの歴史』を読み出した。飲酒。飲酒と嘔吐。飲酒と嘔吐とセックス。古代エジプトの飲酒事情。「何らかの理由で、嘔吐は宗教的に必要なことと考えられていたらしい」、「念のためビールには、嘔吐を誘発する薬草が混ぜられていた」、ワイルドな、飲酒。

7月19日（金）

ちょっとツイッターを開いているときつくなってくる。

夏のような日で、まるで夏みたいだ、と思ったが、夏だった。店行き、昨日は忙しい夜になったみたいで山口くんも「祝」みたいな絵文字をつかって伝票を送ってきていて、しめしめ、と思った、つまり、射幸心、というか、店の喜びが山口くんの喜びというか楽しみに連動する感覚が徐々に、芽生えつつ、あるだろうか。だとしたらしめしめというか、同期というか同調できていたほうが僕にとっても楽しい嬉しい心強いというかより仲間感が出るように思えて嬉しいから嬉しかった。

冷蔵庫の中をよくよく検分すると開店前にやらないといけない仕込みというものはなさそうで、文字起こしをしたものの推敲をすることにした。これを済ませて、そして、というのが僕が踏みたい段階みたいで、だから急いでやるべきだった。でもそうなのか？　優先順位の付け方、間違っているんじゃないのか？と思う。というか、宿題を抱えることを僕は苦手にしすぎている。進研ゼミの要領で月初一日で全部済ませるみたいなそういうふうにいまだにしたいと思いすぎている。これを改善するべきなのではないか。こつこつ、一日ずつ。しかしそんなやり方を俺は、できるのか。

開店してから、ちょこちょことお客さんがありながら、推敲をして、済んだらグーグルドキュメントに貼りつけて花田さんに送った。

送ると、よし、完了、しばらく花田さんのターン、という気になり、平野さんが昨日送ってくださっていた進行表であるとかが添付されたメールに返信をした、その中で、相談として、これから毎週木曜日にその一週間で書いた分を送りつけていくというやり方をしたいのですけれどもいいでしょうか、リアクションは不要なので、締切と宛先による緊張感がほしいので、ということを伝えた。この、毎週決まった日に送るというのは花田さんとの話の中で教わったことで、あるとき編集者の方から突然「これから毎週木曜に6000字ずつ送ってください」という指令が来て、それでやっていった、いつの間にか完成していった、ということで、それはすごいなあ、と思ったその方法をこちらから提案した格好だった。曜日まで倣った。でもたしかに木曜かなという気はした。分量は6000とは言わなかったから何文字でもいいことにはなるが、いずれにしてもそれはとてもいいやり方に見えた。ただ、編集者の方からすると毎週送りつけられるというのも仕事が増えて大変かなというところもあって、相談という形だった、すぐに返信が来て、快諾いただいた。快諾いただいた瞬間に僕の中に芽生えたのが「じゃあ送りつけるようのフォーマットつくろ」ということで、InDesignが開かれた。笑った。四六版のサイズにして、『圏外編集者』を取ってきて、数えてみると41文字×15行というそういうあれで、なのでそれで組んで、それから目次をなんだかとても目次らしい感じのものにしよう、という、そういう作業をおこない始めた。笑った。夜はだんだんと忙しくなっていって、けっきょく金曜日的には大満足という数字に落ち着いた、だからそれはけっこう忙しい金曜日だった、その中で、チーズケーキを焼いたり他のことをやったりもしながら、隙間、隙間でInDesignを触って、できた、できると、「できたｗｗｗ」

という気持ちになってバカみたいで笑った。でも、だから、そうやって本みたいな体裁のフォーマットを整えてみると、気分が盛り上がるところがあって、よっしゃーやってやるぞ、という気には、なった。来週の木曜日は「この体裁を整えるので時間が取られて今週はほぼ書いていませんが！」みたいなことになりかねなくて、バカみたいでよかった。どうなるか。

閉店後、カープ特集の『Number』を読みながら飯。鈴木誠也、大瀬良大地。帰って『酔っぱらいの歴史』を読みながら酒。古代中国、聖書。イエスは大酒飲み。

7月20日（土）

昨日の時点でご予約が10くらいあったため、仕込みもいくつかあるし、早めに行こう、と思っていても起きるのはいつもの時間でそれも精一杯というふうだった。朝は眠い。

昨日柴崎友香のインタビュー記事を読んでいてそのあとツイッターでその記事を紹介するツイートを見かけてそこで「ここで言っている共感というのは佐久間裕美子さんの本を読んで見たエンパシーに近いと思います」みたいなことが言われていて、と思って確認をしに行ったら佐久間裕美子ではなくてブレイディみかこだった。僕はそれで思い出したというか僕は佐久間裕美子の本でエンパシーという言葉に触れてそれがすっと馴染んで、今まで共感という言葉が使いづらかった、共感には一体化みたいなものを感じて僕には少し勇気のいる言葉でエンパシーはあくまで他者であるということが、距離が、前提になっていて、それがすっと馴染んだ、それ以来の気がした、なにか悲しいことが起こったときに、今までよりも感情が粟立つようになったというか、悲しみと呼んで差し支えのない感情を感じるようになった気がした、それは、エンパシーという言葉を得たことによることのような気が、昨日柴崎友香のツイートを見ながら、していたな、と今朝、思った。

GEZANを聞きながら仕込み。ZANGEだっけ、ZEGENだっけ、ZAZENだっけ、となるというか、「GEZAN」がいつもすぐには読めない。GAZENというのもいいな。ほうれん草を湯がいてかぼちゃを切った、かぼちゃを切るときはいつも自殺未遂をした俳優のことを思い出す、手首を切った、かぼちゃを切っていて誤って切った、でもそれが真実なのかもしれないぞ？　かぼちゃを切ることはたしかにリスクを伴うものだった、ともかく、それを思い出し、気をつけよう、と思いながら切るのがかぼちゃという野菜で、そのあとに赤唐辛子を割って種を抜いたその手で目のあたりをこすってしまったらしくしばらくのあいだヒリヒリとしていた。

緊張感を持って店を開けたが存外にゆっくりした始まりで、でも頭はもう忙しいと思い込んでいるからフルスロットルで動いて、ふと止まってみると「あれ、ゆっくりスタートの休日では?」ということが知れた。ご予約の時間が分散されていて、12時から3時半のあいだでまんべんなく入っているという状態で、そしてご予約の方以外はほとんどなかったから、ゆっくりだった。

ひたすら、働き、朦朧とし、11時になって座って、ルシア・ベルリンを読んで残りの時間を過ごした。

ある夜、テレグラフ通りの家で、ターが寝ていたわたしの手にクアーズのプルタブを握らせた。目を覚ますと、ターはわたしを見おろして笑っていた。ター、テリー、ネブラスカ生まれの若いカウボーイ。彼は外国の映画を観にいくのをいやがった。字を読むのが遅いのだと、あるとき気がついた。

ごくたまに本を読むとき、ターはページを一枚ずつ破っては捨てた。わたしが外から帰ってくると、いつも開けっぱなしだったり割れていたりする窓からの風で、ページがセーフウェイの駐車場の鳩みたいに部屋じゅうを舞っていた。

ルシア・ベルリン「掃除婦のための手引き書」『掃除婦のための手引き書　ルシア・ベルリン作品集』（岸本佐知子訳、講談社）p.49, 50

表題作のこれが、とても、ずっと、とてもよくて、乾いたスポンジが水を吸うみたいな調子で喜びが体いっぱいにやってくるようだった。

7月21日（日）

店に着いて30分くらい時間が取れることがわかって、「そうしたら賢明にも原稿書きを始めようかな」と思ったところ、ツイッターで見かけたおばあちゃんがゲームをする動画を見始めて面白がっていたら10分経過した、そのあと「そうしたら原稿書きを始めようかな」と思ったところ、「あ、目次にリンクをつけよう！」と思い立って、InDesignを開いてハイパーリンクの設定をやり始めた。愚かだと言うのは簡単だが準備は大切だった。木曜日の提出に僕は何を送るのだろうか。「今週はこのフォーマットを作るので精一杯でした！」みたいなことにならないといいのだが、と思いながら、店を開け、ゆっくりした始まりだったので「あ、余計なHTMLタグが残っているな、きれいに整えてあげないとね」と思ってそういう作業をしていた。

プールに入ることに怯んでいる。

プールサイドで入念に、過剰に入念に、ストレッチをして、ストレッチをして、ストレッチをする、というような先延ばしをやっている感じがする。それにしても、原稿を書いていくことが決まってというか、銅鑼が鳴って、鳴ることはわかっていたが、鳴って、いや鳴る前からだ、打ち合わせをする日が銅鑼が鳴る日になることがわかってから、僕は怯み、恐れていて、またいっぱいいっぱいになって頭を抱えることになるのが目に見えていた。自分の気分の沈みを考えるとそれだけで気分が沈みそうだった。2年前、しかし、2年前は今よりも忙しかったのではないか、この原稿のもともとのものを書いていたのが2年前、2017年の4月から7月の4ヶ月間で、そのときは今よりも店に張り付いていないといけない時間が長くて、大変だったのではないか、その状況でしかし書いた。休日のたびにファブカフェに行くみたいなことから始めて、早起きをして書いてみるみたいなことを試したり、しながら、最終的には店の時間の隙間隙間で書いていったのだった、そういう記憶があった、しかし本当だろうか、かつて、どうやって書いていたんだろうか。そう思うと、「参考にするために日記を読み返そうかな！」というプールサイドでの過ごし方を思いつき、笑った。笑ってから、気づいたら原稿に向かっていた。なめらかに始まった。

次第に忙しい調子になったりしながら、そう忙しくもなく、立ち働いたり、座って書いたりを繰り返していた、なにも日曜日に始めなくても、と思ったが始まったものはしかたがなかった。夕方までおしまいになるような日で、それまでいた方々がほどけるように帰っていくと、そのままお客さんの数は減っていくだけだった、夜はからっきしだった、6時に疲労と眠気が一挙にやってきた、7時ごろから悲しみが今度はやってきて、選挙関連のニュースであるとかを見ていたらやるせない気持ちというか、どんなことを期待していたのかわからないが、投票率が5割を切る見通し、というものを見て、見てだった。昨日、自民党の得票数というのは有権者数比で言えばずっと20％を下回っている、16から18％くらいでずっと推移していて、それは政権交代になった大敗のときもそのあとの大勝のときもずっとそのくらいで変わらない、それを見て、なるほど、投票率が上がりさえすれば、ということか、と思い、それはちょっとした希望に見えた。今回そうなるとは思っていなかったつもりだが、でも前よりも低くなる、ずっと低くなる、というのはショックで、いや、昨日、昨日だったかおとといだったか、蓋を開けてみたら全然投票率も低くて、ネット上で盛り上がっているように見えた候補者たちは余裕で落選して、本当に自分に見えている景色というのは本当に本当に偏った一部の小さなものなんだなと突きつけられるんだろうなとヘラヘラと思っていた、思っていたのだけど、投票率が大きく下回るというのは、なんだかけっこうショックだったらしかった。なんだこれ？と思って、なんなんだよ、これ、と思って、それから数時間、仕込みをしたりやることをやりながら、どんよりした重い気持ちでいた。なにを人は望んでいるんだろう、どうやってそれを想像したらいいのか、わからない、というような気持ちだったが、本当に想像したいと思っているのかもわからなかった。麻婆茄子みたいなものをつくって、おいしくできたので嬉しかった。

10時、座る。お客さんはもうおひとりだけで、仕事も済んで、であるならば原稿に取り掛かってもよさそうなものだったがそういう気は起きなくて、あべこべという感じがあった。日中のやる気はなんだったのだろうか。やる気ではなくだから動きだった、動いていたからできた、そういうことだった。明日以降、どうなるだろうか、どうやるだろうか。本を、今日は本を、開いた。閉店前のこれは、定番になるのだろうか、ルシア・ベルリン。

暗い部屋で二人きり、レントゲン技師が来るのを待った。わたしは馬にするみたいに彼をなだめた。「どうどう《カルマテ》、いい子ね《リンド》、どうどう《カルマテ》。ゆっくり《デスパチート》……ゆっくりよ……」彼はわたしの腕のなかで静かになり、ぶるっと小さく鼻から息を吐いた。その細い背中をわたしは撫でた。するとみごとな子馬のように、背中は細かく痙攣して光った。すばらしかった。

ルシア・ベルリン「わたしの騎手」『掃除婦のための手引き書　ルシア・ベルリン作品集』（岸本佐知子訳、講談社）p.67

これは掌編で、「わっ！」と思った。読み始めた日、面白いしいろいろ光るところがあるというかいいのだけど、ツイッターを見ていると早くも絶賛みたいな言葉をいくつか見かけたけれど、そこまでだろうか、たやすく絶賛できる流れみたいなものができていてそれに乗っているだけなんじゃないか、みたいなことを思ったのだが、これは、たしかに、とてもいいものかもしれない、という気になってきた。昨日読んだ、紙片が舞うイメージが、こびりついている。

閉店し、選挙の結果というか途中経過であるとかを見、この結果というか数字をどういうものとして見たらいいのかわからないな、と思って、わりとマシというところなんだろうか。飯食いながら今日も『Number』。この特集はカープのいろいろに学べというものでで「鈴木誠也に「人生」を学べ」であるとか「大瀬良大地に「完投主義」を学べ」であるとか、学べというものだが、そのひとつに「美人妻に「支える力」を学べ」というのがあって表紙には「二軍・スカウト・美人妻に学べ」とあってそれを見るたびにバカみたいな気持ちになっている。美人だから初めて取り上げるに値する、美人でなければ取り上げるに値しない、というそういう考えとして受け取ったらいいのだろうか。貧しさや鈍さにげんなりするしうんざりする。

寝る前は『酔っぱらいの歴史』。イスラム世界でもお酒をたくさん飲んでいたということが知れた、どこかでダメになったらしかった、ダメになったと言っても現世での話で、天国かどこかではたらふくおいしいお酒が飲めるらしく、飲みたいんだな、と思った。僕は飲んだ。

7月22日（月）

営業しながら味噌汁をつくったりしながら日記の推敲をしていて今日はバトンタッチの時間までに日記関連は完全に終える、そして店を出たらどこかに行って原稿をやる、というそういう日として思っていたので一所懸命推敲をしていて推敲をしていると「来週の木曜日は「この体裁を整えるので時間が取られて今週はほぼ書いていませんが！」みたいなことになりかねなくて」とある日に書いていてその次の日だか次の次の日だかに「木曜日の提出に僕は何を送るのだろうか。「今週はこのフォーマットを作るので精一杯でした！」みたいなことにならないといいのだが」と書いていてこのジョークがずいぶん気に入ったのだろうなと思って苦笑いだった。無事、推敲は終わり、先週つくった検索クエリを駆使するとわりと「あ」と言う間に形も整った、いいことだった。

カリカチュア・バカンスは調べてみたらピクチャード・リゾートだった。

今日はその、一方で、原稿をやるぞという一方で、今日こそはキンコーズに行ってメニューを印刷しようとも思っていて、だからキンコーズ&原稿というそういうつもりがあってそうしていたらふとバーボンとアイリッシュウイスキーの銘柄を少し変えたくなって変えることにしてそうしたらまたInDesignをいじることにもなって、忙しくしていた、それも済んで出ることにして、外で山口くんと話して、その前に選挙の結果を改めて見ていた。比例代表の得票数を見ていて自民党が1700万票でそこから立憲民主が800万で公明維新共産国民と続いてその次がれいわで200万票だった。僕はれいわが2人を国会に送り込んだことをとても面白くというか、意義のあるものだと思っていて、思っていたのだけれども、改めてこの得票数を見て、自民が1700万でれいわが200万で、というその結果を見て、なんかこれ、れいわものすごいことをやったんじゃないか、という気になった。脱法みたいなCMを打ちまくる自民党と、テレビに映ることもほぼなかった（らしい）政党で、これしか違いが出なかったというか、その自民の8分の1とか9分の1の数の人がれいわに票を入れたというのは、すごいことだというか、僕は昨日投票率を見ながらマスメディアが真面目にやらない限りどうしようもないのだろうか、そしてマスメディアが真面目にやるインセンティブはきっとないだろう、と思って、暗い気持ちになっていた、インセンティブで思うのは首相という立場の人がこうも平気でクソみたいなクズみたいなどうしようもない嘘をいくらでも呼吸をするようにつき続けるのもやはりインセンティブがあるからで、どんなことを言ってもネットの片隅でいくらかわーわー言われるだけでマスメディアはちゃんと政権の意に沿った形で報道するから多くの国民に与える印象はいくらでも操作できるからだからなんでも適当に言うということで、だから昨日の結果も勝利と言えるし昨日の結果を受けて改憲に向けた議論をしろというメッセージとして受け取ったと言えるし昨日の結果を受けて消費税増税の理解を得たと言えるしそう言えば新聞やテレビはそのニュアンスで報道するだろうし都合のいいことだけを言えばいいというインセンティブが明確にあって、マジでクソだなと、どうしたらいいんだこれと、思う、思って、暗い気持ちになっていた、のだけど、ネット起点でここまで行けるのか、というのは、民主主義みたいなものにとってひとつの希望と言ってもいいのではないかと思うがどうなんだろうか。山本太郎に対する疑念とかそういうものはいろいろあるだろうけれどもそれはそれとして、ここまでは行ける、というのは、明るいことのようにとても感じた。ということを山口くんと話して、「と」というか「に」か、話して、それで出た、雨がぽつぽつと、さらさらと降り始めていて、あれ、と思い、キンコーズ行きは諦めた、家に帰った、お腹がすいていて、と思ったらミックスナッツが入った瓶があって、食べ始めたら食べ続けていて全部食べた、眠くなった、もともと眠かったのがより眠くなった、ドトールにでも行って原稿を、と思っていたが、その前に頭をしゃっきりさせようと仮眠を取ることにして、30分のアラームをセットして寝た、夢を見た、起きた、頭がしゃっきりしていた、ドトールに、予定していたとおりちゃんと向かって、そして原稿をやり始めた、どんどん進んで、思いのほかにこれまで書いていたものがそのまま使えるようなところが多くて、とりあえずひとつの形にする、ということを今の段階の目的と考えるならわりと十分だなと思えるところが多くて、どんどん進んだ、2時間半くらい執筆とエディットが混ざったようなそういう作業をし続けて、つくったフォーマットで見ると本にして30ページ分を進めて、閉店になって、まだまだやりたいと思ったので他のところに移動するかと思ったが、じゃあ夕飯はどうするんだと思ってスーパーに寄って鶏肉とトマトとビールだけ買って、帰った。家の冷蔵庫にズッキーニとかがあることを把握していて、だから今日はズッキーニのカレーだぞ、という気分だった。帰り、ビールを開け、飲み、ズッキーニと甘なんばんというのか甘長とうがらしというのか、それと鶏肉のカレーをこしらえていった、今日も強気で強火で玉ねぎを飴色にしていった、そういう合間に原稿をやろうと思っていたがスイッチが切れたらしくもう取り組めなかった、遊ちゃんとあれこれおしゃべりをしていた、途中で風呂に入り、湯船に浸かった、インナーマッスルを鍛えた、上がってカレーを完成させ、食べた、それはとても好みな味で時間は12時近かった。

今日はルシア・ベルリンだなと思い開いたがたちまち眠りに引きずり込まれた。今日の読書時間、15分。

7月23日（火）

昨日は原稿を書くことに対して高いテンションがあって「やるぞやるぞやるぞとっとやるぞ」という調子で、やっていたのだけど、これはやはり危険なやり方のようには思う、今日、また臨もうとしたときにふとそれを思った。テンションに左右されるやり方は危うい。脆い。それでも、それでもというかまだ下がってはいないから、昨日の今日で下がっていたら呆れる、でもそういうことは当然起こりうる、とにかくまだ高さを保持していて、でも昨日よりも落ち着いた感じも、ある、それで、店に着くと最初の30分くらい、原稿をやっていた。

店を開けてからも動く合間合間でエディタに向かっていて、殊勝なものだった、今日は、今日も山口くんの日なので、バトンタッチしたらキンコーズ&ゲンコーでゴーゴーゴー！というこれがテンションが高い状態というものだが、とにかく今は、行けるところまで一気に行ってしまいたいらしかった。どこかで必ず揺り戻しが来る。虚脱と悲しみみたいなものがやってくる。

遠泳なのに最初の50メートルを全力で泳ぎだしたみたいなそんな感じなんだよね、と、やってきた山口くんと外で話しながら、そう言った、いい比喩でしょ。

渋谷に出て、代々木公園の横を通りながら繁茂する緑色を見て、その匂いを嗅いだ、曇っていた。自転車を漕ぎながらなにが発端だったか、「煮詰まる」という言葉について考えていた、原稿のことを考えていたことが発端だった、原稿が煮詰まったらそれはいいようになったということで、誤用されやすいのは原稿が行き詰まった状態を「煮詰まった」と言ってしまうことだけれども、どうしてだろうか、と考えていた、もしかして、とそこで思ったのは「煮詰まる」は言いやすいのではないか、ということだった、音として、楽に発音できる、それでそういう誤用が出てきたのではないか、ということだった、「行き詰まる」よりも「煮詰まる」の方が口や喉への負担が小さく、それで人はそう言うようになっていったのではないか、その仮説を実証するために「煮詰まる、行き詰まる、煮詰まる、行き詰まる」と声に出しながら、自転車を漕いでいた、実証はされなかった。それから、「煮詰まる」と「煮詰める」の違いを考えていた、「煮詰まる」は結果を表す動詞で、「煮詰める」はアクションを指している。たしかに料理の場面を考えると「煮詰める」と考えているときと「煮詰まった」と考えるときは違うような気がして、「煮詰まった」はそこで止めなければいけない、止めないと、焦げたりする、焦がしたことのある人がきっとたくさんいる、そのことが「煮詰まる」をネガティブな印象のものにしているのだろうか。

キンコーズはマメヒコとかアップルストアとかの近くかと思ったら行き過ぎたみたいでもうひとつ手前のブロックだった、上がり、初めてのことで勝手がわからない中でお店の人にいろいろ教わりながら、メニューを印刷した。やっと印刷できた。出ると少し晴れていた。夕暮れの白い光がビルのガラス壁に当たって破裂して飛び散っていて、それを見ながら、どうしてなのか中上健次の小説のなにかの感触を思い出した。日の入りであるとか日の出であるとか、日の出は難しいので日の入り、日の入りを体で知るようなそういう暮らしを、おこないたいような、それをいくらか渇望するような気持ちが急に湧いた。店の中で働いているとそういうことは知らないままで時間を過ごすことにたいていなって、気づいたら夜だった。ドトールに向かいながら、背中にはフグレンがあった、フグレンじゃなくていいのか？　フグレンだったらおいしいコーヒーが飲めるし、同じような外に視線を投げ出せる窓向きカウンターもあるし、煙草を吸いに出るのも遠慮が要らないいし、いいんじゃないか？　そう思ったが、昨日のドトールでの成功体験がそれを妨げているというか、ドトールという選択を推してくるようだった、昨日はとてもやりやすかった。それでそのままフグレンを振り切ってドトールに行って、今日はブリオッシュショコラで、そのトレイを持って2階に上がった、上がると、混み合う時間らしくて窓向きカウンターは空いていなくて、嫌な予感がした。今日は失敗に終わるのではないか、というような。それで窓向きではない、半透明のガラスで区切られたカウンターの席にして、窓向きカウンターが空き次第そちらに移動しよう、と思っているとたちまち空いて、そそくさと移動した。正面は駅の入り口で仕事を終えた人たち、帰ってきた人たち、どこかに行く人たち、たくさんの人が前を歩いている。

原稿は、今日は結局あまり集中ができず、隣の同年輩と思しき男は、悪い予感はあった、座るときにちらっと目に入ったのが、机に消しゴムカスが広がっている光景で、この男は帰るときこの消しゴムカスをちゃんときれいにするんだろうな、ん？という気持ちがあった、その男は猛勉強者で、猛者で、それはいいが、よくあるように、ペンの扱いが荒い、ペンをコロコロバチバチ落とす、本当にうるさい、そしてしきりに鼻をほじっている。もしかして消しゴムカスじゃなくて鼻くそだったんだろうか。というような、気になり、うるさく、鬱陶しく、それだけではないが、なんだかあまり集中できないところがあり、しかし原稿は進んだは進んだ、8時半、疲れて出た、道路が濡れていて、人は小走りだった、雨なのか、と知り、さっきまで外が見えるところにいたのにまったく気がつかなかったのも不思議だと思いながら、どうしようか、悩んだ、店内に引き返して雨なのでもう少しいてもいいですかとでも言おうかとも思ったけれど、ドトールにおけるコミュニケーションの記憶を思い出すと、今、まだ出ていない、出ようとしている、その立ち位置のところから踵を返しても、そこでまた「いらっしゃいませ」とだるいことを言われる様子が想像されてしまって、抵抗があった、天気予報を見てみると曇りマークで雨の話は出ていないから、この雨もすぐにやむのではないか、と思って、ひとまず斜向いにあるスーパーに行った、野菜と肉とビールを買って、出ると、雨脚は強まっていて、困った。隣のコンビニで傘を買えばいいけれど、600円する。こんな距離で傘を買うのはどうにももったいなかった。軒先で人が雨宿りをしていて、僕もそこにいた、いて、思案しながら、またドトールに戻ってコーヒー代を払って雨が弱まるのを待とうか、どうしようか、思案して、それからリュックから本を出して読みだした、『酔っぱらいの歴史』を読んでいた、ヴァイキングの飲酒、統治者によって書かれた日記、ワイン、ミード、エール。長ネギが突き出たビニール袋を手首からさげながら、大きなリュックを背負い、スーパーの軒先で本を読んでいた。15分ほどすると雨が弱まってきて、周囲の人たちは意を決したように飛び出していった。僕もそうすることにして、本をしまって、そして代わりにひとつのビニール袋をリュックから取り出した、この中には、雨靴が入っている！　雨靴を出し、革靴を脱ぎ、履き替え、急なこの雨なのに、どれだけ用意周到マンなんだろう、と愉快だった、帽子も脱いだ。なぜかって？　濡れるからだ。それで小走りで自転車に向かい、取り、またがり、漕いだ、弱くなった雨は気持ちよくすらあった。家にたどり着いた。

ご飯を炊いて、シャワーを浴びた、ビールを飲んだ、遊ちゃんに今日書いた分の原稿を送った、それからネギを一本使って、じっくり炒めて、甘なんばんと豚肉としめじと、炒め、にんにくと生姜をすりおろして炒め、塩味で、とろみをつけて、胡椒をきかせて、丼みたいなものにした。遊ちゃんのリアクションを聞いて、なるほどなるほど、ここは手直しだな、と思いながら、日ハムとオリックスの試合のハイライト動画を見ながら、食べた。満腹。

7月24日（水）

寝る前、ルシア・ベルリン。これをちびちびと読んでいるのは上等な酒を飲むみたいな喜びがどうやらある。

昨日ジョンさんから送られてきた記事をGoogle翻訳に掛けてみるとだいたい読めて「本屋を消し、また、描く」というタイトルだそうでそれは素敵なタイトルだなと思って、だいたい読めて、フヅクエはどうやら「후즈쿠에」と書くみたいでGoogle翻訳上だと「フーヅクエ」となっていて、出てくる本屋は見た限りB＆BとSPBSとtoi booksと文喫とかもめブックスと、どこだったかな、そんな感じで、フヅクエは「挑発的な」という言葉から説明が始まっていて少し事実誤認もあったが面白かった、「책방을 연 아쿠쓰 다카시는 이렇게 생각했다」、これは「本屋を開いたアクリル書き隆はこう思われた。」と訳されていて僕の名前は「アクリル書き隆」だった。よかった。

仕込みらしい仕込みは今日は大してないため隙間の時間はずっと原稿に向かっていたが、あまりはかどらない、なんとなくイライラすることの多い日で、イライラする。昨日ツイッターで見かけた、有名なお店が店主が頭がおかしくなっていっているらしくて店の衛生状況がやばい上に「このうつわ素敵ですね」みたいなことを話しかけたら「お前らみたいなアート好き気取りのための店じゃねえんだよ、出ていけ！」みたいな感じで、ブチギレてくる、というそういう話で、レビューをいろいろ読みに行ったら同じようなものをいくつか見てかなり壊れている感じだった、僕も存在は知っている店だった、それを思い出した、店は簡単にこうやって壊れるし人も壊れるんだよな、と思う、僕も危ういタイプだろうともとても思う、だから、壊れゆく人を見て笑ったり呆れたりする前に重い気持ちになるところがあって、人はいればいるだけいいな、と思った。もちろんいればいるだけのわけはないけれどいることは大事だな、と思った。

8時、原稿は今日はもう無理で、疲れ、眠気に襲われた。読書にすることにして『酔っぱらいの歴史』を飲んだ。間違えた。読んだ。イン、タヴァーン、エールハウス。インとタヴァーンは高級なところでシェイクスピアはそこにいた。

残念なことだ。文豪たちも、下々の者たちと肩を組んで千鳥足でパブから出てくるような気さくな人間だったと、われわれは思いたがるものだから。ものすごくたくさんのパブが今日、ジョンソン博士からの次のような引用を、店内に掲げている。「よいタヴァーンやインほど多くの幸せを生み出してくれるものを、人類はいまだほかに考案してはいない」。

マーク・フォーサイズ『酔っぱらいの歴史』(篠儀直子訳、青土社)p.147

なんだかドキッとした。名探偵に指摘されたみたいな気分だった。パブの前身こそがエールハウスでエールハウスは庶民の場所でタヴァーンやインに行く人たちが踏み入れる場所ではなかった。ここで無視され斥けられている存在であるパブにこの言葉が掲げられている、ということにドキッとしたし面白かった。この本は面白い。

それからルシア・ベルリンに移行して、読んだ、ふと本のつくりが気になって、カバーを取って見ると、あれ、これもフランス装というやつ？ というやつで、違うのかな、よくわかっていなくて、それから、見ると、あれ、これはあの植本一子のやつに似ている形の気がする、もしや加藤製本か？ と、当てずっぽうというか製本会社の名前なんて加藤製本くらいしか知らないわけだけど、あとは篠原紙工、思い、奥付を見るとそこには「加藤製本」とあった。正解！ きれいな本だった。

深くて暗い魂の夜の底、酒屋もバーも閉まっている。彼女はマットレスの下に手を入れた。ウォッカの一パイント瓶は空だった。ベッドから出て、立ち上がる。体がひどく震えて、床にへたりこんだ。過呼吸が始まった。このまま酒を飲まなければ、譫妄が始まるか、でなければ心臓発作だ。

こういうときの裏技、呼吸をゆっくりにして心拍数を落とす。ボトルを手に入れるまで、とにかく気を落ちつけること。まずは糖分。砂糖入りの紅茶だ、デトックス施設ではそれが出る。でも震えがひどすぎて立てない。床に横になり、ヨガみたいにゆっくり深呼吸する。考えちゃだめ。今の自分のありさまについて考えるな、考えたら死んでしまう、恥の発作で。呼吸がゆっくりになってきた。本棚の本のタイトルを読みはじめた。集中して、声に出して読め。エドワード・アビー、チヌア・アチェベ、シャーウッド・アンダーソン、ジェーン・オースティン、ポール・オースター。飛ばさずに、ゆっくり、一つずつ。壁の本をみんな読んでしまうと少し楽になった。そろそろと立ち上がる。震えがひどくて両足がなかなか動かない。壁に手をついて、やっとキッチンまで行く。バニラエッセンスはない。かわりにレモンエキス。喉がチリチリ焼けて吐きそうになり、口をぎゅっと閉じて押しもどす。紅茶を淹れて、ハチミツを山ほど入れ、真っ暗ななか、少しずつ飲んだ。あと二時間、六時になればオークランドのアップタウン酒屋がウォッカを売ってくれる。

ルシア・ベルリン「どうにもならない」『掃除婦のための手引き書　ルシア・ベルリン作品集』（岸本佐知子訳、講談社）p.116, 117

ちびちび、上等の酒を飲むような気分、などと言っていたが、プロフィールを見るとアルコール中毒に苦しんだ人らしく、ちびちび上等な酒どころではなかった。

閉店の時間になって、今日は閉店後に先週あった取材の撮影があった、夜を撮りたいらしくて、夜だと閉店後しか無理ですとお伝えしたら、最初は昼間にしようかと言っていたがやはり夜でということになり今日の夜になった、それで編集の方とカメラマンの方がいらして、写真を撮っていった、定食とアイスコーヒーをお出しして、僕は「売上」と思った、月曜火曜が目標値より少し低い数字で続き、今日が忙しく、あと一人来られたら月火のマイナス分をちょうどカバーできる、となっていたところでこの定食とカレーで、一人分とカウントしてしまえ、みたいな、都合のいいところで、これで今週の3日間はちょうど目標値くらい、ということに落ち着いた。まだ目標達成の可能性がある！　必達！という、毎回、「ウケる」、と思う。ここのところ山口くんとウケ合っている。この無力感こそが店の商売の本質のような気がしてそれをともに笑えるのは気持ちがいい。

遅くなり、帰った、遊ちゃんはむにゃむにゃと眠っていてそれから笑った。僕も笑った。開店前におこなったメニュー差し替えでお役御免となったメーカーズマークを持って帰り、飲みながら、『酔っぱらいの歴史』や『掃除婦のための手引き書』を、読んで、遅くなって、寝た。

7月25日（木）

いつまで寝ていようかと思ったが決めかねて起きた。遊ちゃんに「モパ行く?」と聞くと「行く行く〜」ということだったので起きて、家を出て、パドラーズコーヒーに行った、11時過ぎだから、まだ「モ」ではあった、モーニングであり、そしてパドラーズである。

外の席でアイスのアメリカーノを飲みながら、話していた、暑い日で、でも気持ちがよくて、なんだかずっと話していたくて、アメリカーノをおかわりしようかなとも思ったりしていたが、遊ちゃんは午後には仕事に出るらしくて、帰った。僕はうどんを茹でて冷たくして食べた。そういえば花巻東、と言った、今日は決勝だね、という話をした、試合開始の10分前だった、遊ちゃんは今日だということを今知って、花巻東の野球部にいる従兄弟に「ふれーふれー!」とＬＩＮＥで送って、それからスタンプを送って、返信が来たら笑うね、と言った、さすがに既読にもならなかった。花巻東と大船渡の決勝戦だった、大船渡の佐々木くんの話になって、準々決勝の前で２００球とか投げて、その次の試合は試合に出ないでチームはがんばって勝って、というその話をしたら遊ちゃんが突然涙ぐんだというかはっきりと涙を流した。その従兄弟の兄も花巻東の野球部にいて、野球推薦で大学に行った、遊ちゃんはだから、彼らが小さいときから野球をやっているのを見てきて、試合を応援しに行って、麦茶をつくって、とかそういうことをしていた、だからそういった話題はそこかしこに琴線があってすぐ触れる、響く、鳴る。泣いた。

遊ちゃんが出てしばらくグズグズしてから家を出てドトールに向かった、歩道橋で夏休みの小学生男子が足下を見ながらとととととと下りてきて、僕は右へ左へ避けようとしたのだけど、うまく合わず、男の子は僕の前に立ちはだかった、違う、ヒゲモジャの不審な30代男性が男の子の前に立ちはだかった格好だった、最初お母さんかと思った同じく下りてきた女性は、お母さんではないみたいだった、目撃者がいる、ウィットネス、僕は避けようとしただけだ、いや、そんなことは起こらなかった、僕は、止まった男の子が顔を上げて僕を見て、そのときに始めて注意が足下から離れたようだった、僕は笑って、「こらこら」みたいな感じで伝わるといいなと笑って、それで向こうに歩いて行った。

こうやって日記にその情景を起こそうとしたときに、その、僕が不審者になる可能性、みたいなことをつい指が書いていったわけだけど、そういうことは今の今まで思わなかった。ありえることなのだろうか。ありえることなのだろう。ありえることなのだろうけれど、僕は、冷たい社会は懲り懲りだな、と思う。冷たい、無関心な、他者を恐れる社会は、ごめんだなと思う。

ドトールに着いて荷物を置くと、まずは喫煙席に入って煙草を吸った。そのガラス張りのすぐ外の席に座っている女性のTシャツが目に入って、白地に、淡い黄色と灰色っぽいもの、目に入り、二度、見た。丸善ジュンク堂のブックカバーみたいな絵柄で、「丸善ジュンク堂のブックカバーTシャツかな?」と思った、デフォルメされた日本の地図のやつ。あれは、もともと丸善だったところがあのカバーなのだろうか。渋谷の丸善ジュンク堂のカバーは茶色い。

喫煙を済ませるとラジオをやった、ラジオで本の話が決まったので原稿を書き始めましたという話をして、そこで送られてきた進行表のことを言い始めた、「進行表というものを作ってくださってそれによると最短で1月末配本です。この、進行表っていうのはいいですねえ、なんか、それによると、10月18日第二部初稿アップ　23日タイトル協議　25日デザイナー依頼　みたいな感じで、なるほどな~すべての工程をとにかくいったん置いちゃうんだな〜未来〜〜という感じがして2019年1月8日入稿　15日校了！　16日下版！　17日刷版！　20日印刷！　22日製本！　24日見本！　30日、配本……！！！！！という、この、なんかスペースシャトルの感じで想像しているんですけど、ぐぐぐぐぐぐぐぐぐ、ごおおおおおおお、という、これは盛り上がるなあというところで」、と言っていて、このスペースシャトル感は、いいアナロジーだな、と思った。アナロジーってなんだっけ、と思った。ラジオが済み、今日は夜は下北沢で飲む、6時に待ち合わせ。その前にB＆Bにも行きたい、5時20分には下北沢にいたほうがいいだろう。今は3時半。4時45分くらいまでだろうか、等々考え、原稿を、始めようと、思いながら、なかなか、手が、動き出さない。

遊ちゃんから「佐々木くんは怪我をしていたのかな？」というメッセージが来たから、なにかあったのかな、と思ってニュースを見に行くと佐々木くんは今日は試合に出なかった、そして試合は大敗した、ということが知れて、戦慄した。大船渡の監督の決断がすごすぎて、今度は僕が泣きそうになった。すごい、すごいことだと思った。

今日は書くというよりは、週次の送信日なので、送るためにいくらか整える日にすることにして、書いていったところを見ていった、ちょこちょことこの時点で直したいところは見つかって直したが、全部を見直すことはできなかった、それでいいと僕は勝手に思っていて、今やることというか最初にやることはたたき台を作ることでは、くらいに思っているのだが、それはちゃんとコンセンサスを取らないといけないだろう、ふむ、ぱたん、とパソコンを畳んで、4時半、ドトールを出る。音楽は最初はアレックス・キャメロンだったが途中から岸政彦さんのプレイリストで、シャッフルで聞いていた、歩きながらそのまま聞いていると、「あ」という音が、流れ、エイミー・マンの、『マグノリア』の最後のほうで流れた、トム・クルーズがベッドに臥す老人を、同じ高さに腰を下ろして見つめる、その場面が浮かんだ、登場人物が順繰りに映る場面の、曲名は「Save Me」とかだったろうか、それが流れて、じーんとしながら聞いていて、ちょっと口ずさみながら、家に上がった、上がって、そこで我慢されていたのだろう、ちょうどサビのメロディに掛かり、「せいえいぅみぃい〜」と大きな声で歌ったら遊ちゃんが小走りで出てきて人差し指を鼻先に当てて静かにするように言って、それでスカイプでミーティング中なのがわかって大笑いして、あ、笑っちゃいけない、と気づいてやっと黙ってごめんごめんごめんとジェスチャーした、遊ちゃんもごめんごめんごめんとジェスチャーした。帰っているとは思わなかったし、歌をうたいながら家に入るなんていうのはないことだったから、いろいろが重なった格好で、おかしかった。

遊ちゃんのスカイプが終わると、終わった途端に、二人してゲラゲラと笑って、珍しいパターンであることを言い合った、僕は家を出た。

下北沢にはすぐに着いて、車中で読もうと思っていた『酔っぱらいの歴史』はほとんど読まれず、ゆっくり歩きながらきりのいいところまで読んだ、駅前に人だかりができていて駅前のひとだかりというのは喫煙所かジャグリングで、今日はジャグリングだった、B&Bに行った。インゴルド、インゴルド、先日『森は考える』を買ったときに文化人類学の棚でティム・インゴルドの本が何冊か目に入って、『ソウル・ハンターズ』でも言及されていたし、次はこれを読もう、と思っていた。それで入り口の最初のところを見ていたら『美容は自尊心の筋トレ』があったので取って、それから、SNSで見かけて「ほう」と思っていた1円の雑誌『広告』があって、特集は「価値」らしく、価値については知りたいぞ、と思ったため取った、インゴルド、インゴルド、と思ってそういう棚を探したところ、あって、左右社の『メイキング 人類学・考古学・芸術・建築』とフィルムアート社の『ライフ・オブ・ラインズ 線の生態人類学』のふたつがあって、両手に持って、ためつすがめつした、どちらにしよう、とよくよく悩んで、後者のほうがとっつきやすいように、それは本のつくりとかからだろう、そういう印象を受けたため、後者にした、会計をしようと持っていこうとしたところ料理本のコーナーで『ひとりぶんのスパイスカレー』というのが目に入り、ひとりぶんの、スパイスカレー、ふたりぶんだが、変わるまい、と思ってペラペラと見たら、よさそうで、買うことになった、4冊、と思ったが、ひとつは1円なので、助かった。

それで出るとそれぞれ下北にすでにいたりさっき着いたりしていて武田さんがマリオにいるということだったのでマリオ集合にした、向かった、マリオとセブンの前の座りやすそうな高さの花壇というか壇のところにショートパンツの女が座っていて、男の膝の上に座っていた。膝の上という言い方はよくするが膝ではなく太ももの上というほうが場面を正確に伝える言葉のようにも思った。

武田さんはアンダーシャツを見ていた、高機能のものだと本当に汗を全部向こうに発散してくれるらしくて、ほしそうだった、バットのグリップをどうしようというようなことで今日はマリオに来たらしかった。僕の野球道具について教わった、ズボンと靴下とスパイク、バッティンググローブ、そこらへんがあるといいということで、次に練習に参加するまでに買っておこうかと思ったが、買うのだろうか。優くんが来て、道具がたくさんあるなあ、と感嘆していた、こんなに道具が必要なスポーツってある？と言ったから、アイスホッケーはどうだろうか、と言った。多そう。

出て、セブンでビールを買った、6時で、まだまだ明るかった、歩いて、下北沢店になるところを案内した、これは今日は優くんの希望のコースで見たかったらしかった、一番下北沢にアクセスしにくい人が率先して下北沢で飲もうと言ってきたので驚いた。それで、工事中の敷地を3人で長々と見ていた、フェンスのところで背伸びをして、見て、3人で、ああだこうだと話していた、この3人組は何に見えるんだろうな、これだけ長い時間、工事中のところを覗いてしゃべり続けている、時に大笑いしたりしている、この3人組は、いったい、と思ったらおかしかった、僕は久しぶりに現場を見て、建物の基礎みたいなものがコンクリートでできていて区画がはっきりと見えて、小さいなあ！と思った、俄然、楽しみになっていく。

町中に戻って新台北に入った。もともとは池ノ上の台湾料理屋さんに行こうという話だったし、僕はまたビールでも買って飲み飲み歩くのもいいなと思っていたが、暑さで参ったのか武田さんが率先してやっぱりこっちにしません、と言うから従うまでだった、店内は涼しく、涼しいというのは助かるものだった。しじみのやつと大根餅を頼んで、飲み始めた、少しずつ店内は埋まっていって、ずっとだいたい埋まっていた。あれやこれやと話して、いつものとおり楽しかった、『宮本から君へ』という漫画がドラマになって今度映画になるそれがとてもおすすめらしくて、まずは漫画、ということだったので今度読んでみることにした。人を雇うことについて話した。美しさについて話した。選挙のことについて、香港のことについて話した。『しょぼい喫茶店の本』の話がまた出たので、買うことにしてその場でポチった。酢豚みたいなもの、パクチーと肉味噌のやつ、おこげとあんかけみたいなやつ、エビの揚げ春巻きみたいなもの、そういうものを食べ、満足し、出た、どれもおいしかった、外で飲もうかというのが僕と優くんの気分だったが武田さんがしばしば行くというバーみたいなところに連れていってくれた、地下のお店で入ると天井に木彫りの大きな大きなトカゲがいるようなそういうところで、猫を連れたお客さんがいた、猫を、僕はずっと見ていた、愛くるしくて仕方がなくて、かわいい、かわいい、と言っていると、疲れてる、と笑われたが、疲れていても疲れていなくても猫はかわいい。二人とも猫アレルギーということだった、たぶん僕もそうだった。

それで赤しそのカクテルみたいなものをいただき、武田さんは「モリ」という名前の謎の蒸留酒を飲んでいた、メメント・モリのモリらしく、僕たちはいつもそうであるように死ではなく生を思った。そうしているうちに眠くなったので散会の運びとなった。11時だった。駅で武田さんと別れ、優くんと電車を待った、ホームで線路の壁を見ながら、話していた。

帰る間際に「やっぱりうどん」と思ってすだちおろしうどんみたいなものを、冷やで、食べて、帰った。山口くんからメッセージが来ていて今日はずいぶん忙しかったらしかった、1100円コースが現実味を帯びてきた、『酔っぱらいの歴史』を読み出すもたちまち眠気に引きずり込まれた。

7月26日（金）

起きた瞬間に昨日の夜中に内沼さんに送ったメッセージが恥ずかしくなって、夜中で変なテンションで質問を送っていて、それは保坂和志さんとのトークのときの3人で撮ったこの写真というかＧＩＦになったこれをツイッターに上げたいのだけどありですかね、という質問で、なんていうことはないメッセージだったのだが、なんだか妙に全体が恥ずかしくなって、変に恥ずかしがりながら起きた。

店に着いてからもどうも変な恥ずかしさがつきまとって、なんでこんなに恥ずかしいのだろうと思いながら、独り言をずっと言っていて、それで恥ずかしさを逃そうとしていた、だんだん恥ずかしがっていること自体が恥ずかしくなっていって、おかしなことになった、朝、Dos Monosを聞きながら味噌汁をこしらえおかずをふたつこしらえて、忙しなかった。飲みすぎたわけでもない気がしていたが、飲みすぎたあとの感覚がお腹のあたりにあって、ご飯をたくさん食べた。

開店までに十分にがんばった結果、店を開けてからは特にやることとも、そうなさそうで、カレーを仕込むくらいだった、だからカレーを仕込んで、それからはオーダーをやりつつ、原稿を書く、というふうに過ごそうとした、いくらか実際にそう過ごした、肩が、両肩が重くなって、原稿もはかどらない感じになった、空腹がやってきた、疲れた、暇だった。6時になり、体がすっかり重く、今日は原稿は諦めることにして本を読むことにした、アメリカのことが書かれていた、サルーンという酒場の、その様子を読んでいると『ブッチャーズ・クロッシング』だった。

それであなたは、自分のために一杯、隣に立っている男のために一杯、ウイスキーを注文する。これは規則だ。その男と初対面だとしても関係ない。一杯目のときは必ず、余分にもう一杯注文しなければいけない。あとから入ってきた新しい客が、あなたに一杯おごってくれるから、そこで帳尻は合う。だがおごってやらないよりも悪いのは、おごってもらった酒を受け取らないことだ。その場合、ぼこぼこにされるか、もっとひどいことになる。

さてここで、サルーンのエチケットのなかでも、最も複雑かつ不明瞭な局面に差し掛かる。だがこれについては、まったく奇妙なことに、ハリウッドがいつも正しく描いてきた。われらがぶっきらぼうなヒーローは、サルーンに入ってきても、酒がいくらか決して訊かないのである。コインを何枚かカウンターに投げるだけで、お釣りも決してもらわない。これは歴史的にまったく正確である。


マーク・フォーサイズ『酔っぱらいの歴史』（篠儀直子訳、青土社）p.208

読み終えて、禁酒法時代の話もとても面白かった、女性たちによるサルーン反対運動から起こったことということだった、読み終えて、訳者あとがきを読むと、著者はものすごく博識な人ということでデビューしたということがわかった、実際、ものすごく博識な人だった、面白かった。

そのあとに雨が降り始めた。惨憺たる金曜日で、昨日よかった分の貯金を全部吐き出した格好だった、原稿に少し戻ろうかと思って少し戻ったがすぐに離れて、今度はインゴルドを読み始めようかと思いつつ、『しょぼい喫茶店の本』を開いた、喫茶店を始めるまでのところまでを読みながら、物件を決めたり、準備をしたり、そういう様子を、その時々の気分を読みながら、サワサワサワサワサワした気分になった、かつて、僕にも、あった、というような。どうしてか落ち込んで、店を閉めた、看板を上げると階段を駆け上がってくる足音がして、ドキッとしたら遊ちゃんだった、鍵を仕事先に忘れてしまったらしく、取りに来たということだった。それまで近くのイタリアンなバルみたいなところで時間を潰していたらしく、そこのお店がなんだかよかったということだった。気さくなイタリア人がやっているらしくて他のお客さんもイタリア人のようだった、ワインを飲んでいると、「食べる?」と言ってポテトサラダをくれたらしかった、ワインをおかわりすると、残りこれだけだから、とボトルを指して、全部入れてくれたということだった、そういう感じでありながら、本を読んでいる遊ちゃんをずっと放っておいてくれた、いい時間だった。

遊ちゃんが鍵を持って出て行くと、水出しコーヒーをつくったり洗い物をしたりゴミ出しをしたりして、それから夕飯を食べた、『Number』を読んだ、家に帰った、まだ雨は降っていなかった。

しばらく遊ちゃんとおしゃべりをしてから、読みやすい文章、についておしゃべりをしてから、続きを読みだした。今日平野さんとのやり取りの中で読みやすさも大事ということが言われ、総じては元気をいただくリアクションだったけれど、それで僕は読みやすさ、読みやすさ、しかし読みやすい文章ってなんだろうな、ここの部分は僕の感覚と多くの人の感覚のあいだには大きなズレとかもありそうな気がする、読みやすさ、読みやすさ、と思って、そういうことを思ったこともあってたくさん売れているという話の『しょぼい喫茶店の本』をきっと取ったのだろうと気づいて、そこにあるのは驚くほどに平易な言葉で、ここまで平易な言葉が求められるならば無理だなと思ったりしながら、読んでいた、就活に挫折した著者は喫茶店を開くことにして、それで開いた、自分が出したものにお金を払ってくれる人がいることに感動した、同級生たちは就職して働くけれど、俺は経営者なんだと思うと、誇りを持てた、店がメディアに取り上げられた、バズった、ひとかどの人物になった気がした、売上は好調だった、みんな自営業をすればいいのにと思った、楽しくて仕方がなかった、自由に店を開けて疲れたら閉めて、こんなにいいことはないと思った、疲れて連休を取ったらそのあと店に戻ることが怖くなった、久しぶりに入った店は静まり返っていて不気味に見えた、しばらく、店を開けられなかった、売上がどんどん下がっていった、打開策としてモーニング営業を始めた、ランチを始めた、夜の間貸しを始めた、自分は優秀な経営者でもなんでもないと気づいた、そういうことが書かれていって、その都度、気持ちがサワサワサワサワサワと落ち着かなかった。

全部僕も辿った道のように見えて、その感情、知ってる、と思った。僕も店を始めた当初、8年前、疲れたら閉めたらいいと思っていたし実際にそうしていた、かなり突然休んだり、途中で閉めたりしていた、今よりもずっと、店をやるのは簡単なことかもしれないと思っていた、全然やれるじゃん、と思っていた、会社勤めでしんどくなっている人を見るたびに、やればいいのに、と思っていた、今よりもずっとふざけていた、ふざけるというか、舐めていた。その感じがまざまざと思い出された。今は続けることのしんどさを知りながら、その中で、どこまでふざけられるか、考える、そういうふうになっている気がする。変わった。これからもいろいろがどんどん変わっていくのだろう。落ち着かなくて、途中で閉じて、電気を消して、遊ちゃんにくっついて、それから起き上がって、電気をもう一度つけた、これは今日最後まで読んじゃおう、と思って、最後まで読んだ。

7月27日（土）

雨になるかと思っていたら外は白い光が溢れていて木の葉がゆっさゆっさと揺れてい

て風が吹いていた。

店は穏やかに忙しくなっていく調子で、のんびりとてきぱき働いていた、穏やかな気分で働いていて僕は二度こんにちはと言って会釈も返されないとけっこうダメージを受ける。一度目は遠いし届いていないかもしれないし反応も難しいこともあると思うが、案内書きを置きながらもう一度言ってみても微動だにされないと、食らう。挨拶をすることのハードルがとても高い人がいることは重々承知しているしこの店自体が初めて入る人にとってなんらかの緊張を感じさせやすいものであることも重々承知しているから「あ、この人はそういうのが完全に苦手な人なんだな」となにかで思うと、そう思うことも勝手だが、まあしょうがないかと思うところもあるけれど、「いやいやこの人はできるでしょ、できるけれどしない人でしょ、店の人間に挨拶をする必要なんてないと思っている人でしょ」と、これも完全に勝手だがそう思うと、傷つくことをやめられない。なにもこちらの顔を見て「こんにちは」と発語してもらいたいわけではないというか、そんなことを求め始めたら本当にハードルが高いけれど、目をそらしながらでも会釈というのはできる、というか、挨拶が苦手な人は目をそらしてでいいから相手にわかるような会釈をするのがソリューションなんじゃないかと思うが、というか、僕も店に入っていくときの居心地の悪さみたいなものは感じる人間だから、その方法を使うことがしばしばあってそれはちょうどいい方法で、目を合わせないで済むし、だからいい方法だと、ソリューションだと、思うのだけど、コンビニであるとかチェーンのたくさん人が働いている店であるとかなら、これも挨拶はできたらそれに越したことはないしみんなが挨拶をする社会が本当にいいなとは思うけれども、ともかく、コンビニとかたくさん人が働いている店であるとかならまだしも、店の側も客ひとりひとりと挨拶をしたいなんてひとつも思っていないような店ならまだしも、小規模の店に入るときは、人は、挨拶をするべきでしょうと僕は、けっこう強く思っていて、そう思うことをやめられない。

イラつくな、嫌な日にならないといいな、と思いながら、働いていると、来られて机に『三体』を置いた人があって、「お、三体、初めて実物見た」と思った。それから3時間して、その方のご予約は15時18時というものだったのだけど、18時前くらいになって、1時間予約を延ばしても大丈夫ですか、となり、席はそのとき大方埋まっていたけれど夜の時間の予約はほとんどなかったし大丈夫だったので大丈夫と伝えて、追加のオーダーで言われたレモンスカッシュを持っていきながら、ふと目に入ったのがわりとあと少しで終わりそうな『三体』で、「お、あとちょっと」と思って、そのあとオムレツのサンドイッチを持っていって、置きながら、「きっと佳境なんだろうなあ、『三体』は終わりのほうがなんかすごいってなんかツイッターかなんかで見たぞ」と思って面白く思っていた。その延長にした1時間が終わる頃、店はまた埋まっていっていて、ほぼ満席の状態だった、ちら、ちら、とたまに『三体』に目をやると、あと本当に少しということがわかって、「わー、終わりそう、でも7時までには終わらなそう」と思い、ここで次の予約が入ったら出ていってもらうことになってしまう、それは嫌だ、どうかこのまま駆け抜けてほしい、しかし予約の延長を聞きに話しかけに今は、行きたくない、邪魔を、したくない、と思い、予約が入らないように勝手に30分予約を延ばした、しかし、7時という、ご自身で決めた予約のお尻の時間が迫ってきていることをもしかしたら意識しているかもしれず、だとしたらせっかくのエキサイティングな読書の終わりを、時間を気にしながらすることになってしまう、それは、俺は、嫌だ、と思って、断腸の思いというか本当にすいませんという思いを持ちながら近づいて、予約をこっちで延ばしておいたから読み終えちゃいましょう、とりあえず7時半までにしたけど8時まででも全然大丈夫だからどうしましょう、時間気にせず読める時間に設定しましょう、と、言って、7時半までで大丈夫ということだったので、そうした。なんだか、総じてが、楽しかった。自分のこのときの心理状況というか、いろいろを思う変遷を見ると、とにかく本当に気持ちよく本を読んでもらいたいという気持ちがなによりも強いんだなというのがわかり、健全でよかった。自分だったら、自分が今、めちゃくちゃエキサイティングに本を読んでいて読み終えようとしているのだったら、時間を気にしたりしたくない、というそれをそのままお客さんにも適用していて、この気持ちは忘れてはいけないし忘れることはできないだろうなと思って、健全だった。

夜もそこそことお客さんはあり、いい土曜日になった、営業中に小鍋用の蓋がひとつ壊れたというかつまむ黒いところが取れて壊れたので、買おうとしたところ、400円で、2000円以上の買い物で買えるということだった、なにか、読みたかった本はあったろうか、どうか、新しい『Number』か、と思ったが甲子園特集で、朝に読んだ「Number Web」の編集部による大船渡のことに関する記事がけっこう嫌で、だから今は『Number』の高校野球特集は買いたいとは思えなかった、思い出して、『「差別はいけない」とみんないうけれど。』をポチった。読みたい本がどんどん溜まっていく。

一日中、うっすらと『しょぼい喫茶店の本』のことが頭にあった、僕にとって嫌な本だった、嫌な本というのは、なにかが自分に突きつけられるところがあるということだった。なにか、僕が忘れてしまった感覚が、あるのかもしれない、なにか、僕が手放した感覚が、あるのかもしれない、その忘れた、手放したものは、持っていてもよかったものなのかもしれない、でもそうとも思わない、そうとも思わない僕は、変わった、その変化は、僕はいい変化だと思っているけれど、本当にそうなのか、わからない、そういう、いろいろだった。いや、それ、そのままじゃ厳しいよ絶対、無理だよ、そのまま続けるのなんて無理だよ、そういうふうに思う自分がいて、そう思ったあとに、俺はなにか勝手に枠みたいなものをつくっているだけなんじゃないか、決めつけているだけなんじゃないか、人の商売、人の暮らしに、なにを勝手に意見できると思っているのだろう、というような、いろいろだった。失敗すること自体が成功だと、自分のことだというくらでも思うようになっているはずなのに、いや、いや、いや、それだと、と、なにを勝手に思っているのだろう、というような、いろいろ。たった1年とそこらしかやっていない店のストーリーを、本にして、これにどんな意味があるのだろう、生き方はいろいろある、就職しなくたって大丈夫だ、なんとかなる、というようなそんなメッセージなのだろうか、だとして、なんとかなるのだろうか、これは、誰にどう有意義なのだろう、店をやるというのは、だって、1年とかそんなスパンの話じゃないんだから、と思ってしまう自分がいて、でも人生の何年かを店の運営をすることに費やして、それがその先うまく行こうが行くまいが、それ自体がかけがえのないもので、とも思いながら、いや、いや、いや、と思ってしまう自分がいて、でも1日1万円の売上を目標にって、

30日で30万なんて、今はそれでどうにかなるかもしれないけど、今はいいかもしれないけど、でも、だって、そんなふうに考えている自分が嫌で、「今はいいかもしれないけど」なんて、最低で、だから、嫌な本だった。なにかを突きつけられていた。胸がサワサワする。

セ・リーグもパ・リーグも1位のチームがともにグダグダして、2位3位のチームが調子がよくて、面白くなってきた。

片付けを済ませてショートブレッドの生地をこしらえるとYouTubeのフジロックのチャンネルでGEZANのライブを見た。目が離せなかった。目がくっついたみたいに離せなくなった。

帰り、降り始めの雨に当たりながら帰り、遊ちゃんはぐっすり寝ていた。と思ったら、こういうのは報告したほうがいいかな、xxxだったよ〜って、と寝言を言っていて、話しかけてみたが遠くのほうで「う〜〜〜ん」と答えるだけでよく眠っていた。

酒を、飲みながら、ルシア・ベルリン。「バラ色の人生」からだった。これまでになかった語り口で、これもものすごくよかった、それからいくつか読んで、どれも、ものすごくよくて、うわあ、どれもものすごくいいぞ、と思って、布団に入った。遊ちゃんがそれで少し起きたから、さっきこんなことを言っていたのだけれどもどんな夢を見ていたの、と聞いたら、高橋愛と一緒にいたらしかった。高橋愛がなにか不祥事を起こしたらしくて、「高橋愛が落ち込んでた」と言った。

7月28日（日）

そのあと蒼井優と山ちゃんが夢に出てきた、と言って、朝から笑った。

GEZANを聞きながらショートブレッドを焼いて和え物をこしらえた。バンドはいいものだな。昨日検索していたらGEZANのフロントマンの人はずいぶん有名というか、ご活躍というか、名のある人らしかった。そういえば「マヒト」という字面は見かけたことがあったような気がした。「名のある人」というのも変な言葉だな。

6時まで猛烈に働いて夜になってお客さんは減っていくばかりで、それに伴って僕の電源も落ちた、ふらふらでへろへろで朦朧とした感じで、いくつか仕込みをやってから原稿に取り掛かろうかと思ったがとても頭が回る状態ではなく、取り掛かった、進んだ、閉店して原価800円の、昼間に間違えて開けちゃったビールを、ラップをして後生大事に取っていたそれを、飲んだ、カレーを、食べた、一日中GEZANが頭の中で流れていてそれは「BODY ODD」で頭の中でずっと叫喚の声が鳴り続けていて、いくつか動画であるとかを見たらそれからは「DNA」がずっと流れていた、細かく音が刻まれて、その上でやさしい歌がうたわれていた。歌いながら帰った。ルシア・ベルリンにうっとりしながら飲酒をした。

7月29日（月）

店にたどり着くまでにずいぶん汗をかいていて冷房の温度を下げて風量を上げた、アイスコーヒーを飲んで、やはりアイスコーヒーを飲みたくなるのが夏なんだよな、と思った、先週まではたいていホットを淹れていたが今日はアイスだった。日記を印刷して、GEZANを聞いていた、店を開けて、おとなしくしていた、推敲をして、赤入れをした、ちょうど山口くんが来るあたりまでに日記作業を全部終えられた、すっきりした。

今月も残り3日となり、そして現在の売上はおとといの時点で賃金5%アップの壁は越え、10%アップにもどうやらゆうゆう、よほどこの3日間でこけなければ、届きそうだった、実質１１００円、に、なるね、と言って、山口くんも楽しそうだった、まあもうほぼ届いたみたいなものだから月内はあとはゆっくりやろうや、と思って、思ってから、でもゆっくりやるのかどうなのか決めるのは俺たちじゃないｗｗｗということの仕事量を決定する権限を持たない感じ、それが店を生きるということで、これはいつもなんだか愉快さがあった、何度でも面白がれた。

店を出ていったん家に帰ってからドトールに向かった、イヤホンをさしてGEZANを聞きながら歩いていると栗原さんにばったり遭遇して、3年ぶりくらいですかねえ、もうそんなに、と少し立ち話をした、立ち話は苦手だった、汗をかいた、えーと、それじゃあまた今度、と言って、それから歩き出した。ドトールは今日も混んでいて、今日こそは窓際は座れなかった、半透明のガラスで対面と仕切られたカウンター、と思っていたそれは半透明ではなくて細かい水玉だった、両隣がおっさんで、おっさん、と思ってから、俺もいずれおっさん、と思った。右のおっさんは英語の資料を広げていると思っていたら爪を切り始めた。爪切りを持っているおっさんすごい！と思った。左のバカは勉強をしながらペンをしきりにカチカチと出して引っ込めてを繰り返していた、カチ、と鳴らすたびに頭のスイッチでも切り替わるつもりなのだろうか、切り替わらんよ、うるさいだけだよ。持ち時間は1時間半、原稿を書いた、真面目に取り組んだ、進んだ。

7時を過ぎて、喫煙席に入って煙草を吸っていた、イヤホンをして音楽を、もうGEZANではなかったが、GEZANを聞きながら原稿を書くなんていうことはできないので、GEZANではなく、そのときはミャンマーのギターのやつだった、それを聞きながら煙草を吸っていると、パソコンを出している人がいて、エンターキーをバチバチと叩いていた、2秒に1回くらいのペースで、バチン、バチン、と叩いて、もぐら叩きでもしているのかな？ というような頻度だった。他者がない、他者がない、他者がない。ドトールには他者がない。頻繁にドトールに来るようになって、やはり毎回、なにかしらなんだか薄暗い気持ちになるところがあった。どこかで限界が来るだろうか。煙草を吸っているとそうちゃんが入ってきて、あれ、なんでここにいるってわかったかな、と思ったが、ドトールにいるとは伝えていたから、わかったのだった、一緒に出て、近くの居酒屋に入った。

ビールを頼んで乾杯をしてから、一緒にお酒を飲むなんてしたことなかったよねえ、という話で、というかなんだっけこれ、と二人で考えたら、大学1年のときのクラスが一緒だった、情報処理とかの授業のグループが同じで、そうだった、そうだった、となった。そうちゃんと、上野と、皓。その4人だったのか、となり、それで真っ先に浮かんだのは生協の前のテーブルのところで授業に関連した何かだったのか、話し合いみたいなものをしたような気がしたそういう場面で、それから一学期の終わりの打ち上げみたいなものがあって夏休み前日だったのだろう、クラスみんなで江ノ島に行った、オッパーラが打ち上げ会場だったということは僕は覚えてはいなかった、平塚出身のそうちゃんが選んだ店だったらしかった、18歳でオッパーラを知っていたってなんだか立派だね、かっこいいね、と僕は言った。それにしても「一学期の終わりの打ち上げ」ってなんなんだ。オッパーラ。エターナルズ、追いコン、きっとその他にも。というかエターナルズは僕は見に行っていない。やけのはら？　つまり、だから、そうちゃんとそういう場をともにすることは15年ぶりということだった。15年！

彼はテレビ局で政治記者をやっていて年に一回くらいフヅクエに来てくれていて、先月だか先々月だかに来てくれたときに今度飲もうかという話になって、先週、参院選が終わって一息ついたから今度どう、というところでの今日だったわけだが僕はひたすら政治のことを質問し続けた、こんなに聞きまくって申し訳ないなとも思いつつ、ずっと面白かった。そうちゃんはずいぶん飲んだ。いつも飲み過ぎるんだ、と言った。そろそろ転勤になりそう、と言っていた。この夜、僕は初めて「クライテリア」という言葉を口から発した。使い方が合っているのか自信はなかった。

帰って、遊ちゃんと長々とおしゃべりをした。ぺらぺらと『ひとりぶんのスパイスカレー』を読んでいた、カレーをつくりたくなった、それからインゴルドを読み始めた。ライン、ブロブ。アブソリュートリー、イマジネーション。

7月30日（火）

昨日は夕方以降はすっからかんだったみたいで、おかずを見たら余裕がまだあるから開店してからで全部大丈夫だと判断し、日記を書く等、のんびりしていた。開けると、「休日かな?」というような感じでお客さんがあり、バタバタした、フルスロットルで、オーダーをこなし、並行して仕込みをおこなった、「夏休みかな?」という若い感じの人たちが多かった気がして、それにしてもなんだったのだろうか。だから夕方にはヘトヘトに疲れていたし原稿に取り組む気持ちは起きず、『「差別はいけない」とみんないうけれど。』を読み始めた。

それにしても、待てよ、あれ、ん? と思い、昨日、1100円は余裕で届きそうだね、1150円も、相当厳しいけど3日間でこうなったらこうなるね、という話をしていて、1150円、15%アップ、届かないだろうか? 昨日コケたことでそれはもう無理だなと今朝は思っていたが、終日けっきょく忙しくなってほとんど休日という忙しさの日になった、それで数字をカチカチと見ていると、これは、不可能じゃないな、ということがわかった、明日もわりと忙しい日になったら、行くぞこれ、と思って、それからそのことばかり考えていた、それで夜になって、売上は当然物販も含まれるので、当然と書いたがここはしっかり検討しなくてはいけないことで原価率が、本もＴシャツも、まるで飲食というかフヅクエ滞在費の原価率とは違うから、やみくもに物販で売上が伸びてそれに伴って人件費増というのは多分そんなにヘルシーではなく、だからゆくゆくはしっかり検討しないといけないところだけど、とりあえずの今月はまるっと売上ということで統一しているから、だから物販も含まれるので、というところで夜になって、ずっとなんとなく閉めていたオンラインストアを再開した旨のツイートをおこなった、もしこれで、今朝１枚、買ってくださる方がいて、というか、問い合わせがあって、それで準備ができたらオンラインストア開けて連絡しますと言っていて開けて連絡したところ今朝買ってくださって、だからオンラインストアを開けたのだけど、それで、だからもしこれで、１枚でも売れたら、一気に近づく、１枚３０００円の売上だから、１枚売れるごとに明日の必要なお客さん数が減ることになって、それで、どうだろう、売れたら儲けもんというか愉快に近づく、と思ってツイートをおこなった。

それから読書に戻り、民主主義、自由主義、アイデンティティ、シティズンシップ。帰って、ストレッチ、グレンリヴェット、インゴルド。

7月31日（水）

早起きをしたらTシャツが1枚売れていた、15%アップがかなり現実味を帯びてきた、店、アイスコーヒー。外に出て喫煙をしながら『「差別はいけない」とみんないうけれど。』を5分間読んだ。すると10時になって華南子ちゃん東野さんがやってきて内装の打ち合わせ、今日はフヅクエの厨房の中とかをよくよく見てもらって、下北沢でやるときにどれが必要でどれが削れるか、そういうことであるとかを考えたり本棚をどうするかを考えたりした。大きなガスレンジはやめて、家庭用の二口コンロ、家庭用のオーブン、これでいいはずだというのがここのところ思っていたことでそう言ったら賛成された。冷蔵庫は縦型冷凍冷蔵庫はやはりほしくて、コールドテーブルを今の半分の容量にする、それでどうにか回せるんじゃないか。とにかく小さい、その制限の中でどうやるか。最終的には「どうにかする」が圧倒的に本当だった。

ご飯を食べる時間はなくてパタパタと開け、とんとんとお客さんがあった。午後1時くらいの段階で、あと1万円くらいか！　ということになった、そうしているうちにまたオンラインストアでTシャツが売れて、その瞬間にあと7000円、となる、ご予約もこのあと2つある、これはもう、これで行かなかったら、なんかもうそれは休みたいなものだ、行くだろう、1150円、嬉しかった、山口くんは嬉しいだろうか、そういうことを思っていたら今年度の最低賃金の引き上げを議論してきた厚生労働省の審議会が全国平均の時給で27円引き上げ901円とする目安を示し、東京都は1013円になるようだった。10月からだろうか。最低賃金。眠い。

4時になって山口くんがやってきたので、ちょっと出てくる、と言って、出た、オペラシティの中に郵便局があることを嗅ぎつけた僕はそこにおもむいた、そしてレターパックライトを購入し、Tシャツを3つ、発送した、落ちている印鑑を見つけたので局員の方に渡した、それで、オペラシティを辞した、人は、あのエスカレーターを、行ったり、来たり、していた、天に吸い込まれるように、あるいは吐き出されるように、行ったり、来たり、していた、暑く、汗が吹き出た、そのまま皮膚科に行き、入ると、誰もおらず、すぐに呼ばれた。

「見える限り調子よさそう」

「ああ、」

「じゃあ、つけるお薬だけで」

「ええ、」

「（カルテを見ながら）だいぶ間が空いてますね（軽い笑い）」

「……」

「それじゃあ前回と同じでお出しします」

「おねがいしまーす」

20秒か？という速さで処方行為は終わり、出た、マジで、病院、入ってから出るまで2分くらいだったのではないか、近所にこんな皮膚科があって僕はありがたい。

店に戻って、けっきょくうどんを食べる機会はなかった、店に戻って、それで外で山口くんと入念な引き継ぎ。1150円、これは、行くねえ。あとこれだけだもんねえ。あと5000円くらいでしょう、ねえ、これ行かなかったら、わかってるよね……？ゲラゲラゲラ。この無意味さ。この無意味さ、無力さ、その中を生きること、ひと月のあいだ、それを一緒に楽しめたような感じがあってよかった。階段で話していると階段はずいぶんと暑くて、汗がどんどん出てきた。暑い、暑い、と何度も言って、それで帰った。

帰って、遊ちゃんは電話かスカイプかわからないがなにか話していて、今日は一日家で仕事をしていたらしかった、僕はうどんを茹でることにして、店からみょうがだけ持って帰ってきた、うどんを茹でて、冷やし、つけ汁に刻んだみょうがを入れて、食べた、みょうがは、とてもおいしかった、それが初めての食事で5時半で、夕飯みたいな時間だった、遊ちゃんは今日の仕事はおしまいにすることにしたらしく、どこかに出る、と言っていた、今日はずっと家だったからさっき電話で人と話したら話し慣れてなくて口も頭も回らなかった、僕は昼寝をして、頭をしゃっきりさせて、それでドトール、そう思って、7時に起きるべく、だから1時間、眠る、7時にアラームをセットし、眠気に入るために本をしばらく読んで、あっという間に眠くなり、うれしく思いながら、寝た、7時に起きた、遊ちゃんはまだいた、僕はまだ眠かった、遊ちゃんは出ると言って出て行った、僕は20分のアラームをセットし直し、寝た、鳴った、起きた、スヌーズ、寝た、鳴った、起きた、スヌーズ、8時半、遊ちゃんが帰ってきた、鳴った、起きた、スヌーズ、9時、起きた。寝すぎた。僕は昼間に綾女さんからのメールで、こういうところがこういうふうになったらひとつ上のレベルになると思う、みたいなメールをいただいていて、それで、それは応援だと受け止めて、受け止めながら、「俺にはそんなのはできないよ」という弱気が強くあって、弱気のくせに強くあって、それで原稿に向かうことに対して怯みを覚えているみたいだった、眠りから起き上がらないのはそれもきっとあった、そういうことを帰ってきていた遊ちゃんと話した、遊ちゃんは一人でちょっと飲んできた、入ってみた店は前から少し気になっていたところで入ってみたらよかった、凛とした女性が一人でやっている店だった、一人客にやさしい店だった、本を読んで過ごした、僕はやっと出ることにして、9時半になろうとしていた、出た、フグレンに行くと、ラストオーダーだけど、と言われて、え、となった、10時閉店とのことだった、少し前から水曜日もそういう時間になったということだった、おわあ、と思って、帰った、どうしようと思って、それでタラモアに入って、一人だったけど丸テーブルのところに通してもらえた、これは予期しなかったことだった、これは原稿に行けるかもしれない、と思い、キルケニー、パイント、原稿を少し見直して、人々は愉快に話している、今日はきっと静かな日だ、日記を、書いている。

わるっ、わっるっ、という、あの言い方は、紋切り型だよなあ、と聞きながら、思った。こういう、「よく言われてそうな言い方」みたいなものは、どこで広まるんだろうか、どこで習得されるのだろうか、まだ、やはりそれは、テレビなのだろうか。

一杯、飲み終えると出て、ポテチとビールを買って帰った。小説、小説が足りないんだよな、と思い、シャワーを浴びて念入りにストレッチをすると、『文學界』を開いて滝口悠生の「絶対大丈夫」を読みだした。読みだした瞬間に、体によろこびが満ちていくようで、「もう、若かった頃のように若くはないのだ、と私は変な言い方だけれどそういう言い方で思った」とあって、たくさん、よくて、広いなあ、と思う。

そう思いながら読んでいると山口くんから伝票が送られてきて、「もうそれは休みみたいな」日だったことが知れた、え、と思い、「数字を、はじき出す……！」と言って急いではじき出したところ、目標額というかここ数日というか昨日に急転直下で目標額として再設定された金額に、なんと、374円足りなかった。うわ、と思い、それを「……！！！！」という感じで伝え、「……！！！！」という感じで返ってきてから、しかしこれは間違っていたら重大だなとエクセルを仔細に見てみたら、なにかずれがあるのが感じられた、どれが、なにが、ずれているんだろう、と見ていった、わずかにずれている、なんだろうか、見ていると、物販の、それはコーヒー豆、Tシャツ、本、そういうところの項目の足し算が、合計が合っていないように見えた、計算式を見ると、コーヒー豆のセルが含まれていなかった、1500円が足された、つまり、1100円ほど、目標額を上回った。上回った！「！！！！！！」という感じで伝えたところ「！！！？？？？」という感じで返ってきて、その経緯を説明した。いやー、楽しかったね、この数日のこのこれ、というところだった。それにしても今日オンラインで2枚売れたTシャツだった、今日の途中で、これはTシャツなくても届いたな、と思っていたが、まさにTシャツの売上があったから超えた数字だった、畳んでくれたのは山口くんだった、山口くんを称えたい。いや、というか、7月のすべての売上、どれひとつが欠けても達さない数字だった、その事実は面白かった。

それから本に戻って、ずっと気持ちがよかった。ずっと読んでいたい。次号の「全然」もただただ楽しみ。それからインゴルドを少し読んで、どうしてだか連日開いている感じになっているカレーの本をぺらぺらと見てカレーのことを思って、そのあと『「差別はいけない」とみんないうけれど。』を読んだ、飲んで、読んで、眠くなっていった。

8月1日（木）

いつまでも寝ていていいといつまで寝るのか、起きたら13時とかだったらどうしようかと思ったが11時半だったか12時前だったかに起きて、寝たのは8時間か9時間くらいだからどうしようもなく寝すぎたわけではないはずだけれども全身が疲れていた、ガチガチに疲れていて、硬い床で寝ていたみたいだった。家にはもうどんはなかった。遊ちゃんが出るというので一緒に出て、暑かった、遊ちゃんがアイスコーヒーを買っていたので一口もらって、そこで別れた、遊ちゃんはバスに乗るらしかった、僕は富士そばに向かうらしかった、大盛りのもりそばを食べてもりそばとざるそばの違いを僕はわかっていないしもうひとつわからないものがあった、「特もり」みたいな名前だったろうか、「特もり」みたいなものよりもりそばと大盛り券を買った方が安くて、「特もり」というのはどれくらい「特」なのだろうか、判然としなかったから、もりそばと大盛り券にして、安く、多く、食べて、お腹が膨れた、ドトールで原稿だ、と思ってドトールに入って、給与明細をつくったりフォーマットをより快適なものに変更したりしていた、はじき出してみると山口くんにはいつもよりも2万円以上多くの賃金を渡せることになったらしく、愉快だった、そのまま、一切、原稿に向かう気が起きなくて、今日もずっと寝ていたのは原稿に向かうのが怖かったからだろうと寝ながら思っていた。夢の中で大雨で、小学校の場所を探していた、見つかったのかどうか、広々としたドトールに僕らはいた、僕らというのは、誰だったのか、5人から10人程度の小集団だった。

まるきり原稿に向かう気がそのまま起きないまま、ドトールにいて、エディタが開かれている画面に移ることすらしていなくて、頭をどうにかしないといけない、と体の感覚も含めた環境のせいにし始めて、走りに行こうかな、という気になっていった、走って、リフレッシュをしたら、なにか変わるかもしれない。そう思ってというか諦めて、帰り、走りに、行った、西原のスポーツセンターに着いたころにはもう汗が体中から吹き出していて、自転車を停めていると向こうの幼稚園から声が聞こえた。向くと、水が撒かれていて、光を反射させた曲線が空に掛かっていた。そのそばを虫取り網を持った、帽子をかぶった、カゴを斜め掛けのかばんみたいに掛けた、男の子がとことこと歩いている。深い緑の木々の向こう、その隙間からそれが見えて、蝉の鳴き声が光景全体を包んでいた。

汗だくになりながら屋外のテーブルのスペースでラジオをおこなって、それから走った、文化放送のラジオを聞いていた、ずっと誰かしらがしゃべっていて、それはニュースもあれば交通情報もあればで様々だったけれど、時間が溶けていくようだった。

汗だくのまま帰ってシャワーを浴びて、「野球でも見ようかな」という気が起きたが、それはしなかった、ビールはすぐに開けた。もう今日は俺は原稿はやらないのだろうか、結局この2日、原稿にほとんど手をつけられなかった、と思いながら、玉ねぎと生姜とにんにくを炒めた、ズッキーニと玉ねぎとみょうがを切って、塩をまぶしてボウルの中で混ぜた。強火で炒め続けて、フライパンの底面の熱を感知するのか、コンロは何度かピーピーと音を立てて勝手に火を弱めた、困るんだよ、強火でいきたいんだよ、と思いながら、弱くなったので仕方がないのでそのままにして、この弱さだったら焦げることはない、と思って外に出て一服をして戻ると、すっかり焦げていた、真っ黒のフライドオニオン、炭化、という感じで、やってしまった、と思い、いけない、いけない、と思った。気持ちが落ちていきそうで、これはいけないフラグ、と思った。遊ちゃんに玉ねぎを買ってきてもらって、焦げたものは捨てた。再度、生姜とにんにくを刻んでいるあたりで遊ちゃんが帰ってきて、玉ねぎをまた切って、フライパンに入れた、元気が、消えていきそうな怖さがあって、怖い、怖い、危ない、と思いながら、ビールを飲んだ。遊ちゃんに今日までの原稿を送った。遊ちゃんに見てもらいたかった。

今度はきれいに飴色の玉ねぎができて、トマトをやって、スパイスをやって、そうするとグレイビーができた。『ひとりぶんのスパイスカレー』のレシピに則っていた、サバ缶のカレーだった、見ると、ココナツミルクを買い忘れていたことがわかり、遊ちゃんが「買いに行こうか?」と言ってくれたが、僕は読んでもらいたかったから、僕が行った、一番近所のスーパーには見当たらなくて、もうひとつのスーパーまで歩いた。ココナツミルクとビールと、それから前に買っておいしかったハニーローストピーナッツを取った、僕以外買う人がいないのか、前もそうだったが蓋には埃が積もっていて、拭った。パッケージには「STRIKE EAGLE」という威勢のいい感じのする文字が書かれていて、それを見ながら夕暮れ時で混んだ、なかなか進まないレジの列に並んでいた。

家に戻り、カレーの続きをおこなった、グレイビーにサバ缶のつけ汁を開けて、そこに刻んだ青唐辛子とパクチーの茎を入れて、しばらく馴染ませて、ココナツミルク、サバを投入した、サバは、ひとくち食べてみたらふっくらとおいしくて、サバ缶というものに馴染みがないから他のものがどうなのかわからないが、おいしいものだと思った、岩手のサバ缶だった、「Ça va?」という、黄色いやつだった。

ボウルの野菜の水が出たので軽く絞って、パクチーをきざんだもの、にんにくのすりおろしをほんの少し、オリーブオイル、ビネガー、クミン、ひよこ豆、塩コショウ、それで混ぜた。カレーもできて、食べた。カレーもサラダもずいぶん、バカみたいに、おいしくて、二人で大喜びしながら食べた。とってもおいしい。

お腹いっぱいになって、食べ終えて、それから遊ちゃんに感想というか、原稿のことを聞いた、総じては面白かったみたいで、僕は「これで今週分として送っちゃっていいかな」という、そのゴーサインがほしかったらしかった、そんなことも自分では決められないみたいだった、背中を押してもらったので、じゃあ今週はこれでよしだな、という気になったので、平野さん綾女さんに、送った。次の一週間はもう少しがんばりたいというか、がんばれたらいいなと思うのだが、なんだろうか、暑さのせいで取り組めなかったと思うことにしたい。

それにしてもこの2日は本当になにもできなかった。こんなことなら映画でも見に行けばよかった。ヤスミン・アフマド。

ルシア・ベルリン。『掃除婦のための手引き書』を読んで、それからさっきカレーをつくりながら読み始めた『美容は自尊心の筋トレ』をまた読んだ。

美容って、どんなことから始めたらいいの?と訊かれたら、最初に伝えたいのは、「自分の肌にやさしいタッチで触れましょう」ということ。普段から「やさしく触れる」を意識してほしいのはもちろんだが、スキンケアの広告に出てくるような両手で顔全体を包み込むポーズ「ハンドプレス」をぜひとも取り入れてみてほしい。某化粧品メーカーの研究で、クリームをハンドプレスで塗り込んだときとそうでないときを比べると、快感情が高まり、肌も綺麗になるということが実証されている。使うアイテムはいつもと同じでもいいので、目を閉じてゆったりと深呼吸しながらやさしくハンドプレスでなじませてみて。普段スキンケアに熱心じゃない人なら、かなり違いがわかるはずだ。

長田杏奈『美容は自尊心の筋トレ』（Pヴァイン）p.28, 29

保湿剤ではなくて乳液を顔に塗りたくるようになってから僕も、ハンドプレスという呼び方は知らなかったが、ハンドプレスをするようになって、これをやって、ふー、ふー、と言っていると、たしかに快感情が高まる感じがあって、自分を労っている感じがあって、いいんだよな、と思ったので、この箇所を読んだら乳液を顔に塗り込んだ、「あれ、さっきも塗ってなかった？」と遊ちゃんが笑った、「いいの」と僕は顔を包む手のあいだから言った。この本に書かれていることはなんというか、総じて、とてもいいような気がしながら読んでいた。自分には労るだけの価値がある、という認識は、とても大切な気がした。

労るために酒を飲んでいたら眠くなり、けっこう酔い、飲みすぎたな、と思った。労りのつもりが自傷みたいになることも、多々あった。飲みすぎる。今日は、今日も、なにもできなかった、後悔みたいなものを覚えながら、しかし落ち込むことは回避できた、早々に寝た。

8月2日（金）

わかりやすく寝苦しさのあった夜で、途中で目が覚めた、二人で水を飲んだ、また眠りに入ろうとすると、いくつもいくつも夢を見て、それが面白かったから、起き上がってメモを取った。

フジロック別館、神奈川か品川あたり
面白いイベントあるなら行こうかな
え〜よく行くねえ
行くか聞かれたから答えたのに他人の選択を貶めるなよ

カラフル糸巻き、ぽーっと見てた
くれた、その場で
老人のとき？
持って返ったら老婆が嘲った

子供ごころを取り戻した

アナウンサーの女性は赤い糸巻き

メモを打ちながらすでに、どんどん取りこぼしていくというか、足りない、足りない、逃げていく、そういう意識があったし実際見返してみてもあの感触は戻ってこなかった。老人がクレープ屋みたいなところでクレープと同色のカラフルな、糸巻きというのか、糸のなにかをおまけでもらったその夢は、老人と子どもが同居しているというか老人になったり子どもになったり、人物が固定されないで混ざり合う感じがあって、「これは」と思ったのだが、どれだったのか。

早く起きて店に行った、起きたときから暑かった。

体が溶けてしまいそうだ。

冷蔵庫を見ると、開店までに、という仕込みはないようだった、

「こんなに早く来たのに！」

日記を書いて、ラジオの推敲をした、アイスコーヒー、熱が建物を圧迫するその音が聞こえる、イマジネーション、アブソリュートリー、誰かを傷つけないと自分でいられない君、数日間、GEZANの曲が頭の中にずっとあって曲というか一節がずっとあってそれは「今おれがクソむかついてるのは最低な政治家その類じゃなくて、誰かを傷つけないと自分でいられない君、僕らは幸せになってもいいんだよ」のところで、誰かを傷つけないと自分でいられない君、そこがずっとだった、聞こえる、熱が、熱の音が、ハンドプレス。

体調不良の一歩手前みたいな調子で、暑さに簡単にやられている感じがある。

思考を言語に譲り渡すな
思考を権力に譲り渡すな

いつの間にか、忙しい日になった、今日は休肝日にしようと思っていたが暑さにやられてそういうわけにはいかなくなり、閉店した瞬間にビールを開けた。変な週になっていて月曜からの5日間、ダメ、猛烈に忙しい、全然ダメ、超ダメ、忙しい、という極端なことになっていて暑さのせいで人の動きも狂っているのだろうか、というふうに考えてしまったが関係なかった、あいちトリエンナーレのことが話題になっていてツイッターは連日のように疲れる、みんな怒っている、怒りというかゴミみたいな言葉を投げつけている、どこまで体を思考を預けてしまいたいのか、権力に、と思うととても気味が悪くて、像を撤去させたいなら自分で侵入して撤去したらいいと思った、「不快だ」はもちろんそれぞれの勝手で、不快に思って次に「こんなのは芸術じゃない」と言うのはえらい自信だと思う、不快で芸術じゃなくて「税金でこんなことをやるべきではないから撤去すべきだ」と言うのは、めまいがしてくる。どこまで首輪をはめられたがっているのだろうか。どこまでコントロールしてもらいたがっているのだろうか。

帰り、差別の本にしようかと思ったけれど、気が滅入りそうだった、フィクションを、物語を、摂取したかった、ルシア・ベルリンを読んだ。

朝、その木から飛んでいくところは見たことがないのに、いつも日が暮れる三十分ほど前になると、町のあちこちからカラスがたくさんその木に集まってくる。羊飼いの役の何羽かがあたりを巡回して帰って来いよと仲間たちに呼びかけるのか、それとも各自が飛び回ってはぐれているのを見つけて、いっしょにその木に連れ帰るのか。これだけ飽きずに見ていればわかりそうなものだ。けれども何度見ても、ただ何十羽ものカラスがいろんな方角から飛んできて、オヘア空港みたいに上空で五、六回ほど旋回しながらカアカア鳴き交わしたかと思うと、次の瞬間にはぴたっと静かになり、もう一羽の姿も見えなくなっている。その木は一見したところ何の変哲もないカエデだ。あれほどたくさんの鳥が中にいるとは、外からは想像もつかない。

ルシア・ベルリン『掃除婦のための手引き書　ルシア・ベルリン作品集』（岸本佐知子訳、講談社）p.272

頭の中に景色が立ち現れて、動き出す、それが僕の体全体をほぐしていく、心地よく、うれしく、読んでいた、これもまたよくて、「わたしに向かって発せられたのに聞きそこねた、どんな言葉があっただろう？　気づかずに過ぎてしまった、どんな愛があっただろう？」、よい、よい、と思いながら読んだ、もしも、もしも、もしも、「そしてどうなったと思う？」、慄然とするような。終わり、次のページを開くと「謝辞」とあり、ああ、終わってしまったか、と思った。で、寝た。

8月3日（土）

寝苦しく、目を覚ましたら遊ちゃんが足を組むみたいな格好で寝ていて、エアコンの温度を2度下げた、それからは「暑い！」と「寒い！」を繰り返して「忙しい」と思いながら寝て朝だった。

開け、忙しい日に、なった。夕方にあいちトリエンナーレの「平和の少女像」の撤去が決定されたことを知って、知ったら怒りみたいなものがお腹のところからドロドロと湧き上がってきて怒りと、恐怖、不気味なものに触れた恐怖みたいなものが一緒に、というかあとからやってきて追い越していった、けっこう、恐怖でいっぱいになって、「なにこれ？」と思って、その感じは2年前の8月のちょうど同じあたりで感じていたものに近かった、「え、なにこれ？」という、おそれ、わからなさ、おののき、強く食らった感じがあって、ザワザワザワザワしながら働いていたら一気に猛烈に忙しい時間になって、あ、まずい、という状態になったけれどどうにかこなしてプロは一味違った。プロフヅクエ。世界でもっともフヅクエ勤務経験が豊富な男。だからどうにかこなして、それからも頭の中はずっと撤去のことだった。

事実なんてどうでもいい
という態度
がまかり通る
というか大きな声になる

快不快、好き嫌いがそのまま、反省なく、ありかなしかの判断に短絡する、いくらか我を忘れるようなというか、制御できないようなというか、冷静ではない、これは冷静ではない、という怒りが、に、支配されて、ブチ切れそうになっていた、帰って、遊ちゃんとたくさん話をした。

ところでこの画家は、婦人が暑がってダンスをやめた瞬間、木が影のふちに隈どられようとする瞬間、帆が金色のエナメル塗の上をすべってゆくように見える瞬間、そんなまばゆい光の瞬間に、時間の運動を不滅のままにとどめるすべを知っていたのであった。しかし、まさしくその瞬間がわれわれの上にかくも強い力でのしかかるからこそ、そしてまさしく画布がその瞬間をかくもぴったりと固定してもっとも消えさりやすいものの印象をとどめるからこそ人々は身に感じるのだ、――婦人はまもなく帰ってゆき、小船は消え、影は移動し、夜がこようとしていることを、快楽はおわることを、人生は過ぎさることを、そしてそこに境を接していっしょにつらなっているかくも多くの光によってもまた同時に示されるそれらの瞬間は、もう二度と見出されはしないということを。

マルセル・プルースト『失われた時を求めて〈5 第3篇〉ゲルマントのほう 2』
（井上究一郎訳、筑摩書房）p.195, 196

小説、こういうときは物語、物語、そう思ってものすごく久しぶりにプルーストを開いたら、開いたら、このくだりがあって、語り手はまだ、ゲルマントの家の社交界のどこかの部屋で、エルスチールの絵を眺めたままだった、僕が、他の本を読んでいた長いあいだも、変わらずに、不動の姿勢で、エルスチールの絵を眺めていたようだった。うっとりとして、眠くなるまで読んでいたし眠くならなくてかまわなかった。

8月4日（日）

朝、韓国から『한겨레21』が届いた、涼しい青色が飛び散るかっこいいイラストの表紙だった、韓国の雑誌を見る機会なんてこれまでなかったから、読めないけれどペラペ

ラ全部めくった、なにかに掲載されてもほとんど開くことすらしない人間としては珍しい行動だった。

店、開け、日曜日。

ツイッターを見ていると血圧が上がっていくのを感じるから見ないほうがいいと思いながら見てしまうしつい、人のツイートについたリプライを見に行ってまた血圧を上げるのを繰り返してしまう。少しでも拡散されたツイートにはたいてい、「コミュニケーション」や「やりとり」なんていうことには最初から一ミリも興味がない、書かれている言葉を圧倒的に軽々と無視して反対意見にもなっていない汚い言葉を投げつける、不躾という言葉ではまったく足りない、そういうリプライがついていて、すごい、すごいぞこの分断は、と思う、頭に血がのぼる、よくない。

昨日も今日も暇ができたら原稿をやろうかと思っていたがツイッターばかり見ている。よくない。

ツイッターばかり見ているのは、よくない。「中国政府への抗議や団結の言葉を書き綴った"Lennon Wall"の前で怒った中国政府支持派の男に何度殴られても殴り返さず逃げない反政府香港市民の非暴力抵抗」という、動画が流れてきて、小太りの男が拳で何度も何度も、青年を殴っていて、青年はよろめき、倒れ、立ち上がって、また殴られていた、それを見たら涙が

たくさんのことが、２０１９年というのはいまだにこんなに野蛮な世界なのか、と思い知らせてくる。

殴られている青年は屈強そうな風貌で、動画が始まったとき、最初、逆かと思った。傘を持った小太りの男が殴られて、屈強若者が殴るのかと思ったら、逆だった、先入観。若者は、見覚えのある見た目で、なんだろうと思ったら『リリイシュシュのすべて』の剣道部の、一人だった、と似ていた。なんという俳優なんだろうか、あの映画以来、見たことはあるだろうか。

笠原秀幸。

ポストモダン時代の社会を「リキッド化と固定化」と表現した社会学の泰斗ジグムン

ト・バウマンは、その遺作となった『退行の時代を生きる 人びとはなぜレトロトピアに魅せられるのか』（伊藤茂訳、2018 青土社）において、現代の世界はホッブズが「リヴァイアサン」を着想した状況――万人の万人に対する戦争――に回帰しつつあるのではないかという問いを立て、多くの人々が安易に暴力や怒りを表出するようになった背景について〈蓄積された怒りを解き放つことは、自己目的的なものであって、それ自体の動機や目的とは関連がない〉と書いた。自らの存在感や社会的地位の耐え難い小ささ、低さ、軽さ、または「そのように見られている」という敗北感や屈辱感、あるいは恐れに起因する暴力は、自らのそうした部分を覆い隠そうとする自己目的化の傾向にあり、有りていに言えば「相手と理由は二の次」ということになる。

安東嵩史「国境線上の蟹 31」―トーチ web http://to-ti.in/story/crab31

暴発する力。夕方、ツイッターで見かけて開いて読んだ文章がずっと、

忙しい日だった。原稿を全然やれていない、と思ったが、これだけ忙しかったらやれなくて普通だった、なんとなく余裕がある気がしていたそちらのほうがおかしいというそういう忙しい日だった、けっきょく金土日と、忙しい週末になって、それ以上に気持

ちがずっと忙しく暗く重くどす黒かった。
帰って、しばらく読んだらプルースト、と思ってまずは『「差別はいけない」とみんないうけれど。』を開いた。

「現代的レイシズム」が、このような自助努力や自己責任を強調する保守的なイデオロギーのバリエーションのひとつであることはあきらかだろう。「現代的レイシズム」は、差別がすでに解決されているとみなしたうえで、黒人や在日朝鮮人に対する積極的是正措置《アファーマティブ・アクション》を特権として彼らから剥奪しようとするからだ。ハイトがあきらかにしたように、保守的なイデオロギーが「公正／欺瞞」という道徳的基盤に依拠するものであるとしたら、「現代的レイシズム」とは、差別の見かけをとらない差別でありながら、ひとつの道徳であるといえるだろう。「道徳的なルールを破った者にたいして、怒りの感情を覚えその者を強く罰したいと感じる」という私たちの傾向を踏まえるならば、「現代的レイシズム」は解消しがたい、きわめて厄介な差別なのである。

綿野恵太『「差別はいけない」とみんないうけれど。』(平凡社) p.163

そのまま、酒を飲み、ナッツをつまみ、読み続けてしまって、寝落ちしそうになったので歯磨きをして布団に移り、もう少し、と思って開いたが、隣で眠る遊ちゃんの寝息を聞きながら、聞く間もなく、僕もまた、眠りの中に吸い込まれていった。

8月5日（月）

月曜日が休みというのは珍しく、どうしたらいいのかが起きるときから、寝る前からわからなくて、いつもより30分くらい遅く、起きた、起きて、店に行った、山口くんがやってきて、水出しのコーヒーを飲んで、おいしいよねと言い、それから河内晩柑のシロップができたのでそれをソーダで割って飲んで、おいしいよねと、言った、ここ数日の憤怒の話をしてそのことが頭にへばりついていた、さっぱりしたものがいいと思い小松菜を湯がいてみょうがと味噌等で和えた。

開店して、用事も済んだので出ることにして、出た。外で、階段のところで話しているると、すぐに汗が全身から吹き出てくる。自転車にまたがった、途方に暮れていた、自転車を前に進めた。

スーパーに寄って、昨日ツイッターで見かけたサバ缶と味噌とすりごまとみょうがと大葉ときゅうりのつけ汁みたいなものをつくって冷たいうどんで食べる、今晩はそういうものをつくろう、遊ちゃんと一緒に食べようと、朝、スーパーに行ったときにサバ缶が目に入ってそれで思いついて、サバ缶は買っていた、しかしサバ缶だけだった、みょうがは店から持って帰ってきた、しかしみょうがだけだった、だからきゅうり、大葉。味噌は家にあってもよさそうなものだからすりごま、それからうどん、と思って、カゴを持って売り場を練り歩いた、真っ昼間のスーパー、馴染みのない時間帯、なにも変わりはしなかった。

買い物を済ませて家に向かっているとすりごまを買い忘れたことに気がついて3歩で忘れる。あきらかに、カゴにきゅうりを入れたときにはすりごまのことを思っていた。それは覚えている。

特にそれで自責の念や自己嫌悪がやってくることもなく、ただ途方に暮れていた。

昼ごはんをどうするか。

日記の推敲をどこでやるか。

小説を読みたいが何を読んだらいいか。

本屋には行くべきか。

プルーストか。

原稿をどこでやるか。

というか原稿は、何にどう取り組んだらいいのか。

これらを全部、どういう順番で、こなしていくのか。どれか捨てるのか。どう動いたらいいのか、まるでわからなくて、気持ちのいい一日になるイメージがまったく湧かなかった。早いな、すぐにやってきたな、と思った。原稿をやり始めたときにこういうモードになっていくことは想像がついたけれど、それに自覚的であればそう落ちることもなく過ごせたり、落ちることを回避して過ごせたり、するかな、と淡い期待を持っていたが、早いな、すぐにやってきたな。というか、それよりも原稿を、今、とりあえず第一部をおしまいというか通して終えた感じがあるから、その先、今、取り組むことはどういうことなのか、それがよくわかっていないのかもしれなかった。大枠で考えて組み立て直す感じで考えたらいいのか、細かいところを書き足していく作業が必要なのか。聞け、という話だった。聞けよ。とっとと。という話だった。暑くてさ。面倒で。なんせ暑くてさ。

昼飯を食い、日記の推敲をし、原稿をやる、ということにした。読書は知らない。

それでまた自転車にまたがって、富ヶ谷の、知らない路地を入ってみたら知らない景色のなかを走って、それは、住所は富ヶ谷1丁目だった、意想外な、低層の、そう高級というふうでもなさそうな家の並ぶエリアで、「へえ」と思った。すぐのところにどこかの国の首相も住んでいるはずの、そういう場所だった。ぐねぐねと急坂を、滑ったりしないように気をつけながら下っていくと、あ、ここか、という場所に出て、すぐに奥渋谷の通りのところだった、魚力に入って、どうして夜にサバのやつを食べようとしているときに昼に魚を食べに来たのだろうか、サバの味噌煮と鮭のハラミのやつが今日のハーフ&ハーフの内容でなめろうの定食にした、札を持って2階に上がって、席についた、すぐに出てきて、納豆がついていた、「納豆?」とおばちゃんに言うと、間違えたらしく、サービスということだった、休日も欠かさず納豆を食べる俺がここに爆誕して、なめろうを食べ、ご飯を大盛りで食べ、おかわりを大盛りでして、納豆を食べ、ひじきを食べ、あさりの味噌汁を飲んだ、「週刊ベースボールオンライン」で今永の記事を読んだ、「セットに入って打者の雰囲気を感じ取って、光(伊藤光)さんがミットを構えたとき、この感じで投げれば直球で押し込めるという、感じがつかめてきているんです」と言っていた、「18・44メートルの空間を支配できるというか。打たれるときは、その空間が歪むときもあるんですけど」と言っていた、「マウンドに立ったときに、上空から頭を紐で吊るされていて、それを上に引き上げられているような感覚が欲しかったので」と言っていた、今永の言葉が僕は好きだった。

満腹で出るとフグレンに行った、近づくと、縁側の席には人影がなかった。もう少し近づくと、みな中にいる様子が見えた。酷暑だとこうなると知った。水出しのアイスコーヒーを頼んでカウンターの席について、日記の赤入れを始めた、Hi'Specの『きみの鳥はうたえる』のサントラを繰り返し聞いて、それから昨日読んだ「国境線上の蟹」で触れられていたThe Nationalの「Afraid of Everyone」を聞きたくなって、それが入っているアルバムを探して、聞いた。赤入れを済ませて反映の作業をして、配信用に整えて、済んだ。4時半だった。外は明るかったが僕は明るくはもうなくてもう4時半だった、一日、一日が、あれ、ははは、と思って、途方に暮れた。

「今日はなにしてたの？」

「途方に暮れてた〜」

けっきょく僕も攻撃的で、暴力的で、それを細々と発露しているんだよな、と、ドトールで、途方に引き続き暮れながら、隣の席のペンの切り替えの音がひっきりなしに耳に飛び込んできて、うるさくて、とても舌打ちみたいなものをしたい心地になって、なってから、思った。

それにしても、驚くほど集中力がないというか、意識がまったく中に集まらない。平野さんになにを聞いたら、なんて聞いたらいいのかわからなくて、というか聞くものなのか、自分で考えるべきことなんじゃないのか、とか思って、メールをひとつ送るのにも30分以上文面であるとかに迷い続けて、そのあいだも、あっちに行ったり、こっちに戻ったり、うろうろし続けて、どこにも意識が集まらない。なにを相談したらいいのか、わからなくなりながら、そもそも、自分がこの原稿を把握できていないというか、覚えていないことがきっと多すぎるというのは、すごくあるよなと思って、まずは通読するところなのかもしれない、とも思った。でも、通読して、そこから取捨選択というか、いや、それはまた後の話かもしれない、しかし、いや、と、混濁し続けている。

言葉が一瞬で逃げていって、思い出すこともできない。

2時間近くドトールにいて、やっとメールを一通、作って、送った。ちょっと自分の無力さというか、集中力の欠き方というか、頭の混濁というか、に、引いた。こんな初っ端で助けを求めているということに、不甲斐なさ、恥ずかしさを感じているのかもしれなかった。

悄然としながら帰り、遊ちゃんとサバの冷や汁というのか、すりごまと味噌とサバ缶の汁と刻んだみょうがと大葉と水と塩もみしたきゅうりを混ぜたつけ汁をつくって、うどんを大量に茹でて冷やして、食べた、激しくおいしかった。僕はビールは飲まず、食後、しばらくおしゃべりをして、そのあと、昼寝と称して寝た、9時のことだった。起きられなくて、起きたくもなくて、起きなくて大丈夫、と言われて、ぶすっと、わからない、と答えて、また寝ていた、寝ながらも自分の首はどんどん締まっていくような感じがあった、「時間がいなくなった」と思った。それはロストという感じで行方不明という感じだった、今日したことと言えば日記の推敲とメールを一通送ることとうどんを食べることだけなのに、どうしてもう10時なんだ、という、どこかで時間が消えた、いなくなった、そう思うのが自然に思えて、頭を抱える気持ちになった、どうにか起きて、眠かった、暗かった、危ないモードに入っていて、「さっきは起こしてくれたのにごめんね、コンビニに行ってくるね」と言って、外に退避した、いつだったか、ゴールデンウィークあたりだったか、「ごーるでんうぃーく」をまず「GW」と変換する変換に怒りを覚える、軽侮の念、いつだったか、ゴールデンウィークあたりだったか、あの時分になにかとてもダメになったあれを繰り返してはならない、と思って、退避した。

ビールと煙草を買って、駐車場のふちみたいなところに腰掛けて、ビールを開けた、煙草を吸った、メールアプリを開くと、今週配信した日記についてのメールがあって、7月27日の、土曜日の、挨拶について書いたそのことについてだった。私だったでしょうか、というもので、やっちまった、と思った。こうやって、人を傷つけてしまうんだな、ということに、カーっと熱く、涙が目の奥からやってきた。なにか攻撃的なことを書いたなら、それがそういう形で誤配というか、誤配であり飛び火でありが起こることはあることであり、それはやむを得ないことだと思いながら、何度か考えた末にその形を残したのだけど、実際にそれが起こると、というか、僕が懸念していたのは「かつて自分もそうだったかも」と思われることまでで、その日の出来事が自分のことなのではないかという気持ちを与えることにまで想像は及んでいなかった、だから、だからというか、メールをくださったのは女性で、その日挨拶を完全スルーしてきたのは男性だったから、明確に違って、大丈夫ですというか違います、あなたではないんです、と、早く伝えなければ、早く、早く、と思って、思いながら、ビールを飲んでいた。

戻ってメールを打って、「別の危機」みたいなものが立ち現れることでこれまでの暗さや凹みみたいなものは一歩後景に退くように感じるところがあった。シャワーを浴びて、ベランダに出て、イヤホンをつけて、GEZANを大きな音で耳に注入した。今日の夕方、山口くんから写真とメッセージが送られてきて開いた瞬間に「あ！」となったそれは今日あさひちゃんママが来てくれていたことを知ってで、あさひちゃん一家はモヤウによく来てくれていた、あさひちゃんはその時は小学生で今では驚くことに高校生で、柴田聡子の「カープファンの子」を歌って踊っていた女の子はそれからもずっと音楽とともにあって昨日GEZANのライブを見に行って今日は友だちと東京をぷらぷら遊んでいた。

GEZANを注入させると「よし」みたいな気になって、遊ちゃんにiPadを借りた、これまでの原稿、第一部のおしまいまでとりあえず書かれた原稿をいったん通読しよう、話はそれからだ、というところで、でもどうやって通読したらいいかわからなかった、iPadで開いて、読みながらPDF上にいろいろ書き込んでいくというのが一番適しているように思えて、それで借りて、その作業をした、すでに四六版の本で換算したら200ページくらいあるのが第一部で、そのうち読めたのは最初の2章だったか3章だったか、ブックカフェについて書いたところまで、100ページくらいだったけれど、細かくはいろいろあれど総じて言えばそれは面白い文章で、あれ、面白いなこれ、と思って、それでなにが進むわけでもなかったが、

「少し気が晴れた」

と寝ている遊ちゃんに僕は言った。iPadは便利だな。

終わりにすることにして、寝るまではプルーストを開いていた。一日中、文字を、ずっと見ている。

そのうえに、ゲルマント公爵と公爵夫人とは、社交的礼儀と呼ばれる宮廷生活の伝承のなごりを身につけていて、それはけっしてうわべのものではなく、むしろ外面が逆に内面化することによって、うわべが本質的な、深められたものになっているのであったが、そうした伝承のなごりを身につけた夫妻は、慈善、節操、憐憫、正義といった、かなりしばしば二人に無視されてきた義務、すくなくとも一方の夫によって無視されてきた義務よりも、もっとまげることのできない一つの義務を、より本質的なものと見なしていたのであって、それはパルム大公夫人に向かってほとんど三人称でしか話さないという義務なのであった。

マルセル・プルースト『失われた時を求めて〈5 第3篇〉ゲルマントのほう 2』
（井上究一郎訳、筑摩書房）p.204, 205

プルーストは前に閉じたところを再開した瞬間にとつぜん面白いのがやってくるところがあって、ここも「なんなんだよｗｗｗ」といぅ面白さが強くあった。そのあとにパルム大公夫人について「どんな高慢な自尊心に根ざしているかがすぐに読みとれるほどへりくだった愛想のよさ」といぅ記述があって、「どんな高慢な自尊心に根ざしているかがすぐに読みとれるほどへりくだった愛想のよさｗｗｗ」と思った。眠った。

8月6日（火）

朝、店に着くと吐き気みたいなものがうっすらとあって、なんなの、と思った。なんなの、この不安は。

コーヒーを淹れながら、本を書くことのプレッシャーみたいなものが思っている以上にけっこうあるということだろうか、と思って、まあ、あるのだろうと思うと、それは健気な受け取り方に思えて、そう考えるとどこか許せる気持ちになった。ナイーブすぎるだろ、とまず思ってしまうけれど、日記とは違って本を一から意識してつくっていくことなんて初めてのことだから、ナイーブになってしょうがない、ということだった。

開店前、外で煙草を吸いながら、「誰かの日記」を読んでいた。山口くんが登場して、

「おわ〜！」となった。中に戻った。

どうしてだか、「ちゃんとしないとな〜」と思った。でもどうやったらちゃんと、できるのだろうか。

そう思いながら看板をおろそうと外に出ると、階段の真ん中のところでヘッドホンをした若い男性が、開くのを待っていて、音楽が鳴っているのか、気づかなかった、「こんにちは」と大きめな声で言うと気づいて「おわ〜、びっくりしたあ！」と言って、「元気w」と思った。店を開けた。

ちゃんとできていると言ってもいいんじゃないか？とも思った。

目の奥。自転車で盛大に転んでから、左目の奥がたまに重い、押し込まれるような感じがあって、そういうことだけで不安になる。

午後、平野さんから返信あり、次に行っちゃっていいですよ〜というところで、お、そうなのか、と思って、でも進行表はこうなっているし、いいのかな、というか、みたいなことで、また確認をしようとメールをつくっていた。つくっていて、うんざり、げんなりしていった。なにか、自分の中の生徒根性みたいなものを見るというか、正解を求めている態度に見えて、答えはきっと「著者のいいように」しかないだろうと思いながら、足並みが揃っていることを認識してでないと進むことに怯えを持ってしまう、みたいなところがあるのだろう。脆弱。

またメールを一通つくるのに長い時間を掛けてしまって、7時半になってやっと送信できた。何時間掛かっているんだろう、と思うと自分の愚かさに反吐のようなものが出そうになってそれにしても「反吐」とはなんなんだろう。文字だけを見ると「むしろ嘸下?」という感じにすら思えるが。

しょんぼりしながら、営業を続け、山口くんに昨日聞いたところ今月も売上変動賃金が楽しいということだったので、スプレッドシートでそのシートを、きれいにする、みたいな不毛なことをやっていた、いかに簡単に、いかに見やすくするか、というような。これまで「曖昧な目標シート」という名前だったが「むりょくなうりあげもくひょう」という名前に変えた。それで、『「差別はいけない」とみんないうけれど。』を読んでいた。読めば読むほど、難しい、と思う。

帰り、明日内沼さんのおうちにお邪魔するにあたって、なにか持っていかなくていいの、と遊ちゃんに言われ、え、いいんじゃないかな、と言った、聞いてないんだ、うん、聞いてない、ちびっこがふたりいるおうちにお邪魔するんだったら料理の負担もあるし私だったら聞くと思った、と言われ、本当に、そういうことに、頭がまわらないんだなあ俺は、と思った。

他者がない、と、僕は、いろいろを見ながら思って、苛立つけれど、一番他者がないのは僕自身じゃないか、と思うときは、たまにあった、自分のことしか考えていない、というのはまさに、僕自身なんじゃないか、と思うときは、たまにあった。だから、他者がない、こいつには他者がない、と人を見て苛立つのは、自分を見ているようで苛立つのかも、しれなかった。原稿の読み返しをおこなおうとiPadをまた借りて、やろうとしていたが、気づいたら絵を描いていた、ゲラ、みたいなものの上に絵を描いていく、全部潰す。全部台無しにする。そうやって遊んでいた。ちゃんとできない。人に頼りすぎるというか、人に任せすぎるというか、情けない。

元気を出さないとな。

プルーストを読んで、おもしろいなあ、おもしろいなあ、あはは、あはは、と思いながら、寝た。

8月7日（水）

繭みたいなもののなかにくるまれて、たった一人で、誰にも迷惑を掛けず、誰にもがっかりされずに、生きたい？

そんなわけではなかった、朝から暑かった、卑屈になってもしかたがない、卑屈になっていること自体がアピールだ、空元気、空元気、空は今日も元気に熱を発している、空のように、無責任に元気に、ありたい？

8月の吐き気。

「え、別に大丈夫じゃない？」と言って「妥当な判断」みたいな見せ方を自分にしながら、自分にとって一番簡単なものを選ぶ、みたいなところが自分にはかなりあるよな、と思って、思いながら、アスパラの胡麻和えの和えるやつをつくっていたら酒屋さんが来て汗だくだった、この暑さでマジで大変だよな、と思い、そうだ、冷たい飲みもの差し上げたろ、と思い、アイスコーヒーをどうぞとした、いい笑顔をいただいた、そのやり取りで少し元気が戻って、こういうことで元気は取り戻せるのだよな、と思い、これだって簡単で、コストのかからないことで、コスト、ベネフィット、この言葉がきっと好きだし行動指針になっている気がする、昨日それは差別の本で言われていた、統治功利主義的な、差別？ の温存？ 強化？ それに僕も与するのだろうか。統治は関係ないか、功利主義、僕は功利主義者ということか、でも「功利主義（こうりしゅぎ）またはユーティリタリアニズム（英：utilitarianism）とは、行為や制度の社会的な望ましさは、その結果として生じる効用（功利、有用性、英：utility）によって決定されるとする考え方である。帰結主義の1つ。「功利主義」という日本語の語感がもたらす誤解を避けるため、「公益主義」や「大福主義」といった訳語を用いることが提案されている。」、でも、効用なんてほんとうに測れるものなのだろうか、というか、僕は。測ったつもりの効用なんて間違っていることがたくさんあるのだろう、計算の下手な功利主義者、というのは害のある存在かもしれない、害はなくても恥ずかしい存在かもしれない、しかし功利的というのはどうしてなにかずるさみたいな印象を伴うのだろう、功利、「功名と利益」、ここにもこの社会の、社会の？ いびつさが表れているのではないか、功利をなにかずるい感じに受け取り、批判を否定の意味でしか使えない、うまくやることがずるさに結びつき、意見を持つ者を煙たがる、この、社会の片隅で、

強烈な不安感。なんなんだろこれほんと。

ちょっとおさらいをしようと、最近の不調時の様子を、読もうと、日記を当たった。「不安」であるとかで検索をして、4月の半ば、それから6月の半ば。今は8月の上旬。2ヶ月ごとにやってくるのだろうか。

なにもせず、座って、日記を読み返していた、不安、不安、不安。そうやって何日か過ごしていくと、どこかで雲散したのか、そういう記述はなくなっていく、というふうだった。読んでいたらいくらか気持ちが軽くなっていく感じがあり、かつての不安の状態を直視してみるというのはありな療法なのかもしれない。危ない療法にも思えるが、今日のところはありな療法のように思えた。8月、7日、2019年、水曜日、今日の不安もいつかのなにかになるだろう。肥やし？　本当に？

2年前の8月の不安、吐き気、あの記憶がけっこう強く、脅威として残り続けている

のだろうか、かもしれない、それはそうかもしれない。それにしたって過剰なのはわかっている。過剰反応、だからそれが、傷跡というか、そういう、いや、不可解。野菜を買っておくべきだった。全部手遅れ。

4時、山口くんが来て、入れ替わるように食材を買いに、初台百貨店に。八百屋さんで野菜を買って、肉屋さんで肉を買った、お盆の休暇が貼り出されていて、3連休明けの火曜日と、それから土曜日が、営業日、ということだった、だからこの週末、土日月、一日やって水木金、一日やって日、と休みで、3連休3連休のあいだに営業日を入れるというのはどういうものなんだろうなと思った、というか、肉にしても野菜にしても、その一日だけで売り切るように仕入れるって難しそうで、頭こんがらがりそう、と思った。

外で、今日は俺は気持ちが落ち込んでいるのだよね、山口くんも、そういう日、交代できたりできなかったりはわからないけど、どよーん、ダメだ〜、みたいな日、言ってちょうだいね、と言って、ダメな日はダメね〜、と言って、出た、帰ってまだいくらかうっすらと吐き気、たくさん水を飲んだ。それで出た。

近くの店で、日本産の花火と、有機な感じのおつまみを少し買って、リュックにはミッケラーのビールを一本、入れていて、遊ちゃんは遊ちゃんで先日のチョコレートのお返しにスープの素みたいなものを持っていた、それで電車に乗った。いくらか浴衣姿の人たちもいて、一人で浴衣で念入りに化粧をしている女性がいた、遊ちゃんはそれを見て「デートかな」と言って、聞こえるわ、この至近距離で発する？と僕は笑った、景色がだんだん自分たちの日々の暮らしから離れていくような感じがあって、空が広くなっていった。電車をおりて駅前に立つと、うわあ、知らない駅だ！というおもしろさがあって、僕はまだ元気を取り戻せていなかった。木々が立ち並ぶ、マンションが連なる、車が走る。むあっとする暑さのなかを歩いて、一様に金麦を飲む大学生たちの集団が追い越していった。コンビニにはしっかりした駐車場があって、遊ちゃんは柄本佑の話をした、それで、なのか、ここいらで元気を取り戻しておきたい、と思い、ビールを一本飲んでいこう、暑いから、と言い、ビールを買って、室外機の上に座って、一服しながら、ビールを飲んだ、そこでいろいろ、昨日今日で感じている不安の話をして、けっこうなトラウマになっているのかもしれない、という話をして、そうだよねえ、というところで、話してよかった。落ち込みが消えた感じがあった。

知らない道を歩きながら、業者から買う野菜、スーパーで買う野菜、八百屋で買う野菜、その話をして、アボカドの話をした、道に迷って、途中まで僕は適当に歩いたらいいところまで行くんじゃないかと地図を見なかったが、諦めて、地図を見て、探した、予告の花火の音が何度か鳴った、屋上のある家、屋上のある家、と探して、あ、ここでは、と思って見た家には煙突があって、近づくと表札のところに「内沼」と書かれたマスキングテープが貼られていた、チャイムを鳴らした。6時だった。

一階で、ちびっこたちに挨拶をおこなった、僕は不審がられるだけだった、上の、内沼さんの部屋に案内してもらって、本棚がわーっと、いくつも、並んでいて、大きなスピーカーが置かれていて、いただいたビールを飲みながら、見て、楽しいなあ、と思い、見ていた、しばらくしてちびっこたちと遊び終えた遊ちゃんが上がってきて、わー、「内沼晋太郎の部屋」だねえ、というようなことを言って、ねえ、と言った。

書斎の隣の、やはり本棚がわーっとある畳の部屋に食べ物が運び込まれ、そこでご飯をいただいた。カンナちゃんと遊ちゃんは待望の顔合わせというか、一度映画館で鉢合わせたことはあったから初めてではなかったが、カンナちゃんは僕の日記と遊ちゃんと思しきインスタアカウントを通して、遊ちゃんはカンナちゃんのインスタアカウントを通して、どうしてだかお互いにとても親しみを感じていて会いたがっていて、だから待望の顔合わせだった。あふれる思いが述べられた。結婚祝いをいただき、伊勢丹の紙に包まれた、抱えるような大きさの箱を、なんだろうな〜、なんだろうな〜、と考えたが見当もつかず、開けると、うどんと丼だった。大笑いをして大喜びをして多謝をした。僕はビールを飲みながら、チキン南蛮や人参のラペやジャーマンポテトをいただきながら、なんだろうこのいい時間は、と思っていた。

そろそろ花火が上がるのでは、というところで、屋上に出て、いつの間にか日は暮れていた、敷物を敷いて、腰をおろした、花火が上がり、見事に、見える景色のうちそう大きくは占めていない林のところでそれは上がって光り、つまり林に隠された。ちらちらと赤や青の光が木々の裏でまたたいていた。本当にちょっとずれたら、家5軒分くらいずれたら見えそうなものだった。笑った。しばらくその状況で、鳴るたびに音の方向に目と顔が引き寄せられて、そのたびに、見えなかった、黒々とした林が見えた。ちょっと、見に、出ましょうか、ということにして、4人で出て、歩いた、暗い、夜の住宅街で、人の姿はなかった、意外になかなか見える位置は訪れず、車通りに出て、渡ったところで、見えた、テニスコートがあって、覗くと小学生くらいの女の子がガチテニスをやっていて、花火の夜、ガチテニスをがんばる女の子、と思って、それは愉快だった、駐車場で、テニスコート越しに、花火を見た。ワインを飲んだ、それはおいしい白ワインでローズマリーの香りが強くして、以前ギリシャ料理屋さんで飲んでおいしかったものを買ったのだということだった。花火は、上がって、はじけて、飛び散ったり溶けたりしていた。また僕はつい、韓国のことを話していた。途中、なにかのアプリかなにかで花火の中継みたいなものが映されて、浴衣姿のマイクを持った女性が浴衣姿の男性に、市長、花火の見どころを教えて下さい、と話を振っていて、市長は、近くで見るといい、みたいなことを答えていた、映像とはタイムラグがけっこうあった。1時間くらいだろうか、見ていると、花火が鳴り止み、終わったことが知れて、戻った。大島優子のことを遊ちゃんたちは話していた。

また屋上に上がって、今度は赤ワインをいただいた。内沼さんが日記屋さんの話を教えてくれた。屋上の隅っこに立って、僕は煙草を吸いながら、話している内沼さんと遊ちゃんの姿を見ていた。光のない場所でぼんやりと、シートに座っている二人の姿が白く浮かんでいた。シッターさんと引き継ぎをしてちびっこを寝かしつけたカンナちゃんが戻ってきて、カンナちゃんと内沼さんの馴れ初めの話を、ジャーマンポテトをぱくぱく食べながら聞いて、ニコニコした。寝そべって、空を見た、空は、どうしてだか暑そうに見えた、星がいくつか見えた、まとわりつくような暑さはしかしもう感じていなくて、心地いい夜気というのとも違ったが、そこに流れる時間はひたすら心地よかった。遊ちゃんといいカンナちゃんといい内沼さんといい、これはみんな素敵な好きな人たちだなあと、酔っ払った頭で考えるというよりはそういう思いが湧くのを感じて、そうだね、そう、と一人で受け答えしているみたいだった。知らないうちに目を閉じていたようで、いびきすらかきながら僕は眠っていた。ほどなくして内沼さんも眠りだして、僕も内沼さんも、眠りに落ちると、それぞれの妻の足もとにすり寄って、体を丸めた。遊ちゃんとカンナちゃんは「眠っちゃいましたね」と言ってから、ワインを飲み飲み、二人で話していた。30分だか40分だか男たちは眠っていて、内沼さんが起き、すぐあとに僕も起きた、あ、寝ちゃったか、まあ、寝るような飲み方をしたもんな、と思った。僕は内沼さんも寝ていたということを知らなかったから、あとでそう聞いて知って、なんだかまるでずっと起きていたみたいな顔をしていたな、と思った。

起き上がり、食べ物の載ったトレイを階下に持っていって、静かに外に出た、遊ちゃんとカンナちゃんは身長が同じで、僕と内沼さんもほぼ同じだった、呼び名は「内沼くん」と「カンナちゃん」で、僕らは「阿久津くん」と「遊ちゃん」だった、そういうことで似たようなところのある我々だなあ、と思うと、いつもそういうことで思い出す大谷翔平のストーカー女性のことを思い出して、「翔平くんと私は「ながら」が好きなのが一緒なんです」という感じの発言を思い出して、愉快になった、車通りまでお二人に送ってもらって、別れた。行きと同じ道を、手をつないで歩きながら、帰った。

家に帰ると僕は即座にシャワーを浴びて、それから遊ちゃんがシャワーを浴びているあいだ、どうしてそうなったのか、帰り道くらいから頭の中に流れていた、その音量がシャワーを浴びているうちに大きくなっていた、そういう流れだとは思うが、GEZANの「DNA」を聞きながらはっきりと踊っていた。ずいぶん手足を動かして、だから、踊っていて、気が済むとストレッチをした。布団に入ってプルーストを開いたが1ページも進まずに閉じて、少し前まで遊ちゃんが読んでいた『欲望会議』を、取ってみて、読んでみた。

我々には齟齬もありますが、共通に問題にしているのは、「積極的に」生きるとはどういうことか、です。欲望とは、積極性です。積極性とは、言い換えれば「肯定」です。欲望とは、肯定することです。肯定的生、肯定的性。それはしかし、逆説的に思えるかもしれませんが、何らかの「否定性」としぶとく付き合い続けることを含意しているのです。一切の否定性を退けて、ただただポジティブに生きようとするのではなく、「何らかの意味で、否定性を肯定すること」が必要なのではないかというのが、三人に共通するスタンスなのです。

千葉雅也、二村ヒトシ、柴田英里『欲望会議「超」ポリコレ宣言』(KADOKAWA) p.10

風呂から上がった遊ちゃんが「あ、阿久津くんが欲望会議読んでる」と言うから、「これいいねえ」と言って、すぐに眠った。

8月8日(木)

10時間くらい眠って、起きてもまだ眠かった、いつまでも眠っていたくて、そう思いながら、起きた。

店に少し早めに着いて、しかし急いでしないといけない仕込みというのは、意想外なことに、なくて、日記を書いたりアイスコーヒーを飲んだりしていた。起きたときにふと、iPadを俺もほしいかも、ということを思って、原稿を読み直すときにiPadというか、スタイラスというのかタッチペンというのか、それがあると便利というか、読んでいる原稿に直接文字であるとかを書き込んでしまったほうがずっと楽で、というか、そうじゃないとどう読んだらいいのかがけっこうわからないと思って、PDFで読んで、「お」と思ったらエディタに戻って当該箇所を探して修正する、みたいなのは不便で、というか、誤字の修正だけであればそれでいいけれど「ここからここまで要再考」みたいなものは、赤ペンでだーっと範囲を指示するのが一番で、それはエディタ上でその場でどう、ということではないから、だからPDFと直接戯れられる形が望ましくて、今のように遊ちゃんから借りるのもいいけれども、遊ちゃんだって仕事で使うわけでいつも借りられるわけではないわけだから、だから、iPadをほしい気が朝起きたとき、した。とりあえず今日はまた借りようと、借りていいか聞いたところ、今度カンナちゃんとディズニーシーに行くことにしたらしくて、笑った。

暑くて、最低限のことしかやらない、という感じで日々が続いている。暑さであるとかで、できるだけ動かず、できるだけ動かず、というふうになっている。

山口くんが来て、自転車を停めている、いつもは中に入ってきて、それでなにかが収まってから、外に出て、引き継ぎであるとかをするけれど、今日は「よくわからない勢いの人」という役柄を演じたくなったらしく彼が中に入ってくるのを待たずにiPadを持ってずんずんと外に出て、「来ちゃった」と気持ち悪いことを言った、僕の役柄はたぶん伝わらず、それで暑いねえと言いながら、扉の外のところは特に暑くて、風も通らない、全部がこもる。昨日だるいことが起こったらしく、その話を聞いたりしていた。それで、出た。

家に帰ると遊ちゃんが仕事をしていて、僕はソファに座った、半日店にいただけ、という感じだったがぐったり疲れた感じがあり、眠くなった、少し眠りたい、少しだけ眠りたい、と思って、このあと、本屋に行って、それからラジオをやって、原稿をやる、ということを組み立てた時に、眠る時間なんてあるのだろうか、と思った、それを考えていたら時間が過ぎていき、あ、先に眠っていれば今頃、と何度か思ったが仕方がなかった。遊ちゃんは遊ちゃんで今日の動きを迷っていて蔦屋書店で千葉雅也とミヤギフトシのトークイベントがあって行きたいのだがやることはいろいろあるのだがどうしようか、と言っていた。阿久津くんにも千葉雅也が話すところを一度見てもらいたい、と言っていて笑った。先日見に行ったアンスティチュ・フランセのトークが、とてもよかったらしかった、僕も興味はあったが今日は無理だった、僕はまだ迷っていた、丸善ジュンク堂に行って買おうと思っているのは『新潮』のあたらしいやつと福利厚生本の東欧のなにかで、それ以外は今日は、買っちゃいけない、積まれすぎている、という感じがあり、だから明確にピンポイント購入だった、そんな買い物、アマゾンでいいんじゃない？　という気があると同時にしかし、今日これで本屋にも行かずにまたひたすらカタカタするだけで残りの時間を過ごすとか、彩りがなさすぎるんじゃないか、本屋という場所に短時間でも入ることに意味があるのではないか、しかし行かなければ40分は時間を獲得できる、しかし、しかし、眠い、僕は15分だけ、体を横たえて目を閉じているだけでなにか変わるところはあるのではないか、このうち5分だけでも眠ったら、頭がすっきりするんじゃないかと、そう思って、そう言って、寝た。次第に目の前に広がっている青空がぐるぐるぐると回り始めた。飛行機というのか小さい飛行機というのか、小回りのきく小さい飛行機のビューというのか、映画とかでしか知らないビュー、それでぐるぐると回って回って、回るぶんぶんいう音が大きくなっていって、大きくなって大きくなって、ふっ、と画面が切り替わって住宅街の家々に挟まれた道で小学生たちが大縄跳びをしていた。その次に田舎の小さな小さな駅で、渓谷の上にあるような感じで下を見るとどこまでもなにもなくて木々のてっぺんや細く流れる川があるように、感じる、そういう駅のホームではなく線路を、さっきと同じ子どもたちだろうか、走っていて、その背中を見ていた、それからさっきと同じような、轟音。遊ちゃんの声で目が覚めて、たくさん夢を見た、と言った。すごい、と言われたので、すごいでしょう、と言った。頭はいくぶんすっきりして狙い通りだった、遊ちゃんも決めたらしく代官山に行くということだった、『新潮』を持っていくかどうか迷っていて、え、持っていったらいいじゃん、と言うと、気づかれたら恥ずかしい、というようなことを言って、いやいや、みんなというか、普通に、持ってるよ、と言って、持っていくことにしたらしくかばんに入れた。一緒に出て、楽しんできてね、と言って別れた。

僕は山手通り、松濤、と自転車を進めた、走りながらふと、本の鮮度のことを思った、ここのところ、出たばかりの本を買う、という機会が多くなっている気がしていて、そうじゃないのはほとんど文化人類学系の立て続けに買った3冊くらいで、あとはほとんど、出たばかりのものばかりなんじゃないかと思って、その、鮮度、新鮮さ、それで本を欲望することは僕の読書にとってどれだけ意味というか愉快な欲望になっているのだろう、社会とともにというか漠然とした他者とともに欲望しているというか他者の欲望を欲望しているだけに見事になっているんじゃないか、というような気がふとしてもっとひとりで本を読みたいというか僕が読みたい本はもっとひとりで読む本であることのほうがこれまで多かったような気がして、最近のこれはなんだろうな、と思った。一人称単数で読む。一人称単数で話す。僕は国民でも住民でもなく、なくというかその前に、僕で、そのことを手放したらあいつらと変わらなくなるぞ、と思った。坂をくだって東急百貨店に続く平らな一本道になる直前、カーブのところで、カフェみたいなものがあったところが「For Rent」になっていた。一方で、というか、ここのところ出たばかりの本を手に取っているひとつの原因というか理由もなんとなく想像がつくところがあって自分がいま本をつくりつつあるというのはあって、本とは、どういうふうに書かれているものなんだろう、ここのところ出ている本とは、というそういう、ことを知りたい、見てみたい、そういうのは、も、あるだろう。

本屋は混んでいてレジに列ができていた、それを見ながら進んで、文芸誌のところで『新潮』を取って、それから海外文学のところに行って『アカシアは花咲く』を取った、一切知らない本だなと思って奥付を見ると去年の暮れに出たものだから古いわけではなくて、松籟社、山口くんはこの本をなにで知って、どうして読みたく思ったのかな、と思って、これはいつも聞いていることだけれども、特に聞いてみたいと自然に思うそういうチョイスだった。東欧のその本のあった棚はラテンアメリカ文学の棚の並びで、ラテンアメリカの調子はどうかなといつも見るわけだけど、今日は目新しいものは見えなかったが、面陳列されている数冊のうちのふたつがボラーニョの『野生の探偵たち』の上下で、なんでだろう、と思って、まさか増刷でも掛かったのかな、と奥付を見るとそういうわけではなくて、だからただの担当者のプッシュなのだろうと思うと、感動した。

それから本の本みたいな、それは『読書の日記』も置かれているところで、見ると、『読書の日記』もまだ面陳列してもらえていて、そしてその冊数は増えているように見えて、ほう、と思った。そこで、平野さんからのメールで言及されていて、ちょっとどういう様子なのか知っておこう、と思った『本屋、はじめました』をペラペラとした、ペラペラしていたら、買いたくなったが、ぐっとこらえた。

レジに、だから2冊だけを持って、向かいながら、あたらしい『Number』とかないかな、なにか、野球、と思って雑誌のところを見ようとするとコミック棚に変わっていて、そういえば入れ替えがどうというのを前に行ったときに見かけた。こうなったのか。たしかにこれまで、コミック棚は僕はどこにあるのかも知らないくらいにたぶん奥の方だったはずだから、もう少しアクセスのいい場所にするのは自然に思えた。『Number』は見当たらなくて、『BRUTUS』は見当たった、「ことば、の答え。」という特集で、言葉に興味がある者のため、買った。トイレ用だった。

レジは相変わらず混んでいて列になっていて、これは夏休みだからなのだろうか、というのは近くに「わんぱく」という感じの男の子ふたりが遊んでいたからだったが、夏休みだからなのだろうか、だからなのだとしたら、うれしいことのように思った。まだ、人は、本屋に用事があるんだな、というような。

エレベーターで、鈍い色になった空や光が明滅する町を見下ろしながら、吸い込まれるように下方へ、下方へ、行った。エレベーターの運動すらももしかしたら僕にはけっこう新鮮で、乗ることも、こうやって丸善ジュンク堂に行くときくらいで、他にはあまりないから、新鮮なことなのかもしれない、と思った。外に出るとむあっとした暑さが全身にぴったり貼り付いた、神山町の通りを走っていると、半地下の、カフェみたいなものがあったように記憶しているところががらんどうになっていた、その先か手前がDAZNの、スポーツ観戦ができる広々としたバーみたいなところで、画面には巨人と中日の試合が映し出されていた、野球を見ながらビールを飲めるというのはいいことだから、いつか僕も行ってみる日が来るだろうか、武田さんを誘ってみようか。

ドトールに着くと窓際の席が空いていたので喜び勇みながら座り、左がパソコン作業者、右が産休制度の使い方であるとかに一家言がある中高年サラリーマン男性二人組で、一家言というか文句だった、使うのはもちろんいいんですよ、どうぞどうぞ、権利だからさ、でも使い方というか、わきまえないといけないことはあるじゃないですか、それをせずに権利だ権利だって、それって筋は通っていますかっていうさ、ま、大きな声では言えないけどね。時代の流れと自分の感覚が乖離していく感覚というのはどういうものなのだろうか、脅かされているような気になっていくのだろうか。

パソコンを出してまずラジオ活動をして、終わると、パソコンをしまってiPadを出して、原稿の読み直しに取り組んだ、2時間ほどやっていただろうか、疲れた、iPadは便利だった。閉店時間になって、どうしようか、ご飯も食べていないし本も読みたいし、でも赤入れをした原稿の反映作業もしちゃったほうが気持ちがいいよな、と迷い、外に出ると、見慣れた背中があって好きな人が歩いていた。近づいて「すいません」と声をかけると驚いた顔で遊ちゃんは振り向いて「歌ってたからびっくりした、歌ってるの聞こえた？」と言った。トークはとても面白かったらしく、ずっと書くことについて話されていた、行為を積み重ねること、日記、『新潮』の「リレー日記」が小説に向かうきっかけのひとつになったということだった、なんだか聞いてみたい話だった。サインをしてもらった、と言って、質問もしちゃった、と言った。めいっぱい楽しんできたなあとニコニコして、なにを聞いたのかを聞いたところ、どうやって終わらせるのか、ということだった。千葉雅也の答えは、それはとても難しい問題で、というところで、締切とか文字数とかから逆算して強制的に終了させちゃう、みたいな感じで、ミヤギフトシは、いろいろ集めていくと落ち着いていく、みたいなことだった、又聞き、不確か。サインは、『新潮』の開いたところにしてもらったらしく、見させてもらうと、サインらしいサインだった。持っていってよかったね。

僕は夕飯を、どうしよう、と思いながらビールを飲み始めて、とりあえず原稿を修正することにして、目の前にパソコン、その右にiPadのデュアルディスプレイ方式で、赤入れしたところをInDesign上で直していった。僕はInDesignで書く気なのだろうか。半分くらいの量をそれをやるともう、疲れて、もういいや、と思っておしまいにした。今日の夕飯はビールとナッツだった。いい人、本当にいい人、と遊ちゃんは言った。わたし千葉雅也とお友だちになりたいんだってわかったの、と遊ちゃんは言った。本当に優しい人だと思う、と言ったところで僕はそれがツボに入って、15秒くらい小刻みな声で笑い続けて、遊ちゃんも同じくらい笑っていた。

それで僕はだから仕事は今日はおしまいにして、11時過ぎだった、買ってきた『新潮』を開いて千葉雅也を読み始めた、暗がりの中で人の体が連動し運動している様子から小説は始まって、冒頭だけ山口くんから借りて、というか置いてあったのを勝手に開いただけだが冒頭だけ読んだ『プラータナー』の感触に近いような、夜、液、の感触があってまたどうしてだかギャスパー・ノエの『アレックス』が思い出された。

最初に提示されたその暗い湿度の高いなにかの渦巻くその映像から惹きつけられて、それは低く重い音がごごごごと鳴っている感じで、それが高まって高まって、スパッ、と切れて静寂が訪れて、という感じで、うわあ、と思いながら読んでいたら「この量なら人間の野グソかもな、と思う。」のあとの「今朝、ドトールでジャーマンドックを食べている最中に舌の脇を噛んだ。食べている最中に頭の中でしゃべると、舌を噛んでしまう。食べる運動としゃべる運動が衝突するから。」というパラグラフでなんだか一気に持っていかれた。ずっとただただ面白くて、読み応えみたいなものだけがずっと連なっているような感覚になり、ページはどんどん折られた。

環七の広い道が、まだ何の形も成していない無垢の金属のようにどんどん伸びていく。郊外の店の明かりが次々に通り過ぎ、いつの間にか僕たちの車は、緩やかな長い坂を下り始めている。加速を抑え、できるだけ一定のスピードで。すり鉢状の空間の中心へはまり込んでいくように滑って行き、その一番底のところを通過した直後、僕は急ブレーキをかけ、路肩に車を停めた。

ハザードがカチカチと鳴っている。

「赤信号だったよ」

うそ？　とKは後ろを振り返りながら言う。

信号無視だった。たぶん赤い光を見た。見たが、通り過ぎている。一瞬で。免許を取って、初めて経験する信号無視だった。どの方向にも他の車が見えず、まるで僕たちしか存在しない夜の中心部をまっすぐに通過したみたいだった。

千葉雅也「デッドライン」『新潮２０１９年９月号』（新潮社）p.16

去年の夏の濱口竜介特集の『ユリイカ』で書かれていた文章を思い出して、ドキドキした。

用紙のダンボール箱が積まれた一角でＡ３の束を持ち上げるときに、先週、知子は指を切ってしまった。暑さ4センチほどの束からはみ出ていた紙の端が、スッと右の人差し指の付け根に当たって、高い音が鳴るように痛みが走った。

だから今週は、ひじょうに慎重に、指の内側が決して紙束の端に当たらないようにと手を膨らませて包み込むように持った。そのときに、今度は肘のあたりが、開封されたダンボール箱の縁に当たって擦れたので、焦ってそこを見ると、切れてはいない。だが、気を取り直して紙束を持ち上げるときに、底の方の紙が腕首に当たって、痛みが走った。あれほど気をつけていたのに、むしろ気をつけていたからこそ、また切ってしまったのだった。無言のうちに告げられていた予言が、まさにその通りに実現されたかのように。

同前 p.20

際限なく面白くて、なにがこんなにというか、なにをこんなに面白がっているのだろうか、僕のなにが反応してこうなっているのだろうか、わからなかったしそろそろ寝ないとと思い布団に入りながら、めちゃくちゃ面白いね、と遊ちゃんに言った。久我山に住んでいたのかなあ、と遊ちゃんは言った。2年前まで遊ちゃんが住んでいた町だった。

昨日に続いて『欲望会議』を少し読み、寝。

8月9日（金）

早く店に行った。今日は11時から関西の大学の学生さんが社会学部だったかの学生さんが聞き取り調査みたいなものに来ることになっていてそれまでにいろいろを済ませる必要があった。それで、だから、コーヒーを飲んだり朝ごはんを食べたり煙草を吸ったり掃除をしたりして、備え、来られ、お土産をいただいたため「ラッキー」と思った、和菓子のようだった。思いもよらなかったというか、偉いというか、立派だなと思った。僕だったら何かお土産を持参するなんていう発想はそもそも出てこないんだろうな、と思った。

それで、学生さんは二人で、いろいろを聞かれ、答えたりしていた。つまらない取材よりも面白かった。「かわいい」が研究対象らしくて、かわいいなんてフヅクエとどんな関係があるのかな、と思っていたのだが、フヅクエのなにかも「かわいい」と言われるところがあるらしくて、観測したことがなかったため意外で、聞いていると、「かわいい」はどんどん膨張していっているらしく、それは面白いなと思った。「カフェ」が膨張して破裂してほとんど意味を持たなくなったのと同じような感じがした。

終わり、急いで八百屋さんと肉屋さんに買い物に行き、戻り、開けた。遊ちゃんの千葉雅也愛のことや、なんだろうこの字面は、「千葉雅也愛」、刺繍されてそう、遊ちゃんの千葉雅也愛や、カンナちゃんがみうらじゅんのおっかけをしていたということを、ぼんやりと考えていた、ぼんやりと考えながら、日記を書いたり、オーダーをこなしたり、していたら夕方になっていて、昨日平野さんから来ていたメールに返信しないと、と思ったら、あれ、なんだかすごく非効率なことをしているな、という気になった。やりとりしている中で落としどころというか、コンセンサスが取れた、足並みが揃った、同じ方向を見ていることが確認できた、そういう感じがあって、それで気分は上々なのだけど、メールのこのやりとりってすごく非効率で、これたぶん電話なりチャットなりでやりとりしたら15分で済んだな、と思った、メールはお互いに言葉ひとつひとつをある程度気をつけながらだし、あれ、これは伝わってるよな、これは同じ意見だよな、みたいな、そういうことを推測に推測を重ねるような気遣いの連鎖みたいなものが生じてしまうような気がして、今日のメールもおそらくつくるのに30分くらいは掛けてしまうのだろうと思うと、あれ、なんだか、ミスったな、方法、と思って、そう思っていたら夜になって一気に忙しくなって、うわあ、これは、大変だ、という忙しい日になった。終わらないぞ、これはやること終えられないぞ、と危機感をいだいている時間帯、チーズケーキのボトムに使うグラハムクラッカーとくるみと塩とシナモンをブレンダーで砕いた、粉々のものを、持っているときにお客さんに呼ばれてオーダーを聞きに、なぜかそれを持ったまま行ってしまって、そして聞いている途中で手から落ちて全部ぶちまけるということをしてしまって、サンド、と思った。砂、という意味だ。いったん絶望してから、落ち着いて、気を取り直して、がんばった。

帰ると遊ちゃんはニコニコしながら布団の上に体を倒していてうとうとしているらしかった。仕事が猛烈だった日で一杯飲んで体をゆるませてから帰ろうと、先日行ってみたイタリアンバルみたいなところにもう一度行ってみたところ、隣だった女性がお店の人と話していて、お店の人はイタリア人だと勝手に思っていたらそうじゃなくて、日本には20年、その前はドイツ、イギリスにいた、生まれて数年いたのはトルコだった、「僕はクルド人」と言って、隣のお姉さんは「くる?」と聞き取れなくて、そこでどうしてだかお店の人は遊ちゃんに「クルド人」と言って、遊ちゃんがお姉さんに「クルド人ですって」と伝えたことをきっかけに話し出して2時間話し続けていた。それを聞いて僕は「すごい」と思った。こういう社交性というのか柔軟性というのか、は、すごい。

その夜、僕はKと東京の西へ行った。甲州街道をずっと西へ西へ。そしてレッドロブスターの店舗がある交差点で左に、多摩センターの方向に曲がった。そのレッドロブスターが目印で、そこを曲がると、僕らの車は非日常へ踏み込んでいった。まだ建設中の側道に迷い込んでしまう。闇の中に大げさなまでに明るく照らされたトンネルの穴が出現する。ものすごく細く長い砂利道に迷い込んだが、その先は何の変哲もない住宅街だった。

方向感覚を喪失し、僕たちは何も獲得することも失うこともなく、寝静まった世界の底を這い回っていた。

千葉雅也「デッドライン」『新潮 2019年 9月号』(新潮社)p.57

遊ちゃんがシャワーを浴びに行って、僕は千葉雅也の続きを読んでいた。酒を飲んだら布団に移った。今日もずっと面白くて、ずっと読んでいたかった。シャワーから上がって、髪を乾かしたり、いろいろを済ませた遊ちゃんが布団に入ってきて、そのタイミングで僕は読むのを終えて眠ることにした、入れ替わりで今度は遊ちゃんが読み始めて、笑った。日中に読んでいたところ、21ページ、泣いちゃった、と言ってきたから、目をつむったまま、どこどこ、と聞くと知子のところ、と言って、21ページ、なんとなくその数字に覚えがある、と思って、紙で切るところ？ と聞いたらそうだということで、紙で切るところあれすごいよねえ、と言った。遊ちゃんがどれくらいのあいだ読んでいたのかは知らない。あっという間に眠ったから。

8月10日（土）

開店直後、第2部はどういうふうに書いていこう、と思い目次を見ていたらイメージが湧くような感じがあり、流れが手に取るようにわかるような感じがあり、よりによって3連休が始まった瞬間に、あ、今なら書けるかも、というか、書きたい、というモードになって、バカみたいだった、体はひとつしかない。お客さんはコンスタントにあってテキパキと働いていた。

途中、最初のうち新聞を読んでいた方がお帰りのときにぬっと新聞を渡してきて、捨てておいて、ということで、え、捨てろと、と思いながらも反射的に受け取る手が伸びた、まあいいかと思いながら受け取ったら、存外に重くて、これゴミ箱を逼迫するな、と思ったため「すいませんちょっとやっぱり多いんで」と言って返した。その新聞を返すということがあとでどうしてだかじわじわと面白くて、じわじわと面白がっていた。

猛烈に働き続けた。今は12時。朦朧としている。ずいぶん、すごくとても働いた。7時くらいまでに「目標達成〜」という数のお客さんが来られて、仕込みが追いつかない、どうなるんだろう、と怯えていたところ、そのあと、お客さんのペースはぐっと下がったそれに付け込んで、もうへとへと、と言いながら、ひたすら仕込みをするというまさかのがんばりを見せた、チーズケーキを焼くのは妥当なおこないだとしても、ほうれん草の和え物をこしらえ、人参のおかずをこしらえ、までは、立派だが、それでもまだ理解の範疇だとしても、10時近くになってからカレーをつくり始めたのを見たときは腰を抜かすかと思うほどに驚いた。まさかこの時間からカレーにアタックするとは！というところで、すごいがんばりだった。さらに、あれ、手がそろそろ空くな、カレーは煮込まれているな、これは、と思い、まさかの、原稿の着手、というところにまで行きそうな様子で、どうなってるの⁉ と思った、ただ存外に片付けていくと時間がなくなっていって、だから原稿には実際には着手はしなかったわけだけど完全にしかねなかった。未遂、というくらいだった。どういうつもりなのか。もう、眠い。

夕飯を、迷った。ご飯もあまりないし、食べていいおかずもあまりなかった、でも食べてはいけないというわけでもなく、どうしようか、つまりラーメンを食べに出るか、質素に食べるか、ラーメンを食べに出る場合は食べてまだ戻ってこないといけない、どうしようか、ずいぶん迷って、迷いながらプロ野球のハイライト動画を見て、ベイスターズの新人が2本のホームランを、同じようなホームランを、かっ飛ばしていた、12時半、ラーメンにすることにしてカレーの火を止めて、出た、それでラーメンとご飯大盛りの食券を買って渡して席に着くと程なくしてお店の人が近寄ってきて、すいませんさっきの方でご飯が終わっちゃって、返金させていただきます、ということで、食券機でなんらかの操作をするとお金を戻せるらしく、その操作をしてちゃらちゃらと小銭の音が聞こえて、お店の人は150円を持ってきて戻ってきた、その間、考えていた、俺は米を食べたいぞ？　俺は、米を、食べたいぞ？　どうしよう。それで、すいませんやっぱりまた今度にさせてもらってもいいですか、と言うとお店の人は申し訳なさそうな顔をしてそういう言葉を述べて、それから食券機でまた同じ操作をして、700円を取り戻し、それを僕に渡した。再度謝られ、いやいやこちらこそです、また来ます、と言い、出た。入ったとき、僕の先に食券機に人がいて、米をなくしたのはあの人だったのだろうか。いずれにしても迷って野球を見ている前に、あと10分、いやあと5分、早く決断していれば——

店に戻るとカレーの火をつけて、夕飯はおかずを少しと納豆になった。野球の記事を読みながら食べた、田中将大のスプリットが今年は落ちず、ボールの縫い目が明らかに去年よりも低くなっている、それで落ちなくなった、困った、握りを深くして、フォークみたいに変えた、それが今、しっくり来つつある、ということだった。

帰って千葉雅也。これが、楽しみだった。

部屋に入れてもらうと、Kは格闘技を観ている最中だった。テレビの前のオレンジ色のソファに僕も座り、論文の話を切り出すタイミングを窺っている。知らないルールの格闘技で、筋骨隆々の白人の周りを、小柄な日本人がハエのように飛び回っている。Kはときどき、あ、とか、うー、とか声を出すのだが、僕が隣にいることがまるで意識にない様子で、僕は悲しくなってくる。そして涙が溢れてきて、ついには、僕が来てるのになんでずっと観てるんだ、と泣きわめいてしまった。

千葉雅也「デッドライン」『新潮 2019年 9月号』(新潮社) p.69, 70

すごい、すごい、と思いながら読んでいたら、ページを開いて、読んでいたら、「うー、うー、と」、読んでいたら、「うーー、うーーーと声を伸ばしながら音程を即興で上下させる」、読んでいたら、今読んでいるページの左の、だから見開きの左のページの左下にちらちらと「了」みたいな、そういうものが見えるような気がして、だんだん確信に変わって、だから終わった、終わってしまった。終わるというのは本当に退屈なことだなと思った。

寝るまで、プルースト。お辞儀をして、もとに戻る、その運動が過剰に描かれていて過剰に描かれるとただのこんな運動がやたらに面白いものになってしまう。

8月11日(日)

僕が目を覚ますと開口一番に遊ちゃんは「千葉雅也読み終わった?」と言ってきて読み終わった旨を伝えて、それから、背中が、少し張っていて、それは昨日からで、ストレッチをしすぎたせいだった。前屈というのか、座って手で足をつかむやつ、あれが大好きだがあれは足の話かと思っていたらもう背中の話で、ここのところ、もっと倒れたい、もっと倒れたい、と思っても、背中が拒む感じがあって、ここからは背中が柔らかくならないともうこれ以上はないと思うんだよね、と言ったら、まさにそうだ、ということで『ターザン』であるとかを最近遊ちゃんは読んでストレッチのことを学んでいるそうなのだが、どれを見ても背中が大事というふうにある、ということだった。猫のポーズをして、これで、さらにこうなって、と見せてくれて、横で僕も真似をして、あれ、難しいな、どうやるの、としばらくやったあと、こんなことしてる場合じゃなかった、と言って急いで出た。

分厚い本を見かけるとそれだけでテンションが上がるようなところがあって昼、来られたお客さんが置いた本が分厚くて、水を持っていきながらちらっと目をやるとタイトルらしきところに「ヴィータ」とあり、帯に「ブラジル」「女性」とあったように見えた、「みすず書房」も見えた。

分厚い本は、テンション上がるなあ、いけいけ！という気持ちになるなあ、と思いながら厨房に戻ってなにかをしたあとに、ふと目がなにかを感じてそこを見ると、木製のどっしりとした書見台が置かれたのが見えて、「書見台だ！」と思ったらぐんぐんとテンションが、うなぎのぼりみたいに上がって愉快だった。注文されたジン・トニックを持っていくと本がセットされていて、どうやら今日、今、読み始めるようだった。冒険のはじまりだ、というような、勝手にひとりで楽しくなって、次にカレーを持っていった際にそれかっこいいですねえ、と言うと、手作りで、ということで、え、作ったんですか、と驚いたらそうじゃなくてひとつひとつハンドメイド的なそういう手作りということで浜松のメーカーだということで、「浜松　書見台」で検索したら出てきます？と聞いたらそうだということだったので戻ってさっそく打ち込んでみると豊岡クラフトという会社の商品らしかった。

ひとしきりひとりで勝手に楽しくなったあと次に来られてその右の席に座った方の本が目に入って『ラテン・アメリカ史』という本で、面白かった。

それにしても書見台というものに置かれた本というのは、タブレットに近づくように見えるところがあって、また、石版のようにも見えて、あそうか、タブレットって石版か、と思って、腑に落ちるというか、あそうか、と思った。

外に出るたびに今日も暑く、じりじりもあもあと暑く、それにしても暑く、と思いながらも、今年は暑くなるのが遅かったからか、暑い暑いと言っているけどきっと去年ほどではないんだろうなという気がずっとあって、後ろめたさではないが、今年の暑さを過剰と見ることに対する引け目というか抑制が自分の中にあって、でも待てよ、実際はどうなんだ、と、一年前の8月の気温を調べた。すると今年も同じ水準であることがわかって、これからは堂々と暑がろうと思った。今年もバカみたいに暑い。

暑いから、縁側で、仕事はおしまいにして縁側で、扇風機の風に当たりながら、麦茶を飲みながら、寝転がって、本を読みたい、とふと思った。実際にしたことがある過ごし方かどうかはわからなかった。お盆的な発想だろうか。そう考えていたらスチャダラのサマーのジャムのことが思われて、今日も暑い一日になりそうです、そこにある「まずは本屋」というフレーズを思った。それは渋谷の丸善ジュンク堂ではいけないんだよな、建物に入って7階までエレベーターで上がって、ということではないんだよな、路面でなければいけない、涼みに入る場所、それが本屋だったというのは、なにかを思わせた。なにを思わせたのだろうか。知みたいなものとの半強制的な遭遇がかつて、涼みに入る場所で起きていた。本を読みたいわけじゃない人を本屋に入らせること、というか、本の前に立たせること。ナイトクルージング。デイドリーミング。徘徊と衝突。僕は想像力の話をしている。

抱かれたい、と、ヤりたい、の、不均衡。不均衡？

抱かれたい、というのはわりと軽く明るく発語されている感じがあるな、とふと思って、抱かれたい、というのは、欲望し、そして欲望され、行為の主体は相手に明け渡す、そんなことを考えていたらそんなことを考えている暇はない猛烈な忙しさになっていって、今日も忙しかった、酷暑の中これはありがたいことであるよと思いながら、ヒイヒイと、働いた、原稿を、と思ってエディタを開いたりもしたが、開いただけで終わって、そんな余地はなかった。

閉店後、今日こそは、食べていいものがないように見えたため、今日こそはと思い、ラーメン。お金を入れ、ラーメンのボタンを押す、それから、ライスの、大ライスのボタンを押そうとしたところ、「売り切れ」の赤文字が。あ……と思い、どうしよう、ラーメン押しちゃったよ、どうしよう、また返金してもらえばいいだろうか、しかしそれじゃあ何を食べるというんだ、と、また迷いながら、迷っていると時間が過ぎたのか、お釣りがジャラジャラと戻ってきた。もう少し、考えた。すいませんライス売り切れなのでまたにしてもいいですかと、お店の人に言えば応じてもらえただろう、しかしなにかバカらしいような気もして、腹をくくることにした、ラーメンを大盛りに、と思い、大盛りの券のボタンを押した。それで待ちながら野球の記事を読み、ラーメンが来て、食べた。やはり、ラーメンだけで食べるラーメンは単調で、物足りない、つまらない、と思いながら、食べた。

帰り、ストレッチ。今日は背中を重点的に。遊ちゃんは今晩、代々木上原のあたりで代々木上原っぽい店で、どうしてだか3軒もはしごをして、友だちと飲んでいたらしく、最初に入ったバーでは、40代女性と思しき女性二人組が「どうなの最近セックス、セックスしてる?」「セックスはしてないけど、エッチはしてる」という話をバーテンダーを交えて、下品な話し方でしていた、それから近くの有名な店の悪口というか、「まっずいまずい!」と言っていた、次に入った大人気の焼き鳥屋はおいしかったが特別おいしいとは思わなかった、その次に入ったしゃれたビストロというか大人気のビストロみたいなところは店員の応対がなにからなにまでとにかく気分が悪いものだった、一緒に飲んだ友だちは転職活動をしていてグーグルみたいな超有名巨大企業2社から内定を得ていて今は3ヶ月の有給休暇を消化している期間で何をして過ごしているのか聞いたらこの近くで飲んでいたときに知り合って仲良くなった有名俳優の子供に勉強を教えたりしている、先日は親の代わりとして学校の行事に参加してきた。聞いているだけでいろいろと笑ってしまう代々木上原っぽさで、バカみたいで、無関係な感じがして、よかった。それにしても、セックスはしていないけど、エッチはしてる、というのは、なんなんだろう。下品な話し方の女性たちのことを考えていると、『セックス・アンド・ザ・シティ』を僕は見たことがないけれど、勝手に『セックス・アンド・ザ・シティ』を見て性の話をあけっぴろげに明るくすることが振る舞いとしてクールだと学んでそう振る舞っている女性たち、というふうに思った。彼女たちは抱かれたいではなく、あの人とセックスをしたい、と言うのだろうか。

寝るまで、『「差別はいけない」とみんないうけれど。』。　『。』。

8月12日（月）

背中が痛くてストレッチを少しばかりやりすぎたらしかった。3連休の最後で、僕はさすがに疲れていて、朝から疲れていた。

遊ちゃんは元気が出ないと言っていて、昨日の代々木上原でなにかを食らったらしかった、食らったというか、削られた。「この社会でどう生きていったらいいのかわからない」と発言したから、代々木上原で「この社会」を考えるのよしたほうがいいでしょ、と笑い飛ばした。ラフアウト。と思って調べたら笑い飛ばすはラフオフということだった。

日記を印刷し、営業中に赤入れを、どこまで、祝日、できるかな、と思いながら、開店前も少し推敲をしていた。読んでいると「すりごまと味噌とサバ缶の汁と刻んだみょうがと大葉と水と塩もみしたきゅうりを混ぜたつけ汁をつくって」という記述があって、あれ、サバ缶の身は？と思った。サバレス。と思って調べたらサバの身が入っていないはサバオフということだった。

開け、またたく間にほぼ埋まり、立て続けのオーダーをスペシャルなオペレーションでこなしながら、仕事中の頭の動き方を一度逐一テキストにしてみたら、面白いものになるように思って、しかしそれはどうやって記録されるのだろうか、あとで全部を思い出す、ということだろうか。あの日のあの打者の何球目、そういう記憶を投手や捕手は、どこまで保持しているのだろうか、いったんオーダーが途切れるところがあって、そこで座って、日記を読んでいた、膝に紙を置いて、紙はやっぱり軽くていいよなと、iPadのことを少し思いながら、膝に紙を置いて、そこに視線を落としていた、声が掛かりふと顔を上げるとお客さんで、追加のオーダーということで聞きに行きながら、さっきの自分の姿勢を思い出して、座って、視線を下に落として、そのときペンは動かしていなかったから、だから微動だにしない店員、それは場合によっては眠っているように見えた可能性があって、もし眠っているように見えたとしたら、開店からわずか1時間後、ほぼ満席、という状態でうとうとする店員という、意味のわからない情景だったわけで、眠っているように見えたなら愉快だな、と思った。

日記を読み直しながら、「デッドライン」を読んで以降の日記の見え方は少し変わるところがあるのではないか、というような感触がなにか、あった。

次第にそういう余裕は追いやられていって「早く山口くん来ないかな」と思った。今日はやるべき仕込みもたくさんあって、ハードな日になりそうだった。満席になりそうでならないでお客さんが入れ替わって、という状態が続き、予約の時間を延長する方が何人かあり、予約の時間を延ばす場面に立ち会うと僕はいつもうれしく楽しくなるところがあった、それは「もっとここにいたい」だからだった。そうだろうそうだろう、はかどるだろう、いいだろうこれは、というような、よろこび。

夕方、山口くん来。「JAZZ」と黄色いでかでかとした文字の書かれたTシャツを着ていて初めて見るものだったが言及はしなかった、久しぶりに二人で一緒に働いて、そうしていると細かいところで「それはなんで？」と思うことがいくつか見えて、それに言及したりしていた、こういうことを繰り返していると「一緒に入るとうるさいこと言われて疲れるな」というふうに思われるようになってしまいそうで、なっているかもしれないが、よくないというか、どこまで、というのは難しいさじ加減だった。二人してフルスロットルで働き続けた。終わる気がしないと思いながらも、仕込みも徐々に消化されていった。へとへとだった。

9時、応募の方が来られ、面談タイム。入ってきたとき、「あ、この人」と思って、ちょっと外で待っててくださいと伝え、山口くんにこれからやることの優先順位の話をしがてら、外階段に出て開口一番、「あの人見たことあるよね」と言って、「ありますね」「あれ、あの人ってパナシェとカレーと鶏ハムの人だっけ」「いや、その人とは違うと思いますよ」「あそうか違うか、そうかそうか、俺あの人好きかも、いいかも、ちょっと話してくらあね」、それで面談をしに出た。どうしてか今日は最初から、散歩ではなくてスタバで甘い飲み物でも買って屋上で、と思っていたのだが、スタバのほうがいいという場合もあろうからどうしますかと尋ねると、スタバはさっきまでいたのだという。なので、じゃあ屋上で、ということにして、僕は甘い飲み物が飲みたかったので、よかったら好きなものをと言ったが自分はもう大丈夫ということだったので僕一人で入って、買った、コーヒーが入っていて甘い飲み物はどれですか、と聞くと、バニラのなんとかのラテというのが、ということだったのでそれにして、コーヒー豆の選択を迫られた、しっかりしたやつ、すっきりしたやつ、その次が、カフェイン少なめのやつ、と言われ、見るとディカフェとあり、え、ディカフェって、カフェイン少なめって言い方なの？カフェイン、入ってるの？と思って、驚いた。

買って外に出ると、そのディカフェの話を報告して、それはさっきスタバで過ごしていたときに説明されたときに同じことを思ったらしかった、お高いスタバというだけあってテイクアウトカップもなにかよさそうな材質のもので、ほらなんか、しっかりしていますよ、と渡して、体感してもらった。屋上に上がった。

屋上を考えたのは喫煙者だと思っていたからでもあって、煙草吸いますよねと言ったらやめたということで、最近はエア煙草を吸っている、意外にいける、でも今も吸いたい、煙草に代わるものがまだ、見つからない、と言った。それで、屋上の柵の手前の段になっているところに腰掛けて、雲が今日は近く白く濃く、きれいだった。煙草に火をつけた。何度も黙りながら、いろいろを話して、まあやっぱり、いいよな、この人、と最初の印象からずっと変わらない印象があったから、1時間くらいしてから、そういうことを言った、決まった、佐藤くんという。なんとなく年上にも思えて佐藤さんとも思うが佐藤くんでいきたい。3人兄弟の末っ子。お兄さんはロシア、イギリス。恋人と猫。最近本棚をつくった。超大作。9月からぽちぽちと入ってもらうことになった。来週くらいからマキノさんがインして、9月から佐藤くんもイン、一気に人が増える。シフトを、組む、ということが生じてくるんだな、と思って、混乱するだろうな、と思った。いつからリクルートのシフトのサービスを使うことになるだろうか。もう必要だろうか。流れ星が、と佐藤くんが言った。明るく光っている月の横を流れ星が通ったという。僕もしばらくそちらを見上げていた。けっきょく2時間話して、11時になるところだった、遅くまですいません、ではでは、と、店の前のところで別れ、戻った。

店はもう落ち着いていて山口くんは仕込みをがんばっているタイムだった、残っている洗い物だけやって、あとの時間は僕は赤入れをとにかくやることにした。それで閉店し、ご飯を食べた、久しぶりに山口くんとご飯を食べて、食べたあとも、ずいぶん長々と話していた。

帰ってプルースト。今日読んでいたところは全然おもしろくなかった。

8月13日（火）

雨が降っているよ、と遊ちゃんが教えてくれて、予報はどうなっているの、と聞くと曇りとあって、もう少し寝たら、きっとやむよ、と言って、あと15分寝て、起きて、どう？と聞いたら小雨になってきたとのことだった。俺の睡眠が雨を弱めた。最近そういうことが少し、できるようになってきた気がする。すごいねえ、と遊ちゃんは感心した様子だったが、N国が、と話しだした。遊ちゃんの愛するマツコ・デラックスをN国が攻撃しているらしく、それで胸を痛めているらしかった。N国ってなんなの、と言ってきて、ＮＨＫのなんかの団体なの、というようなことを言ったから、それはさすがにＮＨＫにとって風評被害すぎる、と笑った。僕は「N国」を見ると「N響」を思うところがあって、これも風評被害のひとつだった。

外を見て、雨はもうほとんどない、と判断し、出た。上がっていたことがわかった瞬間に、「勝利」と口ずさんでいた。

朝から度し難く眠く度し難く体が疲れていたが、店を開けてからも頭がずっとぼーっとしていて、珍しいレベルのぼんやりだな、というレベルで今日はぼんやりしていて、グラス拭き用の布巾が目の前、視界の中にあるにもかかわらずもう一枚出していたり、そういう、軽微なぼんやりをいくつもおこなって、気をつけないと重大なぼんやりも起こしかねなかった。これはけっこう、珍しいなと、何度も思った。

わりに忙しい始まりで、夏休みというものがやはり存在するということなのだろうか、と思って、この平日のあいだにするべき仕込みがいくつもいくつもあった、その仕込みをするべき平日に、大忙しだったら、と想像したら、一瞬、途方もない気分になった。そのあと、しかし3日ある、そして山口くんもいる、と思うと、楽になるところがあって、人がいるというのは本当に大切なことだと強く感じた、これがもし一人でそれらを全部やらなければならないとなったら、途方に暮れている。

夕方に山口くんがインして、俺は今日はぼーっとしている、というありがたい訓示を述べて、交代した。いったん家に帰ろうかとも思ったがそうしたらおしまいな気がしてドトールに直行し、原稿をやろうとした。ゆらゆら帝国の「時間」を聞いた。時間が移動する。時間が逃げていく。時間がすり抜ける。時間が俺を脅す。第1部と第2部のあいだにフヅクエの案内書きを挟みたいと思っていて、それを一度InDesign上でもそういう形にしないと、次に進めないような気が、おかしいけれど、していて、どうやったらいいのか、テキストとして流し込んだらいいのか、しかし表とかもある。僕はInDesignは根本的な理解みたいなものを一切していないので、少し違うことはもうなにもできないみたいなところがあり、しかしこれは暫定的に、置くだけなんだから、と思い、案内書きPDFを1ページずつスクショして、それを配置するという荒技で乗り切ることにした、それでも、なにか時間は食ってしまって、時間はいなくなった。それが済んでさて原稿、と思ってエディタと向かい合ったが、眠気がずっと目の前に、おでこの先に、あって、頭が回らない。金曜から昨日までの4日間が毎日大忙しで、大忙しの店で一日中働いていると、なんというか、単純に時間がない、書くことに充てられる時間が単純に見当たらない、というところがあって、それはやむを得ないことだった、だから、書くことに実際的に充てられるこの時間を大切に使って執筆を進めないといけないということはよくよくわかっているが、今日ははっきりと疲れていて、一度眠ればいいのだろうか、しかし、と思いながら、また木曜日に書けばいいか、と、相変わらず後ろへ、後ろへと逃げようとする。時間が逃げていくのではなくて僕が逃げている。土曜日のあの一瞬、今なら書ける、書きたい、イメージがもう湧いた、と思ったあれはなんだったのか。今が疲れているから。

ドトールはしかし今日もドトールで最初に座った席の隣の島、斜向いに見える男性は猛烈な勢いでタイピングをしていて、二度見をしてしまった、すごい勢いだった、と思ったら仕事を終えたのか、ものすごい勢いでいろいろをかばんの中にしまっていて、動き全部がものすごい勢いの人ということだった。いかつい若い男性でスーツのパンツの丈はくるぶしくらいまでで、寸足らずですよ、と教えてあげたかった。どうしてなのか、寸足らずのパンツを見て、ソフトバンクの千賀の顔が浮かんだ。どうしてなのかさっぱりわからない。

そのあと窓向きの席が空いたのでそちらに移動して、隣の女性もまた猛烈な勢いでタイピングをしていた。がちゃぴんぐで、ひとつひとつの動きが荒い荒い、という具合で、響く響く、という具合だった。音としてもしんどいし振動としても響いてくる。いやだな、と思っていると、スマホを指でどんどんと3度、強く叩いた、「あれがタップなのか？」と思っていたらふたたび、3度、強く叩いて、「こわっ」と思った。「いったいなんの操作なんだ？」と思って、そのスマホはどすん、と置かれた。全部が荒い。だるい。毎回だるい。ドトールは毎回だるい。全部ドトールのせいで原稿が進まない。疲れてるからさ。疲れとドトール。肉食いたい。肉食いたい？　どうだったかな。

焼き肉だ、そうだ、すぐのところに焼き肉屋さんがある、前からいつか行ってみようと言っていた、焼き肉をつつきながらビールを飲みながら遊ちゃんとおしゃべりをする光景が浮かんでそれが楽しいと思って、電話をした、そうしたら「なにその素敵な提案」というそうしようという反応で、シャワーから上がったところだから30分くらい掛かるけれども、ということで、楽しみな予定ができた、そのあいだはじゃあ読書をしよう、と『新潮』を開いて、メルツバウとXiu Xiuのアルバムを聞きながら、滝口悠生の「全然」を読み始めた。文芸誌というのはいいものかもしれないなと今号の『新潮』を読みながら、思っていて、そこそこ長い小説も、短い小説も、連載も、あって、エッセイも批評もあって、文芸誌というのは楽しい存在なのかもしれないなと、初めて思うことのように、僕が発見したことのように、思っていて、だから目当てだった「全然」を楽しみに読み始めて、いきなり読めない漢字が出てきて、小高く積まれたそれがあり、それから締機というなにか道具があり、牛がいる、読めない字は草冠に庶みたいなそういう字で、甘に続いてその文字がある、かん、なんだろうか、と思い、「草冠　庶」で調べたらサトウキビとかのことのようで「しょ」とか「しゃ」とか読むらしくだからサトウキビのことだった、甘蔗は「かんしゃ」でも「かんしょ」でもあるいはもう「さとうきび」とすら読んでもいいようで、頭の中で音が固定されない感覚があったが「かんしょ」をわりと採用して読んでいた。

ものを思いながらも、重ルの視界のほとんどは締機と甘蔗の山を往復していて、その端にときどきフジの肩や肌、あるいは足の運びが入り込む。前後左右の四本の足が、一歩、一歩、一歩、一歩、動くその順番と仕組みが、毎日見ていてもよくわからない。わからないが、牛が、いつも同じ順番で足を出し、歩んでいるのはわかる。そのわからなさへの愛着も、哀しいようにも、嬉しいようにも思えて、重ルは、ただ、わかるよ、とフジに語りかける。

もの言わぬはずのフジの声が、いや言葉が、重ルには聞こえる気がする。重ルゥ、と重ルの名を、あえて、ことさらに、呼ぶ。愛着と、撞着と、諧謔を混ぜ合わせた、のんびりした声に乗った、言葉。というか重ルの名前。

滝口悠生「全然」『新潮 2019年 9月号』(新潮社)p.155

そのアルバムが終わったので先日アップルミュージックで見つけたWhyの新譜を、聞いた、これはとてもよくて、やっぱりとてもいいなあ、と思いながら聞きながら、やっぱり面白いなあ、ひとつひとつが面白い、と思いながら、読んでいたら遊ちゃんが着いて、それが窓の外に見えたので手を振った、外に出た、焼き肉屋さんは休みで、あれ、休みだね、となった、どうしようか、あれ、どうしようか、と言っていると遊ちゃんが焼き肉屋さんを調べ始めて、ひとつあったから電話を掛けてくれて満席だった、あれ、どうしようか、わからないな、どうしようか、と僕は頭がどこにも進まないようだった、外食じゃなくてもいいんじゃない、おうちでうどんとか、と遊ちゃんが言うから、あそうか、いただいたうどんを肉味噌うどんにして食べようという話があってそれはおあつらえ向きだ、それがいいそれがいい、とスーパーで、ひき肉や、なんか愉快な肉味噌どんにしようということになったのでトマトとパクチーと、しいたけも買って、肉味噌をつくってしいたけを濃い味で煮しめて、それでぐるぐる、という感じで食べたらおいしかろう楽しかろう、と思ってそういう買い物をして家に向かった。歩いていると遊ちゃんが阿久津くんがこういうときに「わからない」っていうのがどういうレベルでわからないなのかわからなくて焦る、ということを言って、え、なに、腫れ物？と思って、家に着いた、それでビールを開けて、話していた。ビールを開けて、話していた。ビールを開けて、話していた。僕のわからないは本当にわからないで、僕が欲望したのは焼き肉をつつきながらビールを飲みながら遊ちゃんとおしゃべりをする光景だから、それがなくなったときに前提が全部なくなるというか、次の手を持っていたわけじゃないから、選択肢が全部になる、外食なのか、だとしたらなんなのか、家で食べるのか、だとしたらなんなのか、あるいは食べないのか、全部が選択肢として出てくるから、ただわからなくて、わからなくなる。うどんという案が出たときに初めてしっくりとぴったりときて、それは楽しい、と切り替わって、楽しくスーパーにいたそれが遊ちゃんには確信が持てなくて、合わせて無理して楽しく振る舞っているのではないか、という気持ちが拭えなかった。そのギャップに僕は暗い気持ちになっていって、だって俺、楽しみにしていたのだけどな、普通に、と思って、そうしているうちにうどんを食べる、つくる、その気はとっくに失せていて、話自体はおだやかに終始して「そうだね」というところに落ち着いたが気持ちはなにか物悲しく、ビールを3缶立て続けに飲んで眠くなったので眠った。

1時半だよ、と遊ちゃんの声がして、起きて、3時間くらい眠っていたのだろうか、眠気はガンガンに頭にまとわりついていて、というか頭の芯から眠気があって、ただただ眠い、と思いながら、うだうだと眠ったり目を覚ましたりして、起きて、シャワーを浴びた、それでいくぶんさっぱりして、ウイスキーを注いで、「全然」の続きを読んだ。

あの雲が、次第に厚く大きく膨らみながら近づいてくるのを重ルは思い浮かべる。海面が遠くからだんだんと暗くなり、釜岩に影がかかる。監獄岩も暗い海面に紛れて見えにくくなる。やがてその影が海岸まで届くと、黒砂の浜がさらに黒く、濃くなって、暗い海面とひと連なりに、釜岩まで地続きになったように見える。雲が島にかかれば間もなく雨粒が落ちはじめて、あっと思う間もなく土砂降りになる。雨粒を受けるサトウキビ畑が波を打つように鳴る。家々の屋根の木の葉やトタンも太鼓を打つような音をたてる。大人たちは家の貯水槽や、水を送る桶やパイプに異常がないか気にかける。とにかく水はなにより重要だ。汚れた着物類を樽に入れて表に出す。洗濯にはスコールがまたとない機になるのだ。子どもたちも盥や桶を表に出して、遊びのようだが、それも実際になにかの足しになる。濡れるのも構わず、上を向いて口を開いているのもいる。わかる、私もそうだった。各工場では、表に干して乾燥させていた製品を慌てて屋内に取り込んでいる。タバコにコカに、レモングラスにデリス。蒸したり干したりした様々の葉を敷物ごと抱え込むと、胸元からたちのぼる匂いにむせそうになった。漁師の家でもまた、身を開いて天日で干していた魚を慌てて家内にしまいこんでいた。島じゅうの噴気口にも雨が注がれた。噴き出た硫黄は水を受けて冷えて固まり、黄色い地層を積み重ねる。

同前 p.158

雨！という、大喜びで、読んで、ゾクゾクしながら読んでいた。もっとずっと読んでいたい。

それから植本一子の随筆を読んで、佐々木敦の「これは小説ではない」を読んだ、一人芝居は小説に似ている、とあった。『新潮』はまだ、他にも読みたいものがいくつかあって、読みどころが多かった。布団に移り、眠るまで『「差別はいけない」とみんないうけれど。』。天皇、皇后、両陛下。4時だった。

8月14日（水）

雨が音を立てて降っていたが、念ずれば止むはずだと御御御、間違えた、「おみお」と打ったらこうなった、思い、念じながらスヌーズを掛けて寝ていたら起きたら止んだので「勝利」と思った。朝から弱々しい気分だった。眠気が体中にあって、それから体中に疲れがあった。なんなんだろうこの体は、と思った。

今日もやるべきタスクがたくさん目の前に、迫るようにあるように感じて、途方に暮れるようなところがあった、ちょっと、どうしたらいいかわからないな、と思った。原稿。昨日を潰して、今日はどうなのか、明日に賭けるしかないか。全然進められない。バカみたい。

とてつもない日になって12時から12時までだから12時間、煙草休憩以外では座ってのんびりすることが寸時も、本当に一瞬たりともない、そういう日として過ごして最初から疲れていた体は6時くらいでもう、パニックになりそうなくらいに疲れそのものになって、肩で息をしていた、口で呼吸しているとパニックになりそうなそういう気配があったから努めて鼻で呼吸をした、今日はちょっとこれは本当にどうにかなりそう、体、それから頭が、と思って、初めてのことだった気がする、看板を6時過ぎ、上げた、もう明確に目指して来てくれる人以外、今日はもう本当にいいや、となって、そうした。それでも夜も何人もお客さんはあり、その嬉しさもあった、やるじゃんフヅクエ、というようなところだった、とにかく、だから、働き続けて、ものすごい、働きを、働き続けた、途中から意地みたいに、全部やる、全部やる、とにかく全部、と思って、全部やった、やれることは全部やった、左目の奥に鈍痛。

閉店後もその勢いは続け、勢いづけにちょっといいビール、と思ってパンクIPAを飲んで、さらにコエドの伽羅を開けて、ラジオをおこなった。Whyの新譜を流しながら、いくぶんか酔っ払いながら、ラジオをやり、それからご飯を大量に大量に食べた。満腹だった。店をやっていて人間が狂っていくというのは、本当に容易に想像がつくことだった。重いお腹を抱えながら、帰った。

ぐったりと疲れきっていて、疲れた、疲れた、とだけ言っていた、ストレッチをしながらそのまま倒れ込んで動けなくなりそうだった。しかし起き上がり、ソファでツイッターを見ていた。香港の様子を詳報するアカウントを見つけてそれをずっと追ってしまった。凹んだ。それから犬猫の動画を詳報するアカウントを見つけてそれをずっと追ってしまった。和んだ。

寝るまで、今日はどうしてそうしたのか、インゴルド、『ライフ・オブ・ラインズ』。また4時になった。

8月15日（木）

12時、アラームが鳴り、起きた。体はぐったりと疲れたままで、しかし眠気はそうでもないし、ここらへんで起きておかないと後悔をするはずだから、起きた。うどんを茹でて、茹でているあいだインゴルドを読んで、冷やすのも面倒だったから釜揚げで食べた。

今日は原稿と向き合わなければいけない。今日は、ドトールではなく、自宅、ということを考えた。もしかして自宅なのでは、とふと思ったためだった。ドトールはここのところ、行くたびにイライラする、なにかしらイライラすることがある、なにかしら気を塞がせる要素がある。成功体験はすでにすぐにダメージ体験に移り変わっていた。

それで、落ち着いてやれる場所、人の話し声はいいけれど、なんだかダルな空気が流れない場所。少し前に遊ちゃんが東大の図書館とか、今度私は行ってみようと思う、と言っていたけれど、なにか登録が必要だったりするのだろうか、そういうことを調べるコストを今は掛けたくないし、行ってみていろいろと勝手が違ったら、やはり今日はよくないと思い、ダルなものが流れない場所、コーヒーが飲めて、それから煙草を吸いに外に出るのが容易いのがいい。と思ったとき、あれ？　家では？とふと、天啓みたいに、思いついて、それで家にすることにした。さてコーヒーを、どうしようか、というところで、アイスコーヒーが飲みたかった、水筒を持って近くのコーヒー屋さんに行って、これに入れてもらえますか、とやるのもいいだろう。水筒になみなみと入れるなら2杯分になるだろうか。700円とか、高いコーヒー、でもそれでもいい、と思ったが、家には遊ちゃんがいつも飲んでいるオブスキュラのドリップバッグがあって、氷を買ってきたらアイスコーヒーがつくれるじゃないか、と思い、コンビニに行き、氷を買った。雨がそれまで降っていたらしく道路は濡れていて、風が強くなったり弱くなったりした。

それでドリップバッグ3つ使いの急冷のアイスコーヒーをこしらえて、音楽を流した、チベットの読経みたいなやつがなぜか選ばれて、パソコンに向かった。今日書こうとしているところはわりと過去のブログのパッチワークみたいな要素があるところで、いくつかの記事を見ながら、組み立てたり、自由に書いたり、そういうことをしていた。書いていいてあまり快楽がなくて、書いていて快楽があまりない文章はやはり読んでも快楽があまりない文章になるだろうか、と心配はあった。ただ今日は文字を書き進める、ということがしたかった、つまらなかったらつまらない要因が出るはずだから、それでよかった、叩いて鍛錬するためには叩かれるものがないとダメだった、だから意味のあるおこないだった、文字が書き進められ、満足感みたいなものは徐々に生まれた。チベットの読経が終わってシリアのアザーンの、詠唱？ 朗唱？ その音源を流した。今日はこういう音に囲まれていたいみたいだった。

夕方になり遊ちゃんが帰ってきて、僕ももう3時間も4時間もやっていたことになるから、そろそろ切り上げることにして、焼き肉行く？と言ってみると行くということで、行くことにした、今日は電話で確認をした、やっていた、どうも調べたら火曜水曜が休みのようで、だからお盆休みに当たったのではなくただ定休日に当たったということのようだった。7時に予約をして、それまで原稿をやって、今日の分をInDesignに流して目次にハイパーリンクを付与したりして、形を整えた。遊ちゃんに、送った。

焼き肉屋さんは、思っていたとおりいなたい感じで、よくて、テーブルが3つと座敷が2つくらいのほどよい広さの店で、うしろのテーブルは5人か6人くらいのグループで日本語の他にスペイン語を話す人たちがいて、英語を交えたりしていたかと思ったら、遊ちゃんがそれをポケトークというものだと教えてくれた、ポケトークという翻訳機みたいなものを通して会話をしていて、硬い女性の声が何度も、響いた。初老の男性が言った、私の元妻はとても美しい人でした、でもエキセントリックな人でもありました。それがスペイン語になって、もう一度この空間に、どれだけ意味内容は保持されているのか、それは、誰にもわからなかったが、放たれた。

久しぶりに食べた肉は、焼き肉は、とてもよくて、焼き肉屋であり韓国料理屋でもあるようで韓国水餃子みたいなものであったり、いろいろとあった、チヂミも食べた、どれもおいしかった、ビールビールハイボールハイボール。人を雇う話をして、それから遊ちゃんとカンナちゃんがイチャイチャしている話をして(「世界ふれあい街歩きが好きでNHKオンデマンドに登録しようかちょうど迷っていたところだったんです」「嘘でしょ……私も大好きで……内沼くんと世界ふれあい街歩き遊びをしたりするほどに……」)、遊ちゃんの仕事の話をした、お腹いっぱいになって、コンビニでアイスとウイスキーを買って帰った。

アイスを食べ、国語教育がどう変わるかという話を教わって、遊ちゃんはそれの特集の『文學界』を買って千葉雅也の文章を読んでいてそれがとても面白かった。

寝るまで、酒をちびちび飲みながら、インゴルド。

だが開けた環境は、地面の表面のみを構成するので、それ自体が居住可能なわけではない。この点について議論するにあたって、ギブソンは地面を部屋の床と比較する。家具のない空っぽの部屋の中で、人は床の上で立ったり歩いたり、あるいは走り回ったりすることさえできるだろうが、それ以外のことはほとんどできない。しかし、居住者のいる家の中では、部屋には家具が散在している。そしてこの散在こそが、他のすべてのこと、つまりその家で続けられている日々の活動を可能にする（もちろん、走り回るといったいくつかの活動を妨げもする）。同じようにギブソンは、特徴を欠いた平面は、立ったり歩いたりすることに適しているかもしれないが、他のあらゆる点においては、荒廃しきった光景であろうと推論した。そこは生命をかくまうことができないので、いかなる生き物に対しても環境となることができないのだ。ギブソンの言葉で言えば、「部屋の家具のように、大地を整備するもの（furniture）は大地を生活できるようにするものだ」。部屋のように、大地にはありとあらゆるものが散在しており、それらが無数の居住者の多様な活動を可能にしている。そこには着脱可能な対象がある。つまり洞窟や巣穴といった囲い、丘などの凸部、窪地などの凹部、亀裂や裂け目といった開口部である。確かに、どんな普通の環境もかなり取り散らかっているので、その環境の居住者たちが地面に直接的に触れるようになることはまったく起こりそうもない。

ティム・インゴルド『ライフ・オブ・ラインズ　線の生態人類学』（筧菜奈子・島村幸忠・宇佐美達朗訳、フィルムアート社）p.82, 83

今日はなんだか妙にぐいぐいとよくて、いいぞ、いいぞ、と思いながら読んでいて途中で「デイリーポータルZ」の「「主語の大きさ」をくじ引きで決めるとどうなるか」という記事を読んだらこれがものすごく面白くて、「わかった、これ主語が合わないと話がまず噛み合わないんだな」「そんなに突然背負える？」「主語「動物」を背負っただけで、いきなり天候などに関心がいってしまった。主語を変えただけなのに⁉　何これ怖いと全員ざわざわする。」「「主語を現代人にした友人」を初めてみたし、あまりのうるささにびっくりした。」「スケールちいさ！！！」「もっとあるだろ！　でかいあるあるが！　自分の話するな！」「現代人としては～ではじめるだけで、むちゃくちゃ大きいこと言いたくなるんだよな。自分の意見忘れる」等、キラーフレーズだけでできているような記事だった。これはすごい。大好き。

8月16日（金）

開店前からご予約が今日もとても平日とは思えないような感じで入っているなとは思っていたが13時で満席になるとは思ってもみなかった、驚いた、フルスロットルで働いた、さらに予約の後ろに別の予約が、というパズル状態にすらなって、それは完全に休日の様相だった。夏休みというのはそんなにも多くの人に与えられているものなのか？

満席状態がほどけてほどなくして佐藤くんが本を読みに来た。おとといも来てくれて、福利厚生のひとつで「どうぞ」というものだった、それはうれしいことだった、席が埋まったら出てもらうことになるけどどうなるかなと思ったがそこからはそうはならなかったから今日の佐藤くんはおとといのとはまた違う益田ミリの本を読んでいた。今日はおとといよりずっと長くいて、おととい来てくれたときに「どんな頻繁にでも来てくれたらいいからね」と伝えていたが、補足でその理由をメッセージしておこうかと思っていたが怠っていたから、帰り際にそれを伝えた。

こちらが提供するのはドリンク一杯であり、８００円までのものとさせてもらうことにしたから、負担するコストは最大200円という些細な金額であること。その一方で過ごしてもらうことで得られるベネフィットがあって、ひとつはここで本を読んで過ごすという時間をたくさん過ごすことは働くときになにかしらできっと活きてくるに違いないと思っていること。もうひとつはこの場所は本を読んで過ごす人が多ければ多いほど強度を持つからその強度増進の役割を担ってもらえること。佐藤くんがいなかったら1円も生まないただの空席でしかなかったところに本を読んで過ごす人として存在してもらえることにはそういう店としてのベネフィットがあって、それはコストをゆうと上回るものだと捉えている。つまりスタッフがここに本を読みに来ることは店を利する行為であるがゆえにはっきりと歓迎できる、ゆえに、いくらでも来てね、ということで、それを伝えたら、今日も少し「こんなにいてもいいのかな」という気持ちがあったらしかったがとても腑に落ちたらしく、伝えてよかった。みんなにも伝えないとな、と思った。

忙しいとは思っていたが忙しいというのともまた違う体感もあって、夜までずっと途切れずに、それはだから水曜日と同じだった。途切れずに動き続けていて、でもそれは水曜日のような苦痛を伴うものではなかった、軽やかといえば軽やかに、かわし、こなし、こまし、かましてまたかわしていた。勤労の果て、家に帰った。

珍しく遊ちゃんは起きていてiPadの画面を見ていた、それはどうやら「世界ふれあい街歩き」のようだった。シャワーを浴びるとストレッチをしながら遊ちゃんと主語を大きくする遊びをしたが、意外に難しく、僕は上手にできなかった。それにしても本当に、素晴らしい批評性のある遊びだよなあ、と、感心と称賛の気持ちは大きくなるばかりだった。入念なストレッチを終えて、ヨガマットをぺっぺと畳んでソファの下に滑りこませて、少しはみ出たところを足で押し入れたところを見ていた遊ちゃんが「雑」と言って笑いだして、言われてから自分が辿った動きを思い返したら雑で、二人してツボに入ったらしくて2分くらい笑い続けていた。一日分笑った。

寝る前、インゴルド。今日は頭に染み込んでこなかった。

8月17日（土）

遊ちゃんが40度まで上がると言って「そうなの？」と思って天気予報を見たら36度だったから40度ではなかったが36度もじゅうぶんに高く、暑く、今日も暑い日になりそうです。そういう構えを人民も持つのかご予約はわずかで、開けてからも昨日のほうがよほど忙しいというか休日としては非常にゆっくりな日になってそういうなかで働いていた。面倒な日で何組も見当違いの二人組が上がってきてしゃべれない旨を伝えて追い返すというか帰ってもらうということを繰り返して扉が軋む音が聞こえてもすぐにはお客さんだとは思わない、思うとがっかりするから、という構えを取った。全部で4組だったろうか。扉が軋むというか空気が流れる、破れる、あの音は耳ではなく体で聞いている。

今日はなんとなく面倒の多い日のような気がしてだるいところがあって注意をしたら帰っていかれたり不機嫌に帰っていかれたり、あっそ、と思ってそれは「あっそ」ではあるが素直に傷つくところはあるから見たいものではなくて、ここのところツイッターを見ていても人と人が喧嘩というか口論にもなっていない悪意のぶつけ合いというか、「合い」ですらないか、悪意をぶつける人を見ない日はない程度に見ていて町でなら会わないで済んでいた関わらないで済んでいた人たちが会えてしまう関われてしまうというのは人類の手に余ってあるのは罵詈や私刑ばかりだった。

夕方、疲れ果てていた。一挙手一投足が重く、座っていても腰がじわんじわんと鳴っているような疲れがあって、これからあと6時間とかしんどいなと一度は思ったけれど夕方というのはたいていてい疲れているものでピークを越えたら疲れていたことも忘れるようになっていることは知っているから早くそうなることを願うばかりで、眠気も似たようなところがあって一度眠くなっても深夜になったら目は起きる。

だから5時半、疲労困憊。6時半、急激な眠気と猛烈な空腹、チョコレートを食べたい。

暇＋疲弊＝着席。

『「差別はいけない」とみんないうけれど。』をおしまいまで読み、それからルシア・ベルリンのリディア・デイヴィスの文章と訳者あとがきを読み、それから『美容は自尊心の筋トレ』の続きを読んでいたら少しやる気が出て仕込みであるとかの仕事をおこなった。

夜はぽつ、ぽつ、で、疲れは8時ごろ抜けた。眠気と空腹もいなくなっていた。外で煙草を吸いながらインスタを開いて、エゴサーチというか、インスタは位置情報のやつと「#fuzkue」を見ていてその位置情報のやつを開いたらカレーの写真が最新のものであって見たら「席代に1000円とるお店。どこに書いてあったの？ そんなこと。と思う。二度と行かない」とあって不機嫌に帰っていった人だった。ズカズカ慌ただしい感じで入ってきてカレーを頼んで、食べたら慌ただしい感じで帰り支度をはじめて嫌な予感、と思って入ってから帰るまで30分で、レジで、1000円を出そうとするから、あ、や、これです、と値段を指して、え、え、となったからお席料があるんです、と案内書きをぺらぺらするジェスチャーをしながら言ったら小銭を投げるように払ったから、（お、1円玉、うれしい、という思いが瞬間的に上回ってしまったのか）間違えてお礼は言ってしまったが見送るのはやめにした人で、その投稿を見てなんだかこういうの久しぶりの気がするな、と思った。

こういう、こういうときに、どうしても、わからせたくなる、というのはわりと変わらない性質で、でもやめたほうがいいというのもわかってはいる。せめて、せめてじゃないか、投稿にコメントでもつけて「位置情報に紐付いている他の方々の投稿見てもあなたのその自信って揺らがないで済みそうな感じですか？ 不意打ち的に席料を取った、書いてあるとしても気づきにくい場所に書かれていた、適切に知らせていない、と思っているんじゃないかと思うんですけど、もしそうだとしたらあなたと同じような不平の投稿が他にもたくさんあってもよさそうなものですけど、そのあたりはどんなふうにお考えになりますか？　あなたがいたとき他に7人か8人の方がいましたけどあなた以外誰からもそんな文句発生していないんですけど、これってどうしてなんでしょうね？」みたいなことをうかがってみたいものだと思ったりスクショでも撮ってツイッターに「え〜そんな店あるのか！　おそろしいおそろしい。そんな店ぜったい行っちゃダメだ！」とでもツイートしたいものだと思ったり、するのだけど、と思ってふと、後者に関してはこれは私刑みたいなものになるのだろうか、と思って、なりうる行為というか私刑方向の行為にはなるのだろう、と思い、おっかないな、と思う。ツイッターは私刑ばっかりだ、と暗い気持ちで思った矢先にこれだ。

それにしても「趣味のカフェ巡りで食したあらゆるご飯をのんびり投稿」ｗｗｗ全然のんびりしてなかったｗｗと笑って、そんなふうに笑ってみたら、満足ですか？溜飲みたいなものは、下がりましたか？

気にしないほうがいい、というのはこういう場合に、よく言われることだろうけれども、気にする、気に病む、というよりも、それが気にしているということではあるだろうけど、怒りやいらだちの気持ちが強い感じがする。以前であれば、周囲に与えうる悪印象みたいなものを考えてそういうのやめてという気持ちがあったけれどそれはもう薄くなっていて、今は、正したい、わからせたい、という気持ちが強い感じがする。己の無理解を露呈しているだけの恥ずかしい投稿だよと、わからせたい。でもそれは労力に見合うだけの見返りがきっと得られないものになるだろうし、いろいろと、面倒なことになるかもしれないし、やらないほうがいいとも頭では思っているしやらないし、日記でぶつぶつ書くのにとどめておくというのは成長のひとつでもあるとも思うけれど、あいちトリエンナーレのクソみたいな炎上で感じる怖さの延長線上にある話でもあった。

美容の筋トレの本を読んでいたら「一人ひとりが縦横無尽に動く遊軍や気高きソリストの気持ちでいれば、自由で風通しのよい社会づくりに貢献できるだろう」とあって、いい言葉だった。これは、いい本だな、と思いながら読んでいて、具体的な化粧の話のところに入って一気に外国語を読んでいるみたいな気になって愉快になった。

8月18日（日）

帰って、入念なストレッチ。ジムビーム。インゴルド。『ヴィータ』を読みたいな……という気持ちがうろうろしている。

あれ？　パンって誰の血もつながっていないんじゃない⁉　ということに気づいて愕然とする、という夢を見た。母も、父も、パンとは血がつながっていない……思ってもみなかったな……そんな食品を子どもに食べさせても大丈夫なんだろうか……という夢で、その終わりがけに「米もそうでは⁉」という気づきがやってきてさらにおののいて、それから起きた。

遊ちゃんは今日はカンナちゃんのおうちに行くという。昨日それを聞いて、あれ、来週どこかにお茶かなにかに行くとか言ってなかったっけ、明日行って、お茶はお茶で行くっていうこと？　と聞くとそうだということで、いったいなんの蜜月なの、と大笑いをした。

ずいぶん大判に見えるハードカバーの英語の本を読んでいる方がありなにかの拍子に表紙が見えて「MURAKAMI」とあって、ムラカミ、ムラッカミ、ムロッコミ、モロッコ。おとといハーブティーを飲まれた方がお帰りのときにあれはなんですかすごくおいしかったと言ったそれはレモンバーベナで、日本のやつですか、と聞かれ、ハーブティーはレモングラスが武雄産であそうなんだ国産なんだというそれ以外は産地というのをそういえば考えたことがなかった、見ると、モロッコとあり、「モロッコ」と口に出した瞬間にどうしてなのか、それはそのお客さんが大きなキャリーバッグを引いていたことと関係していたというか直結していたことに今気がついたが、自分がモロッコに行く日はいつか、来るのだろうか、という思いがやってきて同時にモロッコのなにかの風景を想像していた。その夜、マラケシュ、と思っていた、マラケシュ。「مراكش」、mでrでaでkでshのこれは5文字で、モロッコは「المغرب الأقصى」とのことでalmmlkで後ろのちょんちょんのやつってなんだったか、almgrbyで後ろのちょんちょんのやつってなんだったか、aのなんか変なやつだったか、マグレブ、モロッコはそうかマグレブか、と思ったらマグリブか、マグレブじゃなくてマグリブのようだった、なにが「そうかマグレブか」だった。日本語表記は「摩洛哥・馬羅哥・莫羅哥・茂禄子など」ということで、「など」？　多岐にわたっていることが知れたし読めるようには決してならない、そのモロッコに俺はいつか、行くだろうか。

今日は二人組の方が多くて、というかすごく多くて、途中、9人中6人が、みたいな状況で、特に店の空気がおかしくなるというようなネガティブなことはなかったのでよかったが変だった。変な日だった。

日中は忙しく、夜になってパタッと止まった、夜は完全な暇でお盆休み最終日の夜はおうちで的なことなのだろうか、わからないしどれだけの人がお盆休みなのかもそもそもわからないからわからないが暇で、体の動きが止まると、全部が止まるような感じがあって、止まっちゃいけない、今日やるべきことは止まらずにいったん全部やった上で止まらないと、再始動、これはできない体になっているぞ、と思い、でもそうやることもなかったからチーズケーキの下ごしらえだけおこなうことにして、ボトムをつくった、それからクリームチーズも切っておくことにして230グラムを目指して切ったところ、ちょっと大きく切りすぎたな、これは270グラムくらいかな、と思って測ったら275グラムで「立派」と思った。それで、止まって、座って、電源も落ちた。美容の筋トレの本を読んでいたら読み終わって、これはやっぱりいい本だよなあ、と思った、昨日遊ちゃんともいい本だよねと話していてなんというかいい本というふうに、読みながらずっと思ういい本だった。

それからインゴルドを持ってきたので開こうとした矢先、9時過ぎのことだった、お客さんがいなくなった。はやっ、と思い、どうしよう、と思った。さすがにまだ閉められないというか全然まだ閉められない、原稿をやろうか、というか原稿をやるにはうってつけだ、とは思うものの、この電源の落ちた状態で向かえる気がしない、しかしここで向かえたら素晴らしい時間の使い方になるだろう。

民族誌学者のクリス・ロウによれば、西アフリカに住む狩猟採集民のコイサン族の猟師たちは、空気中を漂う動物の匂いの糸によって、彼らの獲物とつながる。周囲の環境はそのような匂いの糸に満ちているだけではなく、人々の意識にしみわたってもいる。その意識の中で、匂いの糸は響き渡る音を鳴らすと言われている。匂いを漂わせる動物を追っているときは、気配が動物にバレないように、必ず風に向かって動かなければならない。それゆえ、糸の端からスタートして、それを徐々に巻き上げるのである。獲物に向かって進んだ後には、運動の軌跡が残される。

ティム・インゴルド『ライフ・オブ・ラインズ　線の生態人類学』
（筧菜奈子・島村幸忠・宇佐美達朗訳、フィルムアート社）p.129

美しいイメージ。こういうのにとてもうっとりする。ソファに座って、インゴルドを読んでいた。11時、閉めた。それにしても人は、と、日中に思ったことを思い出した、それにしても人は、人というのは大きいが、人はというか、臆病で、傲慢な人が多いというか、人に親切にすることに対して怯えている人が、多いよなというか、よく見るよなと、思う、ちょっと、ほんのちょっとの行為で、人をいい気持ちにさせられて、自分もいい気持ちになるのに、その行為のコストを高く見積もりすぎているというか、勇気なのか慣れなのかの欠如というか、冷たい無関心な社会だなと思うことが、あって、そういうとき、『断片的なものの社会学』を思い出す、思い出している。人は、怖がっている。こんなのは嫌だなと思う。コストとベネフィットを考えてごらんよと、功利主義者なので思う、明らかにベネフィットが上回るのに！

びっくりするくらい眠くなってびっくりしながら片付けをしていると扉が開く音がしてびっくりしながら見たら森奈ちゃんだった。真剣な面持ちでつかつかと歩いてくるからなにごとかと思ったらドイツから来ている友だちに店の話をしたら見たいというのだがいいだろうかということで、誰もいなかったのでどうぞどうぞというところで、2人、来て、こんにちはと言った。僕は洗い物を続けていて、うつむいていたら、視界と体が一度ぐらついて、立ちくらみのようなものが起こった。森奈ちゃんは、先週本を読みに来て、ビールを飲んで『読書の日記』を読んでいた、その帰りに□□□のライブDVDをくれた、そのときに実はビールでやたらに酔っ払ってしまっていたらしく、フラフラしながら帰ったほどだった、翌日、ぼんやりとそれを後悔した、なにも悪いことはしなかったはずなのに漠然と後悔した、そう言っていた、それはたしかに向かう先のない困った後悔だよね、と言った。指に違和を感じ始めた。あの日DVDを渡したのは、最近ヘビーな嫌なニュースが多くて嫌な気分になるけれど、私が楽しく歌っている姿を見て元気になってくださいということだったらしく、そのことを、渡したときに言えなかった、だから今言う、言いながら恥ずかしい、ということで、それは素敵なプレゼントのしかただなと思って、そういうことは、事後的にでも、言うのは、とてもいいことだ、臆病や傲慢、そういうものの反対がこういう姿勢だと思って、その半分くらいを実際に言った。今日は僕は森奈ちゃんに対してタメ口にした。ここまでは混ざった状態になっていて、先週は丁寧語で話した、今度会ったときに、これからはタメ口にしますね、するね、と言おうと思った。

タツヤさんが『読書の日記』を買ってくれて、エミリアさんはフヅクエTシャツを買ってくれた。二人はいつか、本屋をやりたいと思っている。今はスパイラルで展示かなにかをしているらしく日本に来ている。3人が帰ったあと、右手の人差指に白い出来物ができていて触ると痛かった。こういうものがまさに生じる瞬間というのを人は、目撃することはできるのだろうか。

今日は飲まないかなと思っていたがやはりビールを飲んでいた、飯をたらふく食った、帰って、インゴルドを持って帰り忘れた、プルーストを開いて、ゲルマントのおうちでの晩餐会がまだまだ続いていて時間がどこにも進まない。

8月19日（月）

金曜終了時点ではまさかの時給1250円ペースでさすがにこれを維持することは難しいとは思っていたけれどどこの土日くらいは維持されるかな、なんせ夏休み的なものなんだろ？

と思っていたがこの土日は速やかに暇な土日になったから1250円ペースは崩れて1200円ペースになってここからどこまで落ちるかだ。

月曜は静養、火曜は執筆、木曜は執筆と交遊。これが今週のスケジュールで今週は半日半日一日で休みというか山口くんだから、そういうふうな流れにすることにして月曜日はちゃんと体を休めないといけないというか週末の疲れがどっと出るのが月曜日だから月曜日に無理はしないほうがいい。そのため交代までの時間で日記の赤入れをどこまでできるかだ。忙しい感じの日中になって赤入れまでは済んで反映作業までは取り掛かれなかった。

佐藤くんが今日も本を読んでいて、やってきた山口くんと外で引き継ぎというか話をした、僕は見えなかったものが見えたこと、やってみたことができたこと、そういう喜びを積み上げていくのがよくてだから「そうしたい」と言って、そういう日誌じゃないけれどできたこと積み上げシートをつくりたいんだよねと言ったら山口くんはそれを「ありがたい」と言って、へえ、ありがたい、面倒じゃないのか、ありがたいならよかった、それはでもどうして? と聞いているタイミングで佐藤くんが出てきて、山口くんとはじめましてというかはじめましてじゃないけれどよろしくおねがいしますの挨拶をおこなって、それで3人が相まみえた。山口くんはさらさらとした髪で眼鏡を掛けていて今日は白い無地のTシャツで胸ポケットがあって、佐藤くんはさらさらとした髪で眼鏡を掛けていて今日は白い無地のTシャツで胸ポケットがあって髭をたくわえていて、僕は眼鏡を掛けていて今日は白い無地のTシャツで胸ポケットがあって髭をたくわえていた、やだね、と笑った。山口くんが無地のTシャツを着ているのは珍しいことだから珍しい相まみえ方ということになって、佐藤くんは帰っていった。山口くんと続きを話して、そういうシートをじゃあ、つくっておく。それからマニュアルをちゃんと整備してマニュアルに向かえばいい状態をつくれるようにしたいね、どうやって運用したらいいか、マニュアルチャンネルをSlackにつくって変えていくところをとんとんと投げていくことにしようか、チャンネルもつくっておく。ということで店を出た。

僕は今日はだから表向きは無地のTシャツだったが背中には「PADDLERS COFFEE」と書かれていて、これでフグレンに入るの恥ずかしい気がするからフグレンは行けないな、とそんなことを日中、働きながらぽやぽやと、思っていたのだけど、自転車を漕ぎながら気づいたがリュックを背負っていたら背中になにが書かれているのかはわからない！　だから行けるということがわかってしかし行くかどうかはわからなかったし別に「PADDLERS COFFEE」と書かれていてそれがたとえたくさん見えたとしてもそれでフグレンに行けないというわけではなかった。

『ヴィータ』をやっぱり読みたいわ、という思いが一気に強く湧き出ていて、だから丸善ジュンク堂に行く、それがまずすべてだった。文化人類学の棚のところに行って、ぱっと見た感じは見当たらなくて、人類学とかそういうところではないのかな、と、honto のアプリで在庫を見ると三角マークであって、場所は文化人類学概論だったからここで合っていた、よくよく、探した。出たのが今年の始めくらいのはずだから、そこそこわかる置かれ方をしていて不思議ではないが、と思いながら、なめるように見ながら、なかったら、どうしよう、ヴィータ、めっちゃ読みたい、どうしよう、といくらか焦るような気持ちを覚えながらも同時に、ゆっくりゆっくり、一冊一冊、目の前の本の背を、眺めているその時間に愛おしさを感じて、ありがたい、とも思った。しかしないのかこれは、ないなんてことがあるのか、と、やはり見当たらなくて、近くのサービスカウンターのようなところに行って「これはありますか」と画面を見せた、ありそうです、そこで待っててと言われたベンチに腰掛けて待っていた、二人がかりで調べてくれたのだろうか、けっこうな時間が流れた、難航しているみたいで、そして、10分ほど経っただろうか、なかった、と結果が告げられた。そうか、と思い、礼を述べ、離れた、もう一度僕は文化人類学のところに戻って、その周囲の棚も含めて、よくよくと見た、若い男性二人組、大学生だろうか、がドイツの歴史の本の前でいろいろをしゃべってて、その前をすり抜けて小説の棚のほうに、悄然とした足取りで向かった、若い金髪男性二人組、大学生だろうか、彼らは法律書のところで、判例が変わる、困る、みたいなことをしゃべっていた。

「丸善行こうぜ」

そんなふうに言って彼らは、連れ立って書店に赴くのだろうか。

どうしようかと、ラテン・アメリカの小説の前に立ちながら、思っていた。どうしようか、読みたい、今日俺は、読みたい、しかし、と思い、SPBSはきっとないよな、でもある可能性はあるかな。ＨＭＶのところは入る気になれないんだよな、そんなことを言っている場合なのかな。新宿の紀伊國屋書店はさすがに遠いしブックファーストも、バカみたいだ、新宿側に行くなら店から最初からそちらに行くべきだったというか、また戻って、あっちって、バカみたいな動きだ、ちゃんと調べて向かうべきだった。甘く見ていた。信頼していたということだ。勝手な信頼かもしれないが。

青山ブックセンター……。たしかに、ありそう。でも面倒な経路だよな、と思い、でも背に腹の代役は務まらないということはつまり今晩インゴルドにヴィータの代わりは担えないということで、買えなかったら今日という日は、無になる、そういうことだ。行くしかないかもしれない。でも行くならさすがにこれはこれこそ在庫を確認してからのほうがいい、と、電話番号を調べた。するととても驚いたことに、まったく予期していなかったことに、青山ブックセンターはなんと電話番号を公開していない！　少なくともわかりやすいところにはまったく書かれていない。最初グーグルマップ上で電話番号情報が入っていなくて、入れたがる人がいそうなものだけどな、変なの、と思ったらそういうことで、ウェブサイトの中をしっかり潜ったつもりだったが見当たらなかった。これは、すごいなと思って、こういう在庫を知りたいというような電話は掛けたい人がまったくいそうなものだけど、ＡＢＣはそれを受けないという選択をした。これは、すごい振り切り方だな、と思って、ＡＢＣは去年かおととしに店内の検索機もなくしていてつまり回遊のなかで本と出会う、というのをけっこう極端な形で積極的につくろうとしていて、電話のなさはその一環に見えて、すごいな、と思った。今の僕にとっては不便以外のなにものでもなかったがその姿勢は僕は称賛したいものだった。もう少し調べると、それらしい電話番号が見つかりはした、それは「IMA ONLINE」の中のそういうのありがち施設データベースみたいなページで、そこに電話番号は載っていた、これに掛けたらきっとつながりはするのだろう、つながりさえすれば在庫を聞くことはできるのだろう、しかし店の公式ウェブサイトでは秘匿されている番号で、つまり「IMA ONLINE」に載っているのはなにかタイムラグというか、公式が秘匿するようになる前につくられたページで、それがそのまま載ったままになっているということではないか、これを見て掛けるのはＡＢＣにとっては「見つかっちゃいましたか」というそういう電話であり、積極的に受けようと思っているわけではない電話を掛けるのは、僕にはためらわれた。掛けず、賭ける。それにしても大きな賭けになった。ここからＡＢＣまで行って、そして見つからなくて、という、それもバカバカしくていいかもしれない、というそういうことにして、向かうことにした。東急百貨店から外に出ると、日は暮れつつあって、なにか、水の中にいるみたいな色の空が広がっていた。空の向こうが空であるほうがありそうなことに見えるそういう色の空で、空気もしっかりと湿っていた。自転車にまたがり、「もしあったら大逆転」というところでSPBSにまず寄った、なさそうだった、レベッカ・ソルニットの迷うことについての本が目に、入ってきて、これはいつか読みたかったやつだ、と思ったが、今日は違う、今日は違う、とすぐに出て、ABCに向かった。NHKの前を過ぎて税務署の前を過ぎて労基署の横を下っていって、それから線路の下をくぐって通りを少し行って、右に折れてゆるやかな坂道を上がっていって、モデルルームみたいなものの横を過ぎて、国連大学だった、自転車を停めて、歩いた、エスカレーターで下りながら、これは買おうとしている本が5400円のずいぶん値の張る本だからできた行為だな、と思っていた。丸善ジュンク堂からABCまでのこの移動はコスト換算すれば1000円となるわけだけどこれが買おうとしているのが仮に1500円の本だったら2500円の買い物ということになる、値段の上昇率は70%近くにもなるが、5400円が6400円になるのは20%も上がらない。それなら目をつむれる。だからこそ掛けられたコストだった。

入ると、夏の、たくさんの人が一冊紹介みたいなフェアがあって、それを見ていた、これは楽しかった、滝口さんが『さよなら！ハラスメント』という晶文社の本を挙げていてその紹介文もまた「そうか」というもので、読みたくなった、読みたくなったが、こらえなさい、とこらえさせた。奥の、哲学であるとかの、並びの、人類学であるとかの、ところに、行く。平積みであった。3冊あるようだった。余裕であった。勝利、と思って、思ってから「いやしかし」ということだった、たしかにこれを読むことを熱望して今日の俺はあったけれど、パラパラしてから決める、なんせ分厚い、そして値の張る本だ、パラパラしてから決めないといけない、つまり、今から面談だ、というその段階でしかない、ということに気づき、パラ、っとした。最初のページの数行を読んで面談は終了して購入が決定された。ABCのこのコーナーは初めて来たけれど、やはり丸善ジュンク堂とはまた違う顔ぶれで、面白く見えるというか一冊一冊が輝いて見えるようなところがあってだから読みたいと感じる本がいくつも目に入ってきて危ないと思った。そそくさと買って、出た。

表参道の通りをぐんぐんとくだりながら、タタタタケオキクチ、タタタタケオキクチ、という、タケオキクチのテーマを歌っていた。タケオキクチというのがどういうブランドなのか僕は知らないけれど高校生か大学生のときになにかを買ったことがあったような記憶がうっすらとあって、つまりこういった通りで僕が関係したことのありそうな極めて希少なブランド、それがタケオキクチだったしこの通りにあるのかどうかは知らなかった、タタタタケオキクチ、タタタタケオキクチ、楽しくなって、破顔しながら自転車を漕いでいた。

家に帰る前に、だから静養を始める前に、ドトールに寄った、寄って、そこで今日山口くんと話していたその報告シート的なものをこしらえ、Slackのチャンネルを新設して、ということをやったあと日記の反映作業を済ませることにした。静養、月曜は静養、そう思いながら、おこない、夜になっていった、先週はアラビア語を使ったがこれがしかしInDesignでどうしたらいいのかわからなくて、アラビア語自体は選択できるのだが表記がおかしく、つながらないし逆向きで、結局どうやったら適切な状態にできるのかわからなかったので諦めた。終え、8時過ぎ、スーパーでビールとポテチとミックスナッツを買って「俺は今日はこれを夕飯にするつもりだろうか?」と思いながら家に帰ったところ遊ちゃんもちょうど帰ったところということだった。

僕は疲れて、月曜は静養、月曜は静養、と言って、言っていたら遊ちゃんが布団でぺたーってしながらポリポリやりながら本読んだらいいんじゃないの、という素敵な光景を提案したから、それをやろうということにして先に風呂に入って髪を切った。さっぱりし、ストレッチを済ませ、布団の端っこに座って床にポテチを置いて音楽を流してビールを開けた、そして『ヴィータ』を、読み始めた。遺棄された人、廃棄された人、そういうパワーワードが最初からあってヴィータはドラッグの売人が始めた施設でそこに人は生きながら捨てられていく、その中の一人であるカタリナとのあれやこれやを中心にこの分厚い本は書かれていくらしかった。

音楽を、掛けていた。iPod時代というか、かつてから持っていた、CDをリッピングした、最近はアクセスもしていなかった、そういう音源を今日は聞きたかったらしくて最初にKraig Gradyの『Our Rainy Season/Nuilagi』、次にWim Mertensの『Strategie De La Rupture』、それからTheo Bleckmann & Fumio Yasuda『Berlin Songs Of Love And War, Peace And Exile』を流して、どれも久しぶりで、なんというか、もう一生分の聞き返せる音楽が、ストリーミングに頼らずとも聞き返していたら一生が終わるようなだけの量の音楽が、あるのだよなあ、と思って、どれもよかった。先日ツイッターで見かけたファミレスでの読書方法というものでポテトフライを頼んで、1ページ1本食べる、そうすると食べたいと読みたいが連動して盛り上がっていい、みたいなそういう方法を、思い出して、1ページ1枚ポテチを食べることにして、それで読んでいった、ヴィータ、ヴィータ、この施設の名前が「生」という意味の言葉というのはなんというか、出来すぎの冗談みたいでぞっとした。ずっとその調子で読んでいた、途中で遊ちゃんが「私は上流で寝るね」と、寝て、僕は下流で、遊ちゃんのお膝元で、眠くなるまで読み続けた。

8月20日（火）

今日からマキノさんの日で11時には来るから早めに行ってやるべきことがあったら先にやっておこうと、行った、特に急いでやることもなさそうだったので日記を書いていた、どうしてだか僕が緊張をし始めて、どうしてだよｗｗｗと思いながら、10時半くらいまで日記を書いていた。

11時、来て、よろしくおねがいしますと改めて挨拶をし、タメ口に変更をさせてもらった、それで開店前の準備から始めて、いろいろと教えていった。なにをどういう順番で教えたらいいんだったか教えだしたら思い出すかと思ったがなにも思い出さなくて、開店したら定食がどんどん出る日だったので一度やって見せて、それからはやってもらう、ということをした。定食のいい練習になる日だった。あとは洗い物と、それからオーダーが落ち着いたのでコーヒーを淹れて、それから淹れてもらった、そのコーヒーは激ウマだった。

夕方に山口くんがやってきて、今日は山口くんは黒いTシャツでマキノさんも黒いTシャツで、僕は白かった。店は山口くんに任せて屋上にあがって今日の反省会というか教わっていて困ったことであるとか進め方のフィードバックであるとかもっと広く働き方のことであるとかを話して、まあ今のところ困るもなにも材料がないよね、ということだった、雨が突然降り始めて、僕は慌てて一階まで下りて外に停めていた自転車を店の前に担ぎ上げた。それで屋上に戻ると雨はもう小雨になっていて、でも降ってはいた、少し話し、じゃあ今日はこれにて終了お疲れさまでした、ということにして、マキノさんは帰っていった。山口くんと少し話し、僕も帰ろうとしたら、雨がまたザアザアと降っていたからこの状況で自転車は無理だと思い、一度ドトールに行って少し仕事をした。今日は家に帰って原稿を、と思っていたが、どうなるか、と思いながら、ドトールで少し仕事をした。途中で隣のテーブルに座った男と女が、男が年長かつ何か立場としても偉いようだった、座った途端に「あんま落ち着かねえな」と言って、「そうですね」「そしたらあれだ、これ飲んだら」と言い出して手を向けた先がスタバのある方だったからスタバかなと思ったら「俺の車行こう」と言って、面白かった。「体調どうよ」「元気なんですけど最近腰を痛めて。大学のときにたいどうっていう武術をやっていてそこで痛めて」云々と女は言った、調べたら「躰道」と書くそうで、男は最近DNA検査をした。しばらく話すと「そんじゃ行くか」と言って立ち上がった。

しばらくして外を歩く人が傘をささなくなった。ドトールですべきことも済んだので出た。帰って、朝からなにも食べていなかったので空腹だった。遊ちゃんが帰ってきて、遊ちゃんは今日は半端な時間に食べてしまったから夕飯はいいようで、うどんを茹でた、冷やして、食べた、食べながらiPadのことを話していて、マニュアルを最新の状態に常にしてなにか疑問が生じたときに一元的に見に行ける状態に常にするためにはマニュアルのPDFに直接書き入れられるようにしたほうがいい、ということを今日マキノさんに教えながら、それから山口くんと話しながら、思って、それをやる場合どういう感じになるのか、遊ちゃんのiPadにマニュアルを送って開いてもらって、見てみた、うどんはまだ何口か残っていたが僕はiPadにしばらく夢中になって、これならやりたいことができる、と思い、最新のiPadを買う必要が、でてきた感があった。僕の執筆の推敲のために、と思っていたiPad購入が、店の円滑な運営のために、という目的に替わった瞬間で、たしかに、そうしたほうが、いい、合理的、大事、情報の一元化、絶対大事、人数増えていくこれからを考えたらよりいっそう大事、というところで、待ったなしの感じがあった、ふむ、と思い、うどんを平らげた。

それからしばらくゴロゴロしながらiPad検討を続けて、やはり、これは、これだなあ、これだよなあ、うわ〜、どうしよう、いつ買いに行こう、木曜日？　いや木曜日は原稿日、いや、でも早いほうが、うーん、と、ゴロゴロしていた。とりあえず火曜日、原稿がんばる日、がんばれよ、と思うがなかなか動き出せず、「仮眠する」と言って9時、寝た。30分寝て、あと15分寝た。起きて、ダラダラして、10時、コーヒーを淹れた。やっとやる気になったらしく、コーヒーを淹れて椅子に座ると、パソコンと向き合った。原稿を開いて、うーむ、と見つめた。遊ちゃんはシャワーを浴びていた。僕はただディスプレイを見つめるだけで手は一向に動き出さないらしかった。ディスプレイを見る目が、遠のいていくような感じがあって眠気だった。背筋を伸ばしてシャンと座り、目を閉じて、手をキーボードの上に置いた。その状態で遊ちゃんが上がってくるのを待って、「やってるかと思いきや寝てた！」「えっへっへ」ということをやりたくて待っていたが、ドライヤーで髪を乾かしている時間が意想外に長く、なかなか来ないな、なかなか来ないな、と思いながら、待っていた。やってきたときはこらえきれなくなってプスッと笑ってしまって、「どうして笑っているの？」となった。状況を説明した。

今日は諦めて、でも木曜日があるから、と言い聞かせたし、また、手は動かさずとも原稿と対峙して、なにかを考えようとしている時間を過ごしていた、というのはそれだけで進むためのなにかにはなるような気がして、悲壮感はなかった。それにしてもiPadがほしい。

寝るまで『ヴィータ』。どんどん読んじゃう。

8月21日（水）

昨日の途中で「今日は無飲酒、明日こそ健康診断に行くのにうってつけなのではないか」となっていたため、それを実行することにした、早めに起きて、店に行ってご飯をセットして、病院に行った、検査を受けた、毎年そう言われるように体重や腹囲のときに痩せてるねえと言われて「毎年それ言われます」と言った、去年は『幻のアフリカ』を読んでいて看護師さんにも先生にも「なんだいその分厚い本は」と言われて今年は『ヴィータ』を朝から読んでいた。病院で読む『ヴィータ』。老いた人たち。遺棄された人たち。

思ったよりも時間が掛かって少し慌てながら開店準備をおこない、開けた。iPad Airかと思っていたらiPad miniも最新のものはApple Pencilを使えるようになりましたとあり、いま店で使っているのはminiだから、このサイズが機動力が高くていいから、miniか、と思った。Proなのかなと思ったらAirの選択肢を知りそれからminiにも広がり、そのつどディスプレイサイズは小さくなっていき、「そうそうだそうだそうだ」と思った。今のiPadを買ったのは、買ったのも、あれはいつだったのだろう、トンプソンさん加入のタイミングで、そこでいろいろをあれこれとしたくなり、買ったのだった、今回はマキノさん加入のタイミングで、人が入るところでいろいろ考えるようにできているのだろう。それにしてもトンプソンさん以前のフヅクエはiPadがなかったのか、と思うと、どうやっていたんだろう、とすら思うようだった。

今日、原稿を、今週分やれたら、明日、iPadに充てられる。そう思ったのが夕方になる前のことで、でも営業中にできる気はあまり、しなかった。

ところが期せずして暇な時間が続き、僕は果敢にも、原稿に向かっていた、そして、原稿はたしかに進んだ、進めば進むほど、これは明日iPadコースかもしれない、という思いが強まっていって、それは僕の背中を押した、3項目分書けた、これは一週分の進み方としては多くはないが少なくもないものに見えた、上々だった、それにしても暇な日で、お客さん一桁の日で、今日は完全にダメな日だった、こういう日があると凹むことになる、数字が。大崩れ。10時を過ぎて原稿に向かう集中力はなくなって、それにしても久しぶりにこういう、営業中に原稿を書くということをやった気がするが、そのコツというか、いい具合に気が散りながら間欠的に原稿に向かうときのあのなんともいえない頭の中がコロコロと音が鳴っている、感じがあって、これこれ、と思った。画面の前に貼り付いていると生じないリズムで、これはありなんだよな、というものだった。10時を過ぎて原稿に向かう集中力はなくなって、そこからは花田さんから文字起こし原稿を戻していただいたのがあったのでその確認をしていた、久しぶりに読んだそれは面白かった。閉店を迎え、たらふく飯を食って、帰った、雨がぽぽぽぽと音を立てて落ちてきて、いけない、いけない、と自転車を強く漕いだ、そうしたら雨から逃れた、雨雲から逃げろ！

家に着いてシャワーを浴びて出ると、雨が、すごい音で降っていた。逃げ切った、と思った。

ウイスキーを飲みながらラジオをおこなって、それから『ヴィータ』を読みながら、ねんそう君が送ってくれたリマスタリングというのかいろいろ調整した状態の音源をイヤホンで、聞いていた。店のスピーカーで聞くのとはまた違って、いろいろな、たくさんの音が混じり合っていた、このカラフルさが一向に飽きない要因なのだろうか。それにしてもこれは、これまで僕はけっこういろいろなドローンやアンビエントを聞いてきた人間だと思うけれど、それにしてもこれは、今までに聞いてきたドローンやアンビエント作品の中でももっともいいもののひとつなんじゃないか、という気がしてきた。いいCDにしないといけない、と改めて思った。そういうことをねんそう君に送って、4時だった、眠った。

8月22日（木）

起き、10時半だった、予期しない早さだった、どうしようか、今日は、と思い、どうしようか、と遊ちゃんと話した、遊ちゃんは家で仕事をする日だったらしく、布団がせんべいみたいになったのでマットレスを買いたい、今度無印に一緒に見に行こうと遊ちゃんは先日言っていて、僕は今日はiPadを買いたかったから、ちょうどいいじゃないかと思い、一緒に出てアップルストアに行ってそれから無印に行くのは？と提案してみると採択されて、昼飯をどうしようか、と思い、どうしようか、と言っていると、ニューポートは？と提案されてそれが採択されて、ニューポートでご飯を食べて、バスに乗って渋谷に出ることにした。それは胸の踊る予定に見えた。

ニューポートのお昼は初めてで、ライスボウルみたいなものがきっと食べられるんだよな、と思ったらまさにそういうものがあって、二人ともそれを頼んだ、サラダとスープが先に出て、スープがとてもおいしかった、なんだろうねこれは、どうやってつくっているんだろう、と言いながら、食べた。玉ねぎとレンズ豆とクミンと塩と、レンズ豆じゃない豆も入っていた、本当にいいお味で、こんなものをつくりたいなあ、と思った。野菜の丼は、なにか豆を固めたものの揚げ物と、マヨネーズみたいなものの掛かったアボカドと、塩もみとかの紫キャベツと、素揚げっぽい甘長唐辛子と、ラタトゥイユっぽいものと、ひじきとひよこ豆を煮たやつ、だった、鮮やかで、そしてやはり、とてもおいしかった。そのときに他にいたのは全員ソロのスーツの男性で、それは意外な光景で、おもしろかった。流されていた音がずっとよくて、あ、いい曲、と思ってシャザムに聴取させたらルー・リードのライブ音源だった。

遊ちゃんが食べきれなかった分もいただいて二人とも大満腹で出て、バスで渋谷のほうに出た、パルコができつつあった。アップルストアで、てっきりもうmini一択かなと思っていたが、でもキーボードがあるのはAirからで、また、Apple Pencilの第二世代が使えるのはProだった、ためつすがめつしていて、最初に話を聞いた方はPro推しで、まあでもあとは予算の関係ですかかね、みたいな様子だった、次に一階で聞いた方はAir推しで、いやあ、Airですよ、ペンも全然書き心地は変わらないですよ、2回タップしてペンと消しゴムを切り替えられたりするくらいで、あとはもう全然。僕はAirを使ってるんですね、という明るい、恰幅のいい、おじちゃんで、たしかに書き比べてみても第一世代のペンもなんの問題もないように感じた、この微妙な違いでProとAirで35000円の違いがあって、その値段の違いに見合うだけの違いは僕にはわからないというか業務用だ、十分だろう、そう思ってAirにして、ペンとキーボードも一緒に買ってそうしたら10万円を切る、くらいの金額だった、99000円、高い買い物だけど、まあ、仕事に必要だから、と思ったらそんなに負担を感じないで済んだ。もしかしたらもう店作り出費無頓着期に入っているのだろうか。これは初台で使うもののはずだが？

無印でベッドに座ったり寝たりして、ふむふむ、と言うとまたバスに乗った。車内の広告で「Are You Happy?」というのがキャッチフレーズの心療内科があって二人で「雑だね」と話した。帰ると夕方になっていて、二人とも眠かった。家の布団を敷いて寝てみるとたしかにせんべい的な固さがあって、すのこの固さをはっきりと感じられる固さだった。固いマットレスの固さとせんべい布団の固さはどう違うのだろうという疑問を持って帰ってきたのだがたしかに違う固さだった。

昼寝をしてからにしようかと思ったがやめて、ドトールに行った、窓際の席に座って通りを歩く人たちを見ていた。小さい板。両足で乗って直立して進む小さい板。その小さい板に乗った青年がすーっと、自転車の速さで走りすぎていって、スーパーの前で袋をさげて何かを待って立っていたおばあさんの首が、わかりやすく、その動きを追って回っていった。

僕の頭は原稿ではなくてiPadの使い方に向かっていて、でもまだ、箱から出してもいなかった、出したら最後だったから、出さないで、それは今夜家に帰ってからにすることにした、明日までにPDFに書き込みができるアプリだけ使える状態にできたら、明日から店で使える、マキノさんにそこに、教わったがしかし漏れていることを書き込んでもらって、それが最新のマニュアルとなって共有される、その状態をつくれる。それを考えたら楽しみだった。しかし意外なことに原稿にちゃんと取り組み、1時間半くらいだったか、カタカタとしていた、進んだ。

それで帰って、遊ちゃんと、出た。外はそう暑くもなく、一度などは涼しい風が通ったようなときすらあった。夏が終わりに近づいているのだろうか、それともどこかの冷房が飛んできただけだろうか。歩きながら、最近ツイッターを見るのはなにか自分から毒を食べに行くみたいな行為になっていて、ついついバズったツイートを見かけるとリプライを覗きに行ってクソリプを見て腹を立てる、ということをやってしまう、繰り返してしまう。怒りたいのだろうか。というような話をしていた。

沖縄料理屋さんにつくと森奈ちゃんはすでにいてながみーくんと呼ばれる人があった、ながみーくんはフランスの大学でアートを学んでいるということでフランスと聞いて遊ちゃんは千葉雅也の話をし始めて、千葉雅也のツイッターのアカウントのページをブックマークしていて直接そこから見に行くのということを言って、さっきの話とそれはつながることで全体のタイムラインを見に行くと見たくもなかったツイートを見かけてしまうが元気をもらいに千葉雅也のところに直接飛んでいけばいい。あとはユザーンと清水幹太を同じようにブックマークしている。

今日は森奈ちゃんがタイに行く壮行会みたいな気分の飲みで、うみぶどうであるとか豆腐ようであるとかグルクンの唐揚げであるとかゴーヤチャンプルーであるとか、沖縄という感じのものをいろいろと頼んで、ビールを飲みながら、話していた、9時くらいになってエミリアさんとタツヤさんもやってきて森奈ちゃんとながみーくんとタツヤさんは大学が同じでそこでパフォーマンスチームみたいなものを一緒にやっていたそういう仲良しの3人ということで、3人とも同じ銘柄の巻き煙草を吸っていた。二人が着くと僕はしばらくタツヤさんと話していて、遊ちゃんはエミリアさんと一生懸命話していて、遊ちゃんの英語はのびのびとしていていてよかった。それから全体でなにか話す感じになってなんの流れだったのかドイツの学校での歴史教育のことになって第二次世界大戦のことを10年間に渡ってしっかりしっかりと学ぶということだった、僕も英語を話してみたり助け舟を求めたりしながら話して、エミリアさんがいることで生じる会話のディレイみたいなものはとてもいいもので、新鮮なおもしろさがあったし噛みしめるための時間が用意されている感じがあった。ルール工業地帯のことを日本の学校では地理とかの授業で習うしテストに決まって出る、と遊ちゃんが言うと、エミリアさんは「嘘でしょ」と笑って、なんであれが、という反応で、よかった。そこから戦争の話になったんだった。本屋さんをいつか開きたいと思っているのはタツヤさんではなくてエミリアさんだった。私は行く場所行く場所で書店に行くが、あなたの店はとりわけとても美しく、印象的だった、だから忘れないために、Tシャツを買いました。サンキュー、サンキュー、エミリア。

12時まで飲んで、ながみーくんはときわ台に、エミリアタツヤは亀戸に帰るというので、間に合うのだろうか、と思いながら、ずいぶん飲んで、酔っ払って、店の前で別れて、帰った、楽しかったね、酔っ払ったね、とふらふらと歩いて、帰った。

シャワーを浴びて、パジャマの上が見つからなかったので下だけ履いて、布団に入って、本を開いたがたちまち眠った。

8月23日（金）

寒くて起きて、上を着ていないまま朝まで寝ていた。その寒さが見させたのか夢で遊ちゃんが僕に対して怒っていて、僕は悲しい気分でだだっ広い会議室みたいなところにいた。

店、行き、iPadを広げて、セッティングをしていく。開店までにアプリはだいたい使えるようになって、だからもう戦力だった。開けてから、壁紙をつくっていた。値段表で、それをInDesignでポチポチと作っていてそれだけしかやりたくないと思いながらやっていた、夕方になって気が済んで、さて仕事をしないとな、となった。

昨日で夏の甲子園が終わって履正社が優勝したということだった。予選の決勝で大船渡の佐々木くんが投げなかったときに、高校野球は部活であって興行じゃないんだから、というような意見を見たしまったくそうだよなと思ったが、甲子園の盛り上がりを見ていると完全に興行だよなと思って、興行だから、興行じゃないから、ということではないということだった。

5回、裏表。

Tシャツをけっきょく最後まで、裏表で着ていた、何かをしながらふと「そうだ裏表だ」と気づいて、あとでひっくり返そう、と5回くらい、気づいたのだが、ことごとくすぐに忘れてそのままになった、今日は夜からマキノさんで、マキノさん2日めで、金曜だしある程度忙しくなったらいろいろ教えられるかな、と思っていたらマキノさんがやってくる前の6時過ぎにいったん満席になって、という日になって、マキノさんが来るころには最初のオーダーは必死にこなされて済んだ、という具合で、ここからどうなるかな、と思ったら途切れずにずっと忙しくて結果としては土日の目標値に乗るお客さん数でそれは金曜としては異例のことだった、という忙しさで、得意のiPadを見せびらかして「ここ、直接、書けるから、どんどん書き入れていって」と渡し、つくるものつくるものを、マニュアルを追いながら僕の動きを同時に見る、そのあとにまた同じものが出たら実際にやってもらったり、ということをやってもらっていた。今日はオーダーが多岐にわたりすぎてこんなに一気にインプットさせられて混乱するだけではないだろうか、とも思ったが、いい機会でもたしかにあったので、そうし続けた。なにかのときに「あれ、それはほら」ということがあって言ったら石が当たったみたいな顔をして

「しまった」という顔をして、それはいいチャーミングさだった。閉店まで全力ダッシュみたいな調子で働き続けた。
マキノさん上がり、洗い物を片付けて、座ってぼーっとしていた、あ、そういえば、とiPadをさらに快適にするべくいくつかのことをして、iPadから発注作業であるとかをできるようにした。どこまでスタッフに渡していけるだろうか。

8月24日(土)

思い出せそうで思い出せないことがたくさんある。全部思い出せたら幸せなんだろうか。

一日中、猛烈に働いていた。閉店の12時までめいっぱい、ものすごい働き方をした。営業中に味噌汁および定食のおかず4品を全部つくるというのは、異例のことで、それを猛烈に忙しい中でこなしたというのは、異常なことだった。れんこんをスライサーでスライスしていると、穴を通して音が鳴るようで、その音程が高く低く変化するのが愉快だった、閉店間際、ほうれん草とみょうがの和え物が完成して、4つが済んだ、忙しすぎて楽しくなっていって、明日の朝でもよかったが、もう全部一気に行っちゃうぞ、という気になったらしく、動きは止まらなかったということだった。結果、朦朧。途中、遊ちゃんの同僚の方のことを考えていた、昨日亡くなった、突然のことだった。それを考えていた。

閉店して、ねぎらいなのかなんなのか、アンカーリバティーを飲み、それからシメイのホワイトを飲んだ、酔っ払った。仕事はどこまでも終わらなかった。手が、指が、バキバキに壊れた。先日鍵を開けるときにどうしてだか変な力が加わったらしく親指の腹のところが少し切れた、そこにある痛みは不便だった、そこに、煙草をもみ消すときに熱いところを握ってしまったらしく、中指の先を少しやけどした、この痛みも不便だった、その右手の節々に昨日今日のハードな洗い物によってあかぎれができて、手の全体が痛みを持っていて不便だった。帰ってストレッチをしたあとに手を、今度は左手を、見ていたら、血管がいつもよりもはっきりと浮き出ているように見えてそれが新鮮で、しばらく見ていた。緑色の筋が何本もゴツゴツと通っていて、手の表面に緑色を持っているということは考えたことのほとんどないことだった。今そういえば、肌色というのは何色と言うことになっているのだろうか。この色は何色という言葉で認識されているのだろうか。

『ヴィータ』。ブラジル。入院患者数を抑制する政策によって、患者とされる人たちは、劣悪な民間施設に遺棄されていった。

8月25日（日）

起きたときから全身が疲れていて晴れていた。暑さが和らいできた。自転車を漕ぎながら、思い出せそうで思い出せなかったことのひとつが思い出されてニューポートに行ったときに入ったときに僕は挨拶をしたっけな、確信を持てないな、ということで、それを多分昨日、思い出していた、つまり、挨拶くらい人はするべきだ、声を出しても出さなくても、するべきだ、と僕は店に立っているときに思っていて、それで、ということで、でも自分が店に入ったとき、挨拶をしたかどうか、後で思い出そうとしても思い出せない、ということを思い出して、仮にお店の人が仮にブログとかをやっていたとして仮に「挨拶をしない客がいて不快だった」みたいなことを仮に書いたとしてそれを目にしたとしたら、僕は「あれ、俺、大丈夫だったかな、したっけな、俺のことかな」と不安な、心もとない気持ちになるだろうな、と思った、ということだった。しているとは思うが、なにかに気を取られていたような気もするし、でもしてはいるだろうけれど。

店で、Squareのカードリーダーを発見した、iPadを新しくしてイヤホンジャックのところに差してカードを挿入するのがいくらかしづらくなって、数ヶ月前に届いてそのまま放っていた新しいカードリーダーにするタイミングだ、と思って数日前に探したが見当たらなくて、見当たったのはこれも一切使っていないし使う気も起きないペイペイの何かで、まさか間違えて捨てたかな、と思っていたら積んでいた本の下に置かれているのが目に入って、やった、と思った。Bluetooth接続のやつで、ペアリングをした。快適だろうか。昨日、一日、忙しく働きながら、iPadがこういう状態であると業務に必要なことはほとんどiPad上でできちゃうな、というのを実感していた、今までは席の管理というか予約システムの画面を見たり触ったりするのはパソコンでやっていたが、キーボードがついていたらiPadで全部、同じ軽快さでできるから、iPadに向かっていて、便利なことこの上なかった。ひとつだけ懸念を覚えたのは会計のときに値段を見せるときにiPadをぐるっとお客さんに向けるときに、ソファに座っている方に余計な光を放ってはいないか、ということで、ソファに座っていた方に帰り際にお聞きしてみたところまったく気にならなかったというか気づかなかった、ということだったからよかったとも思ったが、お聞きしたのは一番奥の二人がけソファの方で、手前の方にとってはどうなのかわからない、と思って、でもそれも解決策が見つかったような気はしていた。

日曜日だった。今日も忙しくなったら楽しいな、と素朴に思っていた。

しかし昨日で使い果たしたのか今日はずっとぼやぼやと意識が眠くて、呼応するように店も暇だった、暇だったから意識が眠いのかもしれなかった、忙しかったら吹っ飛ぶはずだった。

途中で満席になったりはしていたから忙しかったといっても間違いはないはずだが暇というかつまらない気分の多い日で、満席になったのも夕方に一瞬、ざっとお客さんがあったからだが、滞在時間の短い方が多かった感じがあって、それから勉強であるとか、そういう方が多かった印象があって、なんだかつまらない気分があった、それを助長したのは入ってきてちらっ、ちらっ、とこっちを見ながらもその間いくら挨拶をしても返そうとはせず知らん顔で進んでいった人の存在で、人を外見で判断するのは愚かしいことかもしれないけれどもうぇいうぇい言っていそうな人にも見える、一定の何かしらの自信みたいなものを持っていそうにも見えるそういう人だったから店員なんていう木っ端に挨拶なんて必要ないと思っているんだろうなと思って、朝に挨拶のことで反省しながらも、やっぱりあるよな、ある、苦手な人と、する必要なんてないと思っている人の違いは、ある、そんな機微は、感じられる、と思って、つまらない気分は高まった。

夜はすっかり暇で、店は暇だが僕は忙しくシフトだ、シフト管理だ、という気分がやってきてリクルートのシフト管理サービスに登録をして試したりしていて、どうやったらスムースにシフトを管理できるのだろうか、ということを考えていた、しかしこのリクルートのやつだと初台と下北沢の振り分けみたいなそこまでをすることはもしかしたら難しいというかそれができる状態が想像できなくもあって、僕の中では例えば「キッチン」と「ホール」みたいなそういう組み分け方ができたらそれを「初台」「下北沢」に変えればいいだけだからできるんじゃないかと思ったがそういう組み分け方はできなくて、そういうニーズはありそうなものだと思ったがどうなんだろうか、キッチン人員しかシフト希望を出していなくて「おーいこの日ホール足りないんだけど」みたいな、飲食店でありそうなそういうことにそういう組み分け方をすれば簡単に対応できるというか視覚化されるからいいように思うしそういうニーズと希望の声みたいなものはいくらでもありそうなものだと思ったがそうでもないのだろうか。とりあえずこれで運用してみることにして動きながら考える。

早々と人は、いなくなった。経理まで、iPadでできないだろうか、と、エクセルでやっていることをスプレッドシートに移管して試したりして、スプレッドシートのピボットテーブルは触っていてなめらかで面白くて、閉店してビールを開けてねんそう君と電話で話した。音源の細かい音のことと、それからタイトルや見せ方であるとかのところを、いろいろと話して、今の僕は音がいいから僕の文章が収まる余地がないというか収めるのは余計なことのような気がしてきているし短い文章を上手に書くような能力も持ち合わせていないから、だからより余計なものになってしまうのではないかという気もしていて、どういう形がこのCDにとって一番いいのか、話し合った。

それでご飯を食べて外に出ると0時になってから降り出した雨は止んでいて道路はまだ濡れていたが止んでいて、帰ると駐輪場に遊ちゃんの自転車があって知っていたがその姿を見たら感動した。日中、渋谷で仕事をして歩いて帰ろうと歩いているとまさかの、自転車を見つけて、え、どうして、と動揺しながらいったんSPBSに入ると『読書の日記』が二箇所で平置きされていてひとつは『るきさん』と『富士日記』のあいだでだから高野文子、阿久津隆、武田百合子、という並びだった。その二作はいずれも『読書の日記』内で言及されていて、『富士日記』はメイントピックくらいの感じで言及されていて終わりの方を読みながらひたすら『富士日記』を読みたくなったと先日森奈ちゃんが話してくれた。だからもしかしたらSPBSの方は『読書の日記』を読んでくださったのかもしれないなと、その並びを聞いて僕は思ってとにかく自転車が戻ってきた。

遊ちゃんは小さい頃に神隠しというものに対して恐れを抱いていたという話をちょうど数日前に聞いたばかりだったから僕は自転車を見て家に上がりながら「神隠し」と思っていて、神隠しから帰ってきたね、と言ったら、私が悪かったのかもしれない、私はチェーンをくくっていたのは電柱とかだったと思い込んでいたがもしかしたら工事現場の取り外しのできるポールみたいなところだったのではないか、それで工事の人が邪魔で移動させたのではないか、そういうことだった、とにかく無事に戻ってきた、素晴らしいことだ。

今日終了時点で1200円ペースはまだ維持されている。あと6日。どうなるか。

8月26日（月）

5時にまではなっていなかったが遅くに寝、一度店に行く用があったので10時半くらいまで寝ていよう、と思っていたら9時過ぎから隣の建物の外壁工事が始まるところなのか足場を組む音がカンカンカンと鳴り響いて、職人たちは元気よく威勢よく指示を出し合いながら、足場を少しずつ高く、組み立てていった。

それで起きると起きたらしばらく静まり、休憩時間だったらしく、足場の前でたくさんの男たちがリラックスした姿勢で座って煙草を吸ったり缶コーヒーを飲んだりしていた、職人たちの現場における喫煙というのはどこか治外法権みたいな感じがあって、いくらか前に渋谷区は路上喫煙は禁止になったが関係なかった。男たちの前に止まったトラックの運転席の窓から足を投げ出している人はスマホの画面から視線を外してちらっとこちらを見て、トラックの後ろの荷台に上がるための段みたいになっているところには頭を抱えて座る男がいて眠っているのかもしれなかった。涼しさとは言えないが熱暑では全然ない気候で店に行って二人分のコーヒーを淹れて、山口くんにiPad指南を熱心にしていて僕は楽しくて得意げな様子だった。開店しても人は来なかった、僕は出た。昼ごはんは家でうどんという説もあったが今週は今日が休日であとは休みは明日の夕方以降だけだから今週はなにも彩りがないようだから今日の昼くらいは贅沢というか外食をしようと思って僕のその贅沢はニューポートに行くということらしかった、カレーを食べた。カレーが来るまで日記の赤入れを少しだけ進めて、それから野球の記事、二番打者についての「週刊ベースボールオンライン」の記事を読みながら、ダルカレーだった、素揚げの茄子とフライドオニオン、パクチーが乗っていた、それとスープとサラダ、それらを食べた。今日は大賑わいで入ったときはほとんど満席で、先週行ったときの姿が珍しいものなのかもしれなかった、6人組くらいの女性があって右隣の男性たちは英語で話していて左隣の女性たちは韓国語で話していて横浜とか千葉とか栃木とか言っていた。

帰って寝転がりながら赤入れをしていて途中で、iPadでこれをやるにはiPadの画面用の雛形をつくらないと、と作業し始めたあたりで遊ちゃんも帰ってきて僕は赤入れをしていた、遊ちゃんはお昼ごはんをこしらえ始めた、iPad用の雛形ができて、というか書籍用のものの転用で十分ということがわかって、今週分を流し込んでPDFにして、遊ちゃんからiPadを借りて赤入れ作業をしてみた、今までよりもずいぶん大きな文字で読むことになって、その弊害というか対価としてページ数が5倍くらいに増えるということでそうなると1ページあたりの情報量が少ないから一覧性が悪い、何度も何度もページをめくらないといけない、そういう欠点があったが、ありな気がした、PDFで赤入れをしたものはそれをUlyssesの横にスプリットビューで置いて、というふうにすればいいわけで、だから紙のときと違って目を行ったり来たりさせる必要がないというのは楽なことだと想像ができた、3時半、今日は原稿日。眠い。仮眠をして頭をしゃっきりさせて、それで取り組もう、と思い布団にそのまま入って30分のアラームを掛けて、つまり4時に起きるつもりで寝たところ何度も起こしてもらいながらも「大丈夫大丈夫」と言って結果として起きたのは6時になって、驚いた。これは、たとえ30分で起きたとしても眠くて注意が回らなかっただろうし、よほど足りていなかったんだな、と思った。しかたがないよ。

2時間半寝て、寝たが、しかし眠気は全然取れていない。3人からシフトの申請が出揃ったので、9月前半のシフトを組んだ、今はまだ当然マキノさんも佐藤くんも戦力ではないから、僕がいるか山口くんがいるかだけを注意して組めばよくて、簡単にできた、簡単にできたが、このサービスに対する細々とした不満はあって節々で美しくなくてまた不便さもあって、リクルートは予約のやつもそうだけど手を抜くところがあるというか美しさみたいなもの、それはユーザー体験としての美しさも含めて、美しさみたいなものへのこだわりが小さい会社なのかもしれないと思った。美しくなくていい人たちというのが僕は怖い。

遊ちゃんがビールを180ミリ飲みたいと言うから、それは缶ビールを買って半分ずつにすればいいということだと思い、コンビニ散歩に出かけた、コンビニではなくまいばすけっとに行った、着いたら遊ちゃんはビール気分じゃなくなってワイン気分になったらしくワインにしていて僕はビールを2つにした、帰って、飲みながら、眠いからもう原稿じゃないから、と思って日記の反映作業をした。並べるのはたしかに、いい、やりやすい、これはありかもしれない、そう思って、今日を逃したらまた長らく入ることができなそうなので、と、ここで「できなそう」だっけ「できなさそう」だっけと、いつも一瞬わからなくなって考え出すと一瞬じゃなくわからなくなって、形容詞の場合は「なさそう」で、そうじゃないときは「なそう」でよさそうだったたっけよくなさそうだったっけと思って、改めて検索をしたら知恵袋で、正答は最初のベストアンサーで教わって形容詞は「なさそう」で助動詞は「なそう」だから「できなそう」でよかったのだけど下の他の答えを見ていくと雑な答えだったり聞き手のことを考えていない答えだったりがあってこういう人たちはなんのために答えているのかなと思うのだけど、オリジナリティーを感じる答えもあって「できない∨できなそう∨できなさそう∨できそう∨できる　という使い方を私はしていますね〜　若干のニュアンスが違う感じです。違うことばで試すと面白いかも？　割れなそう∨割れなさそう　割れなさそう＝割れなさ気みたいな感じ？」ということでもう何がなんだかわからないのだが「嫌いじゃない」と思った。この「嫌いじゃない」というもののクリシェ化みたいなものがある気がするけれどなにが源流にあるのだろうか。「嫌いじゃない」という言い方はなんだかひどくいやらしい浅ましい感じがする。そんなことはなさそうだろうか、あるいはなそうだろうか、ないだろうか。だから今日を逃したらまた長らく入ることができなそうなので、風呂に入った。いつもどおり、体を洗って湯船に浸かると、呼び出しボタンで遊ちゃんを呼んで、遊ちゃんは扉を少し開けて、洗面所の壁にもたれて座って、それでおしゃべりをした。それはいつもラブリーな時間だった。

上がって、ご飯をどうしよう、食べないよな、今日は、と思っていたが、遊ちゃんが、ゴーヤのおかずとご飯だけでも食べたらお腹の足しになるのでは、と言う。ゴーヤのおかずは遊ちゃんが昼につくっていたもので、パクパクとそれまでも食べさせてもらって、これはおいしいなあ、と何度も言っていたものだった、妙案と思い、冷凍庫のご飯を、こんな小さな小分けってある⁉︎ という小さな小分けのご飯を、解凍し、食べた、ミニトマトもふたついただいた。原稿は今日はやらない。せめて開いて対面する時間を設けたら明日に違いが出る気もしたが、その気も起きないらしかった。早く本を完成させて、原稿のない生活になりたいな、と思った。そうすれば、悠々自適、と思ったが、7月以前は原稿のない生活だったが、享受されていたっけか？　汲々としていなかったたっけか？

していた。本ができて、CDもできて、下北沢店もできて、スタッフもみんな一人で立てるようになって、そうなったら、どうなるだろうか。それは来年の5月くらいだろうか。そうなったら、どうなるだろうか。

今よりも店に張り付いていないといけない時間が短くなって、読書日記を淡々と書き続けて、コンスタントに『読書の日記』の続刊を出して、やることはそれだけ、というような暮らしになったら、もっと気楽に、快適に暮らせるだろうか。

早々と布団に入り、『ヴィータ』を読む。ヴィータ、きみはどこにいるの？

8月27日（火）

たくさん眠ったはずなのに猛烈に朝、眠く、その旨を伝えると遊ちゃんは昔から朝に強く、朝に眠い人の感覚が、小さいころ、わからなかったという。それを聞いてそれはずいぶん便利だなと思ったし、僕の夜の覚醒の感じがきっと遊ちゃんの朝の感じなんだろうと思うと、トレードオフではあるのだろうな、とも思った。雨が突然、強く降り始めたよ、ザアザアと音を立てて、降っているよ。そう聞いて、困ったな、と思いながら、うとうとした、念ずれば通ずるもので出る時間には止んだ。足場は立派に組み上がっていて、高く、高く、建物を覆っていた。

昨日とても久しぶりにオンラインストアで『読書の日記』が買われ、添え状というのか、発送するものの中に入れる「ありがとうございました」みたいなやつをつくらないと、と、そして発送作業を誰もができるようにしよう、注文があったら、梱包し、帰りに郵便ポストに入れる、そういう流れをつくろう、と思い、じゃあ添え状はスプレッドシートだ、ということにして、作業を始めた、iPadで開いて印刷をしようとすると様子が違って、微調整した結果、それらしくできた。満足していたころにメールを開いたら綾女さんからメールがあってこれまでの原稿へのご感想だった、綾女さんからメールがあると緊張をするらしく緊張をして、外に出て煙草を吸いながら読むことにして、ソワソワとした。一区切りしたから出て、煙草に火をつけて、読んだ、読んでいたら、読みながら言及されている箇所になにを書いていたか確認するべくPDFを開いて少し読んだりしていたら、この続きということか、今日はどうも、書けそうだぞ！というやたら前向きな気持ちになっていって、なんでもiPadでやっちゃおう計画の中で今ボトルネックとなっているのが「今日も読書」の作業で山口くんからiPadのスプレッドシートはセル内改行ができない、という知らせを受け、なぬぬぬ、と思い、じゃあどうやってやろう、というのでいろいろと、試行錯誤して残りの時間は過ごした、慣れないキーボードと格闘していたせいか肩が疲れて、次の朝は他人Tシャツを着た山口くんがやってきたのでオンラインストアのワークのフローを見せて、それから「今日も読書」作業をこういうふうにやるのはどうか案を見せて、いくらか話して、出た。

郵便局に寄って『読書の日記』の発送をして、空腹を強く感じたので甘いパンをふたつ買って、帰った。帰ってそれを開けていると遊ちゃんが「珍しい光景！　高校生男子みたい！」と喜んで、僕はパクパク食べた。食べたら今度は眠気を強く感じたので、15分、と思って、寝た、ちゃんと起きた。

さてさてやるぞ、とパソコンの前に座って、続きを、と思ったら、昼間の書けそうだという気分から一転して暗転して、なにをどう書いたらいいのかさっぱり見当がつかないというか、材料はいろいろとあることはわかっているのだけどどんな順番で組み立てていったらいいのかわからない、手がつかない、と思って、困った。困って、空が暗くなるのが早くなった、僕の気分も暗く重くなっていって、遊ちゃんがときおり話しかけたりしてくるのを、え、なんで、と思って、あとでそれを言ったら昨日話したとおりちゃんと「今から書くから話しかけないで」と宣言してもらわないとわからないよ、と言われ、あそうか、そりゃそうか、と思って、「よし、じゃあ、始めます、よーい、どん！」と執筆の時間とした、ずいぶん遅くなって、やっと手が動き始めて、そうしたら3000字ほどが進んで、進んだし、そこからの順序が見えたような気がした、見えた道筋というのは光で照らされているようだった、僕は明暗のアナロジー、アナロジーってなんだっけ、みたいなものでしか考えられないのだろうか、いくらか貧相な気がする、肩がどっと重くなった。

終えて夕飯を食べることにしてうどんを、さすがにひと玉にして、茹でた、冷やして、食べた。遊ちゃんの昨日のゴーヤと、今日の人参のおかずをいただいて、昨日のゴーヤも相変わらずとても美味だったがそれにも増して人参のおかずがびっくりおいしかった、大きめに切って茹でて冷まして、オリーブオイル、クミン、コリアンダー、シナモン、塩、潰したトマトで和える。今度店でも、ゴーヤも、どちらも、つくりたい。

寝る前、ウィスキー、『ヴィータ』。行政、病院、家族たちによって型通りの精神病患者に仕立て上げられていく人たち。

8月28日（水）

夜、特急列車に乗っていて、どこか開口部があるのか開放的な、開けた調子があって、進行方向とは逆の向きを僕は向いていた、線路沿いにライトアップされて白く浮かび上がった桜の木がたくさんあって点滅するように視界の横に何本も何本も現れた、桜が密集している場所を通過すると、そのたびに車内におーっと歓声が湧いて拍手が起こった、和やかだった。

その電車が大船か藤沢か宇都宮あたりの駅に着いて、車内にトイレはないらしかった、15分停車時間があるから、ということで伯母が、トイレ行ってくるね、と席を立った、伯母ではあるが大田泰示でもあった、姿は大田泰示だった、それで我々はうっすらホームに立っていた、車内というよりはホームという感じの曖昧に揺らぐ視点で、そこにいると、駅員の岩隈久志が近づいてきて「これ30分以上動き出さないですよ」と教えてくれて、それなら乗り換えよう、とみんな移動を始めた、トイレに立った伯母のことは誰も気にかけていないみたいだった。青山に向かった。

別日。墓場にいた、日中だった、弁天様のパラソルがあって、卒塔婆みたいだとも思った。お参りの際はそれを受けの支柱に突き立てて、パラソル状に開いて、というかパラソルだった、こうするんです、と柴崎友香がどこかで書いていたか喋っていた。細長い四角柱であることがこびりつくように意識に残った。

起きて、大田泰示、岩隈、と復唱したが心もとなく、覚えておきたいと思ったためiPhoneのところまで行き、夢のメモを打った、6時だった。まだ暗かった。それからもいくつも夢を見て、起きた、いつもどおり眠かった。ソファに座って服を着ようと意思を固めていると、遊ちゃんが「窓を見て」と言うから窓を見たら、窓の外を黒い影が水みたいにひらひらと下に、下に、流れていった、いつまでもそれが続くから、下に、だったように見えたものは下に運動しているのではなく、風で揺れているのだと知れた。外に出ると隣の建物は黒い防網で覆われていた、自転車を漕ぎ出すと、ガードレールのところに、たくさん積まれたゴミ袋とそれを覆う青いネットが見えて、覆われたものをよく発見する朝だと思った。

店に着くと郵便受けに何かがあって、取ると本のようだった、阿久津隆様、と書かれたその下に同じゴシック体で「『カニエ・ウェスト論』献本在中」とあって、それが妙におもしろかった、「カニエ・ウェスト」という文字とこのMSゴシック的なもっさりとしたゴシック体の組み合わせの妙というのか、「カニエ・ウェスト論はこのフォントじゃないよ!」みたいな、そういうおもしろさがあって、笑った。版元はDUブックスだったから、去年『GINZA』でJ Dillaのドーナツの本を取り上げたのを評価してくださったとかだろうか。ラッキー、と思った。

開け、仕込み、経理。今月も残すところあと4日になってまいりましたが、チキチキお賃金レースというか、は、先月は劇的な滑り込みというか激闘の末に15％アップとなったわけだけど今月はどうも20％は堅そうで、25％という可能性もまだ残っているみたいだった。今月のこれまでのペースで行けば、ギリギリ乗る可能性がある。今月のこれまでのペースというのは平日は平日っぽい妥当な数字で、金曜は「妥当な休日？」というようなハイペースで、土曜日もやはり「絶好調？」というそういうペースだから容易ではないというか、楽観視はひとつもできないけれど、可能性としては残っている、というふうで、面白いな、と思った。チキチキお賃金レースは9月からは人件費増というか、なのでいったん休止してまた2店舗体制になってから再開したいと思っているのだがそれからの営業中はずっと店のことと原稿のあいだを行き来して、原稿は遅々とした歩みで進んだ、順番がわからない、という混乱がまだやはりあるみたいで、また、初稿はどこまで参考にするというか、使うつもりでいたらいいのか、これも混乱する要因のようだった、面白いところは面白いから使いたいのだけど、ではそれはどこに、というような。ずっと疲れていたが6時になって疲れが極まったため、今日はもうやめることにしてトイレに行って出ると、一番手前のカウンターのところにシティボーイズが二人、立って、メニューをぺらぺらしている。可能性がある人かない人かの違いはわかるから、まったくおしゃべりできない店なんでやめたほうがいいですよ〜とぺらっと言って僕は席に戻って、少しして出て行った、と、完全にその入れ替わりのタイミングで、「その15年後……?」というような感じでスーツ姿の男性二人組が入ってきた！　笑って、笑いながら同じようなことを伝えた。シティボーイズも、スーツ男性二人組も、めったにないことで、それがドンピシャで重なり、愉快だった。粛々と働いた。

夜、原稿は終わりとなれば読書ということになり『カニエ・ウェスト論』を開いた。またたく間に『My Beautiful Dark Twisted Fantasy』が聞きたくなり、閉店したら聞こうと思った。「FOMO（おいてけぼり恐怖症《Fear of Missing Out》）」「YOLO（人生は一度きり《You Only Live Once》）」という言葉を学んだ。それから森奈ちゃんの「東京性記」を、これまで煙草を吸いながらiPhoneで、だったけれどパソコンで正面から、みたいな感じで、読んだ。「『あずまんが大王』と栗コーダーカルテットに出会ったことによって、わたしの中学3年間は覆われ、包まれ、救いようのある話としてわたしの頭の中に残っている」という一節が特に印象に残った。実際にはこれらに出会ってわーっとなっていたのは終わりの1年だけだったのだが、書くにあたって調べるまで3年丸々とか、とまでは書いてなかったっけか、とにかくもっと長い期間だったと記憶していて、だから記憶が書き換わっていた、そしてそれによって、ということで、「救いようのある話として」というのがとてもいい。「救いようのある話」というタイトルの何かがあったら見るか読むかしてみたくなりそうな、そういうフレーズだった。

閉店して、スコッチコリンズをこしらえて、カニエ・ウェストを流して、ラジオをやった。途中でキスミーデッドリーという、本当はキスミークイックらしいのだけど、あんまりだなと思ったためそういう名前にしたペルノーを使ったカクテルをこしらえて、飲んだ。閉店後にシェイクでお酒をつくると、奇怪な動きで超高速でシェイクをしがちで、楽しかった。ゲラゲラ笑った。それで、帰った。帰ってシャワーを浴びると、雨がざあああああと降った。今日も『ヴィータ』。ずっと面白いというか目が離れない。

8月29日（木）

まず病院に行って先週の健康診断の結果を受け取った、待合の人が多く、シフトのアプリはリクルートのやつ以外にいいのはないのか、調べていた、よくわからなかった。呼ばれ、受け取り、健康ということだった。気になっていたというか、聞こうと思っていたことを聞いた。最近疲れると目の奥が。しばしばするような？　いや、目の奥のところが重い痛みがある感じなんですけど、これがもっと気になるようになったらどこに行ったらいいんでしょう。眼科かな。ということで、老先生は愛嬌はあるけれど、こちらの話を聞く気がてんでなかった。先生あの、僕これ心配事として先生に助言をいただきたくてお聞きしているんですけど、真面目に受け取る気ないですか？と言ったらどういうふうになったのかな、とあとで思った。健康診断の客なんて客とも思っていないのかもしれないし、専門外のことは安易に言えない、というのはあるだろうけど、姿勢の話だった。

それから銀行で金を下ろして家賃を払いに行った、来月の支払いから消費税が10％になるとのことで、マジか、本当なんだな、と思って、消費税増税というのを本当のことはこれまでほとんど考えていなかったことに気づいて驚いた。

店を開け、カレーをこしらえたりポテトサラダをこしらえたりしてさつまいものポテサラには刻んだいぶりがっこを混ぜたくなるみたいで、混ぜた。ツイッターで見かけたnoteの記事を開いたら「一人旅でインドに行ったとき」とあり、インドというのは旅って言われるんだよなあ、と思った。「インドに旅行に行ってきました」と言う人が3人だとしたら7人は「インドに旅に行ってきました」と言いそう。残りの90人は「インドには行ったことがありません」と言う。旅と移住。旅行と引っ越しだろ！と僕はいつもそう言いたくなるというか僕は旅や移住という言葉を使うことはないだろうなといつも思うことを思って、それからiPadでの作業効率を上げるための作業をおこなってから、思い出したらしく予約ページの文言を変えるというかキャンセル料の文言を加えてそれは「当日のキャンセルで、そのご予約が入っていたことで満席状態が生じていた場合、キャンセル料を頂戴します。誰にとっても（本来であれば入れたかもしれない他の方にとっても、店にとっても）浮かばれないキャンセルのためです。また、やむなくキャンセルをすることになった方の気まずさや負い目みたいなものを解消するためでもあります。追って1500円（税別）をメール経由で請求させていただきます。メールが送られてこなかった場合は、誰も困らなかったキャンセルだったということですので、ご安心といいますか、お気になさらずといいますか、問題なしです。

今のところ当日のキャンセルのみを対象としているのは、特に週末の予約時間直前にキャンセルが出た際に、「んー、何人もお断りしちゃったよ」ということがたまにあるためです。今後、仮に、押しも押されぬ大人気店になって「一週間前から予約でいっぱいだよ！」みたいなことになったりしたら、また変更するかもしれません。」というものだった。いつだったか「そうだ、そういうやつ入れとこ」と思いついて、うっすら文言をつくったりはしながらそのままにしていたし特に困ることがあったわけではないけれど、週末であるとかに予約が入っていることで満席というときに何人か入れない人が出たりすると、予約の人、頼むから来てくれよな、と心配を覚えたりはして、そういうものは解消したかったし店の予約なんて履行しなくても構わないでしょみたいな予約者が入り込む余地は狭くしたかった。請求の確たる方法はまだ考えていなくて、多分Squareでできるだろうとは思ってはいるが確認しているわけではなくてだからこれは牽制の意味合いの方がずっと強かった。これで、しかし心配はあって、確実じゃないし予約しないでおこ、みたいなところで、単純にお客さんが減ったらけっこうどうしよう、みたいなところはあるがどうなるか。でも予約がたくさん入る日というのも大半は当日に入る予約だから、そんなに大きな影響はきっとないというかこれまではだから当日に入った予約が履行されないというかぶっちされるということはたまにだがあってこういう人の大半はまさに「店の予約なんて履行しなくても構わないでしょ」みたいなところなんだろうから、堰き止められたらそれでいいだろう。どうだろうか。

わからないが、この文言を入れて更新して、またオリジナルルールというか、よそで見ることのないようなものをためらいなく導入したなと思って、やってるところもあるかもしれないけど、少なくとも僕は見たことはなくて、そういうものを導入したなと思って、一番いいのはデポジットというか予約の時点で1500円とかの決済がなされて店においては差額分を支払うみたいな形だろうけれどそれを実現してくれるサービスは寡聞にして知らないしあったとしてもそれはなんというか「透明？」というくらいスムースに決済がされない限り使いたくはなくて、でもどうなのか、映画館と思えば映画館でチケットをオンラインで予約をするのは毎回それなりに面倒といえば面倒な手続きを踏んでいるからそんなに問題もないのか。とにかく、僕は自分がこうやって勝手なことを決めながら他の店がやっているかとか前例がどうだとかそういうことではなくてどうありたいのかなにが美しいのかというそれしか考えないのだなと事後的に思う。キャンセル料に美しさなんてあるかと思うがあって、キャンセル料を払うことが美しいのではなくて人間と人間のあいだで対等であろうとすることはきっと美しい姿勢だし「店の予約なんて履行しなくても構わないでしょみたいな予約者」の態度を美しくないと断じること伝えることもきっと美しさに通じるというかみんながそう思うようになれば社会はひとつ美しくはきっとなる。

それにしてもずっと原稿のことを考えたり、実際にユリシーズで、それは煙草を吸いながらで、ユリシーズで原稿に言葉を足したり、展開を考えたり、して、だからずっと原稿への臨戦態勢みたいなものはあるはずなのに、あとに、あとに、回していてその結果として仕込みであるとかがはかどってよかったのだけどおかしいといえばおかしくて、書けそうといえば書けそうなのにどうして座ったときにそこに行かないで、日記を書いたり、今は僕は数日前に思いついたWebのメニューというのかに「オンラインストア」の項目を加えたくなっていてまさかWebいじりをするつもりなのか？　やるたびに忘れるから久しぶりにやるたびに一から思い出さなければいけないあの作業を今、するのか？　今日は暇だ。25%は厳しいか。明日あさってが爆発的に忙しくなれば、ありうるが、どうか。オンラインストアの項目を入れたくなったのは数日前に久しぶりに『読書の日記』がオンラインストアから売れたからでもあるし目につくところにオンラインストアの存在を出しておかないとなかなか当然だがなかなか売れないだろうし売れるということは売上が上がるということは25%であるとか20%であるとかに影響することだからだから売れたほうがいいわけだからだからオンラインストアを目につくところにやりたくなったらしかった。先月末にTシャツの販売を再開したのと似たようなところだと今気づいた。『読書の日記』はバカみたいだけどサイン付きということにしようか、そうでなければオンラインストアから買ってもらう理由がないというか、アマゾンなら送料無料で届くわけだから。

オンラインストアに関するツイートだけにして、サイン付きにしましたよ、というツイートだけにして、閉店までいよいよ原稿をやろう、と思って少しやり始めた、少しして最後の客として客席にいた森奈ちゃんが帰っていった、今日は福利厚生日で佐藤くんが、たぶんシフトイン以前最後の、福利厚生フヅクエをキメていて、と思ったら森奈ちゃんもやってきて、キメていた、途中、お客さん、佐藤くん、森奈ちゃん、という3人だけという時間もあって、そういうとき、ある種のサクラというか賑やかしとしての福利厚生キメのスタッフがいてくれるというのはやっぱりベネフィットあるな、と思った。森奈ちゃんが屋上に煙草を吸いに出ているときに佐藤くんも外に出たときがあって、そのときに僕は外に出て佐藤くんに上に行くなら上にいるの森奈ちゃんだから挨拶でもしたら？と言ったのだが、言いながら、そんなこと言われて屋上に行って挨拶をするとか、初対面で、何を話したらいいかわからないし困っちゃうよな、と思って、思っていたら佐藤くんも「いやーなんか挨拶しに行くみたいになっちゃうなあ」と笑っていて本当だよなと思って、緊張しちゃいますよね、と僕は佐藤くんはまだ敬語とタメ口が半々くらいだから、言って、行かなかった。俺だったら行かないな、とも思っていたからそうだった。それで森奈ちゃんがお帰りで、先週のことであるとか、「東京性記」のことであるとか、蓮沼執太のライブのことであるとか、吉田健一のことであるとか、10年メモのことであるとか、話した。一年前の今日、並木さんに連れられて遊ちゃんはゴールデン街に行って、そこで働いていた森奈ちゃんと出会うことになる。その日の森奈ちゃんはミネストローネをこしらえた。

考えることは言葉を大切に扱うことだ。それは、使われていない言葉に新たな価値を与え、使っていくことなのだ。私はカタリナに、ある言葉が別の言葉を生み出すのか聞いてみると、そうではないと言う。彼女は言葉の背後に不特定の行為体を置き、それについて次のように語った。時制は常に過去形だった。「一つの言葉が別の言葉を導いてきたんじゃない。言葉が思い出されたの。辞書ではほとんど使われていなかった、たぶん辞書にも載っていなかった言葉が、思い出されたのよ。それで、わたしがそれを書いたんだわ」

カタリナにとって書くことは、思い出すための、つまり使われていなかった言葉を人間の言葉にするための、考え抜かれた試みなのだ。

ジョアオ・ビール『ヴィータ　遺棄された者たちの生』（桑島薫・水野友美子訳、みすず書房）p.315

帰り、『ヴィータ』、寝。

8月30日（金）

生真面目な顔をした3歳の男の子がカートを押すお母さんに後ろ向きで、背中で張り付いて、カートとお母さんの動きに合わせて、ゆっくり、ゆっくり、歩いている。お母さんのお尻のところに頭を押し付けて、手はぎゅっとスカートを掴んでいる、小さな長靴を履いている。

朝は雨でスーパーは人が少なかった、坂の途中の工事現場にも人は一人しかいなかった、12階建てのマンションができるということが掲示されたものによって知れた、土地の境界線の壁は半ば剥がれ、マーブル状のチョコレートのように見えたのかおいしそうな調子があった。空っぽの土地にぽんと倒れた筒状の途方もなく巨大なものは何になるのかわからなかったが途方もなく巨大と言ってもせいぜい人3人分くらいの高さというか長さの筒で、幅は人1人分とかで、でもそれを見ている目というか体は、やたら巨大なものを見ている印象を受けていた、それこそ出来上がったマンションを見るときよりも強い「巨大」という観念がきっと与えられていた。なんでだろ。

今日も金曜日、というか今日こそが金曜日、というふうで、今週は水曜から金曜の感覚で木曜も金曜だった、火曜日の夜を最後に次の週まで休みがないというシフトになったからだと気づいた、木曜休みのことがここのところ多かったからその週最後の休みの次の日は金曜日というのが感覚として根付いていたということだった。今日は夕方から山口くんでだけど金曜の晩だしここのところの感じを考えると抜けにくいところがあって、だから終日いるだろう、夕方の時間帯は抜けるかもしれないが。だからそこで原稿だ、そこでどこまでいけるかだ。

店は暇で、ぽつぽつと何かをこなしながら、過ごし、山口くんが来たので八百屋に必要な野菜を買いに行った、じいさんたちが、「明日持ってこうか?」「明日は店休みなんだ」「あーそうかい」と快活にやりとりをしているのを見ると、ここが地元という人たちがたしかにいるのだよな、と不思議な感慨みたいなものを覚えて、それで大根であるとかを購入した。

ぽつりぽつりとまばらに雨が降り出して、念のため傘を持参の上、ドトールに行った、ドトールで山口くんSOSに備えながら過ごすのは久しぶりで、メルツバウを聞いてジム・オルークを聞いて、集中して原稿に取り組むことができた。書くこともそうだが書いた分を読み返して修正していく作業がいつもよりずいぶんクリアな意識の中でおこなわれて、隣の席にいたスーツの女性が立ち上がって窓の外に挨拶をしたと思ったらはきはきした声の女性がやってきて座り、前回お伝えした内容で試算をしてみたところ医療保険がこれで死亡保障がこれで支払い期間はめいっぱい長く取っていて90歳までで、でも途中で三大疾病に罹ったら支払い免除になります。生命保険の営業だった。僕は身構えて、余計な商品を買わされようとしていないか、注意を払った。払ったところで目は原稿だし耳の手前はジム・オルークだし、あまりしっかりは聞けなかったが次回会うときに契約をするようで、その注意事項を説明していた。契約から3年以内に自殺された場合は支払われません。申し込み情報に虚偽があると支払われません。例えば年齢とか。そんなことってあるんですか？　これがちょうど先日あったんです、40歳とおっしゃる女性だったんですけど、歯もなくて髪も真っ白で、申し込みの時に身分証を出していただいたら69歳とあって。それはまた随分な。保険料がまったく違ってきますからね。でも身分証って出すわけでしょう。そうなんですよ、どういうおつもりだったのか。そんな話がされて、歯がないのか、と思ってまた、でも白髪はわからないよな、と思った。総白髪の40歳はいくらでもいる。

一度トイレに立つときに、なにか保険会社がわかるものがないかと見たら、ポンタみたいなものがいて、だからそれはどうやらひまわり生命のようで、ひまわり生命ならありか、と思って落ち着いた。何年前の感覚で言っているのか、という話ではあるが。これが日本生命だったり第一生命だったりしたら僕はなにかの隙を見つけて「突然失礼、私はかつて生命保険会社で働いていたものなんですが、この契約、今一度よくよくお考えになった方がいいかと思われます。もちろんあなたのお支払い能力と掛けていい思考コストの兼ね合いではあるのですが、単純に保険商品の良し悪しといいますか、保険料に対する見返りであるとかの部分の点ではまったくおすすめできない内容のはずです」とでも貴婦人に話しかけたかもしれなかったがそうではなかったから安心して原稿に向き合った。今週は1万字になって、がんばりすぎたかもしれない。ペース配分がまったくわかっていなかった。

それまでオフラインだったパソコンをWiFiにつなげて、平野さんに送り、ちょうど閉店時間になったので店に戻った。9時だった。8時の段階では「さっき満席になったのですがそんなに忙しい感じはないです」と言っていた山口慎太朗は一生懸命働いていてそのときも満席だったしちょうどどんどん追い詰められていくフェーズだったからちょうどいいタイミングで戻れた。合流し、二人でしゃかりきに働いた。暇そうだったら早く上がらせてもらおうと思っていたがとてもじゃないが無理だった、10時からカレーをつくりはじめて正気ではない行動だった、チーズケーキも焼いて、走り抜けるというふうだった。

閉店して、伝票をすぐに入力すると明日が今月のこれまでの土曜日がそうだったようなペース、つまり大忙しというペースになればぎりぎり25%アップに乗る、というところで、また最終日が天王山になった、とおかしかった、俺、がんばるよ、と言った。それで今日は僕はだから半ば休みみたいな心地がどこかにあったみたいで、実際は一日中働いていたわけだが、どこかにうっすらあるみたいで、「餃子食べに行こうよ」と誘って、夕飯を外で食べることにした、駅前というかドトールの同じ建物の中華料理屋さんが前に行ったときに「え！　ここ2時までやってんの⁉」というそういうことを知ってこういうときにまた来ようと思っていたのでそれで行ったところ建物は真っ暗で圧倒的に閉まっていた、とんぼ返りして調べると12時閉店のようで僕のあの認識はどこで生じたものだったのだろうか、なにも食わず、そのままなんとなくダラダラと話していて風景描写の話をしていた、そうしていたら2時になっていて、「わ、2時になっちゃいましたね」と山口くんが言うから本当だと思って、一緒に出て、そこで別れて、帰った。

お腹がすいたと思いながらウイスキーを飲み飲み、『ヴィータ』を読んでいた、カタリナの親類の言葉にこうあった、「最初に彼女に会った時は、誰も今のような問題が起こるなんて思いもしませんでしたよ。私たちと同じ、何の問題もない人間でしたから」。いいいいいいいいいい、私たちと同じ、何の問題もない人間。おそろしい言葉だった。

眠りに落ちる間際、数字があった。348とあった。348ページ？　3時48分？わからなかった。ページ数と時間が溶けていくようだった。

8月31日（土）

八百屋さんで野菜を買って店に向かう途中でこれまで閉まっているところしか見たことがなかった、かつて酒屋だった、古い木造の木格子の瓦葺きという印象の建物の扉が開かれていて暗がりの中の土間みたいに見える空間でマスクをつけた熟年の女性が足を組んで椅子かあるいは小上がりかに座っていて優雅に見えた、その向かいにはやはりマスクをつけた壮年の男性の姿もあってとうとう片付ける日がやってきた、入るのは何年ぶりだろうか、どうしたって、昔話になる。防塵マスクだった。

今日はマキノさんの日で開店準備を済ませたらコーヒーを2度淹れてもらい、開けた。ご予約は今日は少なくてキャンセル料文言を入れたことによって単純に客足が遠のくことになったら、考えものだな、と思いながら、始まり、2時前に満席になって教えつつ、全力で働きつつ、という時間を過ごし続けた。途中でカフェオレカフェオレカフェオレカフェオレというところがあってなんていい練習になるんだ、と思いながらやってもらった、それからチーズトーストチーズトーストというところもあってなんて都合のいいオーダーなんだ、と思いながらやってもらった、立て続けにやるというのは習得の効率が段違いにいい。

マキノさんは6時に上がって、7時の段階で25%アップのラインまでおそらくあと1人か2人か3人、3人行けば間違いない、2人でもあるんじゃないか、1人でもあるいはもしかしたら。そういうところで、これはきっと行くな、と思っていたらそこで完全に止まった、8時、9時、と時間が過ぎて、これは余裕でしょ、まだまだあるでしょ、おや、敗色濃厚なのか、というような、時間の経過とともに可能性も減っていく。おもしろいくらいにギリギリの攻防になっていてひとりで強くおもしろがっていた、さすがに今のままで到達するのは厳しいと思うが、それももしかしたらわからなかった、今日の平均単価に左右される、とにかく数字を入れてみないことにはわからない、というギリギリで、結局そのまま終わった、と思ったらメールを見たらオンラインストアで本が一冊売れて、それによって乗った！　みたいなことが起きたら大笑いだった。何度かメールをチェックした、買われていなかった。

落ち着いて本でも読もうかな、と思い始めた9時半だった、足音、足音、足音！　扉が！　開いた……！

こんなにお客さんがやってくることをピンポイントで歓喜したことはない、というくらいに「わ～」という気になってその自分の気に吹き出しそうになった。

それで『ヴィータ』を開いた。

カタリナの排除には、ある秩序だった領域が存在していた。誰が家に属するのか、誰が医療を受ける価値があるのか、誰が金を稼ぐのか、そして容認できる「普通」さの度合いとはどの程度なのか――これらはすべて家庭生活を維持するために重要なことだった。カタリナは身体的に生存不可能で精神的に支えきれないという考え方は、それが常識だと考えている人びとにとっては有用性と正当性があった。クリフォード・ギアツが明快に述べている。「他所と同様、ここでも事物［あるいは人間］はあなたの捉え方によって決るのである」(Geertz 2000a: 76)。

ジョアオ・ビール『ヴィータ　遺棄された者たちの生』(桑島薫・水野友美子訳、みすず書房) p.355

そして10時、また扉が、開いた！　そしてその5分後、ふたたび！　これはもう確実でしょう、そうも思ったが、ほぼそう確信したが、平均単価によっては、達さない可能性はまだ、あった。ただ、おそらく、大丈夫だろう、とこうやって考えながら、僕は売上では考えていなくて粗利益で考えていて粗利益で考えられたのがフヅクエの料金システムでお茶の人もお酒の人も食事の人も等しく粗利益1500円にはなるように設計されていてご飯とお酒とつまみでたとえば2400円の人もコーヒー2杯とケーキで1900円の人も同じ価値を還元してもらっているというそういう考え方というか設計になっているわけだけどこのお賃金レースは売上で考えていて、これは来春からちゃんとやるとしたらもしかしたら粗利益ベースで考えるべきなのかもしれない、とも思った。売上のほうが完全に直観的だし伝えやすくもあるからいいのだろうけれども、こうやってギリギリのところで「さあどうなる！」と盛り上がってみると、売上がほしくなる、という、これまでなかった感覚になって、それがもし強まるようなら健康的ではないことだった、粗利益がほしいはずだった。

片付けもだいたい済ませて11時を越したので看板を上げに下りると郵便受けに「Air

SHIFT」とデカデカと書かれた水色の封筒があって登録するとまだ有料ユーザーでもないのにいちいちなにかを送ってくれるようで、見るとマニュアルとあった、読まないで捨てそう、と思ったが、なんとなく開いてみると、「グループの設定（キッチン・ホールなど）」というページがあり、解決したかったことがまさに載っていた、できたのか！　これで「初台」「下北沢」に分けて、シフトを組めそうだ、と思ってさっそく触ってみるとまさにそれができて、できないと決めつけて難じていた自分を恥じた、「ごめんちゃ（ぺろりんちょ）」と手を合わせている自分の姿がそこに、あった。

そして12時、閉店し、売上が確定した瞬間にパチンとピボットテーブルを更新すると、行った。わりと余裕のある感じで行った。どうやら「あと1人か2人か3人」の「あと1人」が分水嶺だったようで、行った。クソウケる、と思って、8月もたいへんよく働きましたのご褒美としてパンクＩＰＡを飲みながら、ひとりでゲラゲラ笑った。

１２５０円。

9月1日（日）

銀行に行き、お金を預け入れ、店。２つの通帳の数字、楽天証券とひふみ投信とPayPalの残高をエクセルに入力して、楽天もひふみも今月は一円も増えていなかった、積み立てた分全部がマイナスになるくらいに下がったのだろうか、株価であるとかがどういう動きをしているのか世事に疎いため知らないが唖然としながら、入力して、それから、考え事。このシートは開店の月から月次でお金の推移をずっと記録しているもので２０１４年10月、２２０万円で始まった残高は半年後の５月に４０３３９０円を記録して、この頃は毎月20万ずつくらい減っていたから、だから40万という数字はそれは何度見ても「ピンチｗｗｗ」というものでウケた。見ながら、下北沢店に向けて借り入れをしないといけないのだが、ということを思い出し、いろいろの見積額であるとかはいつくらいに出て、借り入れの申請をできるに足る状態になるのだろうかというか「申請」という言葉を思った瞬間に書類にいろいろ書かないといけないことが思い出されて圧倒的な面倒くささに見舞われた。お金。

ゆっくりな感覚の日曜日でソファ席のお客さんから隙間に挟まっていたと渡されたのは本の帯でついその場で「時代の変化に負けない強い会社ができる」と音読した。ヘラヘラ笑いながら受け取った、「時代の変化に負けない強い会社ができる」は裏面のようで表面は「てを解決する小山昇／戦略が／しを／する」とあった、ずっと暇なゆっくりした感覚で原稿のことを考えて思いついたことをメモしたりして過ごしていてそれから

「価値」特集の『広告』をやっと開いた、値付けの話のところを読んで映画館やコンサートとかでダイナミック・プライシングというのがやられつつあるということで日本でも「ローソンやアサヒビールが小売店で」実験をしているということだった。

ずっとゆっくりな感覚だったが気づいたらお客さんの数だけを見たら十分に忙しい日でこの感覚のギャップはなんなんだろうと思って、そう思ってから疲れが後から追いついてきたという感じでやってきて一気に飲み込まれた、7時以降、省電力モードというか電池10%を下回っているような感じでもう動けなかった、もう動けないと言いながら動けるのがこの体なのだが。

昨日から口の左の奥歯が痛くて歯ではなく歯茎であるとかがなにかしらの炎症を起こしているのではないかと思っているというか思いたくて思っているのだけど夜になって疲れ切ると顔左半分が重いみたいな感じになって嫌だった。明日は歯医者と眼科のどちらに行けばいいのか。老先生に聞いたらなんと言うか。昨日と今日ということでは歯が痛いのともうひとつあってなにかの小説のひとつの場面というか感触を思い出していてヨーロッパの秋の山の中のホテルみたいなところに投宿している天才肌の孤独な人間で太っていて機嫌が悪くて杖をついていて可憐なふうな恋人もそばにいて、なんだったろうか、『マーティン・イーデン』を最初思ったがそんなところはなかったしそんな恋人は結局なかった、なんだったか、と考えていた。

だんだん影が広がっていくような、暗い気分になっていった、ちょっと疲れたな、と思った。

閉店までは『カニエ・ウェスト論』を読んでいた、『College Dropout』のことが書かれていて、聞きたくなった、閉店して、聞いた。コエドを飲んだ、自分をいたわりたくなったらしかった、方便。日ハムが負け続けている。

9月2日（月）

「ふあ〜、でっけーなあ！」と言って目が覚めて見ていた夢は新国立競技場の目の前に立っているという場面で防塵のカバーで覆われていてそこには建設会社の名前ではなくてスポンサーの名前が貼られていてドイツの歯医者だった。ドイツの歯医者がどうして、と思って、それにしてもでかい、と思ってそう言ったら、目が覚めた、というわけだった。それから数時間がして起きる時間で、奥歯なのか、歯とは関係ないところなのか、今日もやはり痛くて歯医者決定だった。行きがてら立ち寄って夕方に予約ができるかを尋ねると、なかなか難しそうだったが、どうにか大丈夫ということで、助かった、遊ちゃんも行っているところで遊ちゃんはその親切さであるとか的確な説明、傾聴、そういう全体に感心していて先日歯型をもらって帰ってきた。「もしかしてほしいです？」と言われて「はい」と言ったということだった。

今日は佐藤くんの初日で来るまでにご飯を食べたりを済ませておこうと思ってご飯をあたためていたら早々とやってきて、早いなｗと思って「これから僕はご飯を食べます」と宣言してご飯を黙々と食べていたら佐藤くんも「僕も食べ物買ってきていいですか」と言ってもちろんよかったしまだ就労時間外だったし、朝ごはんは食べたのだがなんとなくお腹が減ってきたらしく、それで外に出て何かを買って戻ってきた。今日から、タメ口を、始め、る、と宣言し、始めた。一番最初はコーヒーを淹れられるようになってもらおうかな、なにかできることがひとつでもできたらそれはきっとひとつのなにかになるだろうと思ってそういうことにした、総論というか全体的な話というか抽象的な話をして、心構えのような、それでコーヒーを淹れるのを見せてから淹れてもらったりしていたら開店時間になったので開けた、ぽつぽつとお客さんがありオーダーをこなしつつ、適宜教えたり動いてもらったりしながら、家でも淹れているからその分動きがそれに引っ張られてだからコンフリクトを起こすらしく、いくつかのポイントで戸惑ったらしかったコーヒーを、今日はとにかくホットコーヒーを、というところで退勤間際の3時50分、コーヒーをいい調子で佐藤くんは淹れた。4時、山口くんが来て、それで一瞬、厨房の中にわりと上背のある男が3人いることになってさすがに鬱陶しいな、と思った。佐藤くん上がり、山口くんといくらか引き継ぎの話をして、歯が、痛いんだよな、歯なのかも定かじゃない、とりあえず俺は歯医者に行く、そう言って、出た、で、行った、朝もそうだったが入るとアップテンポの音楽が掛かっていてそれは「洋楽」という言葉を使ってみたくなるようなアップテンポの英語の音楽たちで、それから壁であるとかには「アート」ととりあえずカギカッコに入れてみたくなるようなそういうものが飾られていてトイレのハンドウォッシュはイソップで、リードディフューザーと呼ばれているといま調べたところ知ったアロマな棒があり、歯科衛生士なのか先生の周囲は若い勢いがありそうな外見の女性たちで固められていて、洋楽、アート、イソップ、リードディフューザー、勢い女性、それらは全部「勢い」という語で、総理、一文字で表すとなんですか？　えー、「旺盛」、ですかね。ですから、一文字ですと。えー、「活力」、とも言えるのではないかと。というそういうそれがだからそれらは全部「勢い」というルビを振りたくなるなにかがあって、僕は昨日から歯医者に行くのかどうかと考えたときに真っ先に浮かべたのが待合室で待ちながら日記の推敲を済ませていくそういう場面で、だから今朝行ったときに4時半に来てください、でもお待たせすることになるかもしれません、長くて30分とか、と言われて、どんとこいというかむしろお誂え向きくらいの、それはちょうど日記作業に向いているというかだから待つ時間を無駄にすることがないから歓迎というそういう場面をまず一番に昨日の時点から思い浮かべるそういう者だった。だから、それを実行した、すると5分程度で呼ばれて先生は遊ちゃんからの噂通りに親切でわかりやすくて聞いたら答えてくれるし先回りした説明をするしたしかにありがたい、というそういう存在でレントゲンを撮った、ちゃんちゃんこを羽織ってヘッドギアをして前歯がなにかを噛んで、赤い、レーザーの、正中線。目の前の自分ににっこり笑いかけながら、レントゲンが撮られた、レントゲンというのはたちまち画像ファイルとして出力されるようになっているらしく診察の椅子に戻るとたちまち説明がされて左下奥の親知らずと歯茎のあいだに隙間ができちゃってる、ここに疲れたときとか弱ったときに雑菌が入って炎症というそういうことはありえてそういうことじゃないか、抗生物質みたいなもので今回の分を抑える消すということはできるだろう、でも今のままだとまた同じことになるリスクを常に抱えることになる、抜くことをおすすめする、ということで、親知らずの抜歯というのはおそろしいものだということを遊ちゃんが痛がったりしていた姿を見ていたから知っていて、今じゃない、と思って「時期は検討します」ということにしてそれで終わった。また来週来ることになって、眼科も行っちゃおう、とそのときには思っていた、薬をもらって出ると眼科に行った。眼科領域の話なのか全然わからないんですけどね、と説明をして、自転車で転んだとき以来な気もしていて、と伝えると、そのときって骨が折れたりとかは？　鼻血は出ましたか、めまいとか、吐き気とか、と、想定されるいけない症状みたいなものを挙げて質問がされ、答えて、全部「ノー」だった、眼圧と家を見るやつと視力の検査をして、この眼科はやはり薄暗く妙に広く、寒々とした広さで、ATG映画のようでもあったし黒沢清の最初のほうのやつみたいでもあったしイタリアとかのB級ホラーのようでもあってその印象は前に来たときと同じでずっとそうだった。なにがそうさせるのか。

先生も他のスタッフもみな女性で、家を見るやつをやるときに物陰に男性の姿があって、「男性の姿がある」と思ったらその人は視力検査を担う人のようで、レンズを付け替えながら、見えますか、どうですか、とやって、なるほど視力検査をやるには眼科には奥行きが必要なんだ、と思った。それにしても視力検査というのはいまだにこれなんだろうか、それとも新しい眼科はもっと違う検査方法があるのだろうか。

バカみたいな感覚だったが、レンズを付け替えて見えるようになると、あ、見える、となると、それだけで自己肯定感が高まるようなところがあって、バカみたいな感覚だった。自己は何も変わっちゃいねえぞ。僕と入れ替えに中学生だか高校生だかの制服の女の子が視力検査をされ始めていて、洞口依子かな、と思った。この診療室には仕切りがどこにもない、というのも変な広さの感覚と関係があるみたいだった。地下で、低い天井で、一続きに、薄暗く、広がる診察室。

診察の椅子に戻ると眼圧が、前もそうだったが、高い、ということが言われて、アジア人は眼圧が高いと緑内障のリスクがある、ということが、前もそうだったが言われて、目の奥の痛みについては眼鏡が強いんじゃないか、ということだった、右が1・2で左が0・9見えているらしくてこれは遠くを見るための眼鏡で近く、つまり本やパソコンをずっとこれで見ていたら目にとっては負担で、そういうことじゃないか、ということだった、めまいとか吐き気とかはないんですよね、だったら、ということだったが、もしこれが悪化したらどこに行ったらいいんですかね、脳外科？と尋ねると内科かなあ、ということで、そのあたりというのは目、耳、脳、歯、いろいろが関わる場所だから一概には言えないんだけど、と言われ、「歯？」と思い、もしや歯痛の影響なのか？と初めてその連関を考えた。

家に帰って、鷹揚とした気分だった、遊ちゃんにどこかにご飯を食べに行かないか、と尋ねて、検討した、結果、渋谷の麗郷に行くことにした、台湾料理、先々週くらいに遊ちゃんは台湾料理を食べに行ったのではなかったか。すぐに家を出てバス停の前に立った。空の低いところが白く明るくそのすぐ上が暗く、風が気持ちよく吹いていてもう夏ではないようだった、来たバスに乗るとその瞬間に外がすっかり暗くなっていた、先ほどの残っていた白い明るいところは消えていて、ほんの数分で夜が来た、それは刻々と深まった、ちょうど日暮れが今だった、6時半だった。

神南一丁目であるとかで降りて、センター街を「センター街だ」と思いながら抜けて、渋谷を歩いた、医者に行った話をして、遊ちゃんを心配させたくはないんだよな、と思いながら、話して、疲れとかで弱っているときにバイキンが入って炎症みたいな、ということで、疲れといえば8月は、店は今年一番くらいに忙しく、そして同時に8月といえば原稿ばかりやっていた月で、改めて進行表を見てみたところ原稿に取り組み始めたのは7月下旬で、それからずっと、休まる時間なくやっていたんだよな、というのは、疲れるに足る働き方では、圧倒的に、あった。代々木上原に脳神経外科かなにかがあるらしくて、そこに行ってみなよ、ということで、行く、と言った、いつ、と言われたから、水曜か木曜、と言った。麗郷は、選択を委ねられたのでなんとなく2階に上がり、相席ですがと言われて通された席は円卓で、4人の男性がいろいろを食べていた、僕らも腸詰めやシュウマイや春巻きやきゅうりと鶏の煮物みたいなものや鶏肝と書かれていたものを頼んで、ビールを飲んだ、円卓だと、変な気分で、隣の人たちのおかずを「それ僕も一口いいですか?」と言いたくなるところがあっておかしかった。言ったらくれるんじゃないか。

岩手の友だちと週末に2日連続で遊ちゃんは遊んでいてそれで岩手の話を聞いたりして、そこにある狭さ、ということに思いを馳せた、東京だってある種の狭さはあると、それは先日森奈ちゃんと話していたときに森奈ちゃんが『今日の宿題』と10年日記のことを言ったときに思って、俺その2人といま本をつくってるわけだ、と思ってある種の狭さを思ったのだけど、4人組の男性の一人がNHKを非難することを言って、すると「だからNHKを」という声が発せられ、それが合言葉のように機能して2人か3人が「ぶっ壊す」と唱和していて、「うわ〜……」と思って、「こういう人たちって本当に存在するんだ」と思った。げんなりしながら驚いた。料理はどれもおいしく、それにひとつひとつが量がけっこうあって2人よりも3人や4人で来る方が適しているかもしれず、おいしく、バクバクと食べて、楽しい時間だった。途中から右側は男性2人と女性の3人組で楽しそうに飲み食いしていて、総じて円卓の相席というのは愉快なものだった。酔っ払って、帰った、風呂上がりになんとなしにはてなブックマークを開いたところ、富士そばの社長だか会長だかの記事があり、それを読んだら、アルバイトにもボーナスを出す、海外展開は利益にはなかなかならないが福利厚生と考えればそれもまたあり、等々とあり、なんだかとてもしっくり来たというか、いま僕がぼんやり考えつつある態度と近いところがあるような気がして、気になり、本とかないかな、と思ったら『「富士そば」は、なぜアルバイトにボーナスを出すのか』というタイトルの本があってポチった。時間はまだまだ浅くて、でも眠くて、今日はめちゃくちゃに眠ろう、と思って10時半に床についた。『ヴィータ』を開いたが、たちまち眠った。

9月3日（火）

小雨で、店からすぐのところにスーパーができたので行ってみたら冬瓜みたいな大きさの柿が売られていてグロテスクに感じた。それから髪の毛が一毛ずつ、豆腐のパックに入って売られていて、3本ずつがよかったな〜、と思った。いつもの時間に目が覚めて11時間寝たことになった。体がギシギシ言うようだった。もう少し早く起きたかった。

今日はマキノさん。「マキノ」としたいのはきっと「まきの」というとマキノ雅弘を考えるからで、そのことはまだ伝えていなかった、朝ごはんとして練習として鶏ハムのサンドイッチをこしらえてもらい、半分にして、それを食べた、食べて、薬を飲んだ。口は今日も痛い。

昨日その目の奥の痛みのことを言っていたら遊ちゃんが病院を朝、調べて送ってくれていて代々木上原のそれは整形外科だったということで、池尻と恵比寿の病院が送られていた、完全に心配をさせてしまったし心配させてしまって当然だよなと思って、池尻の病院は口コミがやたらに極端で、というかここのところついている口コミは軒並み悪くて、それで6月オープンでまだ口コミもほとんどついていない恵比寿の病院に電話をかけて、かくかくしかじかなんですけれどもと伝えて、予約をした。脳神経外科。だんだんと本当に病人になってきた気がするしウディ・アレンの気分がわかるようでもあった。それにしてもいつこのなにかは始まったのかと日記を検索してみると8月6日に「目の奥。自転車で盛大に転んでから、左目の奥がたまに重い、押し込まれるような感じがあって、そういうことだけで不安になる。」とあって翌週14日に「ものすごい、働きを、働き続けた、途中から意地みたいに、全部やる、全部やる、とにかく全部、と思って、全部やった、やれることは全部やった、左目の奥に鈍痛。」とあって言及されているのは多分その2箇所で全部だった、自転車でこけたのは4月で、頬のあたりを打った、そうだ、頬の奥だ、目の奥というよりも。

ずいぶん暇な日で、僕は次第に眠くなっていった。雨が降って、やんで、また降った。屋上に上がって、遠くを見た。給与明細エクセルを見せて、これ優秀でしょう！と自慢をした。8時にマキノさんが上がって、それから、眠りそうで、お客さんは一人だった、原稿でもやるか、と思って、開いた、対面した、目次を見て、ここから考え直さないといけないんだよな、と思った。

一人、ですらもはやないのかもしれない、という気持ちがあった。夫婦や、恋人や、親子で、過ごしに来てくれる人たちも数は少ないながらいて、その人たちの受け入れに対して消極的な気分がどこかにでもあるかといえば、そんなことはなくて、いや、やっぱりそうではないかもしれない、やっぱり一人なのかもしれない、二人組の方でも、僕が全面的に歓迎というか好きだなと思う人たちというのは、結果として二人という人たちに思える、ひとり、ひとりが、フヅクエで本を読んで過ごしたい、と思っている二人である場合に限って、僕は完全に歓迎できるというか一人で来る人たちと同等に歓迎できるというか勝手に喜ぶ、という感じがする、結局ここでも欲望の問題ということなのかもしれない。一人、ですらもはやないが、結果としてそれはやはり一人にはなる、ということかもしれない。フヅクエでフヅクエを十全に楽しんでくれるお二人さんがいたとしてそれはもはや二人ではないということなのかもしれない。いやしかし、しかしどうなのか、一人、というのがフヅクエの、大事な言葉のようにこれまで思っていたけれど、もはや、いやどうか、眠いのか、そうか、それならばしかたがないか、否か。少しだけ、目次と相まみえ、ふーむと考え、予備行動としてはこれで十分ではないか、という気になった、つまり、書くのは明日とあさってで、そのために意識をなんとなく寄せておく、ということだった。済んだので読書をすることにして、『ヴィータ』。

それにしても疲れていて、今日はだから極端に暇な日だった、しかし体が圧倒的に疲れ続けていて、昨日は10時間以上ゆっくり寝た、体の疲れは圧倒的で、なんなんだこれは、と思いながら、本を開いていた、重い本なので膝に乗せたり、パソコンの上に置いたり、しながら、手はあまり使う必要がなかった、ありがたかった。ヴィー・タ。最後のお客さんが帰られ、初めて来られた方だったが、ほとんどの時間を一人で過ごすことになってというかさせてというかなって、なんだか申し訳ないな、と思っていたが、そういうことを言ったらずっと来てみたかったんで、という、笑顔をいただき、サンキュー、と思った。閉店して、飯をたらふく食った、帰った、疲れなのか、意識なのか、目の奥、頬骨の奥、そこにまた重さがあるような感じがあった、続きを読んだ、ヴィー・タ。辞書、カタリナが遺棄された施設で、車椅子の上で、ベッドの上で、言葉を書き連ね続けた、カタリナが辞書と呼ぶその辞書の章になって、22冊だったかに及ぶその辞書が紹介される章で、断片になった言葉が、ポーン、スパーン、シャキーン、ズンズンズン、と、飛んできた。それが圧巻で、それまで何百ページにも渡って読み続けてきたカタリナの人生というか置かれた境遇、抗いようなく置かれた境遇と、時間が、頭の中にあるから、ひとつひとつの言葉が、濃度がすごくなっていて、そしてそれが自由に強靭な踊りを踊っていて、すごい、と思った。こんなふうに言葉は使われるべきだ、自分にしかわからないステップで、人は、踊ったらいい、僕は、踊りたい。

辞書が終わって、本は終わりに向かっているようだった、気持ちが集まっていって泣きそうな高まった気分になっていって、その理不尽というのか、理不尽を、どう思ったらいいのかわからなかった。まだ終わらなそうだったので終わりにした、遊ちゃんは今日はカンナちゃんと遊んできたらしくて、もともと行くつもりだった21_21は休館日だったらしく、それで文喫に行ったということだった。図鑑が大好きなんだよね、と遊ちゃんが言った瞬間に、カンナちゃんが図鑑が大好きなんだよねと言って、ハモった。お寿司の本を開いて、じゃあ今からせーのでどのネタを食べたいか言い合おう、んー、3つだったらウニも入れちゃおうかなあ。伊勢のガイドブックを開いて、あ、赤福もあるよ、海鮮丼もいいね、云々、云々。大笑いをした。いったい何をやっているのか。

9月4日（水）

パン屋さんでパンを買って外に出ると「とは言え暑さもある」という感覚になって、そこにあるのはベースは暑さではないという感覚で、だから涼しかった。

日中はぽやぽやと働きながら原稿のことを考えて原稿のことを考えることに頭をなじませる時間にしようと思っていたらグーグルカレンダーのことばかり考えてしまっていろいろ設定をいじったりアプリを入れたり、猛烈にバカみたいだった、自分らしかったが。

それをずっと触っていたら山口くんがやってくる時間になって、今日は仕込みとかはなにもしなかった、僕はもう今日ではなく未来を見ていてそれはきっとマキノさんや佐藤くんが独り立ちをしたあとのカレンダーなのだろう、そうなったとき、カレンダーをちゃんとしないといろいろわからなくなりそう、というそういうことの、ずいぶん気の早い対策をしていたということだった。

山口くんが入ってきて、そうしたら、昨日本を読みにきた佐藤くんがもっさりしていた髭を剃っていて、剃ったと思ったら、今度は山口くんが髭を生やして来たのでなんの入れ替わりなんだよと笑った。

それで八百屋さんに野菜を買いに出て、戻り、外でいくらか話して、じゃあ脳神経外科行ってくるわ、と言って出た。馬鹿のヤングフォークス。ウディ・アレン。ハンナと園子温。


その日はわかりやすく曇っていていつ雨が降り出してもおかしくないそういう空があった、山手通りをぐんぐんと進んでどこからか山手通りではきっとなくなって、信号待ちをしながら肌寒さを思った。日中にカレンダーを見ているときに「はて、山口くんはいつから働いているんだっけか」と一年前まで遡ると、10月の半ばに面談をしているから11月からで、それを信号待ちをしながら肌寒さを思いながら思って、だから山口くんが働き出したのは寒くなってからだったんだな、と思った。景色の全体が青色で灰色だった。

恵比寿は少し遠さを感じるが代官山の通りを走り始めたら「もうすぐ」という気になって、久しぶりに蔦屋書店を見かけた、三差路か四差路のところで、歩道橋がすっかりなくなっていて、「あ」と思った。恵比寿は、人が多く、仕事終わりというような感じの人も多く、みんながんばって生きているんだよな、とどうしてだか、初台とはまた違う感覚で思いながら、歩いて、その建物を目指した、新築のやたらにきれいな建物がそれのようで、それのなかに入っていった。光る、三角の天井の廊下。導かれて吸い込まれるように。

渡された問診票にできるだけ細かくいろいろを書き、血圧を取った、こういうとき緊張感がきっとあって血圧は上がるのではないかと思ったがそう高くなかった、熱はどうしてだか微熱みたいな温度だった。予約時間より20分ほど早かったからここで待ちながらカタカタしていようと、それはまたもやひとつの楽しみな時間みたいなつもりがあったが、ほどなくして呼ばれて、このあたりが、と言うと、歯のこともあるし一番ありそうなのが副鼻腔炎とか上顎洞炎で、まさに場所がそのあたりなんだよね、まずはそれかどうか見てみて、それじゃなかったら次の議論になる、ということで、ちなみにその自転車でコケて打って、とかが関係するとかってありそうな話ですか、と聞くと、打って3ヶ月後に何かが出るのは考えにくい、なんとかという病気もあるけれど、それがあるとしたらあなたの年齢だったら激しい頭痛になっているはずなんだよね、ということで、最初からいい印象の先生だった、ウェブサイトを見ると赤十字病院かなにかの副院長だった方で、今年の6月にこの病院をオープンした、どういう経緯でそうすることにしたんだろうな、と思った。

一度待合室に戻ってまたカタカタしようとしているとたちまち呼ばれてCTの部屋に入った、白い広さのある部屋でCTスキャンの機械がどんと置かれていて、テンションが上がった。靴紐をほどきながら見上げると「Canon」とあり、キヤノンなんだなあ、と思って、仰向けに寝た、動かないように、体になにかが巻かれた。寝台部分がスキャンをするところに向かって動き、真上にそのおそらくスキャンするのであろう部分が来た、黒い、スキャンしてくれるのであろう部分は、油膜みたいなものでまだらになっていた、赤い十字が顔面を通った、技師かなにかの人のあとに先生がやってきてなにかを微調整して、出て行った、撮るときは部屋は暗くなるのかと思っていたがそうではなく明るいままだった、なにかが動いている音がして、よく意味もわからず「ハレーションン」と思いながら、目の前に映っている自分の顔と、それを取り巻く白い機械の硬さと大きさと、音と、それは圧倒的に『２００１年宇宙の旅』感があって、真正面を見ながら、「そういえばこれ、なにも言われてないけどいくらするんだろう、保険適用されるよな、されなかったら言うよな、しかし恵比寿とかだと違ったりするのかな」と思っていた。すぐに終わり、待つように言われた、待合室のテレビではバスケットボールのワールドカップのことが報道されていて、僕は「これ、いくらするんだろう」とまた思っていた。カタカタしているとやはりほどなくして呼ばれ、画像が映されていた。白くなった、輪切りになった、僕のだという話の体がそこに画像になってあって、うーん、ということで、なにもないんですよね、ここが歯でここが上顎洞で副鼻腔で、上顎洞炎だったらこのあたりにこうなったりするんだけど、きれい。それから画像をいじっていって、お、これは脳ですか？　そう、きれいな脳ですよ。なにもない、ということは、じゃあなんだ、っていう話になるんだけど、今日のところは、なにもないから安心をして帰ってもらう、痛みがもっとひどくなったり、そういうことになったらまた来てもらう、そんな感じでいいんじゃないでしょうか。というような話で、なにもないならよかったよかったと思って、いくつかの質問をした、この一ヶ月ぐらいたぶんめちゃくちゃ働いていて、そういうのでこういうのってあったりするんですかね。それはもちろん、あるかもしれない、けど、じゃあめちゃくちゃ働いたらみんなそこが痛くなるというわけじゃないから、それですねとは言えない。そりゃそうですよね、あとこの、なんだろうなっていうので、今回脳神経外科というところにかかったわけなんですけど、この判断で合ってますか。脳外科は首から上を見るみたいなところがあるしＣＴとかの資料が集約されるのは脳外科だからこの判断が間違いというのは全然ない、それでいいと思います。楽しそうにしゃべる先生で、僕はとても好きだった。「これ、いくらするんだろうな」と思いながら診察室を出て、すぐに呼ばれ、５０００円だった。保険適用だった、よかった、というところで、金を払って、辞した。

出るとすぐに遊ちゃんに何もなかった旨を連絡をして、恵比寿を脱出した。三差路か四差路かのところで知らない道を左に折れて、急坂だった、左手に大きな瀟洒な感じの空間が開けていて、なにかと思って建物の中を覗いたら「DEAN & DELUCA」とあった、東京音大のキャンパスかなにからしかった。そこを下るとすぐになんとなく知った雰囲気の道で、少し行ったらSMLがあった、入った、なんとなくこちらがわに来たら「いい機会だから」みたいな気分になって寄りたくなって、寄るようになっているから寄った、入ってすぐのところのケーキ皿に使えそうなたぶん5寸の平皿が、周囲が4つのドットで中央ににわとりの絵で、色合いといい絵柄といい、とてもよくて、見たことのなかったものだから初めて手に取る作家のものだった。リュックを適当なところに置かせてもらって、安心して見た。それでいくつかうつわを買った、下北沢に向けて、みたいな気持ちと、なんとなく自分をねぎらうというか、病院に行って検査を受けるというのはやはりなにかしら気持ちに負担があるもので、「ご褒美にうつわ買ってる〜!」と遊ちゃんに送ると遊ちゃんも検診であるとかを受けたあとはなにかしら自分に褒美をやるということだった。久保田由貴のコーヒー用のマグカップ、森永豊のビールとかに使えそうなグラス、大谷桃子のショートブレッドとかに使えそうなというか今ショートブレッドとかに使っているのと同じシリーズの小皿、山田洋次のミックスナッツとかに使えそうな小鉢、作者不詳の木の小さいスプーンを2つ、それから最初に見た平皿は小島鉄平という作家だった、ケーキに使う、それを2枚、買った。店を新たにつくるというのは野放図な買い物が許される感じがあっていい。ということだった。

もうすっかり暗く、戻った。フグレンに行くか、それともやはりドトールか、と迷ってドトールに行って、いつもは座らない席についた、隣のおにいちゃんはパソコンを開いている人だったがこの人のタイピングはソフトそうで、なんとなくリラックスをした空気があったので、その横にすることにした、窓際のカウンターは今日も熾烈なバチバチの人がいて、その隣の隣の女性はバチンとペンが乱暴に置かれるたびに顔がくいっと上がったり、たまに目をやったりしていた。やはり気になるよねえ、と思って、あんまり激しいので、ぶん殴りたくなった。マジで誰かあいつをぶん殴ってくれ、と思った。僕はやれないからさ。隣の男性は、なにをしていたのだろうか、聞いている音楽に合わせてなのか打っている言葉に合わせてなのか頭がリズムを取るようで、ときどき長くタイピングして、しばらくそのまま画面を見ていて、また長くタイピングをする、そういう調子だった、隅っこの席で、机にはドトールのジュースの他にダカラだったかなにかのペットボトルと飴ちゃんがたくさん入った袋みたいなものがあり、途中でその袋に手を入れて取り出して、飴かと思ったら巻きたばこらしく、強い甘いココナツの匂いがした、巻くと立って喫煙席に行った。

僕は画面を見ながら、目次を見ながら、さてさて、さてさて、と思って、考えていた、メモを打ったりしていた、長めにメモを取っているとき、僕も同じように、そうなるように、頭をくんくんと動かしているときがあって、これをやっているときは自由で好きだった。順番がわからない、なにから書いたらいいのかわからない。ものすごくフラジャイルなものを捕まえようとしている感じがあって、すぐにどこかに消えてしまいそうで、でもなにか捕まえられそうで、ふわふわしていて、逃げちゃったらいけないからと、煙草を吸いに立つときもパソコンを一緒に連れていった。このフラジャイルさは、実体がないからかもしれなかった。書いて、叩く台を本当は、つくるべきなのかもしれなかったが、でもそれも違うような気もしていた、それにしてもどれから、というのが、わからなかった。途中、なにもないのにカレンダーのアプリを開いた。今日明日の予定を見ると、今日は20時から23時が原稿書きで、明日は13時から16時が原稿書きということだった。ラジャー。

閉店を待たずして帰って、考えるのは考えた気がするから、家で書いてみよう、というところでの帰宅だった、同じくらいのタイミングで遊ちゃんも帰ってきた、フグレンで仕事をしていたらしかった。ニアミス、と言った。

山口くんからシフトが出ていることに気づき、お、シフト作成、やりたかったんだよね、2度めのこれ、今度はより快適なシフト表を作れる気がしていて、早くやりたかったんだよね、と思ったため、やった。今度は初台下北沢に分けるやり方もわかったし、さらにわかりやすいPDFを出す方法もわかった、快適シフトで、さっそく作って、共有した。遊ちゃん、見て見て、と言ってきれいにできたシフト表を見せた。

そしてそれがこちらのカレンダーに反映されているかどうか、それが楽しみだった、そうしたらおおむねできていて、ほうほう、ワンストップ、と思って、悦に入った、なにをやっているのか、と思いながら、ずっとカレンダーを触っていた、遊ちゃんが布団に入っていた。カレンダーを開きながら、あ、こういう使い方はいいかも、と思ったことがあって、遊ちゃんを見たら寝息を立てて眠っていたので、静かな声で、遊ちゃん、と言って、うっすら起きたので、聞いてもらえる？と言うと、徐々に、ゆっくり、長く、遊ちゃんが笑ったので僕も長く笑った。ひとしきり笑ったあとに話を聞いてもらう承諾をいただいたので、そのカレンダー活用術について滔々と述べた。それは毎週とかで発生するタスクについて繰り返し設定にして仮置きをして、実際の予定に合わせてドラッグ&ドロップで動かして、スケジュールを作っていくという術で、言ったら、初歩だよ初歩、と言われたのでまた笑った。

気が済んだころには日付けが変わろうとしていて、ビールを買いに行って、戻ってきて、風呂に入って、ビールを開けて、なぜか、それからしばらく原稿をやっていた、実際に書き出してみた、1000字にも満たない微々たる量だが、それでも書き出した、そういう具体的な動きが大切だ、と、こう、書いてみると思うが、でもやはり書くことができなかった2時間や3時間のその時間があってこそだともやはり、思ったし、だからその書くことのできなかった2時間や3時間もたしかに書いていたとも言えた。

その800字だけを書くと、今日は終え、『ヴィータ』の終わりを読んだ。うーむ、と思って、それから今日届いた富士そばの本が入っていると思しきバリューブックスの袋を開けた、初めてバリューブックスの本を買った気がした。読み始めた。

「はじめに」でご紹介したように、富士そばにはふしぎな仕組みが多いと言われます。しかし、私が最も大切にしていることは、突き詰めればたった一つだけ。それは一言でいえば、「従業員をなるべく大切に扱う」という、至極当たり前の方針です。

丹道夫『「富士そば」は、なぜアルバイトにボーナスを出すのか』(集英社) p.10

いきなり至言があって、「なるべく大切に扱う」というものだった、この「なるべく」というのがよくて、先日読んだ記事でも「それなりに会社に愛着を持って働いてくれている」みたいなことが言われていて、「それなりに」というのはいい言い方だな、と思っていたのだけど、同じことだった。どちらも無理がない感じがあって僕がとても好きな感覚だった。

9月5日(木)

意外に目が覚めたので、まだ10時台だったが、起きた、起きて、遊ちゃんが歯医者から戻ってきて、今日はお昼からどこかで仕事だということで、時間がちょうどいいから、そうしたらリトルナップに行く？と提案したら採択され、散歩をした。代々木公園であるとかの緑を見ながら、代々木公園はいいねえ、と言った。代々木公園ではない小さい公園の中にある渋谷はるのおがわプレーパークというところは、子どもとか遊びみたいな文脈みたいなものにおいてけっこうな権威みたいなものがあるところらしかった、そこに今日は「銀行」と書かれた小屋みたいなものがあり、こういう遊びとしての銀行みたいなものを見ると、なにを発行してもらえるのかな、という考えがまず浮かぶのが面白かった。三菱UFJ銀行を見たときには「発行」という感覚は起きないものだった。それでカフェラテを買って、僕は飲む時間くらいはあるものだろうと思っていたらそうでもないようで、テイクアウトにしてもらって、また歩いた、駅で別れ、家に戻った。

たちまち書き始めるか、と思ったら、日記を書き始めてしまって、1時間が経った。渋谷はるのおがわプレーパークの名前を調べるのに検索をしていたらそのパークの口コミが出てきてグーグルの口コミは3つくらいがハイライトとして最初に出てくるけれどそのひとつが「正面道路に車を停めてトイレを使用しました。」というもので、どうしてこれがピックアップされるのか、と笑った。有用な情報である可能性が高いと判断されるのだろうか、「トイレ」とか、「車を停めて」とか。先週山口くんと餃子食おうぜと、閉店後に向かったら閉店していた中華料理屋さんのそこには「タバコの臭いは服に付いちゃうから洗わないと臭いが取れない。」とあって、口コミというより真理の発表みたいな感じがして、二人して笑った。でも、でもというか、あのハイライトというのはどうもそういう感じのようで、参考にされやすい口コミかどうかとかではなく、その場所を説明するらしい単語をできるだけ広範囲で集めて、表示する、みたいなものらしかった。

原稿と向かい合って時間を過ごしていた、ねんそう君の音源を聞いて、やはりよくてずっと聞いていたいというかその中にいたい音で、それを聞きながら、パソコンの前に、座っていた。なかなかはかどらず、頭がぼーっとしていた、いくらか富士そばの本を読んだりしていた、少ししか進まず、4時まで、と思って、3時40分だった、20分寝よう、と布団に横になると、4時にアラームで起きた、そのとき、自分が寝ているのが布団ではなくいくらか高さのあるマットレスであるような感覚になっていて、体がその高さ仕様の動きをした、もう25分追加して、寝て、それを繰り返していたところ6時だった。これは気持ちを切り替えるために場所を変える必要がある、と思い、というか本屋に行きたかった、帰ってきていた遊ちゃんにいってくるねと言って、出た、外はもう暗かった。山手通りを走っていると富ヶ谷のところで首相の私邸がある前のところの警備の車両や人員がいつもより多い感じがあって、邪魔、と思った。暗い時間に松濤の住宅街を通るのは珍しいことで、なんとなく交通事故に気をつけようと感じた、以前、ここで車が自転車にぶつかったのを見たというか見たあと目撃者として関与したことがあってそれを思い出した。あの人はその後、元気でいるだろうか。連絡がなかったということは大丈夫だったということだろうか。妊婦さんだった。

丸善ジュンク堂に入って、なにか小説が読みたい気分だった、広さを感じるような、そういうものを読みたかった、『新潮』はまだだよな、と文芸誌のところに行くとちょうど次のが出る直前ということなのか、すっからかんだった、新刊台のところで、新入りたちを見つめた、ジュンパ・ラヒリの、イタリア語で書かれた初めての長編小説、というのがあり、ほう、と思った。それからすぐに海外文学のところに行ってうろうろしていると歩きながら電話をしている男性があって明朗な声で「住所は、渋谷区円山町」と自身の住所を言っていて、聞きながらグーグルマップを開いて検索をして、ふむふむ、お名前は？と思っていると名も言われた。僕が今日探し気味だったのはグレアム・スウィフトの『ウォーターランド』で真野泰訳だった、『奇跡も語る者がいなければ』を8月末に読みたくなって、でもなにか読んだことのないものを、と思ったときに僕は真野泰の訳文が読みたいのではないかと思ってそれで『ウォーターランド』だった、探したが見当たらず、hontoのアプリで見たら在庫はなかった、探し気味程度だったので落胆はそうなかったがどうしようかと思って、先ほど見かけたことでジュンパ・ラヒリに白羽の矢が立って、ジュンパ・ラヒリはこれまで読んだことがなかったから「ラヒリ」

というのもおぼつかなくて「ラリヒ」だっけというくらいだった、新しいやつか、それとも名作とのほまれ高いような印象が勝手にあるのか植え付けられてあるのかとにかくある『停電の夜に』にするか考えて、今僕は「停電の夜に」と打とうとしながら「ろうd」と打っていてつまり『朗読者』と『停電の夜に』が僕の中で同じ位置にあるらしかった。読んだことのない、名作とほまれ高い印象の、クレスト・ブックス。ともに文庫にすらなっている。

それで『停電の夜に』にすることにして買ってすたこらと東急百貨店を出た、フグレンに行くと、遊ちゃんの自転車が止まっていて中にいることが知れた。コーヒーを頼んで、見回すと姿があったので、「やあ!」と言って、ソファについて、ラジオをおこなった。終わると原稿に行った、集中できそうな気配をやっと感じながら、すぐに逃げていくような感じだった、少し書いて、ジントニックを飲むことにして飲んで、これでなにかがほぐれて意識が鮮明にならないかと期待したがそうでもなかった、遊ちゃんは仕事を終えたらしく途中で帰っていった、僕はしばらくにらめっこをした末、体裁を整えるだけして平野さんに送って、今日はおしまいにすることにした、10時、出た。出ると、今日はカレーだ! という、10時の発想としてどうなのかなという発想がやってきて、モロヘイヤがあるから、モロヘイヤキーマカレーにしようと、スーパーに寄って肉であるとか必要なものを買って帰って、そのままの勢いでカレーをつくり始めて遊ちゃんをびっくりさせた。

カレーをこしらえながら、遊ちゃんとああだこうだとおしゃべりをして、途中で僕は5分で戻るから少し見てて、とフライパンを任せてシャワーを浴びた、戻ってグレイビーを完成させ、ひき肉を投入し、ヨーグルトがあったので入れて水も入れて、それからモロヘイヤの茎を入れてしばらく煮た、煮詰めていった、5分ほど煮て茎は取り出して、煮詰めて煮詰めて、細かく刻んだモロヘイヤの葉を入れてぐるぐるぐると混ぜたらひきわりの納豆みたいだった。完成だった。たいそうおいしかった。バクバク食べて大満足で、読書の時間を始めた。表題作は、こんな話だったのか、という話で、停電の夜の話で、よかった。次のやつを読み始め、ウイスキーを飲みすぎた、布団に移って、しばらくすると眠った。

9月6日(金)

早めに店に行ってしかしどこかのんびりしていた、昨日はお客さんは5人ぽっちで、今週は火水木とすべて一桁のお客さんでだから壊滅的な9月の始まりだった、今日は佐藤くんの2日目だった。いくらか仕込みをしたりしつつ朝の準備を教えたりして、コーヒーを2度淹れてもらった。とてもスムースだから目をみはって、家で練習でもしたの、と尋ねてみるとイメトレをしたらしく、感激をした。

店を開け、暇だった、仕込みをどんどんした。佐藤くんはいろいろ練習できた。サンドイッチをこしらえてもらって二人で外でぱくぱく食べた。夕方で佐藤くんは上がりで、帰っていった。佐藤くんはお店というところで働くのは初めてだから、思っているのと実際がもしかしたら大きく乖離するかもしれないし、というところで双方にとってそれがいいんじゃないかというところで、佐藤くんもそれがありがたいということだったので2ヶ月の試用期間を設けることにしたのだけど、見ていると、仕事をできるようになっていくことはもう十分にわかるし、また、それよりは懸念をしていた、緊張しすぎたりして陰々とした顔になるようだったらきついかもしれないなと、一見すると物静かな男だから、そういう懸念が僕にはあったけれど、思った以上に明るいというか、楽しげに、いい顔をして働いているし、大丈夫だ、とこの2回で僕は安心したので、次に来たときにこちら側は試用期間終わりというか、2ヶ月やってみたあとの判断は佐藤くんに任せるということを伝えよう、と帰ったあとに考えていたら思った。試用期間ということを考えたときに2ヶ月後に自分で決めることについてはそれがいいけれど、双方ということは2ヶ月後に僕が佐藤くんに「なしで」と言う可能性もあったわけで、その可能性に不安を持ったりしながら2ヶ月のあいだ働くというのは、2ヶ月の終わりに近づくほどに、嫌なものだろうなと思っていたので、そこはできるかぎり早く解消したかった。

「やっさし〜！」

どこかからそんな声が聞こえてきた。

けっきょく終日暇で、4日続けて壊滅ということになって9月よ。

帰り、ジュンパ・ラヒリ。昨日の続きのふたつめのやつ。ハロウィンの夜、少女が二人、歩いている。「一二本の懐中電灯から平行に伸びる光で行く手を照らしながら」というところで、小説は、いいなあ、という思いがぶわっとやってきた。終わると、小説は一日一つでいいのか、『ヴィータ』の登場で休止状態だったインゴルドを取って、空気、天候、世界、それについて書かれていたのでそれについて読んだ。そうすると眠った。

9月7日（土）

遊ちゃんが朝から誰かと電話をしていると思ったら、仕事でなにかトラブルがあったようで、急遽遊ちゃんが出ることになったらしかった、にこにこしながら見送った。もう少し夢を見た。起きて、遊ちゃんはこういうとき、どんな顔をして仕事先に行くのだろうというか、本来担当する人が見事に仕事を忘れていてそれでいったん遊ちゃんが出向くというそういう不慮の出勤だったが、これが後輩や部下とかであれば謝る感じも想像しやすいが、特に上でも下でもない感じの立場の人のちょんぼで、そういうとき、組織の人間として振る舞うというのはやはり、すごく謝る、ということになるのだろうか、笑っちゃいたくなるような事案だが、笑っちゃいけないのだろうか、と思って、帰ったら聞いてみようと思ったがいつまで覚えていられるだろうか。

店、飯を食ったら母が来た。予告された訪問だったので驚くことはなく、コーヒーを淹れて、しゃべっていた。初盆だった、夏風邪を引いたりした、忙しい夏だった。今日はこれから渋谷や新宿に行ってなにか買い物であるとかをして、日が暮れたら姉の家に行くということだった。遊ちゃん一家と顔合わせでうどんを食べに行って以来の東京ということであれは5月だったということなので、経った。まず神宮前5丁目に行きたいということで、それは渋谷と原宿のちょうど間なのだということだった、暑いから気をつけてね、と言って見送った。
店を開けて、ぽつぽつと働いた、ゆったりした感じで、9月、下降線なのか、お給金レースまたやりたかったんだけどな、つまんないな、と思っていたが、暇なら暇で原稿と向き合うか、と思って、働きつつ、原稿のことをずっと考えつつ、過ごしていた。夕方に一度、集中が必要な時間帯があって、そういうときけっこう集中していると思った、脆くもあって、ちょっとしたことで崩れるところもあった。それからも原稿をやりつつ、働きつつ、という時間を過ごしていたが結果としてお客さん数は目標値を上回っていて、それはつまり大忙しという人数のはずだった。この体感はなんなんだろう。原稿もはかどったんだけど、どうしてだろう。

いろいろ考え事をしていると、公正さについて僕は考えていて、この志向は小さいときからそうなのかもしれなかった、ずるさみたいなものを許容できなかった小学2年生だったか4年生だったかの場面を思い出した、ゲームの規則を破る人間が大嫌いだった、帰りの会で泣きながら告発をした、体育の授業のポートボールのときに福井くんがズルをしました、秩序が壊されるのが怖かったのかもしれない、バグに対応できないということの表れなのかもしれない。僕は「誰も損をしない」という状態をものすごく好いているが、これもその延長線上にある感覚だと思った。

狂騒的でモノにあふれた僕らの世界では、予期可能性《プレディクタビリティ》こそが効率と感情の面において大きな価値を持ち、そのために人々は割増金《プレミアム》を払うのである。どこに行っても同じものが手に入ることは、安心感をもたらしてくれる。多くの人々にとっては、この感覚こそが予期不可能《アンプレディクタブル》な物事から身を守る防御壁なのである。

ブライアン・サイモン『お望みなのは、コーヒーですか？　スターバックスからアメリカを知る』（宮田伊知郎訳、岩波書店）p.63

フヅクエのプレディクタビリティについて書いたりしていた。秩序。約束。

帰宅後、インゴルド。

9月8日（日）

午後遅くから雨で夜中から豪雨になるという。今日はどうだろうなというか、閉店を早めた方がいいのかな、とも思ったが、そのままにした。ちゃんと帰れるといいが、と思ったが、どうか。

店に着いてぽやぽやする。ふと山口くんはいつ一人で立てるようになったんだっけな、と思って、僕は先のことばかり考えている、どれくらいで一人で立てるようになるだろう、山口くんはどうだっただろう、と思って、日記を調べてみると、1月から少しずつ僕がドトールで過ごすようになり、16日、僕は優くんと武田さんと向かいの2階の居酒屋で飲んで、窓際に陣取ってフヅクエの中を見たりしながら、飲んだ、あまり見えないものだと知った、お酒も飲むからほぼ行く気はないけれど、最悪助けに行ける場所にはいるから、というそういう設定の夜だった、怪我をしていた武田さんは黒い布で腕を吊っていた。その夜はけっきょく極端に暇な夜で、だから大丈夫だった。完全に任せる、離れるようになったのはいつからだったのか、2月5日、初めて一人で一日通して入る、とあった。

12時になる前から雨が降り出し、早いな、と思った、それはとても濡れる雨で、5秒くらいで体全部を濡らすようなそういう降り方の雨だった。粒がでかい、みたいなことなのだろうか。僕は前半頼みの日曜日になるというか、前半しか人は来ないだろうな今日は、と思っていたが、こういう降り方を見たら終日厳しい気がして、パン屋さんでおやつ用にバターロールを買ったことは大正解だったかもしれない、と思った。暇で腹が減るだろう、という計算だった。大変緻密な、計算。

今日はだから、原稿日和ということになるのだろうか。

20分も降ると、雨はやんで、外は一気に明るくなった。人は誰も来なかった。外の階段もすぐに乾いた。腰掛けて煙草を吸っていると、正面の電柱の高いところでカラスが、クラララララ、クラララララと何度も鳴いていて、フンを落とした。大雨のとき、どこでどうしていたのだろう、と思った。


雨は、降り出していよいよかと思ったらやんで、ということを繰り返して、夜8時になっても降っていなかった。しかし台風ははっきりと来るらしく、小田急が10時で運休になるであるとか、そういうニュースは流れ始めた。僕は歩きだし、まあ流れに任せて、というふうでいるが、2店舗体制になったら少なくとも片方はスタッフが働いているわけで、そうなったら「ちゃんと帰れるようにしないと」となって、もっと台風であるとかについていてリアリティを持って捉えるようになるのだろうな、と思った。自分のことと思うと、まあ歩けるし、よっぽどひどくて歩けないようだったらもったいないけれどタクシーで帰ればいい、と簡単に見る。

それにしても原稿がはかどる日になって、第8章が一応おしまいまで行った。あとは「おひとりさま」と「長居」の2つでそれと終章というところで、終わりが見えてきたという感覚は特になかった。続きもやろうかと思ったが9時、つまらない気持ちになっていったのでやめた。敬意。この場をつくるために必要なのは静けさでもなんでもなくてただ敬意なんだよな、と思った。夜、お客さんはお二人だけで、もう誰も来なかろうし、ゼロになったらおしまいにしよう、と思ったら8時過ぎに一人来られて、早めに閉めたりとかってします、と聞かれたので、流れで適当に決めようと思っています、と答えてそれでお通しした方が、あって、その方は仕事をするようで、随所で、荷物を置くときとか、ペンの扱いとか、そういうものが荒くて、態度も投げやりな感じで、静けさとかうるささとかは副産物であって、けっきょく他のいい時間を過ごしている人たちへの敬意の問題なんだよな、と思って、うーん、なんか、通さなければよかった、早く閉めますって言えばよかった、この人だけになってこの人のためにこの夜に営業するの嫌だな、と思っていた、途中でペンを置く音が響くことが続けてあったから、ペンの扱いとか気をつけてくださいねけっこう響くから、と伝えたところ1分で帰って行って、なんか、「よっしゃ〜w」、と思った。本をゆっくり読んで過ごした方が、9時半ごろ帰られて、それでゼロになって、飯を食った、雨はまだ大丈夫そうだった、このまま俺が帰るまで降らないでくれよ、と何度も窓の外を見ながら飯を食って、雨漏りが怖いから、ソファを全部動かして、窓際のメニューや物販のTシャツや『読書の日記』を動かして、それで出た。

雨はかすかに降っている程度で、走っていると少し強くなってきて、逃げ切るぞ、逃げ切るぞ、と思いながら、残り1分で着く、強まるなよ、と思いながら、いち、に、さん、し、と数えて40で家に着いて、セーフ、と思って入った。

遊ちゃんはサニーデイ・サービスを小さな音で流していた。持って帰ってきたiPadで日記の赤入れを済ませると読書の時間にすることにして、インゴルドを読んだ。樹木や石のような事物は現象世界の一部であると同時に人の身体でもある。

わたしたちとしては、画家は樹木を観察しているだけではなく、おぼろげだが知覚可能な樹木を見る手段の一つである眼を用いて、樹木とともに見ている、と言うことができるだろう。そして考古学者は、石に触れているだけでなく、すでに石の硬さや柔らかさ、粗さや滑らかさを知っている手を用いて、石とともに触れているのである。換言すれば、樹木と石のそれぞれが、視覚と触覚において、こちら側にあると同時にあちら側にあるということになる。樹木を見るわたしの身体は、わたしを通じて樹木が見る手段であり、石に触れるわたしの身体は、わたしを通じて石が触れる手段である。同様に、後の章でも確認するように、わたしがトリンギト族の者であれば、氷河の音を聞くことは氷河がわたしを通じて聞く手段である、ということになるだろう。樹であれ、石であれ、氷河であれ、これらはそれ自身で知覚することができるものではない。しかし、それらは感覚することができるものの中に浸されているので、言ってみれば、それら自体を見たり、触れたり、聞いたりするために逆戻りすることができるのだ。この「巻きつくこと（coilling over）」――メルロ＝ポンティから示唆に富む言葉を借りれば――において、知覚する側は知覚される側と一体となる。

ティム・インゴルド『ライフ・オブ・ラインズ　線の生態人類学』
（筧菜奈子・島村幸忠・宇佐美達朗訳、フィルムアート社）p.169, 170

それから『停電の夜に』を読んだ、観光案内のタクシーの運転手の話で、バツが悪い気持ちになるものだった、バツが悪い気持ちにさせる小説というのは、強い小説ということだった、雨が強くなっていったがまだそこまでというふうで、僕は店の雨漏りが不安で、その不安はけっこう強かった。悲しい思いをしたくなかった。悲しい思いをすることを想像したら不安だったし悲しかった。

お酒を飲むのは眠くするため、みたいなところが今日は特にあって、眠ってしまって、なにごともない朝を迎えたい、と思った。

9月9日（月）

晴れていた。

スーパーに自転車を停めたら、がらんどうで、自転車も車もなく、あれ、どうした、と思ったらお店の人が近づいてきて今日は10時からになったんです、ということだった。そうか、まあ、そうか、と思って、コンビニに寄って納豆を買った。その向かいにあるお寿司屋さんのオーニングテントというのか、ひさしというのか、が真下に落下して、ひっくり返るでもなく静かにそのまま店先に馴染むような様子で、据わっていて、もともとそれがあった壁がむき出しになっていた、「ひっぺがされた」というふうだった。台風はいろいろをひっぺがすような力を加えながら通っていったのだろう、というのが感じられて、怖さがあった。

おそるおそる店に入って、雨漏りがどうだったか、見た。二人がけのソファが本来置かれているところに少し水たまりがあって、ソファを動かしてよかったことが知れたし、そこまでたくさんの雨漏りではなかったことが知れた。気が抜けて、納豆を食べた。佐藤くんには昨日の時点で電車が動き出したとしても混雑して大変だったりするかもしれないから無理のないように、と伝えていたが、やはり駅は大混雑ということで、今日はなしでいいんじゃない、と言うと、そうすることにした。日記の推敲を済ませて、店を開けた。遊ちゃんも電車に乗るのに一苦労だったようで、ツイッター等を見ていると、社会は今そうなっているんだな、ということが知れた。その外にいるような感覚だった。店には誰も来なかった。眠りそうだった。晴れていて、暑かった。

原稿が週末でずいぶんはかどったから、今週分はもういいんじゃないか、という気の緩みというか油断というかがあって、今日は夕方で交代で、夜は映画でも見に行こうか、というような鷹揚な気分があった。タランティーノのあたらしいやつ。そうするような気がして、どこでやっているのだろうと調べたら渋谷でも新宿でもやっていたから、渋谷の夜の回に行こうかと思った、ぼんやりと眠くて、眠い目がそのまま作品紹介の文章を読んでしまって、チャールズ・マンソンの、殺人事件の、というようなことが読まれ、そんなことはすぐに知れる情報だろうけれど、知らないまま見始めたかったな、という気持ちになった。いっさい何も知らないで知りながら見ていく、という体験が僕は好きだった。犬や猫の動画を見ていると、世界のありように驚く、という様子が見えて、ちゃんと驚くということは、プレシャスなことのように思った。

ついでに、というか流れで、本屋に寄って本を買おう、福利厚生本と『新潮』と、と思って、今回の山口くんのそれであるシモーヌ・ヴェイユの『重力と恩寵』の岩波文庫版の在庫を確認した、honto は毎回見づらさがある、「近くの書店で探す」が目に入ってこない、丸善ジュンク堂渋谷店、品切れだった。これで『ヴィータ』、『ウォーターランド』に続いて3冊連続で振られていることになって、どうした、丸善ジュンク堂、となった。ちくまのはあるかな、と思ったらそれはあった。マキノさんの『すごい詩人の物語』は、どうかな、と、調べたら、なかった。丸善ジュンク堂、どうしたんだ、いったい。

ほとんど何もしないで夕方を迎えて、山口くんとバトンタッチ。先日、「今日も読書」の作業を、グーグルドキュメントでやったらほら、こんなふうにできる！　フォーマットもこれならぺっぺっぺで簡単になった！と一緒に画面を見ながらやったそれを、そのあと山口くんはメモ帳で作業をした、それを聞こうと思っていて、あれってどうしてそうなったのかな、グーグルドキュメントのことって全然思い出さなかった？というようなことを聞いて、そうか、抜けてたか、となって、抜ける、忘れる、そういうのをどうやって防いでいったらいいと思う、俺はとにかくメモを取ること、自分で覚えないで忘れない仕組みをつくっていかない？　楽にやってほしいんだよね、覚えるのってそれだけ脳とかに負荷を掛けているわけで、なんでもかんでも外部のストレージに置いていくほうが絶対楽だと思うんだよね、とか、俺はそういうふうに考えるわけなんだけど山口くんはこういう考え方とかって嫌だったりするの？　どうなのかな、と話していたら、山口くんが泣いた。わ、なんで、なんなの、どうしたのよ、と思い、しばらくそんな調子が続いたから、働けるか聞くと、これで帰るのとかは自分が許せないから、大丈夫です、ということで、既視感、と思いながら、これはしっかり話したほうがいいのかもしれないなと思い、夜にまた戻ってくることにした。歯医者に行った、富士そばの本を開いて待ったらすぐに呼ばれた。今日はまた違う先生で、よくしゃべる人だった、やっぱり親知らずは抜いちゃったほうがいいし、2年前に途中でやめた口内のきれいきれいな作業とかも続けたほうがいいよ、ということだった。聞き逃した説明ののち、歯になにかが塗布され、口を見ると青かった、それは歯に付着しているバイキンを可視化するものらしく、けっこう付いていますね、ということだった、それはブラッシングですぐに落ちる性質のものらしく、落としてもらったと思ったら口全体の歯石取り作業が気づいたら始まっていて、どういう流れなんだ、と思いながら、されるがまま口がすーすーした。

帰って、どうしようか、と思いながら、眠たいし、と思いながら、いて、でも映画には行くことにした、店に行くことを考えると新宿がいい気がして、TOHOシネマズで19時50分の回があってそれにした、富士そばの本を読んでいたら終わって、大事なことがいくつも書かれていた、スタッフを大事にする、ということは、いま僕は、とてもしたいことだったが、山口くんが陥っていたなにかにまったく気づくことができなかったんだな、と思った。どうしたのだろうか。まさかさすがにやめるとかそういうことが突然起きることはないような安心感が僕の中にあって、まあなんか聞こう、と思った、寝る時間はなくなって家を出た、軽く食べたくて、富士そばに行きたかったからそうしようと思って、新宿に入って行った、もう夜だった。人はたくさんあった。紀伊國屋書店で、1階で、『新潮』を取ってカゴに入れて、上がり、『重力と恩寵』、『すごい詩人の物語』、どちらもあった、入れて、最後に『三体』を入れて、買った。丸亀製麺にいた。それでうどんを食べた。ここでうどんを食べるといつも『ルポ川崎』を思い出す。買ってすぐにうどんを食べながら読み始めた。

歌舞伎町の中を通り抜けながら、新宿はやっぱりきつい、とすぐになった。久しぶりで、シネマイレージカードもいつのまにか有効期限は切れていた、発券して入るとロビーのところのソファがなくなっていた、無料休憩所と化すのではないかと懸念していたが、なくなっていた。もう開場していたのでスクリーン9に入った、開演時間15分前の場内は、全部で10人くらいしか人がいなそうで、驚くほどがらんとしていて、静かだった。どうしてだか凄みを感じる無音だった。無音で、光がしっかりついていて、なにか映画館のオフの姿を見ているようなそういう感覚になった。

なんとなく人が集まりだしてから、周囲のお客さんがしゃべる人とかケータイを光らせるバカとか、そういうのがいないといいな、と心配を覚えて、インゴルドを開いていたがなにも入ってこなかった。予告編のときから眠かったが、タランティーノだし大丈夫だろう、とは思っていた、斜め前の席の男がギリギリというかやや始まりのところまでスマホを見ていて、ぶん殴られるぞ、と思った。『ワンス・アポン・ア・タイム・イン・ハリウッド』が始まった。映画を、とても久しぶりに見ているな、と思いながら見始めて、見ていた。面白いとかつまらないとかとは関係のないものとして散漫、弛緩、という印象がずっとあって、シャロン・テートが映画館に入って自分の映画を見る場面がどうにも胸を打った。さみしさみたいなものがあった。クライマックスはゲラゲラ笑った。やさしい映画だった。じわじわと切ない思いを味わいながら、見終えた。

早くここから抜け出さないと、と映画館を出て、歌舞伎町を出て、自転車に乗って、走り出した。行くときもそうだけど帰るときが新宿はこれがハードルだったんだ、と思わせるものがあって、靖国通りを行って大ガードをくぐって青梅街道になって、西新宿のほうに向かう四差路のところで右折のレーンに入るときに、気を張る、あれが疲れる、今日は車は幸いに後ろになくてゆうゆうと右側に行って折れることができた、すると道路工事をやっていて片方の車線は潰されていて一車線の状態で、その両脇を赤い光るコーンが並んでいて提灯のような明かりで、提灯に囲まれた道を走るようだった。

店に着いて、11時過ぎだった、まだお客さんがおられたので一番奥の席に座って、インゴルドを読んだ、閉店して閉店作業を山口くんがしていて、そのあいだ、どう振る舞ったらいいかわからないところがあって、お互いほとんどしゃべらなかった、済んで、磯丸水産に行った。ビールが来るなり本題というか、どういう感じなんだろう、と話を聞き、けっこうしんどくなってきてしまっている、恋人に、フヅクエをやめようかと思うって数日前に話したところだった、ということで、そこまで行っていたのか、と、まったく考えてもみなかったことだったので、自分の気づかなさに愕然とした。ぽつ、ぽつと、話し、ポテトフライを僕は食べ、山口くんは卵焼きと冷やしトマトを、マヨネーズをつけずに、食べていた、泣いていた。磯丸水産は騒がしいテーブルがひとつあってそれによって騒がしくなっていて、帰って静かになったと思ったら冷房で寒くなってきて、出ることにした。コンビニでビールを買って、歩いた。煙草を吸った。山口くんに、吸う？　吸わなくていいの？とヘラヘラ言って、いただきますと答えたので一本あげた。悪いことしちゃったねえ、と言った。一年以上ぶりの煙草だった。めちゃくちゃうまいですね、と言ったから笑った。夜中になっても蒸し暑く、甲州街道を走る車は途絶えなかった。細長い公園の、ブランコに座った。先日読んだアナウンサーの人のインタビュー記事で見かけた「自分のことを嫌いになってしまいそうな場所からは軽率に逃げたほうがいい」という感じの言葉が印象に残っていて、その記事を探し出して見せた、いい言葉だと思うんだよね、軽率に逃げるって、と言った。自分のことを嫌いになってしまいそうであるならば、ということだった。どうありたいのだろう、と聞いて、車の音がうるさいなと思って、移動した、適当な腰を掛けられるところに腰掛けて、話を続けた。今、地元の熊本に戻ろうと思っている、と山口くんが言った、絶句をした、これまで、帰ったら終わりだ、と思っていたその場所に、逃げたい、とにかく逃げ込みたい、東京にいたら気が休まるところがない、逃げたい、そういう話で、また泣いていた。ぼろぼろ泣いていた。僕は絶句は済んだから、とりあえず帰省してみたら、と言った。恋人からもそう言われた、と言った。一ヶ月くらい休みをもらって、帰ったら、と言われた、ということだった。僕は何本も煙草を吸って、山口くんはもう吸わなかった。なんでもいいと思うけれど、諦めて生きるみたいなことはしてほしくない、自分の可能性を狭く見るのはしてほしくない、ということを僕は言っていた。

話を終えることにして、店の下に戻った、休みにはいつから入ってよいだろう、ということで、次の日から取っちゃいなよ、と答えた。それで、そうだ、と思って、僕は店に戻り、写真を撮ってから渡すから次来たときに渡すねと言っていた『重力と恩寵』を取ってきて、渡した、なんであれまた会おうね、と言った、必ずまた来ます、と山口くんは言った、それで別れた。

帰って、遊ちゃんと話していたら、そうだ、言い忘れたことがあった、と思って、ちょっとまた明日会えるかな、言い忘れたことがあった、と送って、それから、ウイスキーを何度も飲みながら、遊ちゃんとまた話していたら、僕は、今度は僕が、ぼろぼろと泣いていた。なんであれよく生きてほしいという、それだけだった。だけということはないだろうけれどもそのときは、それればかりだった。4時半だった。布団に入り、インゴルドの読んでいるところを変なイントネーションで音読をして、遊ちゃんが笑って、僕も笑って、寝た。

9月10日（火）

スーパーでレジの列に並びながらふとメールを開いたら、4時52分に「誰かの日記」が配信されていて、なにに引き寄せられたのか普段はそうはしないのだが無防備にそのまま開いたところ、「今日は日記書けない。」とだけあって、見た瞬間にぼろぼろと涙があふれて、こぼれて、泣いていることが泣いていることに見えないように、普通の顔をして、金を払った。

店に着いて、山口くんから今日会うことの承諾が届いていた。どうしようもなく気は消沈していた、と同時に、二日酔いになっていた。飲みすぎたらしかったし睡眠時間も足りていなかった、水出しコーヒーをがぶがぶ飲んで、今日はマキノさんの日だった、ごめんなんか二日酔いで、痛飲しちゃったみたいで、深酒になっちゃったみたいで、今日はなんだかへろへろだわ、と言って、開店したと同時に「ちょっとアクエリアス買ってきます」と言って店を出た。外は熱暑という調子で晴れていて、工事中の建物は土台というのか、コンクリートかなにかの土台みたいなところが終わってその上に合板みたいなものが張られたところで、見ると合板の上に半裸で仰向けに寝ている大工の姿があった。どうしてだかどこかから、プールの人工芝が日で焼ける匂いがして、だから真夏だった。ポカリスエットを買って、それもイオンウォーターみたいなやつを買って、それを何度も何度も飲みながら、営業をした、だんだん体はまともになっていった、気持ちは沈んでいた、一日がんばれる気がしないな、怖いな、と思って、今日はマキノさんの上がり時間である8時で店を閉めることにした。店を、閉めながらやらないといけない、体もなにも持つわけがない、というところで、シフトを見たりしながら、いつ休みにするか、いつ早く閉めるか、決めて、決めたら今度はそれをわかりやすい画像にしてツイッターとかに投稿しておこう、と思い立ち、めっちゃ見やすいやつ作るぞ、と思ってその作業を一心不乱にやっていたら楽しくてブヒブヒ言っていた。手を動かすというのは大事だな、と思った。完成するとマキノさんを外に連れ出して、パソコンを開いて「これ見て」と言って、ほったらかしてましたけど、今これ夢中になってつくってた、どう？　見やすくない？と笑いながら、見せた。

それにしてもやる気みたいなものがどこからも湧いてこないようだった、マキノさんと佐藤くんが入って、入る頻度的にマキノさんからだろう、一人で立てるようになって、それがいつになるかな、9月いっぱいで仕上げられたりするかな、だとしたら10月から、余裕ができるかもしれない、と、そんなことを思っていたり時間の皮算用をしたりしていた矢先だった、お給金アップアップアップレースというかゲームで、7月は15%アップ、8月は思ってもみなかった25%アップが果たされ、大いにおもしろがりながら、働くほうもおもしろがって、そしてやりがいというか、忙しく働いた感じを賃金が報いるというか対応してくれるようなそういう形を実装させつつあって、できる範囲で報いたいから報える形をつくっていくぞと思っていた矢先だった、だから、いっそう、ガクンと来てしまった感じがあるのだろう、いま僕のモチベーションは、スタッフに喜んで働いてもらうということにあったから、山口くんが不在になって、まだ、マキノさんも佐藤くんも、付き合いが始まったばかりだから、実感が伴わなかった、だから、山口くんが不在になることで、あれ？ ない、ないぞ？ となってしまった。どうやって保っていったらいいんだろうと、途方に暮れた。

ぼんやりと、働いて、8時でおしまいになって、6時くらいから変に緊張していた、最初、昨日の深夜、明日もう少し話したいことがある、と連絡をして、いきます、という返信が来て、そのまま受けていたけれど、いや、待てよ、話したいのは俺で、なんでそれで俺がふんぞり返って「じゃあ来てね待ってるねよろしく」って、おかしな話というか傲慢すぎるぞ、と気づき、俺がそっち行くわ、となったので、山口くんの家のほうに行くことにした、それでなんでだか、緊張していた、なんの緊張だかはよくわからなかった、腰も重く、2本煙草を吸って、出た。

阿波踊りの提灯が駅前のところに用意されて、赤い光が面になって、ぶわっ、と光っていた。今年もこの季節だな、と思って、甲州街道は車でいっぱいで、こういう道を走るのは面白くないから、適当に細い道を通ってみよう、と思って、細い道に早々と入って、おおまかな方向だけ考えてぐねぐねと走った、知らない景色と何度もぶつかって、知らない商店街、知らない街灯の並び、知らないよくわからない施設、何度か方向がさっぱり自信がなくなって地図を開いて、夜、自転車で走るのは気持ちがよかった。

なんとなく「こことかどう?」と言って指定した公園は、偶然にも山口くんの家の目の前ということで、あたかも俺が山口くんの住所を細かく知っていたかのようだったが知らなかった、そこに着くと着いた旨を連絡して、うねうねとした遊具に腰掛けた。風が吹いていて、暗い、暗い公園だった。山口くんが小さな斜め掛けのバッグを掛けて来たから、なに入ってんの、と笑いながら聞くと、財布と鍵だということだった、なんだかおかしかった。それで、座って、俺の勝手な失礼な憶測で、先が見えない、先が不安、みたいなそういう状態だったりってあるんじゃないかなと思って、それで、今日は俺は、こういう可能性もあるよ、こういうやり方もあるよ、という、それをただ知らせるだけ知らせたかったというか、文章を書いてそれを仕事にするということ、それが果たされなかったときにその先に明るい人生のビジョンみたいなものが見いだせなかったりとかってあるんじゃないかと思うんだけど、そんなことはないよ、ということを知らせるだけ知らせたかったというか、でもいざ話しだそうとしたら俺はなんてバカなことを話そうとしているのだろうと思って、もごもごとしてなかなか話しだせなかった、ひとつはたとえば下北沢店の２階に住んで、家賃ゼロにすればライスワークの比重をぐっと落とすことができるよという話で、下北沢の２階は基本的には住居として設定されているスペースだったから、そういうことができる。それともうひとつは、これは本当に恥ずかしい感じがしながら話したが、たとえば文章を書くことを仕事にすることを諦めたときが来て、その先に、どんな働き方がありうるだろうかっていうときに、たとえば店をやるっていう働き方って、ありうるよ、俺は、この5年で、開店半年で貯金が40万にまでなってから、そのあとの4年半とかで、今、１１００万円とかになってるんだよね、たとえば35で、見切りをつけて、いや、山口くんが成功しないって言ってるんじゃないよ、そうじゃなくて、その先の不安に対して、こういうこともあるから、それがダメだったら全部ダメになるって諦めることはないんだよって言いたいだけで、だからたとえば35で見切りをつけてそこで店を始めたら40歳で１０００万だ！　どうだ！という、バカみたいな話だった。空が何度か光って、雷のようだった、ぽつ、と雨粒が顔に落ちて、

「え、なにそれ」と僕は言った、聞いてない聞いてない、帰らないと、と思って、5年で1000万という、今日いちばん言いたかったのはそれだった、帰ることにした。山口くんちどれ？と聞くと通りを挟んで真正面のマンションで、その、あそこです、と光る部屋を指した。いいねこのマンション、と言って、あとで遊ちゃんに見せようと写真を撮った、また雷が光った、鳴らなかった、立ち尽くし、なにか他に言うことはなかったかな、と思いながら、しばらく黙り、それで、「またね」と言って、自転車に乗った。帰りは大通りでシンプルに帰って、車も少なく、すいすいと快適に走った。お金の話は、して意味があったんだろうか、なにか、逆に変なよくないなにかを植え付けることにはならなかっただろうか、バカみたいな話をしちゃったかもな、雨は何度か、降り始めそうになって、こらえた。家に着いた。そうめんを茹でた。雨がざーっと強く降る音がして、逃げ切った、勝った、と思った。

そうめんは、おいしかった。一時そうめん研究をしていたというカンナちゃんが「これこそが」というやつで、遊ちゃんがもらって帰ってきていて遊ちゃんはお昼に今日食べたらしくてとてもよかったということで、僕もいただくことにして、食べた、仕事先から遊ちゃんがもらってきたすだちと、生姜をすりおろしたのをわきにセットして、食べた、うん、歯ごたえが、あるね！　と違いのわからない男である僕は、おいしい、おいしい、と食べて、食べた。おいしかった。

『新潮』を開こうかと思ったが、今日はまだもったいない、と思い、ラヒリを読んで寝た。

登場する本

※本書は、著者が経営する「本の読める店 fuzkue」のウェブサイトやメールマガジンに掲載されていた「読書の日記」のうち、２０１９年５月23日から２０１９年９月10日までの分をまとめ、加筆・修正を加えたものです。
※本書は、日記は著者の思い違いも含めてなるべく日々記録された生のままのものでありたいという考えから、事実誤認や言葉の誤用についても、敢えてそのままにしている箇所があります。予めご了承ください。

メールマガジン「読書の日記／フヅクエラジオ」は左記のＱＲコードからお申し込みいただくことで、ご購読いただけます。
https://fuzkue.com/mailmagazine

阿久津隆（あくつ・たかし）
1985年、栃木県生まれ。埼玉県育ち。慶應義塾大学総合政策学部卒業後、金融機関に入社。営業として3年間働く。退職後の2011年、配属地の岡山に残ってカフェを立ち上げ、3年間働く。2014年10月、東京・初台に「fuzkue」をオープン。著書に『読書の日記』シリーズ、（NUMABOOKS）、『本の読める場所を求めて』（朝日出版社）。趣味はサッカー観戦です。https://fuzkue.com/

読書の日記

皮算用／ストレッチ／屋上

2023年12月22日　初版第1刷発行

著　者　阿久津隆
編　集　内沼晋太郎、久木玲奈（日記屋 月日）
装　丁　戸塚泰雄（nu）
装　画　早瀬とび

印刷・製本　株式会社広済堂ネクスト
発行者　内沼晋太郎
発行所　NUMABOOKS
〒155-0033 東京都世田谷区代田2-36-12
BONUS TRACK SOHO 9 日記屋 月日2F
MAIL: pub@numabooks.com
http://numabooks.com/

ISBN978-4-909242-12-9